백투더 바이블 01-2 GENESIS

창세기(하)

장종길 지음

김의원 박사 추천

수정3판

그리심

Back to the Bible

by

JANG Jong-Gil

Grisim Publishing Co.
Seoul, Korea

“

내가 공을 세우나
은혜 갚지 못하네

”

추천사

현재 우리는 범세계적인 정보 시대에 살고 있습니다. 정보의 부재 시대는 이미 갔습니다. 원하는 분야에 대해 조회만 하면 얼마든지 많은 정보를 확보할 수 있습니다. 그래서 정보 홍수라는 말이 우리에게 익숙해져 있습니다. 그런데 막상 접수한 정보를 대하면 정보의 빈곤을 느끼지 않을 수 없습니다. 질적 수준에 문제가 있는 정보들 때문입니다. 사회가 이런 문제를 안고 속앓이를 하고 있음을 우리는 익히 알고 있습니다.

이른바 초고속 정보화 시대에 있는 교회도 풍부한 목회 자료와 이들 자료들의 질적 난해성 사이에서 많은 고민을 하고 있습니다. 현재 우리 한국 교회는 컴퓨터에 의한 자료보다는 출판물에 의한 자료 의존도가 아직은 높은 상태입니다. 그러므로 질적으로 우수한 자료의 출판이 시급하다 할 수 있습니다. 질적인 우수성의 기준 중 하나는 정보를 사용하는 현장 사역자들의 필요를 정확하게 이해하고 있는지의 여부입니다. 그 자료를 수집한 현장 사역자들이 친근성을 가지고 쉽게 사용할 수 있게 해야 합니다. 많은 번역서들이 이 문제를 안고 있음을 우리는 알아야 합니다. 단순한 소개 정도로 정보를 전달하는 것은 또 다른 문제, 즉 현장화라는 과정을 요구하기 때문입니다. 다른 하나는 자료의 신뢰성입니다. 정확한 정보를 적절하게 인용한 자료를 간직하는 것은 필수적인 도리입니다. 이것이 부족할 경우 선의의 피해자를 계속해서 낳을 수 있습니다.

추천자는 새로운 출판물, 새로운 정보를 접할 때마다 이런 염려로부터 해방될 수 있기를 늘 바라고 있는 사람 중의 한 명입니다. 그런데 본서는 이런 점으로부터 필자를 안심시키는 책이라고 봅니다. 우리 한국의 목회자들은 굵게 잘라 놓은 정보보다는 잘게 정리된 정보에 익숙합니다. 한국적인 상황이 특수하기 때문입니다. 확신하건대 이 책을 접하는 분들은 이런 면에서 공감할 것입니다. 또한 본서의 필자는 많은 출판 경험을 통해 인용되는 정보를 어떻게 사용해야 한국의 사역자들이 잘 활용할 수 있는지를 잘 알고 있는 분이라고 봅니다. 다른 책들이 외국의 좋은 내용을 단순히 알려주고 있는 반면에, 본서의 필자는 내용을 잘 요리해서 일정한 분야의 독자들이 효과적으로 사용할 수 있게 배려했다는 점이 본서의 장점이라 할 수 있습니다. 앞으로 출판 매체를 통해 정보를 제공하려는 분들이 참고하여 따라야 할 모델이라 생각하여 자신 있게 추천합니다.

김 의 원 박사 (전 총신대학교 총장)

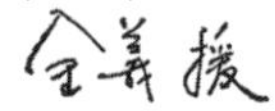

이 책의 주된 목적은

신학자들의 연구를 한 단계 끌어내리고,
일반 성도의 수준을 한 단계 끌어올려
누구나 쉽게 접근할 수 있도록
인도하려는 데 그 목적이 있습니다.

신앙생활을 오래하셨는데도
성경이 여전히 수학문제같이 어렵게만 느껴지시는
분들에게 도움을 줄 것입니다.

특히 일반 성도들에게는
성경에 대한 지식이 풍부하더라도
성경 전체를 조망할 수 있는 훈련이 부족합니다.

따라서 이 교재는
성경 본문에 충실하면서도
성경의 통일성을 견지하고 구속사적 해석의 원리를
적용하여 설명하려고 노력하였습니다.
그것은 곧 하나님의 위대하신 섭리를 이해하는
빠른 길이기도 하기 때문입니다.

무엇보다도, 이 교재는
누구나 성경에 친근해질 수 있도록
쉽게 접근했다는 것입니다.
그러므로
아주 자세한 해설과 자료보다는
전체적인 흐름을 잡으려
강해식으로 설명했습니다.

지금, 곧 연필을 들고 시작하십시오.
여러분의 가장 친한 친구가
옆에서 설명해 주는 느낌을 받을 수 있을 것입니다.

저자 장 종 길

이 교재의 특징

본 교재는 무엇보다 성경 본문에 충실하려고 노력했다. 그러면서도 자칫 성경의 통일성을 놓치기가 쉬운 것을 감안, 언약 개념이 성경을 이해하는 데 중요한 요소라고 여겨, 성경 전체를 관통하는 언약의 흐름을 파악할 수 있도록 안내했다. 아래에 안내한 교재의 특징들을 잘 활용하면서 성경을 읽어나가면 성경을 보는 재미가 생겨날 것이다. 이 교재의 최선의 목표는 성경을 혼자 공부할 수 있는 수준

장별 제목

중심내용 : 본문의 내용이 무엇인가를 간단하게 숙지할 수 있도록 요약해 놓았다. 이 요약은 본 과에서 배울 내용을 한눈에 볼 수 있게 해준다.

도입 부분 : 본과에 들어가기 전에 지난 과에서 배운 내용을 간단히 이야기하고 이번 과에서 어떤 내용을 공부할 것인가를 안내했다. 이 부분은 음악에서 서곡(序曲)에 해당하는 부분으로 대단히 중요하므로 꼭 읽어야 한다. 그래야 전체의 흐름을 이해할 수 있기 때문이다.

본문개관 : 매장마다 본문의 내용을 간단하게 요약, 정리했다. 이 부분은 각 장을 정리하는데 도움을 준다.

확대경 : 본문에서 신학적인 정리 및 자세한 설명이 필요할 때는 확대 설명해 놓았다. 내용이 그리 쉽지 않기 때문에 깊이 있게 공부하지 않을 분은 그냥 지나가도 된다. 만약 리더가 있다면 안내를 받자. 그러나 확대경은 본문의 이해를 위해 꼭 필요한 신학적 내용의 요약 정리이다. 이 부분을 더욱 확대하여 교회에서 특강으로 해결하는 것도 좋은 방법이다.

까지 끌어올리는 것이다. 그것은 본인의 끊임없는 노력이 필요함은 두말할 나위가 없다. 너무 쉬운 것만 찾다 보면 우리의 믿음이 성장할 수 없다. 어려운 내용을 쉽게 설명하려고 노력했으나 한계가 있었다. 다만 성경(말씀) 동산에는 무궁무진한 보화가 있다는 사실을 알려주려고 애를 썼을 뿐이다. 말할 수 없는 보화를 캐내는 작업은 본인 스스로가 해야 한다. 안내자는 안내자일 뿐이다.

용어해설 : 본문에서 내용의 도움을 위해 꼭 설명이 필요한 부분은 간단하게 적어두었다. 최근에 발간된 주석성경에 이에 대한 해설이 잘 되어 있기에 꼭 필요한 것이 아니면 설명을 생략했다.

요약정리 및 질문 : 매과마다 요약 질문을 넣어 그 장의 내용을 정리했다. 질문을 통해 내용을 정리해보자. 리더는 숙제로도 활용할 수 있다. 더욱이 연구과제를 통해 신학적인 문제도 정립할 수 있겠다.

적용도우미 : 말씀이 우리의 삶에서 적용되지 못한다면 지식만을 자랑하는 공부가 되기 쉽다. 삶의 적용을 위한 내용을 실었다. 그러나 그 적용은 개인에 따라 달라질 수 있다. 본문에 대한 정확한 이해가 먼저 선행되어야 하고, 또한 그 말씀이 우리 삶에 적용되어야 한다. 각자가 더 추가적인 적용을 이끌어내자.

질문식 문제 및 해설: 본 교재는 먼저 질문을 하고 그 질문에 해설을 하는 식으로 정리하되 전체의 흐름을 강해식으로 전개했다. 따라서 차례대로 답을 적어 간다면 성경 본문의 내용을 아주 쉽게 이해할 수 있을 것이다.

이 교재를 사용하시는 분들을 위하여

혼자 공부하시는 분에게

첫 째 물론, 성경공부를 하기 전에 기도하셔야지요! 본문을 잘 이해하게 해달라고 성령님께 지혜를 부탁하세요.

둘 째 오늘 배울 본문을 정독하면서 여러 번 읽으십시오. 혹시 영어 성경을 보신다면 함께 읽으십시오. 그리고 필요한 부분에는 구문분석을 소개했습니다. 내용의 흐름을 이해하는 데 도움을 줄 것입니다.

셋 째 이 교재는 문제를 먼저 던지고, 그에 대한 해설을 소개했습니다. 그런데 그 해설을 먼저 읽어보려는 유혹에서 벗어나야 성공합니다. 반드시 본인의 말로 답을 쓰십시오. 그리고 설명을 참고하세요.

넷 째 이 교재의 설명이 부족하신 분은 간단한 주석 또는 강해서를 참고하십시오. 그러나 이 교재의 주 목적이 전체의 흐름을 잡는 것이고, 또 너무 자세한 주석은 진도에 방해를 가져오기에 많이 생략했습니다.

다섯째 혼자 공부하시다 이해가 잘 안 가는 문제는 여백에다 기록했다가 나중에 교역자의 안내를 받으십시오.

여섯째 꼭 한 번에 한 과씩 진도를 나갈 필요는 없습니다. 맛있는 뷔페에 가서는 정량보다 더 많이 먹는 것처럼 여러 과를 하셔도 됩니다. 따라서 이 교재가 어떤 사람에게는 몇 주나 몇 달이 걸릴 수 있고 어떤 사람에게는 더 걸릴 수도 있습니다.

일곱째 그 날 배운 내용을 주위 사람들에게 교재를 보지 않고 설명해 보십시오. 물론 완전히 자기 것으로 소화해서 자신의 말로 전달하셔야 합니다. 정 그럴 상대가 없다면, 자녀나 친구에게, 그래도 없으면 이불 속에서라도 혼자 중얼거려보세요. 그 효과가 배로 나타날 것입니다.

여덟째 소개된 성경 구절을 다 찾아 적으신다면 그보다 더 좋은 효과는 없겠지요. 그렇지 못하더라도 소개된 성경 구절은 꼭 찾아보아야 합니다. 아주 반드시.

아홉째 Close up은 어떤 사람에게는 너무 어렵겠지만, 어떤 사람에게는 도움이 될 것입니다. 잘 활용하시면 이해에 큰 도움이 될 것입니다. 책 소개는 필요하신 분을 위해 안내했습니다.

열 째 분명한 것은 이 교재가 반드시 완전하다는 것은 아닙니다. 성경에서 보다 풍성한 꼴을 얻게 하기 위한 기초과정일 것입니다. 보다 깊은 연구는 자기 스스로 하셔야 합니다. 꼭 부탁드리는 것은 잘 성장하셔서 교회에서 성경을 지도하는 교사가 되기를 바랄 뿐입니다. 노력하십시오.

구역공부 교재로 사용하시는 분들께

첫 째 구역의 활성화가 교회부흥의 첩경임은 누구나 다 아는 사실입니다. 그러나 말씀 중심으로 모이는 모임이 아니면, 그 모임이 계속 불타오를 수 없습니다. 인위적인 열심은 곧 시들해지기 때문이니까요.

먼저, 교재를 나누어 주시고 집에서 숙제를 해오게 하십시오. 성경 구절을 적어오게 하되 바쁜 사람은 성경을 찾아보았다는 증거로 성경 페이지 숫자라도 적어오게 하세요. 물론 안 해 오는 분에게는 벌금을 물리세요. 집에서 이 교재를 사용하시는 방법은 앞의 내용을 참고하십시오.

둘 째 만약 당신이 인도자라면, 앞에서 '혼자서 공부하는 사람에게' 말했던 내용대로 하십시오. 철저히 준비하셔서 속이 후련하게 해주셔야 합니다. 자세한 설명보다는 그 본문이 의미하는 내용을 아주 간단하고 알기 쉽게 설명해 주셔야 합니다.

셋 째 구역 모임은 시간을 그리 길게 잡을 수는 없을 테니까, 짧은 시간 내에 그 내용을 소화할 수 있도록 지도자나 지도를 받는 분들이 미리 준비를 잘 해오셔야 합니다. 그래서 구역 모임에서는 중요 내용을 토론, 요약해 주는 방법이 나을 것입니다. 물론 잘 이해가 안 되는 부분은 지도자가 설명해 주셔야 합니다.

넷 째 나머지 재미나는 프로그램은 지도자가 안내하십시오. 이 교재에 나와 있는 삽화를 예쁘게 색칠해 오게 하는 방법도 그 하나알 것입니다. 또는 좋은 책을 선정, 그 내용을 서로 소개하는 방법도 있을 것입니다.

성경공부 모임의 교재로 사용하시는 분들께

첫 째 우선 앞의 내용을 참고하십시오. 성경공부 시간이 얼마나 되는지 잘 모르겠지만, 물론 집에서 각자 충분히 공부를 해오게 하시는 것이 효과적입니다. 주로 교역자나 전문 성경공부 지도자가 인도하게 되겠기에 보다 깊은 토론을 할 수 있을 것입니다.

둘 째 그러나 어느 한 주제를 가지고 너무 깊은 토론을 하는 것은 유익하지 못합니다. 더욱이 교역자가 없는 성경공부 모임에서는 너무 깊은 토론을 하지 않는 것이 좋습니다. 이런 문제는 교인 전체를 대상으로 강사를 모시거나 본 교회 교역자의 특강으로 해결하는 것이 좋습니다.

셋 째 그보다는 성경 전체의 맥을 잡아 가는 것이 효과적입니다. 우리의 논쟁거리는 신학자들 사이에서도 논쟁이 되는 것이 대부분입니다. 만약, 성경공부 모임에 처음 참석하는 분이 있다면 더더욱 비효과적입니다. 많은 지식의 습득보다 성경 본문이 전하려는 핵심 메시지가 무엇인지를 알려고 노력하십시오.

차 례

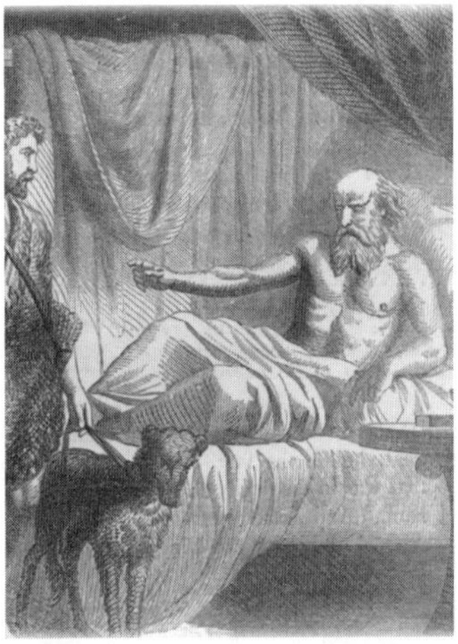

Close-up

부록

Genesis 25-50

이삭, 야곱, 요셉의 생애

왜, 하나님은 아브라함을 부르셨을까?
하나님은 아브라함을 통해 원대한 계획을
갖고 계셨는데,
그것은 그의 자손들로 '큰 민족'(a great nation)을
이루시려는 것이었다.

인간들은 지상 통치의 중심지를
바벨론에 건설하려 했다(창 11장).
그것은 어디까지나 인간 중심의 나라였다.
이런 인간 중심의 공동체는
하나님이 원하시는 바가 아니었다.
결국 하나님과 인간 사이는
그 간격이 점점 멀어져만 갔다.

상당한 침묵의 시간이 흘렀다.
얼마나 긴 기간이었는지 잘 모른다.
메시야를 보내주시겠다던 약속도(창 3:!5)
공중에 떠버린 것이 아닐까?

그런데 어느 날,
하나님은 새로운 경륜 시대를 선포하신다.
하나님은 마침내 인류를 구원하기 위한
새로운 대안을 내놓기로 작정하신다.

전에는 인류를 전체로 다루셨으나
인간의 사악함으로 인해
그 작전을 포기하셔야만 했다.

이제, 한 사람 아브라함을 불러
민족을 형성케 하심으로써
그 가운데서 구속 역사를 계속하기로 작정하신다.
셈 족속(창 9:26, 11:10-26)의 한 자손
아브라함을 불러, 그를 축복하고,
복의 근원으로 삼으신다.

하나님이 직접 통치하시는 하나님의 나라,
믿음으로만 들어갈 수 있는 그 나라를
이 지상에 만드시기 위해
아브라함으로 하여금 믿음의 조상이 되게 하신다.

이른 바 족장시대,
하나님은 그 구속 역사를
성공적으로 이루기시 위해
역사에 적극적으로 개입하신다.
가나안은 하나님이 아브라함을 조상으로 하는
큰 나라가 형성되게 하신 후에 주어진다.

이후 창세기의 기록(12-50장)은
어떻게 이스라엘의 조상이
애굽에 정주하게 되었는가에 대한 기록이다.
이제 하나님의 나라에 들어갈 수 있는

유일한 길은
'아브라함의 믿음의 원리'(창 12:3)를
받아들이는 자만이 가능하게 되었다.
이스라엘은 바로 인류를 구원할
그 메시야가 오는 통로의 역할을 하게 된다.

아브라함에게 제시된 약속은
영원한 언약이기에,
이 언약은 역사가 진행되는 동안
계속 집행되어져 간다.
그 약속이 어떻게 성취되어 왔는가가
이후 성경의 역사이다.

아브라함에게 주어진 언약은(창 12:1-3)
아브라함뿐만 아니라 전 인류와 관련이 있다.
아니 그 약속은
오늘날 예수를 나의 구주로 고백하는
모든 아브라함의 영적 자손들을 위한
약속이다(갈 3:14, 16).
아브라함을 믿음의 조상으로 삼고 있는
믿음의 후손들에 대한 약속이다(롬 4:16-17).

25장부터는 아브라함의 후손들의 역사가 소개된다.
하나님 나라의 왕국 건설을 위해,

① 롯, 엘리에셀, 이스마엘, 에서는 분리 또는 제거 된다. 그리고
② 아브라함, 이삭, 야곱은 후사로 부르신다.

그렇다면,
하나님 왕국의 건설의 주도자는 누구인가?
물론, 여호와 하나님이시다.
아브라함을 통하여 세워지는 그 복된 나라는
전적으로 하나님에 의해 세워진다.
초자연적 능력과
그의 주권적인 뜻에 의해서 세워지는 나라이다.

야곱의 일대기(창 25:19-35:29)는
이스라엘이라는 주제의 발전을 살펴보는데
매우 중요하다.

유다의 축복은(창 49:10)
요셉의 기사를 통해 나타난다(창 37-50장).

요셉의 역사는 스스로 개척한 역사가 아니다.
그의 역사는
하나님의 왕국과 관련된 역사(창 45:1-8,
50:20, 46:1-4)이다.
위기에 처한 하나님의 백성을 살리기 위한
하나님의 놀라운 섭리,
하나님은 자기 백성을 형성시키기 위해
애굽이라는 곳에 부화장을 만드셨다.

요셉은 이런 하나님의 위대하신 섭리,
즉 "하나님의 나라의 실현"을 위하여(창 45:7,8,
50:19-20) 부름을 받은 것이다.
그러므로, 요셉의 생애는
하나님의 약속의 성취와
하나님 나라의 건설을 위해 쓰임받은 생애였다.

하나님의 나라의 구성원으로 부름받은
인물들이 모두 "믿음으로 순종했다"고
증언한다(히 11장).
족장들 모두 그들의 생애에서
확실한 살아있는 신앙을 보여주고 있다.

하나님의 주권적 섭리,
그 섭리를 이루기 위해 부름받은 사람은
오직 "믿음으로 순종"해야 한다.
그러기에 이 족장들의 삶은 나와 무관하지 않다.

지금 우리는 그 족장들의 삶을 조명하고 있다.

Close-up

아브라함의 출생연대는? — BC 2166?, 1800?

우르 제3왕조
(주전 2114-2004)

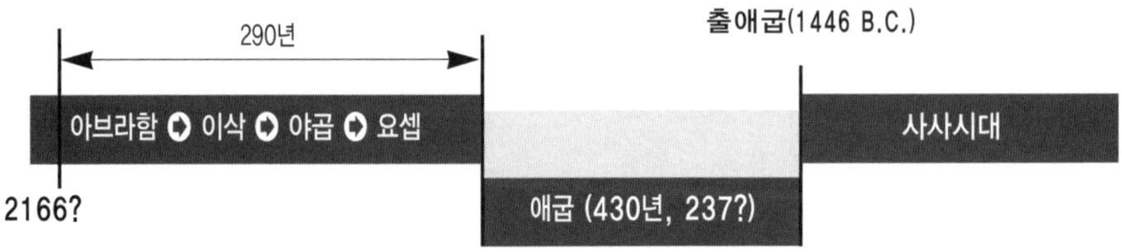

① 아브라함이 이삭을 낳을 때 100세(창 21:5), 이삭이 야곱을 낳을 때 60세(창 25:26), 그리고 야곱이 애굽에 내려갈 때 130세(창 27:9) = 합계 290년 // 그러므로 출애굽을 전기연대인 1446년으로 본다면 (1446 + 430 + 290) = 2166년이 된다.

② 그러나 애굽 체류기간에 다른 의견을 주장하는 분들도 있다. 애굽 체류 기간을 215년(또는 237년)으로 본다면, 게다가 출애굽 연도를 후기 연대인 주전 1229년으로 보는 경우, 아브라함의 출생연도는 주전 약 1800년 전후가 될 것이다.

③ 어셔(Ussher) 대주교는 아브라함의 출생연도를 1996년으로, 요셉이 애굽으로 내려간 때를 1728년으로 추산했다.

▶ 또 시날 왕 아므라벨(Amraphel)이 함무라비와 동일인물이 아닐까 하는 주장도 확신키 어렵다. 만약 이런 주장을 받아들인다면 아브라함의 출생연도를 주전 1728년과 1686년 사이로 추정할 수 있을 것이다.

▶ 따라서 확실한 연대를 밝힐 수 없으나 족장들의 삶의 모습이 주전 2000년대 초기의 시대적 상황들과 잘 부합하는 것을 볼 수 있다.

아브라함이 언제 애굽에 내려갔을까?

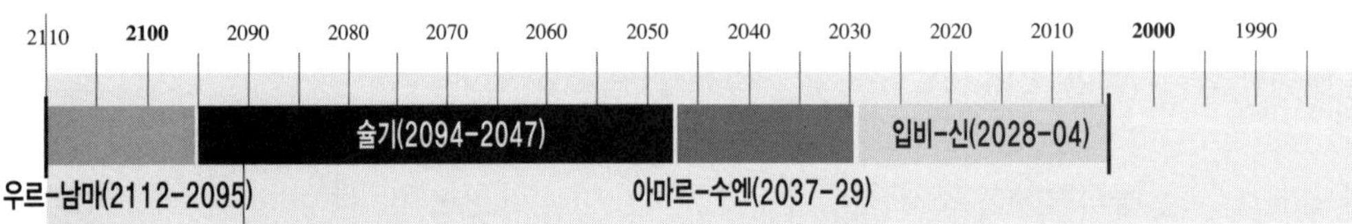

우르 제3왕조 (2114-2004)

"나(아브라함), 아무래도 애굽으로 내려가야겠어. 이곳은 목초지 없고…" / 주전 2091년도쯤이다. (창 12:10)

이집트 왕조 구분

- **상고시대** **1-2 왕조**(3100년경)
- **고왕국** **3-6 왕조** - 피라미드 시대
- **제1중간시대** **7-10 왕조**
- **중왕국** **11-12왕조**
- **제2중간시대** **13-17왕조**
- **신왕국** **18-20왕조**
- **후 신왕국** **21왕조 이하**

• 출애굽(18왕조 때, 1446년)

① 위의 계산대로 만약 아브라함이 2166년에 태어났다면, 아브라함은 75세에, 주전 2091년에 우르로부터 이주하였다는 계산이 된다(창 12:4). 그렇다면 그의 이집트 여행은 제1중간 시대가 될 것이다.

② 아마도 제10왕조 때, Wahkare-Kheti 3세(2010-2070) - 그의 아들이 Merikare 왕이다. 이때로부터 전해진 미래의 왕에게 주는 충고(교훈)라는 문학판본(Merikare 왕을 위한 교훈)이 있는데, 거기에는 "정의를 행하라, 그러면 너는 땅에서 장구할 것이다. 우는 자를 위로하라, 과부를 압제하지 말라, 누구든지 조상의 땅에서 내쫓지 말라, 귀족들의 재산을 축내지 말라"(Lichttheim, 고대이집트 문학)라는 내용이 있다.

③ 이 교훈들은 분명히 이집트의 귀족들에 대한 언급이지만 왕이 외국인의 소유를 비겁하게 빼앗는 것도 그릇된 것으로 여겼음이 분명하다. 창 12:16의 기록처럼 아브라함에게 사라를 돌려준 사건은 당시 이런 사실들과 무관치 않을 것이다. 따라서 아브라함의 애굽으로 잠시동안의 이주는 제1중간 시대의 불안정한 시대였을 것이라 추측된다. (찰스 F. 에일링, 신득일 · 김백석 옮김, 이집트와 성경역사, CLC, 35-36.)

15

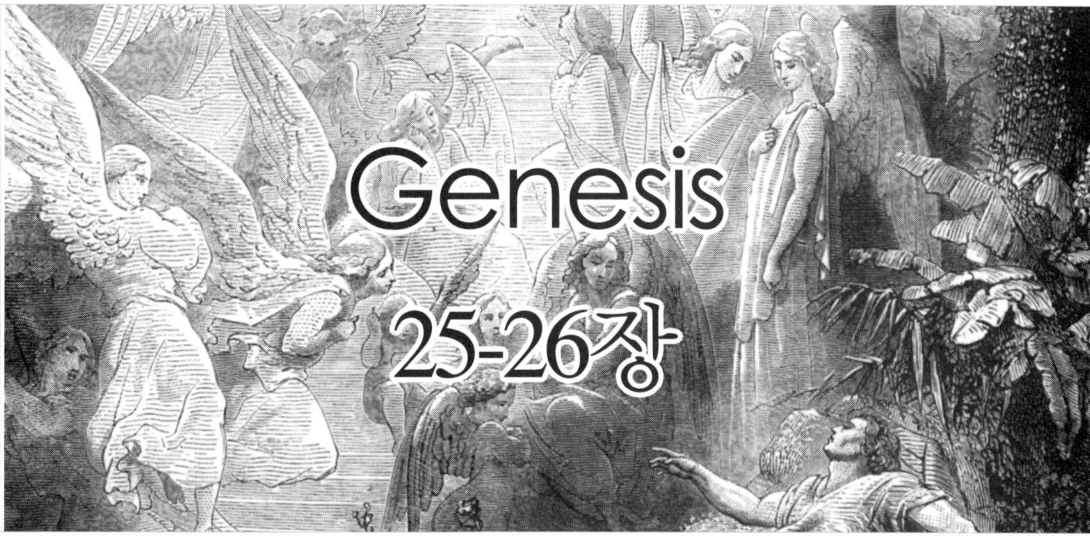

야곱과 에서

바벨탑 사건이 있은 후에 인류는 전 세계를 향해 퍼져나갔지만 이들은 더욱더 미신과 우상 숭배에 빠지게 되었다. 마침내 하나님은 메시야가 태어날 민족을 세우시기로 하신다. 그래서 아브라함을 그의 동족으로부터 분리시켜 가나안으로 부르신다. 아브라함은 이 부르심에 순종으로 응답했다. 그는 갈대아 우르를 떠나 가나안에 와서 살면서 수많은 역경을 만난다. 아브라함에게 주어진 자식에 대한 약속은 즉시 이루어지지 아니했다. 오랜 기다림에 지쳐 인간의 방법을 동원하기도 했지만 마침내 그는 사랑하는 아들 이삭을 얻게 된다. 그는 100세나 되어 사라에게서 기다리던 자식을 얻었다. 이삭은 잘 자랐고, 그의 신앙도 성숙해 갔다.

그런데 어느날 하나님은 100세나 되어 난 자식을 번제로 바치라는 명령을 내리신다. 아브라함은 한순간 숨막히는 적막감에 싸여 있었겠지만 이내 하나님의 명령에 순종한다. 그는 평생에 하나님의 신실하심을 경험하며 살아왔기 때문이다. 아브라함은 하나님의 시험에 믿음으로 합격했다. 그의 일생은 하나님과 동행하는 삶이었다. 그는 하나님의 벗이라는 칭호를 들었다. 우리 믿음의 조상 아브라함, 그는 우리에게 신앙의 모범을 남기고 175세를 살고 하나님의 품으로 갔다.

이제 아브라함의 뒤를 이어 이삭의 생애가 등장한다. 이삭은 어떤 삶의 모습을 보이며 살아갈까? 이삭, 그는 아브라함보다 그리 뛰어난(?) 삶을 살아가지 못했던 것이다. 그는 능동적인 삶을 살지는 아니했지만 조용한 가운데 하나님의 뜻을 준행하며 살아간다. 하나님은 이삭에게도 복을 주셨다. 하나님은 이삭에게도 아브라함에게 주어졌던 것과 같은 약속을 주신다. "네 자손을 하늘의 별과 같이 번성케 하며 이 모든 땅을 네 자손에게 주리니 네 자손을 인하여 천하만민이 복을 받으리라"(26:4).

이삭도 아브라함과 같이 자식을 낳지 못했다. 그러나 이들 부부는 기도로 매달린다. 기도의 응답으로 자식이 잉태되었다. 그런데 쌍둥이었다. 여기서 에서는 언약의 반열에서 제거되고 언약의 계승권이 야곱에게로 넘어간다. 상당한 부분이 야곱에게 초점이 맞추어져 있음를 보게 된다.

16

Outline 25-26

- 야곱과 에서의 탄생(25:19-27): 두 아들은 태어날 때부터 모든 면에서 극과 극을 이룬다.
- 장자의 명분을 판 에서(25:28-34)
- 이삭과 맺은 하나님의 언약(26:1-5)
- 자기 아내 리브가를 누이라 부름(26:6-16)
- 하나님의 축복과 가나안 사람들의 시기(26:17-25)
- 아비멜렉과 화친조약(26:26-33)

이삭(25:19-26:35)

이삭의 장점은 무엇이고 약점은 무엇일까?

- 장점 - 흉년이 들었을 때, 하나님의 명령에 순종했다.
  - 우물을 둘어싼 권리다툼에서 충돌을 피했다(26:19-35)
- 약점 - 그랄에서 인간의 약점을 드러냈다(26:6-11). 아내 리브가를 누이라고 속임

▶ 아브라함의 말년(25:1-18)

- 아브라함이 후처(後妻)를 얻음 - 그두라(Keturah)
- 언제 얻었을까? 그의 아내 사라가 죽기 훨씬 전이다. 왜냐하면 후처의 소생들이 열거되어 있기 때문이다(25:2-4). 그러나 이삭이 법적 상속자이기 때문에 재산과 영적 소유권은 이삭에게로 돌아갔다.
- 아브라함의 마지막 48년(사라가 죽은 다음)에 대한 기록은 자세하지 않다. 창세기의 역사가 언약의 역사이고, 이 언약이 그의 아들 이삭에게 전달되었음에 초점을 맞추고 있기 때문이다.
- 아브라함은 175세를 기운이 다하여 죽었다고 했다(7-10잘). 그는 막벨라 굴에 장사되었다(9절).

▶ 이스마엘의 자손(25:12-18)

- 이스마엘은 언약에 들어가 있지 않다. - 선택의 원리
- 그도 12명의 아들을 낳는다. 이들은 아라비아에 거주하는 12족속들의 지도자가 되었다(창 17:20의 약속에 대한 성취).

▶ 야곱과 에서의 탄생(25:19-27)

- 이삭이 쌍둥이를 낳는다. 리브가가 이들을 잉태하였을 때, 하나님은 그녀에게 "형이 아우를 섬기게 될 것이라"고 하셨다(23절). 이는 하나님의 주권적인 선택이었다고 말한다(롬 9:9-13 참조).

▶ 이삭과 맺은 하나님의 언약(26:1-5)

- 3-4절을 자세히 읽어보라.
- 하나님은 아브라함을 부르셔서 친히 주도권을 가지시고 구원역사를 전진시키셨던 것처럼, 그의 후손 이삭에게서 구원역사를 펼치고 계신다.
- 하나님은 자신이 의도하신 구원 목표를 향해, 주권적으로 이삭을 이끌어 가신다. 그렇다고 이삭은 멍청하게 끌려 다니는 로보트가 아니라 자기가 한 일은 자기가 책임을 질 수 있어야 하는 자유인이었다.

▶ 자기 아내 리브가를 누이라 부름(26:6-16)

- 인간적인 연약함을 드러낸다.

17

야곱과 에서의 탄생 (25:19~34)

아브라함의 나이 100세에 태어난 이삭, 그는 그 뒤로도 아버지 아브라함과 75년간을 함께 살아간다. 물론 그의 생애에도 어려움은 있었지만 대체로 조용한 삶을 살아간다. 그는 아내를 선택하는 일도 아버지에게 일임했다. 그는 40세에 리브가와 결혼한다. 결혼하고 나서 20여년 동안 자식이 없었다. 그러나 이들 부부는 하나님께 기도로 매어달린다. 하나님은 이들에게 자식을 허락했다. 잉태하고 보니 쌍둥이었다.

1. 이삭은 몇 세에 누구와 결혼했나?

25:20 이삭은 **사십 세에** 리브가를 맞이하여 아내를 삼았으니
리브가는 밧단 아람의 아람* 족속 중 브두엘의 **딸이요**
아람 족속 중 라반의 **누이였더라**

(1) 이삭은 족장들 가운데서 아브라함과 야곱에 비해 거의 주목을 받지 못했음을 본다. 그의 생애 중에는 이렇다할 행적이나 공로가 없다. 그는 그의 아버지 아브라함의 생활 방식에서 크게 이탈하지 않았다. 그는 결혼하고나서 그의 아버지가 그랬던 것처럼 20여년 동안 아이를 낳지 못했다.

(2) 그 긴 기간 동안 리브가는 하나님께 간절히 기도했을 것이다(21절). 하나님은 그 기도에 응답하셨고, 이삭은 60세에 자녀를 낳는다. 야곱과 에서가 태어날 때에도 아브라함은 살아 있었다(175세까지 살았으니까). 아브라함에게는 이들의 탄생이 적잖게 위로가 되었을 것이다.

2. 리브가는 누구인가? 그녀의 근본 태생은 어디인가?

25:20 리브가는 (Padan-aram)의 아람 족속 중 브두엘의 딸이요

(1) 밧단 아람은 어디를 가리키는가? 밧단 아람(פַּדַּן אֲרָם)은 북부 메소포타미아(티그리스강과 유프라데스강 사이)에 위치한 지역을 말하며, 그 중심 지역이 하란이다. 이곳의 주민들이 아람 사람들이었다. 아람 사람들은 노아의 손자인 아람의 후손들을 가리킨다. 이들은 수리아 북동쪽에 살았으나 나중에는 수리아의 전 지역에 퍼져살게 되었다. 그래서 아람 족속을 수리아인이라고

아람(אֲרָם)

아람 사람이라고 불리는 백성의 기원은 신비에 싸여있지만, 유력한 견해는 그들이 서부 셈족의 한 집단, 즉 주전 1500년에 이미 비옥한 터키국에 스며들었던 아람어를 사용하는 종족들이었다는 것이다. 그들의 본향은 아마도 아랍 사막이었던 것같다. 아람인들이 상부(북서) 메소포타미아에서 정치적 지배력이 절정에 달한 것은 주전 10세기 후반기를 훨씬 지나서이다. 성경상으로나 지리상으로, 아람은 족장시대의 상부 메소포타미아와 관련되어 있다. 아브라함은 아람의 조상 나홀의 형제이다(창 22:20-21). 이삭(창 25:20)과 야곱(창 28:5)은 모두 아람의 여자들과 결혼하였다. 야곱 자신은 “유리하는 아람사람”(신 26:5)으로 묘사된다. 아람인들과 북이스라엘인들 사이의 끊이지 않고 계속된 싸움은 사실상, 아합의 통치 시기(874-853, 왕상 20장, 왕상 22장)에 시작되었다. <바이블렉스>

도 했다.

▶ 리브가(רִבְקָה)는 브두엘과 이름이 알려지지 않은 어머니에게서 태어난 딸로, 나홀과 밀가의 손녀이며, 라반의 누이, 이삭의 아내, 에서와 야곱의 어머니이다. 리브가는 아브라함의 동생 나홀의 자손의 족보에서 처음으로 언급된다(창 22:20-24). 데라 가문의 이 모든 가지는 아브라함과 롯이 가나안으로 이주하였을 때 아람에 남아 있었다. 창 24장에서 리브가가 성문 앞 우물 곁에서 아브라함의 종에게 모습을 드러낼 때이다. 비록 남편의 사랑을 받았음에도 불구하고(창 24:67) 리브가는 20년 동안에 한 명의 자녀도 낳지 못했다(창 25:20, 26).[1]

1) 사라처럼 그녀 역시 불임이었으며 20년이 지난 후 이삭의 특별한 중보 기도 후에 비로소 하나님께서 그녀에게 쌍둥이 아들을 허락해 주셨다. 야곱으로 하여금 이삭을 속이게끔 한 자도 그녀였고(창 27:5-17) 그 속임으로 인해 닥친 위험한 상황에서 야곱을 벗어나게 할 궁리를 고안한 사람도 그녀였다(창 27:42-46).

3. 기도의 응답으로 리브가는 자식이 잉태되었다(21절). 그런데 태중(胎中)에서 두 아이가 서로 싸우고(?) 있었다.

(1) 이 일이 근심이 되어 리브가는 하나님께 그 뜻을 묻는다. 이때 하나님은 어떻게 말씀하시는가?

25:23 여호와께서 그에게 **이르시되**
두 국민[2]이 네 태중에 **있구나**
두 민족[3]이 네 복중에서부터 **나누이리라**
이 족속이 저 족속보다 **강하겠고**(יֶאֱמָץ) - 아마쯔(אמץ)의 칼 동사 미완료
큰 자가 어린 자를 **섬기리라**

2) 고임(גּוֹיִם) = nations
민족, 국가, 국민, 백성

3) 레옴(לְאֹם) = people
국민, 백성

(2) '이스마엘과 이삭'의 경우에는 이삭이 약속의 자녀라는 그 선택의 이유가 분명했다. 그러나 23절에 나타나는 하나님의 계시는 어떻게 이해해야 하는가? 우리는 노아의 그 아들에 대한 예언 중에서(=가나안은 셈의 종이 되리라) 위와 같은 유사점을 본다(창 9:25-27을 보라).

(3) 로마서 9장에서도 바울은 하나님의 절대적인 주권을 설명하는 과정에서 위의 사실을 들어 설명해 간다. 아브라함의 육신적인 자녀가 다 약속의 자녀가 아니라 "이삭에게서 난 자"만이 아브라함의 자손이라고 말한다. 하나님은 에서보다 야곱을 더 사랑(언약적 선택)하신다. 이는 하나님의 주권적인 선택이었다. 이제, 어린 자인 야곱에게서 약속의 자손인 메시야가 탄생될 것이다.

4. 두 아들의 외모와 성격은 어떠했나? (25, 26절)

(A) 에서(Esau)의 별명 : (털난 자, 털이 많고 몸이 붉음)

야성적 기질을 가짐. 들사람이 되었다. 이삭은 자신이 강하지 못했으므로 강한 자인 에서를 더 좋아한 것 같다.

(B) 야곱(Jacob) : (   )
성격이 교활하고 사기성(?)이 엿보인다. 종용한[1] 사람. 야곱은 조용하고 집 안에만 거하여 어머니의 사랑을 더 받았다.

1) 탐(תָּם), 완전한, 완벽함 이라는 뜻이다.

5. 이삭과 리브가는 각각 누구를, 왜 좋아했나? 그리고 이런 편애에 대한 문제점은 무엇인가?

25:28 이삭은 에서가 사냥한 고기를 좋아하므로 그를 사랑하고(וַיֶּאֱהַב) - 칼 동사
리브가는 야곱을 사랑하였더라(אֹהֶבֶת) - 아하브(אהב)의 칼 동사 분사형

• 에돔(Edom, אֱדוֹם): '붉다' 라는 뜻이다.

(1) 우리는 성경 본문에서 이삭과 리브가의 편애를 발견할 수 있다. 노년의 이삭은 아버지 아브라함이 모리아산의 제물로 바치려고 했을 때의 믿음은 없었던 것같다. 그는 영적으로 매우 어두워져 있었다. 그는 하나님의 예언을(23절) 잊어버리고 있었는지도 모른다. 어쨌든 이런 편애적인 태도 때문에 에서는 자신의 힘을 자랑하게 되었고, 하나님께 순종하는 삶이 무엇인지 알지 못하게 되었다. 이들의 편애(偏愛)로 인한 후유증은 어떠했는가?

• 야곱(Jacob, יַעֲקֹב): '발꿈치를 잡은 자(heel-holder), 사기꾼, 빼앗는 자' 라는 뜻이다. 어떤 학자들은 야곱이라는 말이 יַעֲקֹב־אֵל(아아코브-엘 : 하나님께서 보호하신다)의 축소형이라고 주장하기도 한다.

(2) 이와 반대로 야곱은 영적인 일에 관심을 가졌다. 그는 조상들의 영적 유산에 관심이 많았던 것이다. 따라서 그는 장자권을 사서 얻으려 했다. 그러나 에서는 어떠했나? 그는 영적인 일보다는 세속적인 일에 더 관심이 많았다. 배고픔 때문에 장자의 명분을 가볍게 파는 망령된 자 (=영적인 것이 아니라 세속적인 것) 였다고 히브리서는 말하고 있다(히 12:17*).

• 히 12:16 "음행하는 자와 혹 한 그릇 음식을 위하여 **장자의 명분을 판 에서**와 같이 망령된 자가 없도록 살피라 [17]너희가 아는 바와 같이 그가 그 후에 축복을 이어받으려고 눈물을 흘리며 구하되 버린 바가 되어 회개할 기회를 얻지 못하였느니라."

6. 장자권을 팔라는 야곱의 제의에 에서는 어떻게 대했나?

25:31 야곱이 **이르되** 형의 '장자의 명분'(베코라, בְּכֹרָה)을
오늘 내게 '팔라'(מִכְרָה) - 마카르(מכר)의 칼 동사 명령법

32 에서가 이르되 내가 죽게 되었으니
이 '장자의 명분'(베코라, בְּכֹרָה)이 내게 무엇이 유익하리요

(1) 사냥을 끝내고 돌아온 에서, 그는 대단히 배가 고팠다. 그래서 곤비했다. 여

희미한, 지친, 약한, 피곤한 / 육체의 극도의 피로를 묘사하는데 자주 쓰였다(삿 8:4, 삿 8:5; 신 25:18).

기 곤비했다는 말 '아예프' (עָיֵף)는 기운이 아주 진하여 지쳐 있는 상태를 말한다. 너무 지쳐 기운을 차릴 수 없는 에서, 이 상황을 놓칠 리 없는 야곱, 이 형제들 사이에는 팥죽 한그릇에 장자권을 사고 파는 흥정이 벌어지고 있었다. "배고픈데 장자권이 뭐 대단한 거라고." 세속적이었던 에서에게는 장자권이 대단한 것이 못되었다. 그는 영적인 면에는 아주 제로였기 때문이었다. 배고픔에 지친 에서는 야곱에게 "그 붉은 것"[1]을 빨리 먹게 해달라고 애걸하고 있다(30절). "제발 나로 먹게 하라", הַלְעִיטֵנִי נָא[2]는 말이다.

1) 그 붉은 것 (הָאָדֹם הָאָדֹם הַזֶּה) - <하아돔 하아돔 하제> - 여기서 '아돔'(붉은)이라는 말을 두번 계속해서 반복 사용함으로써(붉은 것 그 붉은 것) 에서의 성급함이 잘 드러내고 있다.

2) 라아트(לָעַט)의 히필 동사 명령법/ 게걸스럽게 먹다, 삼켜버리다.

נָא - 바라건대, 제발

7. 그렇다면 야곱의 문제점은 무엇일까?

(1) 야곱이 비록 장자권을 사기는 했지만 그는 계속해서 육의 방법으로 그 약속을 얻으려 한다. 그는 말년에 가서야 이런 방법이 잘못된 것임을 알게 된다. 우리는 여기서 야곱은 비록 그 사기성이 농후하지만 그가 영적인 면을 얼마나 귀중하게 여겼나를 본다. 그 사실은 칭찬할만한 일이지만, 그것을 취하려는 수단은 옳은 방법이 아니었음을 본다.

(2) 그러나, 이렇게 영적인 것을 얻으려는 적극성이 경멸되어서는 안 된다. 성경은 야곱의 사기성보다는 장자의 명분을 경홀히 여긴 에서를 비판하고 있음을 본다(34절).

8. 훗날 히브리서에서는 이런 에서의 태도를 어떻게 묘사했나?

히 12:16, 17 음행하는 자와 혹 한 그릇 음식을 위하여 (장자의 명분)을 판 에서와 같이 (망령된 자) 가 없도록 살피라 17 너희가 아는 바와 같이 그가 그 후에 (축복)을 이어받으려고 눈물을 흘리며 구하되 버린 바가 되어 (회개할 기회)를 얻지 못하였느니라

.

- 망령된 자 : <베벨로스, βέβηλος> - '사악한', '경건치 않은' '불미스러운': 어떤 사람들은 다른 사람들보다 더 망령되다(히 12:16, 딤전 1:9). 즉 비도덕적이고 비종교적이라는 면에서 하나님에게서 멀다는 말이다. 에서는 망령된 사람들의 전형이다. 동사 βεβηλόω(베벨로오)는 '신성을 모독하다'를 뜻하는 단어로 신약에서는 오직 마 12:5에서 안식을 모독한다고 할 때와 행 24:6에서 성전을 모독한다고 할 때 사용되었다.

Close-up

21

장자권(베코라, בְּכֹרָה)

1. 장자권(베코라, בְּכֹרָה)/ (베코르, בְּכוֹר) - 초태생, 장자

2. 장자권은 아버지의 권위를 계승하며, 다른 형제보다 우선권을 받게 되어 있다(창 44:33). 또 유산 상속 시에는 다른 형제보다 2배의 몫을 받게 되어 있다(신 21:17). 또 가정의 제사 직분을 수행할 수 있는 권리를 갖게 되어 있다. 만약 아들이 둘뿐이라면 장자는 아버지의 기업의 3분의 2를 받았고, 아들이 셋인 경우에는 장자는 4분의 2를 물려받는다. 장자는 자기의 기업을 팔 수 있었다(Nuzi의 법률처럼 - 창 25:31-34 참조). 이런 장자권의 은사는 선지자적 은사까지도 적용되었다. 엘리사는 그의 스승 엘리야에게 "당신의 영감이 갑절이나 있기를" 구하는데(왕하 2:3이하) 이 말은 "두 몫의 영감" 즉 엘리야의 장자와 같은 역할을 해달라는 말이다. 또한 이스라엘은 하나님의 장자라고 일컬음을 받았다(출 4:22, 렘 31:9). 이는 이스라엘이 비록 생긴지 얼마 안되는 나라이지만 다른 민족들 위에 뛰어난 자리를 차지할 민족이라는 말이다.

   그러나 이 장자권은 죄를 지을 경우에 따라 박탈당할 수도 있었다(대상 5:1). 누지 서판 자료에는 형제 사이의 상속권 거래에 관한 이와 비슷한 실례가 있다고 한다. 그 중 하나를 보면, 한 형제는 상속 받은 숲을 다른 형제에게 세 마리의 양을 받고 팔고 있다. 고대 근동 지방의 다른 나라에서도 첫 열매나 장자는 신의 소유라고 믿어 왔다. 이것이 바로 하나님께서 애굽의 장자들을 치신 근본 이유이다. 바로나 애굽의 신들은 애굽의 초태생을 소유할 권리가 없었기 때문이었다.

3. 그 당시 족장들은 이방인의 관습을 따른 것을 볼 수 있다. 야곱이 팥죽 한 그릇에 장자권을 팔아버린 것도 당시 상속 권리를 중요하게 여기지 않았던 하란의 풍습을 따랐기 때문이었다. 또 야곱이 많은 아내를 거느린 것도 자식의 출산에 있었음이 토판에 의해 판명되었다. 또 이삭이 야곱에게 속아서 축복하고, 그후 에서의 반발이 컸음에도 다시 취소하지 못한 것도 이런 연유에서였다. 토판에 의하면 구두(口頭)로써 행해진 축복이나 유언은 그 당시 사회에서는 효력이 있는 것이었고, 구두로 된 축복은 재판소에서 그 효력이 인정되었다고 한다. 야곱이 유다를 상속자로 지명한 것에 대한 반항이 없었던 것도 장자(長子)의 기업의 인정은 출생 순서를 따르는 것이 아니라 가장(家長)의 축복에 의하는 호리족(Hurrians)의 관습의 적용이었을 것이다.

4. 그렇다고 오늘 본문의 경우, 에서의 경솔함 때문에 장자권이 야곱에게 넘어간 것으로 보는 것은 잘못이다. 이미 어머니의 태속에서 장자권은 야곱에게 주어졌던 것이다(25:23). 그렇다면, 에서의 문제점은 무엇이었을까? 그것은 장자에게 주어지는 지위와 축복, 메시야가 오시게 되는 가계 형성, 제사장직의 수행권 등을 소홀히 여겼다는 데 있다. 야곱은 떡과 팥죽을 가지고 그의 형 에서와 흥정했다. 그 흥정에 에서는 만족해 했다. 에서는 장자의 명분을 대수롭지 않게 생각했다. 당시 이방인의 풍습은 상속 권리를 대단치 않게 여겼다. 에서는 바로 이러한 생각에 젖어 있었을 것이다. 에서는 영적 자질이 전무했다.

   어쨌든 본문에서는 야곱의 사기성 보다는 장자의 명분을 경홀히 여긴 에서를 비판하고 있다. 그는 영적인 가치나 이익에 대해서는 전혀 무관심했다. 오직 보이는 물질적인 것에만 관심이 있었다. 그런 의미에서 그는 불경한 자였다고 히브리서는 질타하고 있다(히 12:16).

5. 그렇다면 야곱은 무엇이 문제였을까? 본문의 설명을 참조해 보자. 어쨌든 하나님께서는 가인 대신에 아벨을, 에서 대신에 야곱을, 므낫세 대신에 에브라임을, 그의 형들 대신에 다윗을, 아도니야 대신에 솔로몬을 선택하셨다. 여기서 우리는 하나님께서 역사의 주관자이시며, 인간의 제도나 규율에 얽매이지 않고 초월하시는 분임을 볼 수 있다. (*)

<참고 : R.L. 해리스, 구약원어 신학사전>

22

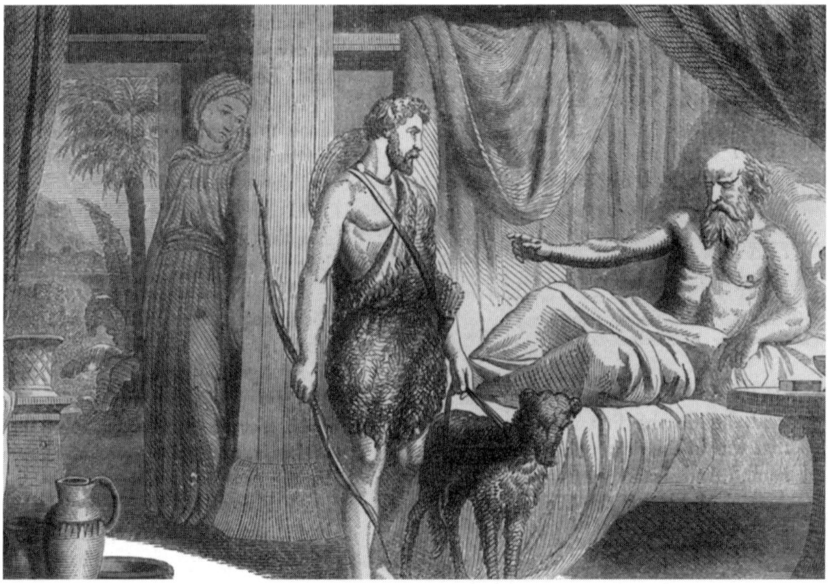

하나님의 선택적 축복이 야곱에게 있음에도 불구하고 이삭은 에서에게 그 축복을 주려한다. 반대로 이 축복을 야곱에게 주려고 애를 쓰는 어머니 리브가의 필사적인 노력은 일단 성공을 거두나 그로 인해 가정은 어려움 속에 빠진다.

"그런즉 네 기구 곧 전통과 활을 가지고 들에 가서 나를 위하여 사냥하여" (창 27:3)

이삭은 말년에 눈이 일찍 어두어졌다. 그는 그의 생애가 얼마 남지 않았으리라고 생각했다. 그래서 서둘러 자식들에게 축복을 주려고 했을 것이다. 그는 야곱보다 에서를 더 사랑했다. 그러나, 이 축복 사건 이후 43년을 더 산다. 그의 말년의 신앙은 매우 혼미해져 있었던 것 같다.

(1) 에서는 아버지의 축복을 받으려고 눈물을 흘리며 구하였으나 그러기에는 때가 너무 늦었다(히 12:17*). 에서는 영적인 것을 추구하기보다는 세상의 복만을 추구하는 세속적인 삶을 살았다. 그는 장자의 명분을 경홀히 여겼다(대수롭지 않게 여겼다. 창 25:34). 그 "장자 상속권"은 하나님의 언약에 대한 맏아들로서의 권리였다.

- 히 12:17 "너희가 아는 바와 같이 그가 그 후에 축복을 이어받으려고 눈물을 흘리며 구하되 버린 바가 되어 회개할 기회를 얻지 못하였느니라."

※ 적용을 위한 묵상

- 어머니의 태속에서부터 싸우는(?) 에서와 야곱, 그러나 이미 태속에서 하나님의 선택(選擇)과 유기(遺棄)가 결정되었다. 하나님의 절대 주권을 볼 수 있다. 그러나 그 선택과 유기가 개인적인 의미보다는 구속사적인 의미가 더욱 크다. 로마서 9:11이하를 읽어보고 하나님의 절대주권의 의미를 살펴보자.

- 편애(偏愛)의 문제점은 무엇인가? 이삭과 리브가는 어떤 면에서 불신앙적인 요소가 있는가?

- 야곱의 소행은 결코 잘한 일이 아니었다. 호세아 선지자는 야곱을 어떻게 평가하고 있는가? 문제점은 무엇이었으며, 어떤 면에서 칭찬받을 수 있는가?

- 선택과 유기 교리에 대해서는 교역자의 안내를 받으십시오. 잘못 이해할 수도 있으니까요.

- 책 안내
「예정과 자유의지」, 존파인버그 외 3인 공저 · 이미선 옮김, 부흥과 개혁사 / 「예정과 자유의지에 대한 네 가지 관점」

이삭과 아비멜렉 (26:1~35)

이삭은 아버지 아브라함과 같은 내용의 어려움을 겪는다. 그 땅에 흉년이 들었다. 하나님이 약속하신 축복의 땅인 가나안을 버리고 애굽으로 떠나려고 했다. 그러나 애굽으로 내려가는 이삭을 가로막는다. 그곳에 가지 말라는 명령이셨다. 따라서 그는 애굽으로 가지 않고 블레셋 땅 그랄에 가서 정착한다. 그는 그곳에서 아버지 아브라함이 자기 아내를 누이라고 속인 것같이 자기 아내 리브가를 누이라고 속였다. 그곳에 사는 사람들이 해칠까 하는 두려움 때문이었다. 물론 하나님의 보호가 있었기에 안전할 수 있었으나 어려움을 당할뻔 했다.

1. 이삭이 어떤 상황에서 애굽으로 내려가려고 했는가? (26:1)

(1) 아브라함 때에도 흉년이 들어 애굽으로 내려갔던 것 같이, 또 이삭 때에도 흉년을 만났다. 가나안 땅에 흉년이 들자 이삭은 애굽으로 내려가던 중 그 옛날 아버지 아브라함이 머물렀던 그랄에 도착했다. 이 지역은 아브라함이 같은 이유로 체류했던 곳이다(20:1-18 참조).

(2) 물론 이때 이삭이 만난 블레셋 왕 아비멜렉은 아브라함이 만난 그 아비멜렉(אֲבִימֶלֶךְ)[1]이 아니다(20:2). 애굽의 왕을 '바로'라고 부르는 것처럼 다른 블레셋 왕일 것이다.

1) '아버지는 왕이시다'라는 뜻이다.

2. 이때 하나님이 나타나셔서 이삭에게 말씀하신 내용이 무엇인가?

26:2 여호와께서 이삭에게 **나타나 이르시되**
/[너는] — **내려가지 말고**
/애굽으로
— **거주하라**
/내가 네게 지시하는 땅에

이삭은 애굽이 피난처라고 생각했다. 아브라함도 기근을 당할 때 하나님이 아니라 애굽에서 구원을 찾았다(창 12:10-13). 그러나 그는 얼마나 많은 어려움을 겪었는가! 결국 하나님이 이삭에게 바라시는 것은 하나님만 바라보라는 권고임을 알 수 있다. 아버지 아브라함과 같은 전철을 밟지 말라는 것이다.

(1) 만약에 그렇게 하나님의 말씀에 순종하여 가나안에 머문다면, 이삭은 아브라함의 약속의 후사였기에 그 땅을 이삭의 자손에게 주실 것이라고 약속하신다. 이제는 이삭도 아브라함의 그늘에서 벗어나 홀로 독립해야 했다. 이제 하나님은 이삭에게 나타나셔서 이전 아브라함에게 약속하셨던 것과 같은 약속의 말씀을 하신다.

(2) 그때 약속의 말씀의 내용이 어떤가 보자.

혈족이 아닌 사람들 사이에서 사는 것을 의미한다.

26:3 이 땅에 거류하면(גּוּר) - 구르(גּוּר)의 칼 동사 명령법(머무르라. Sojourn)
내가 너와 함께 있어 네게 복을 주고[1)]
내가 이 모든 땅을 너와 네 자손에게 주리라
내가 네 아버지 아브라함에게 맹세한 것을 이루어
4 네 자손을 하늘의 별과 같이 번성하게 하며(הִרְבֵּיתִי) - 라바(רבה)의 히필 완료
이 모든 땅을 네 자손에게 주리니

//결과 : 네 자손으로 말미암아 천하 만민이 복을 받으리라

1) 구약성경에서 '축복' 이라는 말은 '성공, 번영, 생산, 장수' 등을 의미한다.

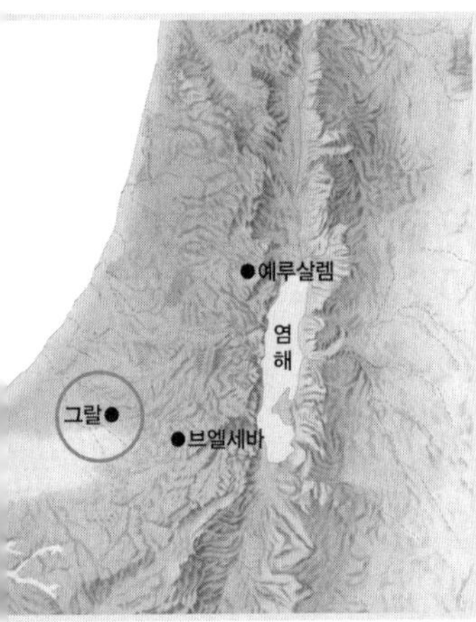

(3) 하나님은 아브라함을 부르셔서 친히 주도권을 가지시고 구원역사를 전진시키셨다. 이제, 하나님은 아브라함에게 약속하셨던 것처럼, 그의 후손 이삭에게서 구원역사를 펼치고 계신다. 하나님은 자신이 의도하신 구원 목표를 향해, 주권적으로 이삭을 이끌어 가시는 것이다. 그렇다고 이삭은 멍청하게 끌려 다니는 로보트가 아니라 자기가 한 일은 자기가 책임을 질 수 있어야 하는 자유인이었다. 그러나 그 자유는 하나님께 순종함으로써만 아름다운 결과를 이끌어낼 수 있었다. 그는 아버지 아브라함의 그늘에서 연약하게(?) 성장했다. 그러나 이삭은 그 자신만의 신앙을 키워간다.

(4) 이삭은 물론 애굽으로 내려가지 아니한다. 이삭은 그랄에 머물렀다. 이곳에서 이삭은 그의 아버지 아브라함이 그랬던 것처럼 자기 아내를 누이라고 부르는 거짓말을 하게 된다(7절). "리브가도 보기에 아리따우므로 그곳 백성이 자기를 죽일까" 두려워했다. 물론 이 일은 하나님의 특별하신 보호로 곤경에 빠지지 않았지만 아직도 이삭의 믿음은 미숙했음을 본다.

3. 왜 아비멜렉이 리브가를 취하지 않게 되었나?

26:5 이는(에케브, עֵקֶב) - 때문에, 왜냐하면
아브라함이 내 말을 순종하고
내 명령과 내 계명과 내 율례와 내 법도를 지켰음이라(=~때문이다)

(1) 그랄 왕 아비멜렉은 이전에 아비멜렉이 아브라함의 아내 사라를 자기 아내로 삼으려다가 하나님이 그의 집에 벌을 내리신 사건을 분명히 기억했을 것이다(창 20장). 따라서 아비멜렉은 오히려 이삭을 후대하게 되었고 그 땅에 살도록 관대하게 허락한다. 하나님은 궁극적으로는 그리스도의 계보가 태어날 이들을 보호하셨다.

(2) “아비멜렉이 이에 모든 백성에게 명하여 가로되 이 사람이나 그 아내에게 범하는 자는 죽이리라 하셨더라”(11절). 이삭은 그의 호의를 받아들여 그 땅에서 농사를 지어 풍성한 수확을 얻었다. 하나님께서 복을 주셔서 이삭은 창대하고 왕성하여 마침내 거부가 되었고, 양과 소가 떼를 이루었고 노복도 심히 많았다고 했다(13, 14절).

이삭의 축복을 시기하는 사람들 (26:12~22)

하나님의 축복으로 이삭은 엄청난 번영을 가져왔다. 그러나 이 일은 그곳 가나안 사람들로부터 시기를 불러왔다. 유목민이었던 이삭에게는 우물은 절대적으로 필요했다. 이삭은 아브라함 때에 팠던 우물을 다시 팠다. 그러나 기존 거주민들은 이삭이 판 우물을 메워버렸다. 그러나 이삭은 이들과 대항치 않는다. 그들이 무섭고 또 자신이 힘이 없어서가 아니라 모든 것이 평화롭기를 원했기 때문이었다.

우물(베에르, בְּאֵר)

팔레스타인은 물이 아주 귀한 지역이기에 물로 인해 자주 다툼이 일어났다(창 26:19-21). 이들은 물을 구하기 위해 우물을 팠다(창 21:30, 26:18). 물은 길어와야 하는 것이 통례였고(창 24:11, 20), 따라서 샘솟는 우물(생수)을 갖는다는 것은 특별한 행운이었다. 이와달리 보르(בּאר)는 바위에 파놓은 수조로서 우기에 물을 받아 식수로 사용하는 웅덩이를 말한다.

1. 왜 블레셋 사람들이 이삭을 그 땅에서 떠나라고 했는가? 그래서 어디에 거했는가? (26:16, 17)

(1) 이삭은 부친 아브라함으로부터 물려받은 물질뿐만 아니라 하나님의 축복으로 부자가 되었다. “양과 소가 떼를 이루고 노복이 심히 많았다”(26:14)고 했다. 가축뿐만 아니라 또한 농사도 지었던 것같다(26:12). 이런 번영은 원주민들에게 시기를 불러왔고, 블레셋 사람들은 마침내 이삭에게 이 땅을 떠나라고 협박했다. 그리고 애써 팠던 우물을 메꾸어버렸다. 이삭은 특별히 우물을 많이 판 것같다. 그는 자기 부친이 판 우물을 다시 복원시켰고 원래의 이름을 부활시켰다(18절).

(2) 그들에게는 우물 하나가 큰 재산이었다. 15, 18, 19, 21, 22, 25, 32절을 보라. 도대체 몇 번을 메꾸었나? 그들은 아마, 그러지않아도 물질의 복을 받아 배가 아팠는데, 계속 우물까지 팠으니 트집을 잡았을 것이다. 그러나 이때마다 이삭의 태도는 어떠했나? 옛날 아브라함이 롯을 구할 때처럼 한바탕 붙어볼 수도 있었을 터인데. 그러나 이삭의 성품은 그렇지 아니했다. 그는 모든 것을 조용히 해결하려고 했다.

2. 그렇다고 이삭이 대항할 힘이 없어서 그랬을까? (16절)

(1) 그렇지도 아니한 것 같다(16절). 이들은 이삭을 보고 “네가 우리보다 크게

강성했다"고 했음을 본다. 그러나 이삭은 블레셋 사람들이 싸우려 덤비면, 다시 자리를 옮겨 우물을 팠다. 여러 번 도전했으나 그 때마다 이삭은 인내로 대처했다. 더 이상 소용이 없음을 알자 이들은 우물 메우기를 단념했다.

(2) 이삭은 이들보다 더욱(메오드, מְאֹד) 강성했다고 했다. '강성하다'라는 말 '아참'(עָצַם)은 '강력하다, 강대하다, 힘이 쎄다'라는 의미이다(단 8:8, 24, 11:23). 결코 이삭이 연약해서 양보를 거듭한 것이 아님을 본다. 그들은 이삭에게 자기들'로부터'(מִן) 떠나라(לֵךְ)고 요구했다.

(3) 물론 이삭은 그곳을 떠나 그랄 골짜기에 장막을 치고 살았다(17절). 그리고 아버지 아브라함이 팠던 우물들을 다시 팠다. 이 우물들은 아브라함이 죽은 뒤에 블레셋 사람들이 메워버렸던 우물들이었다(18절). 이삭의 종들이 그 계곡을 파서 물이 콸콸 솟는 샘 줄기를 찾았다(19절). 이렇게 되자 그곳 사람들은 그 샘줄기가 자기들의 것이라고 주장했다. 따라서 이삭의 목자들과 싸움이 생겼다. 그래서 이삭은 이 물을 '에섹'(עֵשֶׂק)이라고 불렀다(20절). '다툼'이라는 뜻이다.

(4) 결국 이삭의 목자들은 다른 우물을 파야만했다. 그런데 그랄 지방의 목자들이 또다시 시비를 걸어왔다. 그래서 이삭은 그 우물 이름을 '싯나'(שִׂטְנָה)라고 불렀다(21절). '적대, 적개심'이라는 의미이다.

3. 이삭은 또다시 옮겨야 했고 또다시 우물을 파야만 했다. 그래서 그 곳 이름을 무엇이라고 했나? 왜 이런 이름을 붙이게 되었나?

26:22 이삭이 거기서 **옮겨** 다른 우물을 **팠더니**
그들이 (그것 때문에) **다투지 아니하였으므로**
//그래서 (그 결과)
그 이름을 르호봇(רְחֹבוֹת)[1]이라 하여
[그가] — **이르되**...하였더라
/이제는
/우리가 — 번성하리로다
/이 땅에서
//(이유, כִּי)
여호와께서 우리를 위하여 넓게 하셨으니

다투다(리브, רִיב) : 다투다 경쟁하다, 얻으려고 애쓰다. / 즉 이삭은 우물을 차지하기 위해 경쟁적으로 애쓰지 아니했다는 말이다.

이삭은 축복과 번영이 여호와의 손에 달려 있다는 것을 잘 알고 있었다. 따라서 그는 당시 엄청난 재산이었던 우물을 차지하려고 추태를 부리지 아니했다는 것이다.

1) 르호봇(레호보트 - '넓은 광장') - 브엘세바에서 남서쪽으로 33km 지점으로 알려져 있다.

(1) "우리가 번성하리로다"(וּפָרִינוּ, and we shall be fruitful) : 번성하다라는 말 '파라'(פָּרָה)는 '열매를 맺다, (풍부하게) 결실하다'라는 의미이다. 이삭은 하나님께서 풍성한 열매를 주실 것을 확신했다. 그 이유를 무엇이라고 했나? 그 이유를(for, כִּי) 이제는(아타, עַתָּה) 여호와께서 '우리를 위하여'(לָנוּ) 장소를 넓게 해주실 것이기(הִרְחִיב, 히필 동사 완료형)[1] 때문이라고 했다.

1) 라하브(רָחַב) - '넓다, 광대하다' 라는 의미이다. 이 말은 땅의 넓이나 광활한 공간을 말한다. 여기서는 땅의 넓음을 표현하는 말로 쓰였다. 히필(사역 능동형) 동사를 써서 하나님께서 그렇게 해주실 것임을 표현하고 있다.

(2) 이삭은 그의 막강함을 앞세워 그들과 대결할 수도 있었다. 그러나 그는 그들과 대적하지 않았다. 수차례 양보를 거듭했다. 그는 번성(繁盛)의 근원이 여호와께 있음을 알았다. 그래서 양보를 거듭했고, 여호와의 인도를 따랐다. 만약 우리라면 이런 상황에서 어떤 모습을 보였을까? 대판 싸웠을까? 양보했을 것이라고? 우리는 대체로 우리의 지혜(세상 지혜)와 능력(?)을 총동원했을지도 모른다.

4. 결국 이삭은 브엘세바 행을 선택한다. 그 밤에 여호와께서 이삭에게 나타나셨다. 어떤 위로를 주셨는가?

26:24 그 밤에(the same night)
여호와께서 그에게 **나타나 이르시되**....하신지라
/나는 네 아버지 아브라함의 하나님이니
(אָנֹכִי אֱלֹהֵי אַבְרָהָם אָבִיךָ)
[너는] —— 두려워하지 말라(אַל־תִּירָא)
//(כִּי, for)
/내 종 아브라함을 위하여(인하여)
내가 —— 너와 함께 있어(I am with you.)
—— 네게 복을 주어(I will bless you)
—— 네 자손이 번성하게 하리라
(and multiply your descendants)

'두려워하다'라는 말 '야레'(יָרֵא)는 여러 가지 뜻이 있다. 1) 두려움의 감정 2) 감정적인 반응에 강조점을 두지 않는 악에 대한 지적인 예상, 3) 존경이나 경외, 4) 의로운 행동이나 경건 5) 형식적인 종교적 예배 등. 여기서는 공포나 두려움을 말한다.

(1) 이삭은 결국 거기서부터 브엘세바로 올라갔다. 그 모든 여정에서 두려움과 인간적인 고뇌가 있었으리라. 그런데 하나님께서 그에게 나타나 위로와 용기를 주신다. "나는 네 아버지 아브라함의 하나님이다." 하나님은 이삭의 아버지 아브라함을 사랑하고 축복하셨다. 이삭은 그 사실을 잘 알고 있었다. 아브라함의 전 생애가 여호와의 인도와 축복을 받은 것 같이 이삭 역시 하나님께서 함께 하실 것이라는 것이다.

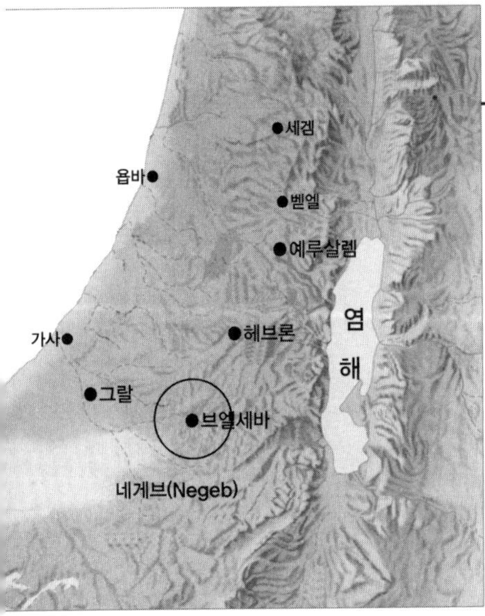

브엘세바(בְּאֵר שֶׁבַע: 베에르 셰바) - '일곱개의 우물', 또는 '맹세의 우물' 이라는 뜻이다. - 이 단어는 팔레스타인의 남단을 가리키는 말이다.

2) 이삭은 여러 가지 이유로 공포와 두려움 속에 있었던 같다. 이삭은 하나님의 약속에 기초한 믿음을 가지고 살아왔음을 본다. 이제 하나님은 그런 이삭에게 아브라함과의 중요한 신학적 연결을 제공해 준다는 사실을 깨닫게 된다. 이삭 역시 그의 부친처럼 약속의 땅에서 여러 역경들을 만난다. 그러나 이삭은 그럴 때마나 그 역경을 피하려 하지 않았다.

3) 이삭은 역경을 만날 때마다 인내와 참을성을 가지고 대처했다. 그럴 때마다 하나님의 임재하심을 체험했다. 이삭 역시 그의 부친이 그랬던 것처럼, 가족의 일, 즉 쌍둥이 아들로 인해 고통을 당했다(25:19-34, 27:1-40).

5. 이삭은 브엘세바로 올라왔다. 그에게 닥친 고통의 세월은 여호와께로 더 가까이 가는 촉매제가 되었다. 어떤 변화가 있었는가?

26:25 이삭이 그 곳에 제단을 **쌓고**,
여호와의 이름을 **부르며**(카라, קָרָא)
거기 장막을 **쳤더니**
이삭의 종들이 거기서도 우물을 **팠더라**

(1) 제단(altar, 미즈베아흐, מִזְבֵּחַ)[1]이란 말은 희생의 장소로, 주로 오경과 역사서에 나온다. 아브라함은 약속의 땅에 도착했을 때 세겜에 단을 쌓음으로써 여호와를 예배했다(창 12:7-8). 이삭과 야곱은 여호와의 축복을 기념하려고 각각 브엘세바와 벧엘에 단을 쌓았다(창 26:25, 창 35:7).

1) 돌제단(수 8:31), 토단(출 20:24), 나무 제단과 놋제단(출 38:1), 나무 제단과 금제단(출 30:1-6)이 있다.

(2) 이러한 제단들은 하나님의 성품이나 목적에 부합하느냐에 따라 하나님에 의해 선한 것으로 판단되기도 하고 악한 것으로 판단되기도 한다. 예를 들어 하나님은 노아(창 8:20), 족장들(창 12:7-8, 창 13:8, 창 13:18, 창 22:9, 창 26:25, 창 35:7). 모세(출 17:15, 출 24:4), 여호수아(수 8:30)가 쌓은 제단들을 받으셨다. 반대로 그는 산당과 아론(출 32:5), 솔로몬(왕상 11:7), 르호보암(왕상 14:23) 등이 쌓은 이방신 제단들을 거부하셨다.

(3) 이삭은 브엘세바로 장막을 옮기고, 여기서 제단을 쌓고, 여호와의 이름을 불렀다고 했다. 카라(קָרָא)라는 말은 여러 가지 의미가 있지만 여기서는 하나님의 이름을 '부르다'라는 의미이다. 어떤 위급한 요구나(시 34:6,

81:7) 필요시에 여호와의 이름을 불렀다(창 4:26 참조). 경건한 사람들은 하나님을 계속 부름으로써 원죄의 존재를 인지하였다(창 12:8, 13:4; 시 116:2). 하나님은 자신을 부르는 모든 자에게 응답하신다(시 145:8). 물론 마음이 하나님으로 더불어 올바를 때만이 제사가 용납되며 큰 기쁨을 가져다 주는 수단이 된다(느 12:43). 시편에서는, 감사와 상한 심령이 하나님을 영화롭게 하는 제사로 간주된다(시 50:14, 시 50:23 시 51:17).

(4) 이삭은 이곳에서도 우물을 팠다고 했다. 우물은 가장 시급한 일이었기 때문이다.

6. 결국 아비멜렉이 이삭을 찾아왔다. 왜 찾아왔을까?

(1) 이삭이 브엘세바로 올라갔을 때 하나님은 무엇이라 말씀하시는가? (24절) 여기서 이삭은 하나님께 단을 쌓고 공적 예배 형식으로 여호와의 이름을 불렀다(25절). 아비멜렉도 이러한 이삭에게 하나님이 함께 하심을 보았다. 그래서 그의 군대장관 비골과 함께 이삭을 찾아왔다(26절).

라아(רָאָה) : 관찰하다, 주목하다라는 의미이다. 같은 단어를 써 강조하고 있다. 함께 하셨음을 분명히(똑똑히) 관찰했다는 말이다.

26:28 그들이 — **이르되**

/우리가 —분명히 **보았으므로**(רָאוֹ רָאִינוּ)

/여호와께서 너와 함께 계심을

//[우리가] **말하였노라**

우리의 사이 곧 우리와 너 사이에 맹세하여

너와 계약을 맺으리라

(2) 하나님은 이삭과 함께 하셨다. 블레셋 왕도 그를 인정하여 이삭과 계약(상호불가침 조약)을 맺었다. 그래서 계약을 맺고 그곳 이름을 "브엘세바"라 했다(21:31 참조). 이삭의 조용한 성품 속에서 하나님이 함께 역사하심을 볼 수 있다. 그는 비록 자기와 자기 가족을 위해, 그리고 종들과 가축을 위해 우물을 팠지만 이러한 일상생활을 통해 하나님께 영광을 돌렸다. 그는 아브라함처럼 용감하지 못했지만 조용한 가운데 하나님을 섬겼다.

(2) 여기 등장하는 아비멜렉은 아브라함과 교제를 가졌던 아비멜렉은 아니었을 것이다. 그의 후임자였을 것이다. 어쨌든 이 아비멜렉은 하나님이 아브라함과 그리고 이삭과 함께 하심을 보았을 것이고, 따라서 이삭과 충돌을 원치 않았을 것이다.

30

이삭과 리브가의 근심 (26:34~35)

1. 에서는 몇살에 누구와 결혼했나? (34절,)

(1) 에서(Esau)는 지난 장에서도 보았듯이 늘 세속적인 삶을 살았다. 그의 일생은 늘 물질적인 것에 있었다. 결혼도 이교도인 가나안 여인과 결혼했다. 이런 일들이 부모들에게 큰 근심이 되었다. 이렇게 함으로써 에서는 하나님의 언약의 부르심과 약속을 무시하는 일을 저질렀다.

(2) 왜 이 일이 부모들에게 근심이 되었나? 이들 부모의 근심이 어느 정도였는가?

26:34 에서가 사십 세에
헷 족속 브에리의 딸 유딧과
헷 족속 엘론의 딸 바스맛을 아내로 맞이하였더니

35 그들이(=이 여자들이) 이삭과 리브가의 '마음' (루아흐, רוּחַ)에
근심(모라, מֹרַת)[1]이 되었더라

(3) "그들이 이삭과 리브가의 마음(원문: 靈, Ruach, Spirit)의 근심(쓰라림)이 되었더라." '마음' 이라는 말은 보통 '네페쉬' (נֶפֶשׁ)라는 단어를 쓴다. 그러나 여기 본문에서는 '영' (루아흐, רוּחַ)이라는 단어를 써 표현했다. 성경은 보다 강력한 지정의의 표현을 사용할 때, 혼보다 영에 더 연결지어 사용했다. '혼' 의 근심이 아니라, '영' 의 근심으로 말한 것으로 보아 이삭과 리브가의 근심이 얼마나 극심했던가를 볼 수 있다.

(4) 세속적인 삶을 살아가는 에서, 그에게서는 조금도 영적인 면을 찾아볼 수 없었다. 먹고 마시고, 힘 자랑이나 하는 패거리의 두목이었을 것이다. 또한 에서의 부인들의 사고방식과 행동 역시 이삭 부부를 몹시 힘들게 했을 것이다. 그들은 오직 세상의 번영만을 추구했다. 하나님 없는 삶, 그것은 비참함 바로 그것이다.

1) 모라 : 쓴맛, 슬픔, 비통 / 구약성경에서 여기 단 한 번 나온다. 마음의 슬픔, 또는 비통함을 말한다.

31

적용을 위한 묵상

• 이삭은 우물을 여러번 팠다. 우물을 가진다는 것은 엄청난 부를 소유했다는 것을 의미한다. 물이 귀중했기에 우물을 소유하기 위해 분쟁이 일어나곤 했다. 이 귀중한 재산을 이삭은 여러번 포기했다. 장막터를 옮기는 엄청난 수고가 있었지만 그는 이런 분쟁들을 피해갔다. 세속인의 눈에는 이삭은 너무 어리석은 바보였다. 물론 오늘날도 이런 사람을 가리켜 쓸개도 없는 사람이라고 비웃는다. 그러나 하나님은 이런 사람을 눈여겨 보신다. 우리는 너무 똑똑하지 않은가! 양보라고는 조금도 없는 빈틈없는 삶 - 너무 피곤하다!!

• 크리스천은 어디까지 양보해야 하나? 끝까지? 마태복음 5:5의 의미를 설명해 보자.

• 불신자와 결혼이 왜 문제가 되는가?
책 소개: 글렌 스타센 · 데이비드 거쉬/신광은 · 박종금 옮김, 하나님의 통치와 예수 따름의 원리(대장간, 2011), 제 13장 결혼과 이혼.

32 창세기 25-26장 요약 정리

- 아브라함이 후처를 얻고 그녀에게서 자식들을 낳았다. 결국 이들의 후손들은 이스라엘을 대적하는 민족이 된다. 하나님의 뜻대로 하지 않는 삶의 결과는?
- 아브라함은 어디에 묻혔는가?
- 이스마엘에게도 축복을 주셨다. 육적이고 세상적인 축복을 받았지만 그는 영적으로 비참했다.
- 이삭도 아브라함처럼 자식을 잉태하지 못했다. 그는 어떤 태도를 가졌나? 아브라함과 비교해 보라.
- 에서와 야곱의 출생과정을 설명해 보라
- 장자의 명분을 판 에서의 망령된 행실을 책망하고 있다. 왜 그것이 문제인가?

- 이삭에게 어떤 어려운 환경이 닥쳤나? 이삭은 어디로 가려 했나? (26:1-2)
- 이삭은 하나님의 명령에 어떻게 했나? 아브라함과 비교해서 설명해 보라.
- 만약 하나님의 명령을 순종한다면 어떤 축복을 주실 것인가? (26:3-4)
- 이삭이 그랄에 머물면서 자기 아내로 인하여 아브라함과 같은 환경에 처하게 되었다. 어떤 경우인가?
- 이삭의 번영의 근원은 무엇인가? 이삭이 어느 정도 부자였나 보라(12-14절).
- 이삭의 번영을 시기하는 자들이 있었다. 시기의 이유가 무엇인가?
- 이삭은 우물을 몇번이나 빼앗겼는가? 그때마다 어떤 태도를 유지했는가? 온유한 마음이란 어떤 마음인가?

- 아비멜렉은 왜 이삭과 조약을 맺으려 했는가? (28절) 불신자들은 어떻게 할 때 성도를 두려워 하는가?
- '브엘세바' 의 의미는?
- 에서로 인한 이삭과 리브가의 근심의 정도는?

Summary

- 아브라함의 생애와 이삭으로 이어지는 하나님의 언약
- 장자권과 그 당시의 문화적 배경
- 하나님의 축복과 성도의 삶의 관계

벧엘의 하나님

이삭은 40세에 결혼해서(25:19), 60세에 쌍둥이 자녀를 얻었다. 에서와 야곱, 이들 두 형제들은 서로 다른 성격으로 인해 엄청난 차이를 가지고 살아가게 된다. 야곱은 태어날 때부터 형의 발꿈치를 잡고 태어났다. 이 야곱에 관한 이야기가 창세기의 상당한 부분을 차지한다(창 25-50장). 하나님은 형 에서보다는 야곱을 사랑(선택적 사랑)하신다. 하나님은 잉태되기 전에 이미 큰 자가 작은 자를 섬기게 될 것이라고 알려주셨다.

동생 야곱은 성격이 조용했다. 그러나 에서는 그와 정반대였다. 에서는 사냥을 좋아하는 들사람이 되었다. 그리고 늘 세속적이었다. 이에 비해 야곱은 종교적이었고, 하나님의 축복을 받으려는 열심이 대단했다. 이 열심이 마침내 형 에서의 장자권을 팥죽 한그릇에 사버린다. 에서는 어느 날 사냥에서 허기를 이기지 못하고 장자권을 동생에게 팔아 급한 배고픔을 해결했다. 이들이 커서 부모의 축복을 받는 절차를 갖게 되었다. 리브가와 야곱이 어떻게 아버지 이삭을 속이고 장자의 축복을 받는가? 이삭은 에서를 좋아했다. 아마 이삭은 자기 자신의 수동적인 성격 때문에 호방한 아들 에서를 더 좋아했는지도 모른다. 더욱이 목축 일에 야곱보다는 에서가 많은 도움을 주었을 것이다. 어쨌든 이삭은 에서에게 장자의 축복을 내려주려 한다. 이삭은 일찍 연약해진 것같다. 눈이 흐려져 있었다. 그래서 급히 서둘러 장자의 축복을 내려주려 했을 것이다. 그러나 이러한 계획은 야곱과 그의 어머니 리브가에 의해 수포로 돌아간다. 야곱은 어머니와 공모하여 에서의 모양으로 변장, 에서에게 내려주려 했던 모든 축복을 가로챈다. 이로인해 에서는 극도로 화가 났다. 에서는 아버지가 죽는 날이 바로 야곱이 죽는 날이라고 했다. 에서는 야곱을 죽이려 했다.

어머니 리브가도 하나님의 축복에 대해 잊어버렸을 것이다. 이삭의 영적인 상태도 제로에 가까웠는지도 모른다. 어쨌든 부모들의 영적 해이는 가정을 폭풍 속으로 몰아넣었다. 급해진 어머니는 야곱을 자기의 오빠 라반이 있는 곳으로 피신시킨다. 그리고 리브가는 자기가 죽을 때까지 다시는 야곱을 볼 수 없었다. 인간의 약삭빠른 계획 때문에 스스로 어려움을 겪는다.

34

Outline 27-28

- 속임수로 야곱이 축복을 받음(27:1-27)
- 에서가 야곱에게 적의를 갖게 됨(27:28-40)
- 이삭의 가정 분규(27:41-47)
- 외삼촌 라반의 집(밧단 아람)으로 가는 야곱(28:1-9)
- 벧엘에서 하나님을 만남(28:10-15)
- 야곱의 서원(28:16-22)

- 호세아서에서는 (12장) 야곱에 대한 부정적 평가(?)가 나온다. 그는 천성적으로 악했다고 말한다. 그것은 마치 벼랑 끝에 서 있던 북이스라엘의 모습과 같았다고 언급한다.
- 그러나 야곱은 브니엘의 사건을 통해서 새로운 모습으로 태어난다. 27-28장에서는 그가 어떤 과정을 통해 성장해 가는가를 보여준다.

• 속임수로 야곱이 축복을 받음(27:1-27)

이삭은 병에 걸렸을까? 일찍 눈이 어두었다. 이로 인해 비극이 연출된다. 그는 야곱보다 에서를 더 사랑했다. 그래서 그에게 장자의 축복을 주고 싶어 했다. 그는 죽기 전에 '마음껏' 축복을 빌어주려고 했다. 그래서 요구한 것이 자신이 즐기는 별미를 만들어오라는 것이었다.

그러나 이 일은 옆에서 듣고 있던 리브가에 의해서 좌절된다. 리브가는 야곱이 이미 장자권을 소유하고 있었으므로 모든 축복이 야곱에게 돌아가야 하는 것이 당연하다고 생각했을 것이다. 결국 리브가와 야곱은 아버지 이삭의 축복을 받아내려고 비열한 속임수를 쓴다. 결국 에서에게 내려주려던 축복기도는 야곱이 받게 된다.

• 에서가 야곱에게 적의를 갖게 됨(27:28-40)

뒤늦게 이런 사실을 알고난 에서는 방성대곡했다(차아카). 이 말은 고통 가운데 부르짖음을 의미한다. 축복의 상실을 생각하고 크게 울었다는 것이다. 이 일로 그는 동생 야곱을 죽이려 했다.

• 이삭의 가정 분규(27:41-47)

복수심에 불타는 에서, 이를 눈치 챈 리브가의 발 바른 대처, 결국 리브가는 야곱을 자신의 고향 하란으로 피신시킨다. 물론 일시적인 피난 계획이었다. 에서의 노가 풀릴 때까지라고 생각했지만, 결국 그녀는 다시는 야곱을 보지 못하고 죽는다.

• 야곱이 벧엘에서 하나님을 만남(28:10-15)

그는 브엘세바를 떠나 하란으로 가는 중에 벧엘에서 유숙하게 되었고, 그곳에서 여호와 하나님을 만난다. 야곱에게 개인적으로는 아직 나타나지 않으셨으나 새로운 언약의 상속자 야곱에게 이제 나타나신 것이다. 그의 조부 아브라함의 하나님, 아버지 이삭의 하나님이 그에게도 축복을 선언하신다

• 야곱의 서원(28:16-22)

벧엘에서 하나님을 만나고나서야 그의 신앙관에 변화가 나타났다. 하나님은 야곱을 언약의 상속자로 인정하시며, 그가 어디를 가든지 함께 하겠다고 약속하신다. 야곱은 결점이 많은 사람이었다(이에 대해서는 호세아 12:3이하 참조). 그러나 하나님은 그의 생애를 간섭하신다. 야곱은 하나님께 대단한 서원을 하게 된다. 물론 그가 약속한 서원을 지켰다는 기록은 없다.

야곱은 에서의 낯을 피하여 밧단아람, 외조부 부드엘의 집을 찾아간다(28:1). 그는 외삼촌 라반 밑에서 양을 치는 일을 하게 된다. 그리고 라반의 딸들과 그 딸들의 몸종을 통해 자녀를 낳는다.

이삭의 영적 상태는? (27:1~4)

이삭은 나이가 많아 눈이 어두워 잘 볼 수가 없었다. 그는 앞으로 오래 살 수 없을 것으로 판단했을 것이다. 따라서 서둘러 에서에게 축복을 주려했을 것이다. 그 옛날 하나님이 리브가에게 주셨던 말씀, 즉 "큰 자는 어린 자를 섬기리라"라는 말씀에 크게 개의치 않았을 것이다. 그의 믿음은 나약해져 있었다. 그러나 이런 일은 야곱과 그의 어머니 리브가에 의해 무산된다.

1. 이삭의 말년의 신앙은 어떠했을까?

27:2 이삭이 **이르되**
/이제(הִנֵּה־נָא) - 힌네(הִנֵּה) - 보라, 주목하라 / 나(נָא) - 제발
/내가 **늙어**(자켄, זָקֵן)[1]
어느 날 죽을는지 **알지 못하니**
3 그런즉
[너는] ┬ 네 기구 곧 화살통과 활을 **가지고**
├ 들에 **가서**
├ 나를 위하여 **사냥하여**
4 ├ 내가 즐기는 별미(마트암, מַטְעַם)[2]를 **만들어**
├ 내게로 **가져와서**
└ **먹게 하여**
//(그래서)
내가 죽기 전에 내 마음껏 네게 축복하게 하라

(1) 이삭은 이 당시 병에 걸렸던 것 같다. 눈이 일찍 어두워서 볼 수 없게 되었다(1절). 그는 그의 남은 생이 멀지 않았으리라 생각했을 것이다. 자기의 죽음이 얼마 안 남은 줄 알았으나 그것은 실수였다. 그는 그 후에도 훨씬 오래 살았다. 이삭은 이 축복 사건 이후 43년을 더 살고 180세에 죽었다(레온 우드, 이스라엘 역사). 아마 이삭은 장자인 에서에게 이 축복을 주고 싶은 생각이 몹시 컸던 것 같다. 그는 야곱보다 에서를 더 사랑했기 때문이었다. 따라서 아주 오래 전, 이들이 태어나기 전의 하나님의 약속에 그리 크게 비중을 두지 않았을 것이다.

(2) 에서와 야곱이 태어날 때, 하나님은 이미 리브가에게 "큰 자는 어린 자를 섬기리라"(25:23)는 약속을 하셨다. 하나님께서 선택적 특권을 가지셨기에 이삭이 기대했던 것과는 반대로 야곱이 선택되었다. 하나님의 약속을 너무

1) 자켄 - 늙으면 눈이 어두어지며(창 27:1), 신진대사도 활발하지 못하고 기동이 어려워진다(왕상 1:1). 따라서 죽음을 기대하게 된다(창 19:31, 24:1; 수 23:1-2)

2) 별미(마트하임) : 단순한 식사가 아니라 맛있는 음식(진미)을 말한다. 이삭은 사냥 고기로 한 별미요리를 먹고 에서를 축복하려 했다. 죽기 전에 자기 자녀에게 축복을 비는 것은 당시의 습관이어었다. 특히 족장들의 축복은 성격상 예언적이었다. 축복과 예언의 요소를 함께 가지고 있다. 그런 면에서 족장의 축복은 중요한 것이었다. 그러므로 리브가와 야곱은 축복을 받기 위하여 치밀한 계획을 세운다.

오래되어서 잊어버렸을까? 또 게다가 에서는 이 축복 받을 장자의 권리를 팥죽 한 그릇에 팔아넘기지 않았던가! (25장)

2. 그런데, 왜, 이삭은 에서에게 장자의 축복을 주려고 애쓰고 있는가? 그리고 이 일은 무엇이 잘못되었는가? (3, 4절)

27:4 내가 즐기는 별미(마트암, מַטְעַם)를 **만들어**
내게로(**לִי**) **가져와서**(**הָבִיאָה**) - 보(בּוֹא)의 히필(사역) 동사 명령법
먹게 하여(**בַּעֲבוּר**[2] **אֹכֵלָה**[1]) - that I may eat
//(이로써) 내가 죽기 전에
'내 마음껏'(נַפְשִׁי) '네게 축복하게 하라'(תְּבָרֶכְךָ)

1) 아칼(אָכַל)의 칼 동사 미완료 연장형 / 연장형으로 쓸 때는 강조의 의미가 있다.

2) 아브르(עֲבוּר) ~ 때문에, ~을 위하여, ~할 목적으로 / 항상 접두사 '베'(ב)와 함께 원인적, 목적적, 결과적 관계를 나타나는데 사용한다.

(1) "내가 좋아하는 맛있는 요리를 해서 내게로 가져 오너라." 아버지 이삭은 간곡한 명령조로 이삭에게 이야기한다. 아주 꼭 먹을 수 있게 해 달라는 간절함을 볼 수 있다. '먹다'(아칼, אָכַל)라는 말이 연장형으로 쓰일 때는 강조를 나타낸다. 그렇게 함으로써(בַּעֲבוּר) 죽기 전에 마음껏(נַפְשִׁי) 복을 빌어 주겠다는 것이다. '마음껏'으로 번역된 단어는 '네페쉬'(נֶפֶשׁ - 영혼, 생명, 숨쉬는 존재)라는 말이다. '영혼을 다하여'라는 뜻이다(신 13:3). 영혼의 내부에서 음식에 대한 욕망(신 12:20, 21), 육체의 욕망(렘 2:24), 살인과 복수에 대한 욕망(시 27:12) 등이 일어난다.

• 신 21:17 "반드시 그 미움을 받는 자의 아들을 장자로 인정하여 자기의 소유에서 그에게는 **두 몫을 줄 것이니 그는 자기의 기력의 시작이라 장자의 권리가 그에게 있음이니라.**"

(2) 이삭은 분명히 하나님의 계획을 철저히 무시했고, 에서 역시 영적인 면에서 축복을 받으려고 애쓴 것이기라기보다는 장자로서 받을 육적인 축복을 더 받으려 했을 것이다. 에서의 영이 지금 너무 무뎌있다. 아니 그는 너무 세속적인 사람이었다. 만약 장자권이 야곱에게 넘어간다면 그에게 돌아올 물질이 야곱에 비해 훨씬 적을 것이기 때문이다. 장자는 아버지의 권위를 계승하며, 다른 형제보다 우선권을 받게 되어 있다. 또 유산 상속도 다른 형제보다 2배의 몫을 받게 되어 있었다(신 21:17*). 아들이 에서와 야곱 둘이었기에 장자권을 받은 사람이 아버지 이삭의 재산의 3분의 2를 받을 수 있었다.

(3) 그렇다면 이삭의 믿음은 어떠했을까? 아마 하강 곡선을 그리고 있었을 것이다. 아브라함과 함께 모리아산에서의 제사드릴 때의 그의 믿음, 우물을 빼앗기면서도 의연하게 대처했던 믿음은 지금은 없다. 지금 이삭은 얼마남지 않은 마지막 삶을 생각하고 어떻게 하든 에서에게 족장으로서의 축복을 주려 했을 것이다. 처음에 가졌던 믿음을 계속 유지한다는 것이 얼마나 어려운가

를 볼 수 있다.

3. 그런데, 왜 리브가는 이삭의 축복을 야곱에게 받게 하려고(27:6-10) 애를 쓰는가? 당시에 족장들의 축복은 어떤 영적 권위가 있었는가?

(1) 리브가의 이러한 행동으로 야곱이 장자의 축복을 받게 되었는가? 하나님께서 그녀에게 이미 야곱에게 장자권을 계승시킬 것을 말씀하시지 않았는가?! (25:23*) 그러나 리브가는 인간적인 방법으로 장자권을 계승하려 한다. 아버지를 속이려는 계획에 야곱은 주저하지만 어머니 리브가는 적극적으로 속이는 일을 벌인다.

창 25:23
And the LORD said to her, "Two nations are in your womb; And two peoples shall be separated from your body; And one people shall be stronger than the other; **And the older shall serve the younger.** - NASB

(2) 이런 계획들은 큰 죄가 아닐 수 없었다. 리브가는 하나님의 약속을 굳게 믿고 순종했어야 했다. 족장은 땅과 후손의 약속, 또 그들이 전 인류를 위한 복의 통로가 될 것이라는 약속을 받았다(창 12:3, 28:14).

(3) 따라서 아버지 이삭의 축복은 곧 하나님의 축복이었다. 족장들은 곧 제사장과 같기 때문이었다(창 18:18, 19, "아브라함은 강대한 나라가 되고 천하 만민은 그로 말미암아 복을 받게 될 것이 아니냐 [19]내가 그로 그 자식과 권속에게 명하여 여호와의 도를 지켜 공의와 정의를 행하게 하려고 그를 택하였나니 이는 나 여호와가 아브라함에게 대하여 말한 일을 이루려 함이니라.")

4. 리브가와 야곱이 어떻게 아버지 이삭을 속이고 장자의 축복을 받는가?

(1) 그 과정을 자세히 설명해 보라. 그리고 이 사건이 우리에게 주는 교훈은 무엇인가 말해보자(27:5-30).

(2) 30절까지 읽으면서 자신의 말로 그 상황을 설명해 보라. 그룹으로 공부한다면 아주 재미있게 간단한 드라마로 꾸며볼 수도 있겠다.

- 에서가 장자권을 갖게 되는 것을 지극히 당연시 하고 있는 이삭(1-4절)
- 이삭과 에서가 이야기 하는 내용을 엿듣는 리브가(5절)
- 눈이 어두어 앞을 잘 볼 수 없는 이삭(1절)
- 급히 사냥을 하기 위해 부리나케 나가는 에서(5절)
- 이삭을 속이기 위해 분주한 리브가와 야곱의 모습. 염소 새끼를 고르는

1) 별미(마트암, מַטְעַם) : 단순한 식사가 아니라 맛있는 음식을 말한다. 이삭은 사냥 고기로 한 별미 요리를 먹고 에서를 축복하려 했다. 죽기 전에 자기 자녀에게 축복을 비는 것은 당시의 습관이어었다. 특히 족장들의 축복은 성격상 예언적이었다. 축복과 예언의 요소를 함께 가지고 있다. 그런 면에서 족장의 축복은 중요한 것이었다. 그러므로 리브가와 야곱은 축복을 받기 위하여 치밀한 계획을 세운다

2) 향취(레야흐, רֵיחַ) - 냄새 향기, 만목시키는 향기

야곱, 그리고 아버지에게 드릴 음식을 만드느라고 부산한 손길(9절)

- 만약 이 일이 발각난다면 뼈도 못추릴텐데... 불안해 하는 야곱(12절), 그리고 이로 인한 저주가 임한다면 내가 받을 것이라고 야곱을 설득하는 리브가(13절)
- 별미[1]를 만들어 가지고 아버지에게로 왔을 때 속은 줄 알고 어쩔 줄 몰라 하하는 이삭, 그리고 야곱의 행위에 치를 떠는 에서의 살기어린 모습(41절)
- 에서의 모습으로 변장하고 아버지 앞에 다가선 야곱의 두근거림, 눈이 보이지 않아 진짜 에서인지 구별하지 못하는 이삭, 그리고 어딘가 석연치 않지만 에서일 것이라고 믿고 축복하는 이삭(27절).

5. 어쨌든 이삭은 에서로 가장한 야곱에게 축복을 한다. 그 축복의 내용은 무엇인가? (28–29절)

27:27 그가 **가까이 가서** 그에게 **입맞추니**
아버지가 그의 옷의 향취[2]를 **맡고**
그에게 **축복하여 이르되**
/내 아들의 향취는 —— **향취로다**
/여호와께서 복 주신 밭의
28 /하나님은 —— **주시기를 원하노라**
/하늘의 이슬과 땅의 기름짐이며 풍성한 곡식과 포도주를
/네게

팔레스타인에서 이슬은 그 해의 풍작을 위하여 가물 때에 가장 중요한 것이다(신 33:13, 28)

29 /만민이 —— 너를 **섬기고**
열국이 —— 네게 **굴복하리니**
네가 —— 형제들의 **주가 되고**
//네 어머니의 아들들이 네게 굴복하며

이 축복은 에돔을 정복한 데서 성취되었다(삼하 8:14; 왕상 11:15)

너를 저주하는 자는 **저주를 받고**
너를 축복하는 자는 **복을 받기를 원하노라**

이 축복에는 아브라함의 축복의 두 가지 요소가 들어 있다.

(1) 이삭이 축복한 말은 예언이다(창 9:27, 49장 참조). 이것은 미래를 내다보는 영감된 상태에서 한 말이기 때문이다. 이미 야곱에게 한 축복은 취소할 수 없었다(33절, "…그러면 사냥한 고기를 내게 가져온 자가 누구냐 네가 오기 전에 내가 다 먹고 *그를 위하여 축복하였은즉* **그가 반드시 복을 받을 것이니라**").

(2) 나중에 이삭은 하나님의 말씀에 복종하고, 야곱을 하나님의 택한 자로 인정한다. 그리고 야곱에게 보다 충만하고 구체적인 축복을 한다(28:3-4을 읽어보고 비교해 보자).

형 에서를 속일 때 받은 축복	형의 낯을 피하여 도망갈 때 받은 축복
27:28 하나님은 ―주시기를 원하노라 /하늘의 이슬과 /땅의 기름짐이며 /풍성한 곡식과 포도주를 /네게	28:3 전능하신 하나님이 ― 네게 복을 주시어 ― 네가 생육하고 ― 번성하게 하여 ― 이루게 하시고 /네가 여러 족속을
29 만민이 ― 너를 섬기고 열국이 ― 네게 굴복하리니 네가 ― 형제들의 주가 되고 //결과 네 어머니의 아들들이 네게 굴복하며 너를 저주하는 자는 저주를 받고 너를 축복하는 자는 복을 받기를 원하노라	4 ― 네게 주시되 /아브라함에게 허락하신 복을 ― 주사 /너와 너와 함께 네 자손에게도 //결과 하나님이 아브라함에게 주신 땅 곧 네가 거류하는 땅을 네가 차지하게 하시기를 원하노라

6. 어쨌든 이삭이 야곱에게 축복한 후, 그 뒤로 에서가 별미를 만들어 가지고 들어왔을 때 이삭의 당황하는 모습은 어떠했나?

하라다: 두려움, 전율, 즉 도의 불안을 가리킨다.

27:33 이삭이 '심히 크게 떨며'(יִצְחָק חֲרָדָה גְּדֹלָה very עַד־מְאֹד exceedingly)
이르되
/그러면 사냥한 고기를 내게 가져온 자가 누구냐

(1) "그러면 ~자가 누구냐?" (מִי־אֵפוֹא הוּא)[1] 이미 별미를 맛있게 먹고 족장으로서의 축복을 마음껏 내려주었는데, 아니 그러면 이미 축복한 자는 또 누구냐? 이삭은 에서로 변장한 야곱에게 이미 축복을 내린 뒤였다. "아버지, 저에요. 저 에서에요. 아버지가 말씀하신 대로 별미를 만들어 가지고 축복을 받으러 왔는데, 왜 그렇게 놀라세요?!"

1) 에포(אֵפוֹא, 그러면, 그러므로 어디에, 그때에, 지금)는 의문대명사와 함께 쓰인다. '그러면 그가 누구냐?'

(2) '아니, 이럴 수가!!' 이삭은 "심히 크게 떨었다"고 했다. 그 떨림의 정도가

보통이 아니였다. 원문에는 이 사실을 아주 강하게 강조하고 있다. 물론 그것은 에서가 두려워서 떤 것이 아니었다. 자칫하면 하나님의 뜻을 크게 어길뻔한 자기의 실수를 하나님 앞에 두려워했다. 이삭이 야곱에게 축복한 것을 다시 거둘 수 없는 것은 그의 축복이 곧 하나님의 축복이기 때문이었다. 언약의 족장(아브라함, 이삭, 야곱)은 곧 제사장과 같기 때문이다(창 18:18, 19). 제사장의 축복은 곧 하나님의 축복이다(민 6:27). 그래서 야곱도 아버지의 축복을 받으려 했다. 이삭은 지금 그가 제사장으로서 하나님의 뜻을 거역할 뻔했던 어두어진 자기의 심령을 생각하고 두려워 했던 것 같다.

(3) 순간적으로 이삭의 마음을 뒤흔든 것은 무엇이었을까? 그는 이 엄청난 일이 벌어진 후에야 결국 축복은 야곱이 받았어야 했음을 알았을 것이다. 그는 아마 "작은 자가 큰 자를 섬기리라"(25:23)는 하나님의 약속을 기억했는지도 모른다. 이삭의 입에서 나온 말은 다음과 같은 말이었다(33절하).

네가 오기 전에 내가 다 먹고
그를 위하여 축복하였은즉(אֲבָרְכֵהוּ) - 피엘(강조형) 동사
그가 반드시(גַּם, yea, indeed) 복을 받을 것이니라"

7. 이 모든 계획이 속임수였다는 것을 알고 에서는 어떻게 했나? (34-38절)

(1) 뒤늦게 야곱에게 속은 줄 알고 에서는 방성대곡했다(34절).

1) 차아카 : 외침, 절규, 비명, 부르짖음 / 같은 단어를 중복 사용하여 그 뜻을 강조하고 있다.

27:34 에서가 그의 아버지의 말을 **듣고**
소리 내어 울며(방성대곡 하며) (וַיִּצְעַק צְעָקָה[1] גְּדֹלָה וּמָרָה עַד־מְאֹד)
아버지에게 **이르되**
/내 아버지여 내게 축복하소서 내게도 그리하소서

2) 다크뤼온(δακρύον) - 여기서는 '후회의 눈물'이라는 의미이다.

(2) '차아카'(צְעָקָה)는 고통 가운데서 '부르짖음'을 의미한다. 그러니까 에서는 축복의 상실을 생각하고 울부짖었다는 것이다. 히브리서에서는 이런 사실을 어떻게 언급하고 있는가? (히 12:17, "너희가 아는 바와 같이 그가 그 후에 축복을 이어받으려고 **눈물[2]을 흘리며** 구하되 버린 바가 되어 회개할 기회를 얻지 못하였느니라.").

"이삭이 이르되 네 아우가 와서 속여 네 복을 빼앗았도다"(35절)

"야곱이 두번씩이나 나를 속였단 말이에요!! 먼젓 번에는 나의 장자권을, 그

"야곱이 아비에게 대답하되 나는 아버지의 맏아들 에서로 서이다.... 내 사냥한 고기를 잡수시고 아버지의 마음껏 내게 축복하소서"(창 27:19)

에서(Esau) "털이 많은"이라는 뜻이다. 에서는 커서 능숙한 사냥꾼이 되었다. 그래서 사냥해온 고기로 아버지의 사랑을 독차지 한다. 이와는 달리 동생 야곱은 집에 머물러 있기를 좋아해서 어머니 리브가의 사랑을 받는다.

(야곱은 어머니와 공모하여 속임수를 사용하여 아버지 이삭으로부터 장자의 축복을 받았다. 눈이 어두워 잘보이지 않는 아버지를 속여 외모를 에서처럼 꾸몄다.)

리고 이번에는 나의 복(베라카, בְּרָכָה)[1]을 빼앗았단 말이에요. 내 이 놈 만나기만 해봐라" (장자권과 축복은 뗄 수 없는 관계이다.)

(3) 에서는 이미 팥죽 한 그릇에 장자권을 팔아버렸다(창 25:28-34). 그런데 에서가 그렇게도 아버지의 축복을 받으려 했던 의도는 어디에 있었을까? 어쨌든 자기에게도 축복을 내려달라고 떼를 쓰며 울었지만 이미 소용없는 일이었다. 그렇다고 방금 야곱에게 한 축복을 취소할 수는 없었다. 이삭이 야곱에게 속아서 축복을 해주고 나서 에서의 반발이 컸음에도 다시 취소하지 못한 것은 구두(口頭)로써 행해진 축복이나 유언은 그 당시 사회에서는 효력이 있는 것이었기 때문이다. 또 구두로 된 축복은 재판소에서 그 효력이 인정되었기 때문이다.

(4) 그러나 이보다는 이제서야 이삭의 영안(靈眼)이 열려 하나님의 약속을 기억했기 때문이었으리라. 따라서 이삭은 에서의 간청에도 불구하고 축복을 내려줄 수 없었다. 이삭은 나중에 에서의 낯을 피하여 하란으로 도망가는 야곱에게 강도 높은(?) 축복을 하게 된다(28:3, 4). 결국 하나님께서 작정하신 대로 한 셈이 되어 버렸다. 이미 장자의 축복이 어린 자, 야곱에게 있음을 알고도 이를 에서에게 주려했던 이삭의 어리석음, 그리고 이를 뺏기지 않으려는 리브가와 야곱의 속임수, 성경은 누구를 더 책망하고 있을까? 히 12:16, 17을 읽어보자.

(5) 이삭은 에서에게 이렇게 대답할 수밖에 없었다 :

1) 축복(בְּרָכָה) : 구약성경에서 "축복하다"(바라크)라는 말은 "성공, 번영, 풍요, 장수 등을 위한 능력이 뒤따른다"는 말로서 "경배하다, 찬양하다, 좋은 것을 주다, 좋은 것을 받도록 기원하다 " 등의 뜻으로 쓰였다.

일반적으로 축복이란 보다 위대한 존재에게서 보다 비천한 존재에게로 전달된다. 하나님이 인간을 축복하셨다는 말은 인간의 육체적이고 정신적인 복락과 번영을 의미했다(창 39:5, 시 24:5). 사람끼리 서로 축복한다고 했을 경우에는 재산이나 권세를 주거나, 좋은 일을 기원하거나 또한 하나님께 어떤 사람의 인도를 부탁하는 것들을 의미했다.

27:37 이삭이 에서에게 **대답하여 이르되**
/ 내가 그를(=야곱을) 너의(=에서의) 주로 **세우고**
그의 모든 형제를 내가 그에게 종으로 **주었으며**
곡식과 포도주를 그에게 **주었으니**
내 아들아 내가 네게 **무엇을 할 수 있으랴**

1) 그러나 39절의 축복의 내용도 28절의 내용과 비교해볼 때, 같은 뜻으로 해석해야 하지 않겠는가 라는 주장도 있다. 즉 에서도 야곱과 마찬가지로 물질적 복을 받는다는 말이다. 에서는 훗날 소유가 풍부하여 야곱과 함께 거하지 못하고 모든 소유를 이끌고 세일산으로 가서 살게 되었음을 볼 수 있다(창 36:6-8).

따라서 에서가 야곱과 같은 복을 받지 못한 것은 39절보다는 40절에서 찾아야 할 것이다. 자세한 내용은 김경래, 구약성경난제(1) 도서출판 대장간, 112-117면을 참고하라.

8. 아비 이삭이 에서를 위하여 뒤늦게 축복을 한다.

27:39 그 아버지 이삭이 그에게 **대답하여 이르되**
/ 네 주소는 땅의 기름짐에서[1] **멀고**
내리는 하늘 이슬에서 **멀 것이며**
40 너는 칼을 믿고 **생활하겠고**
네 아우를 **섬길 것이며**
네가 매임을 벗을 때에는
그 멍에를 네 목에서 **떨쳐버리리라** 하였더라

"네가 살 땅은 기름지지 않은 땅, 하늘에서 이슬 한 방울 내리지 않는 땅이다. 칼만이 너의 밥줄이 되리라"(창 27:39 - 공동번역)

"Your dwelling will be away from the earth's richness, away from the dew of heaven above."(NIV)

(1) 축복의 내용인가, 아니면 저주일까? 물론 저주는 아니겠지만 에서에 대한 운명이 순탄치 않을 것임을 보여준다. 여기서 '뜬다'는 말은 "~ 로부터 떠나" (away from)라는 말이다. 기름진 땅으로부터, 그리고 하늘의 이슬로부터 떠나 살 것임을 말한다. 즉 그의 생활이 "칼로 생활하는" 폭력과 계속적인 투쟁이 있을 것임을 암시한다. 그가 앞으로 거주할 땅은 황폐하여 소출이 그리 풍성하지 못할 것이다. 결국 칼을 믿는 생활을 하게 될 것이다.

(2) 어쨌든 그는 동생에게 굴복해야 했다. 멍에를 벗으려고 애를 쓰지만 결국 영구히 멍에를 뿌리칠 수는 없다는 말이다. 그 뒤로 이 예언과 같이 에돔은 이스라엘에게 계속 반역을 시도하지만 결코 거기에서 벗어날 수 없었다. 다음 면에서 에서의 후손이 어떤 길을 걸어갔는가를 그 역사를 간단하게 살펴보자.

9. 에서는 야곱을 죽이려 한다. 이 사실을 안 리브가는 어떤 조치를 취했나? (27:41-45)

"아버지가 곡할 때가 가까왔은즉 내가 내 아우 야곱을 죽이기로 하였더니"(41절). 에서는 자기 아버지가 그리 오래 살지 못할 것으로 보았다. 부친이 죽으면, 그때 야곱을 죽이기로 다짐한다. 이 사실을 알고 리브가는 야곱을 자기의 고향 하란에 있는 오라비 라반의 집으로 피신차 보낸다(43절).

Close-up

from 장종길, 백투더바이블, 오바댜·요나·하박국, 18면 이하에서 설명을 가져옴

훗날 에서의 후손은 어떤 길을 걸어갔을까?

1. 훗날 에서의 후손은 이스라엘과 끊임없는 대적 관계를 이어간다. 이삭의 예언이 그대로 이루어진다. 간단하게 그 내용을 살펴보자.

(1) 에서의 후손들은 그의 이름들 중에서 어떤 것으로 지칭되었거나(창 36:9, **에돔**, 혹은 렘 49:8, 렘 49:10, **에서**) 혹은 그가 정착했던 산 세일로 지칭되었다(참조: 대하 20:22-23).

(2) 훗날 에서의 후손들은 사해 남쪽에 정착해서 번창하는 나라가 되었다. 이스라엘의 조상 야곱과 에돔의 조상 에서는 한 형제로서 어머니 리브가의 태 안에서부터 싸움을 벌여왔다(창 25:19-24).

(3) 그리고 400여 년이 지난 후, 야곱의 후손들은 출애굽 하여 가나안 진입을 위하여 북진 중에 있었을 때, 에서의 후손들은 그 북진 중에 있는 야곱의 후손들을 가로막고 있었다. 이때부터 수백 년 동안 이들은 서로 적대관계가 되어 간헐적인 전투를 계속했다. 철천지원수가 된 것이다. 다윗 왕 때에 에돔은 이스라엘에 종속되기도 했지만 이들 두 나라는 끝없는 갈등을 빚어왔다.1)

1) 주전 5세기경 에돔 왕국은 망했고 훗날 이두메 사람으로 불리게 된다. 그리고 더 훗날 그리스도께서 태어나셨을 즈음 이 족속 가운데서 헤롯이 태어나 유다를 통치하고 있었다.

에돔 Edom

1. '에돔'은 아돔(אֱדֹם)에서 유래했으며, '붉은'을 의미한다. 에돔은 에서의 별명인데 에돔 족속이나 영토를 가리키기도 했다.

(1) 이 이름은 장자권보다 붉은 죽을 더 원했던 에서에게 붙여졌음을 우리는 이미 잘 알고 있다(창 25:30, 창 36:1). 창 27:39-40에서 이삭은 예언적으로 야곱과 에서를 축복하였다. 에서는 황폐한 곳에서 살고, 칼을 믿고 생활하며 그의 형제를 섬겨야 한다고 했다.

(3) 이스라엘이 에돔을 지나 언약의 땅으로 북진할 때 길을 지나가게 해달라고 했으나 이들은 거절했다(민 20:14). 하나님께서 에돔인들에게 주신 이 지역에 대한 권리를 보호해 주셨기 때문이다. 그러나 에돔인들은 이스라엘을 격퇴하기 위해 모이는 등 매우 '비형제적인' 방식으로 행동했다.

(4) 선지자 발람이 발락의 부름을 받았을 때, 발람은 에돔이 장차 그들에게 정복되어 그들의 소유가 될 것을 언급하면서 "야곱의" 주권을 거듭 언급하였다(민 24:18).

(5) 에돔인들이 자기네 형제가 바벨론인들에 의해 파괴되고 포로로 잡혀가는 것을 보고 기뻐했을 만큼 그들의 "야곱"에 대한 적의(敵意)는 극심한 것이었다(시 137:7). 그들은 즐겨 싸움에 가담하여(암 1:6, 9, 11) 이스라엘에 폭력을 가했다.

2. 에돔이 얼마나 이스라엘에게 적대적이었는가 간단하게 살펴보자.

(1) 사울 왕 때 에돔 정복(삼상 14:47) - "사울이 이스라엘 왕위에 나아간 후에 사방에 있는 모든 대적 곧 모압과 암몬 자손과 에돔과 소바의 왕들과 블레셋 사람을 쳤는데 향하는 곳마다 이기었고"

(2) 다윗 때에 에돔을 정복했다(삼하 8:12-14). - '소금 골짜기'에서 만 팔천 명을 물리치고 돌아왔다. 이 일로 다윗은 유명해졌다. 그리고 에돔 땅에 군대를 주둔시켰다. 에돔은 모두 다윗의 종이 되었다.

(3) 남유다의 네 번째 왕 여호사밧 때 모압, 암몬, 에돔 연합군이 유다를 공격했으나(대하 20:1) 하나님의 도우심으로 유다가 대승했다. 그후 에돔 연합군은 깨어졌다(대하 20:22, 23). 여호사밧은 국방을 튼튼히 할 목적으로 북이스라엘과 동맹을 맺고, 아들을 아합의 딸과 결혼시킨다.

(4) 유다의 여호람 왕 때 에돔이 유다에 반기를 들었다(주전 850년경, 왕하 8:20-22). - 앞에서 그 내용을 이미 소개했다. 여호람의 악정(惡政)으로 국력이 약해졌기에에돔이 유다를 반역하게 된다. 그리고 자기들의 왕을 따로 세웠고(왕하 8:20) 약 40년간 독립했던 것 같다.

(5) 유다의 아홉 번째 왕 아마샤(주전 796-767)는 약해진 왕국을 정리하여 굳게 한 후 30만의 군대로 에돔을 공격했다. '소금 골짜기'에서 에돔 군사 10,000명을 죽이고 수도 셀라(페트라)를 탈취한다(대하 25:11, 12). 그런데 돌아오는 길에 에돔의 우상을 가져다가 경배하며, 분향하는 죄를 저질렀다(대하 25:14). 아마샤의 아들 웃시야(=아사랴)는 에돔을 계속 주관했으며 엘랏(에시온게벨 바로 옆) 항구를 회복했다(왕하 14:22). 그러나 주전 735년 에돔은 이스라엘과 아람과 함께 동맹함으로 다시 자유를 얻은 것 같다.

(6) 그후 유다는 에돔을 통치하지 못했으며, 앗수르 비문에 의하면 디글랏빌레셀 3세가 에돔 왕을 굴복시켜 자기의 속국으로 삼았다고 기록하고 있다(주전 732년). 물론 애돔은 과중한 공물로 인해 국력이 약화되었다.

(7) 바벨론 왕 느부갓네살이 예루살렘을 침공할 때(주전 587년, 왕하 25장), 에돔 사람들은 이들과 동맹하였으며, 대대로 내려 온 자기들의 대적이 멸망하게 되자 미칠 듯이 기뻐했다(시 137:7 참고). 이때 에돔 족속들은 바벨론의 용병(傭兵)으로 고용되어 바벨론 군대에 앞장 서서 예루살렘을 공격했다고 한다. 이 과정에서 에돔인들이 매우 잔인하게 대했던 것 같다. 오바댜의 에돔에 대한 멸망 선포는 에돔인들의 그 잔인함 때문이었다.

3. 당시 또 다른 선지자들의 에돔에 대한 강도 높은 비판을 살펴보자.

- 시편 137:7 • 애가 4:21-22
- 외경 제1에스드라 4:45 - 에돔인들이 성전을 불태웠다고 비난하고 있다.
- 이사야 34장; 예레미야 49:7-22; 에스겔 35장; 말라기 1:2-4 등을 읽어보면 에돔과 이스라엘이 얼마나 적대 관계에 있었는가를 알 수 있다.
- 오바댜 1:11-14 (예루살렘 파괴시 그들이 행한 내용)

(1) 오바댜에서는 그 내용을 상세히 기록하고 있다. 즉,
- 에돔은 유대인들과 친족 관계에 있으면서도 원수처럼 행동했고(11절),
- 예루살렘의 멸망을 기뻐했고(12절),
- 성문으로 들어가 노략질했다(13절).
- 게다가 은신처를 찾는 피난민들을 원수에게 넘겨주었다(14절).

(2) 특히 애가의 저자는 1:1에서 어떻게 말하고 있는가?

"슬프다 이 성이여
전에는 사람들이 많더니
이제는 어찌 그리 적막하게 앉았는고
전에는 열국 중에 크던 자가
이제는 과부 같이 되었고
전에는 열방 중에 공주였던 자가
이제는 강제 노동을 하는 자가 되었도다."

(3) 애가서의 저자는 이런 기막힌 사실들을 기억하고 에돔에 임할 심판을 선포하고 있다(애 4:21-22).

45

어찌 하루에 너희 둘을 잃으랴 (27:45)

인간적인 방법으로 문제를 해결하려 했던 이삭의 가정이 겪는 고통은 어느 정도였을까? 특히 리브가가 겪었던 심적 고통은 말할 수 없었으리라. 우선 야곱에게 속은 것을 알고, 에서는 만약 아버지가 돌아가시면, 자기 동생을 없애려는 계획을 세우고 있었기 때문이었다. 잘못하다간 자식 둘을 한번에 다 죽일 것같았다. 이 가정이 겪어야 할 슬픔은 어떤 것일까? 리브가는 급히 야곱을 불러 형 에서의 분을 피하여 일단 외삼촌 집에 가 있을 것을 말한다. 이 이별이 잠시 잠깐일 것이라고 생각했을 것이다. 그래서 에서의 노가 풀리면 사람을 보내 야곱을 데려오려 했다. 그러나 리브가는 죽을 때까지 다시는 야곱을 만날 수 없었다.

1. 리브가는 야곱을 하란으로 보내면서 어떻게 당부하고 있나? (27:44, 45)

• 하란(Haran) : 니느웨와 바벨론은 물론 다메섹, 두로, 애굽을 연결하는 교통의 중심지요, 무역중심지였다. 거기다가 우르(Ur) 문화의 마지막 울타리가 되는 국경지대였다.

(1) 이제 하나님의 계시된 뜻을 고의적으로 거스렸던 이삭이 어떤 결과를 가져왔는가를 살펴보라. 또한 리브가도 야곱도 하나님을 속이는 잘못을 범했음을 본다. 따라서 이들은 둘 다 어려움을 당한다. 야곱은 형 에서의 진노를 피하여 도망해야 했고(45절), 리브가 역시 다시는 야곱을 보지 못했다. 이후 리브가의 이름이 성경에 등장하지 않는다. 리브가의 유모 드보라의 죽음도 성경에 기록되어 있으나(창 35:8) 리브가의 기록은 없다. 아마 일찍 죽은 것 같다. 진정한 축복의 수여자는 여호와이심을 믿어야 한다.

(2) 그 뒤로 야곱은 많은 어려움을 당한다. 라반의 집에서 20년이나 되는 노역, 그리고 그의 말년에 자기 아들 요셉이 다른 아들들에게 팔리우는 고통, 그리고 마음 조이는 생활 등.

2. 신앙은 어느 경우에 하강곡선을 그리게 되는가?

(1) 아브라함이 이삭을 모리아산의 번제물로 바치려 할 때의 이삭의 모습, 그때의 믿음이 일생을 지속하지 못한다. 그 난리를 치는 축복 소동이 있은 후에도 이삭은 43년간을 더 산다. 신앙은 일생을 지속하는 전쟁이다. 말년까지 뜨거운 신앙을 지킨다는 것은 얼마나 어려운 일인가?!

(2) 부모의 자식에 대한 편애(偏愛), 그러는 동안 자식들은 병들어간다. 하나님의 특별한 간섭이 아니라면 이삭은 두 아들을 다 잃을뻔 했다. 하나님의 축복은 어떻게 받아누려야 하는가?

외삼촌 라반이 있는 하란으로(28:1~9)

인간적인 방법으로 하나님의 축복을 얻으려 했던 야곱은 오히려 엄청난 파문을 일으킨다. 하나님의 축복을 받으려고 애쓰는 야곱의 행위는 칭찬 받을만한 일이었지만 그것을 얻으려는 과정은 올바른 태도가 아니었다. 장자권의 축복은 이미 야곱에게 주기로 계획하셨던 일이다. 어쨌든 이 일로 야곱은 자기를 죽이려는 형의 낯을 피하여 외삼촌 라반이 있는 곳으로 피신하여야만 했다. 그는 숨막히는 급박한 환경 속에서 하나님을 만난다. 그 하나님의 만남은 야곱의 신앙을 한 차원 끌어올리는 중요한 계기가 된다.

1. 야곱은 형 에서에게 미움을 사게 되었고, 그의 노를 피하여 외삼촌 라반이 있는 하란으로 도망가야 했다. 하란으로 떠나기 전 이삭은 야곱을 불러 무엇이라고 당부하는가? (28:1, 2)

1) וַיְבָרֶךְ and blessed him
바라크(בָּרַךְ)의 피엘 동사 이삭이 야곱에게 진정으로 복을 빌어주었다. 구약성경에서 '축복한다'라는 것은 성공, 번영, 생산, 장수 등의 뜻을 내포하고 있다.

28:1 이삭이 야곱을 **불러** 그에게 **축복하고**[1] 또 **당부하여 이르되**
/너는 ─ **맞이하지 말고**
/가나안 사람의 딸들 중에서 아내를
2 **일어나**
─ 밧단아람으로 **가서**
─ 네 외조부 브두엘의 집에 **이르러**
─ 아내를 **맞이하라**
/거기서 네 외삼촌 라반의 딸 중에서
3 /하나님이 ─ 네게 **복을 주시어**
/전능하신 ─ 네가 생육하고 **번성하게 하여**
─ 네가 여러 족속을 **이루게 하시고**
4 네게 **주시되**
/아브라함에게 허락하신 복을
─ **주사**
/너와 너와 함께 네 자손에게도
//결과
하나님이 아브라함에게 주신 땅 곧 네가
거류하는 땅을 네가 차지하게 하시기를 원하노라

차와(צָוָה) - '명령하다, 부탁하다'라는 뜻으로 아비가 자식에게 지시한다는 뜻이 있다(삼상 17:20 참조)

이삭이 야곱에게 내리는 축복은 창 17:1, 2의 내용과 유사성을 볼 수 있다. "아브람이 구십구 세 때에 여호와께서 아브람에게 나타나서 그에게 이르시되 나는 전능한 하나님이라 너는 내 앞에서 행하여 완전하라 2내가 내 언약을 나와 너 사이에 두어 너를 크게 번성하게 하리라 하시니"

(1) 에서가 가나안 여인과 결혼한 일(창 26:34-35)은 이삭과 리브가에게 대단한 근심거리 였었다. 따라서 리브가 야곱이 헷 족속의 여인을 아내로 맞는 것을

밧단아람

그 위치는 북부 메소포타미아로 알려졌다. 왜냐하면 그곳에 하란성이 있기 때문이다(창 29:4). 일부 학자들은 밧단아람이 곧 하란이라고 주장한다. 성경은 야곱의 외삼촌이자 밧단아람의 거민인 라반을 아람 사람으로(KJV, 'Syrian') 일관성있게 언급하고 있다(창 25:20, 창 28:5, 창 31:20, 창 31:24). 라반은 지리적으로 뿐만 아니라 언어상에 있어서도 밧단아람과 관련을 맺고 있다. 즉 그가 아람어를 쓰는 것으로 묘사된다. 창 31:47, '라반은 그것을 '여갈사하두다'(아람 방언으로 '증거의 무더기')라 칭하였고 (야곱과의 언약시) 야곱은 그것을 '갈르엣'(히브리 방언으로 '증거의 무더기')이라 칭하였으며'.

창세기에 밧단아람을 언급한 곳이 열한 군데 있다. 그 중 하나가 창 25:20로서 거기에 의하면 밧단아람은 아브라함의 종이 리브가를 발견하여 이삭의 아내로 삼기 위해 가나안으로 데려온 곳이다. 이 임무는 이삭을 가나안 출신 여인과 혼인시키지 않으려는(창 24:3) 아브라함의 사적 요청에 의해 수행되었다(창 24:1 이하). 창 24:4에서 아브라함은 리브가를 결국은 데리고 나온 그 지역을 "내 고향 내 족속"이라 부른다.

이와 유사하게 이삭은 자기 아들 야곱을 위해 똑같은 계획을 세우는데(창 28:2) 그 이유도 동일하였다(창 27:46). 그러나 이 경우에는 중매자가 없었다는 점이 다르다. 밧단아람에 대한 나머지 9회의 언급은 야곱과 그의 경험에 관한 것들이다.

이삭과 야곱의 경우가 다 가나안 여인과의 금혼이 혈통을 유지하여 하나님의 언약을 영속화 하기 위한 것이었음에 유의하라. 또한 두 경우에 모두 이삭과 야곱은 본국 메소포타미아(Aram naharaim)로 돌아가면 안되었는데 이는 그 언약이 약속의 땅과 극히 중요한 관련성을 맺고 있었기 때문이다. <바이블렉스>

적극 반대했다. "나는 헷 여자들 가운데서 아내를 맞이한다면 내 평생에 무슨 낙이 있겠습니까?"(창 27:46, 쉬운성경), 리브가의 이러한 제안(27:46)에 이삭도 쉽게 동의했을 것이다. 그래서 이삭은 야곱을 불러 복을 빌어주면서 당부했다. "너는 가나안 여자와 결혼하지 마라"(28:1). 그러면서 야곱을 외할아버지 브드엘의 집으로 보내는 것을 허락한다. "네 외심촌 라반도 거기에 있으니 라반의 딸들 중에서 한 여자를 골라 그 여자와 결혼하거라."

(2) 지금 야곱은 형 에서를 피하여 하란으로 도망가는 것이었다. 하나님의 뜻을 가볍게 여겼던 이삭의 가정에 회오리 바람이 불고 있다. 야곱의 생애는 그의 아버지 이삭과는 뚜렷하게 대조되는 삶을 살았다. 그는 늘 속임수로 살아가려 했다.

(3) 나중에 그의 외삼촌 라반에 대해서도 같은 태도로 대했다. 야곱은 초기에는 비열한 성격을 갖고 있었다. 그러나 앞으로 공부하겠지만 하나님은 많은 어려움을 통해 이런 야곱을 변화시키신다. 물론 노년이 되어서야 원숙한 신앙의 모습을 보게 된다.

2. 이삭은 야곱에게 이번에는 하나님의 원하시는 축복을 내렸다(28:3, 4). 이삭은 야곱을 언약적 상속자로 여기고 축복하고 있음을 본다.

(1) 먼젓번 축복의 내용(27:28, 29)과 비교해 보라. 이번에 이삭이 야곱에게 내리는 축복은 창 17:1, 2의 내용과 유사성을 볼 수 있다. 이삭은 진정 야곱에게 "아브라함의 축복"을 하고 있다. 물론 이 축복의 내용은 하나님께서 이미 야곱에게 내려주시려 했던 그 축복이었다. 이제 야곱의 자손들에게 이 땅이 주어질 것이다.

(2) 아브라함에게 언약하신 그 축복이(창 17장) 이삭에게 그리고 이제 야곱에게 주어질 것이다. 야곱이 떠나기 전 그의 부친 이삭은 야곱이 아브라함의 믿음을 승계해야 할 것과 아브라함의 축복을 받게 될 것임을 분명히 선언한다(3, 4절).

(3) 어쨌든 야곱은 분명히 아직까지는 경건한 성품을 지니지 못했음을 본다. 밧단아람을 향해 떠나려는 야곱은 아주 어린애가 아니다. 물론 지금까지 장자로서의 권리를 차지하려는 모든 계책이 어머니 리브가의 손에서 이루어졌다고 하지만 그가 수동적으로 움직해야 할 만큼 어리지 않았다는 점에서 그가 얼마나 계책적이었는 지를 보게 된다.[1)]

1) 야곱의 이때의 나이가 적지 않음을 감안할 때, 이는 단순한 참여가 아니다. 야곱이 에서의 분노를 피하여 도망갈 때 아버지 이삭의 나이가 137세였다면, 야곱의 나이는 계산에 의하면 77세가 된다고 어떤 학자들은 주장한다(창 25:26, 29:18, 29:27, 30:25, 41:46, 41:53, 54, 45:6, 47:9).

3. 훗날, (이스라엘 백성의 죄악 때문에) 호세아는 하나님께 선지자로 부름을 받는다. 아래의 설명은 동교재, 호세아서(23면 이하)에서 가져온 것이다.

(1) 호세아는 멸망을 향해 치닫는 이스라엘 백성에에게 하나님께로의 회항(回航)을 부르짖었다. 그는 역사적인 교훈을 들어 이스라엘이 여호와께로 돌아와야 할 당위성을 역설하고 있다. 하나님의 백성 이스라엘은 거짓과 속임수(11:12, 미르마, מִרְמָה)로 일관했다(호 11:12과 12:1 참조). 호세아는 죄악으로 점철된 이스라엘 백성들의 모습이 마치 그들의 조상인 **야곱**과도 같다고 것이다. 창 27:35을 읽어보자.[2)]

2) 창27:35 "이삭이 이르되 네 아우가 와서 속여(בְּמִרְמָה) 네 복을 빼앗았도다." 여기서 '속여'(with subtilty, deceitfully)라는 말은 호 11:12에 나오는 '미르마'(=속임수, מִרְמָה)와 같은 말이다.

(2) 호세아는 속임수(11:12, 미르마, מִרְמָה)와 거짓(카자브, כָּזָב)과 포학(쇼드, שֹׁד)을 일삼는 이스라엘에게 그의 조상 야곱이 처음에는 하나님의 복을 받기에는 합당치 못했지만, 그가 회개했을 때(브니엘에서) 하나님께서 어떻게 기뻐하셨던가를 알려줄 필요가 있었다. 호세아는 지금 과거 조상 야곱이 어떻게 계책적이었는지를(호 11:6 참조) 그의 실제적인 사례 3가지를 소개하고 있다(호 12: 3, 4, 12절). 야곱은 북이스라엘과 남유다 모두의 조상이다. 호세아는 그의 메시지를 위해 야곱 생애의 순서를 바꾸어 설명하고 있다.

25-28장

(1) 비평학자들은 27:1-45를 J자료에 속한 것으로,
(2) 27:46-28:9은 P 자료에 속한 것으로 본다. 왜 그렇게 보는걸까? 이 두 사건이 서로 조화를 이루지 못한다고 본다.
(3) J자료에서는 야곱은 야곱을 속이고, 에서는 그 음모를 알아채며, 야곱은 에서를 피하여 집을 떠난다
(4) 반면에 P 자료에는 이삭은 야곱을 축복하고, 속임수에 대한 언급은 없고, 집을 떠나려는 야곱의 의도는 아내를 얻고자 하는 데 있다.

▶ 물론 이런 견해는 잘못된 것이다. 27:46-28:9은 앞의 내용을 보이기 보다는 리브가의 두 번째 계책, 곧 야곱을 에서에게 떼어내려는 계책에 대해서 진술하고 있다. 그녀의 속임수는 한 번 성공한 적이 있다. 속임수를 왜 다시 쓰지 않겠는가?

<빅터 해밀턴, 오경개론>

---

① 야곱은 모태에서 그의 형의 발뒤꿈치를 잡았고
② "또 힘으로는 하나님과 겨루되 천사와 겨루어 이기고 울며 그에게 간구하였으며"(호 12:3, 4)
③ 옛적에 야곱이 아람 들로 도망하였으며, 아내를 얻기 위하여 사람을 섬기며 양을 쳤다는 것이다(호 12:12). - 이 구절은 ①번 사건 뒤에 있어야 할 내용이다. 그러나 12절의 내용은 13절의 설명과 부합된다.

호 12:3 "야곱은 모태에서(베텐, בֶּטֶן)
그의 형의 '**발뒤꿈치를 잡았고**'(아카브, עָקַב)"

(3) 여기 '발뒤꿈치를 잡았다'는 말 '아카브'(עָקַב)는 '발꿈치를 잡다, 음흉(교활)하게 공격하다'라는 뜻이다. 야곱은 태어날 때 "손으로 에서의 발꿈치를 잡았으므로" 야곱이라는 이름을 얻게 되었다고 했다(창 25:26, NASB). 물론 야곱이 태에서 그 형의 발뒤꿈치를 잡은 것이 의식적인 행동이라고 보기는 어렵지만, 호세아 선지자는 그의 천성이 그렇게 간계(奸計)했다는 점을 들어 당시 이스라엘의 상황을 대비하고 있다. 뒤를 이어지는 호세아서의 내용은 조금 뒤에 좀더 자세히 소개하고, 다시 본문으로 돌아가 보자.

4. 에서는 이번에는 누구를 아내로 맞아들였는가? 왜 이 여자와 결혼했나? (28:8)

에서는 가나안 출신의 본처(本妻)들 외에 다른 여자를 취했다. 에서는 자기 부모가 가나안 여인을 좋아하지 않는다는 사실을 깨닫고(28:6, 8), 아브라함의 아들 이스마엘의 딸을 자기의 아내로 취했다(9절). 그는 지금까지도 가나안 여인을 취한 것이 얼마나 부모를 섭섭하게 한 것인지 조차도 알지 못했다. 그는 애초부터 영적인 것에는 관심이 없었다.

50

여호와께서 과연 여기 계시거늘 (28:10~22)

에서는 하나님의 언약에는 별 관심이 없었다. 그는 장자권을 팥죽 한 그릇에 팔아넘기는 자였다. 너무나도 세속적이었다. 야곱은 어떠한가? 그도 역시 약아빠진 한 인간에 불과했다. 장자의 축복을 가로채는 간교함, 그리고 인간적으로 하나님의 축복을 받으려는 결함 투성이의 인간이었다. 지금 야곱은 형 에서의 낯을 피하여 외삼촌이 살고 있는 밧단아람으로 가고 있다. 그는 가는 도중 벧엘에서 하나님을 만난다. 하나님을 만남으로써 그의 시야는 넓어졌고, 그는 하나나님께 굳게 서원한다.

1. 야곱은 지금 형 에서의 분(忿)을 피하여 어디로 가고 있는 중인가? 그리고 가다가 어디에서 유숙했는가? (28:10-11)

(1) 야곱은 브엘세바에서 발행하여 하란으로 가고 있는 중이었다. 브엘세바에서 벧엘까지 얼마나 될까? 그는 날이 저물어 벧엘(Bethel)에서 유숙하려 했다. 피곤에 지쳐 돌을 베개삼고 잠을 자려한다. 그리고 이내 꿈속으로 떨어졌다. 그런데 그 꿈이 보통 꿈이 아니었다. 어떤 꿈이길래?

(2) 꿈에 보니 사닥다리가 땅 위에 섰는데 그 꼭대기가 하늘에 닿았고, 또 보니까 하나님의 사자가 그 위에서 오르락 내리락 하고 있지 아니한가! 하나님이 야곱에게 나타나셨던 것이다. 야곱은 여기서 꿈을 꾸었고 하나님이 주시는 환상을 보았다. 하나님은 야곱에게 개인적으로는 아직 나타나지 않으셨다. 그런데 이제서야 하나님은 야곱에게 나타나셨다. 아브라함과 이삭에게 나타나셨던 하나님은 새로운 언약의 상속자 야곱에게도 나타나셨던 것이다.

2. 야곱은 이런 광경에 너무 놀랐을 것이다. 3번씩이나 "볼지어다!!"(הִנֵּה, 힌네)라는 표현을 하고 있다.

힌네(הִנֵּה) - 보라, 주목하라

28:12 **꿈에 본즉**(And he dreamed, and behold, וַיַּחֲלֹם וְהִנֵּה)[1]
사닥다리가 땅 위에 서 있는데
그 꼭대기가 하늘에 닿았고
또 **본즉**(הִנֵּה)[2] 하나님의 사자들이 그 위에서 오르락내리락 하고

13 또 **본즉**(הִנֵּה)[3] 여호와께서 그 위에 서서 이르시되

1) "그가 꿈을 꾸었는데, 보라(힌네)"

2), 3) "또 보라"

/나는 여호와니 너의 조부 아브라함의 하나님이요 이삭의 하나님이라
네가 누워 있는 땅을 내가 너와 네 자손에게 주리니

(1) (볼지어다, 사닥다리를!! , 볼지어다, 하나님의 사자를!! 볼지어다, 여호와를!!) 야곱은 꿈 속에서 놀라운 광경을 본다. 이는 야곱이 지금가지 살아온 과정의 대반전을 가져온 중요한 사건이 된다.

(2) 하나님은 이삭의 생애를 간섭하셨다. 그렇다면 이삭의 가정에서 벌어지는 모든 과정(리브가, 에서, 야곱 간에 벌어지는 인간의 갈등)을 알고 계셨음이 분명하다. 윤리적으로 볼 때, 리브가와 야곱의 행동이 부적절하다는 것에 의심의 여지가 없다. 비록 어머니 리브가가 모의(?)했다해도 야곱 역시 공범자임에 틀림없다. 이런 약아빠진 인간의 행동에 하나님은 계속 침묵하실 것인가? 이런 복잡한 모의가 아브라함의 약속을 이어갈 아삭의 집안에서 벌어졌는데도 하나님은 침묵하신다. 그렇다면 이런 행동을 정당화시켜주시는 것일까? 물론 그렇지 않다. 아직까지 하나님은 야곱의 행동을 지켜보고 계신다. 적어도 벧엘에서의 경험이 있기 전까지는 말이다.

2. 그러나 이제 하나님은 야곱에게 나타나셔서 그의 생애에 제동(制動)을 걸기 시작하신다. 어떻게 그의 생애를 간섭하실 것인가?

(1) 야곱은 지금 혼자 외롭게 도피를 하고 있다. 외삼촌이 있다는 밧단아람은 너무나 멀다. 그는 지금 지쳐있다. 그러나 잠이 들었는데, 하나님께서 그의 꿈에 나타나셨다. 꿈은 하나님께서 자신을 드러내는 수단으로 이용하셨다(창 20:3 참조).

28:13 …나는 여호와니 너의 조부 ***아브라함의 하나님***이요
이삭의 하나님이라
네가 누워 있는 땅을 내가 너와 네 자손에게 주리니
//결과
14 네 자손이 땅의 티끌 같이 되어
네가 서쪽과 동쪽과 북쪽과 남쪽으로 퍼져나갈지며
땅의 모든 족속이 너와 네 자손으로 말미암아 복을 받으리라
15 **내가 너와 함께 있어 네가 어디로 가든지 너를 지키며**
너를 이끌어 이 땅으로 돌아오게 할지라
내가 네게 허락한 것을 다 이루기까지
너를 떠나지 아니하리라 하신지라

• 야곱에게 주어진 약속의 내용은?

(1) 땅의 약속 (2) 무수한 후손의 약속 (3) 모든 나라에 대한 축복이다.

이런 축복의 내용은 아브라함에게 주어졌던 약속과 같은 내용이다.

• 아브라함에게 주어졌던 하나님의 약속(창 15장)은 ① 하나님의 백성이 내 굽으로 이주 ② 애굽으로부터의 구원이었다.

• 지금 야곱에게 꿈으로 주어진 약속은 ① 하란으로의 이주 ② 여호와께서 궁극적으로 야곱으로 하여금 아브라함에게 약속하신 땅으로 돌아오게 하시겠다는 것이다.

창 28:11 한 곳에 이르러는 해가 진지라 거기서 유숙하려고 그 곳의 한 돌을 가져다가 베개로 삼고 거기 누워 자더니 12 꿈에 본즉 사닥다리가 땅 위에 서 있는데 그 꼭대기가 하늘에 닿았고 또 본즉 하나님의 사자들이 그 위에서 오르락내리락 하고

• 사닥다리(=술람) : 벧엘에서 야곱이 꿈에 보았던 사닥다리는 땅에서 하늘까지 닿아 있다. 꿈은 하나님의 계시의 합법적인 계시의 수단이기도 했다. 이 사닥다리는 인간 세계와 하나님 사이를 연결하는 유일한 수단을 상징한다. 이것은 이 사닥다리의 본체이신 예수 그리스도에 대한 예표이기도 하다. 요한복음 1:51을 읽어보자. 야곱은 이 사건을 통해 생의 큰 전환점을 가져왔다.

(2) 이제, 하나님은 야곱을 언약의 상속자로 인정하시며, 언제나 그와 함께 계시겠다고 약속하신다(15절). **언약**이란 하나님께서 주도권을 가지시고 일방적으로 자신의 은혜를 베푸시는데 나타나는 징표이다. 조상 아브라함과 언약을 맺으셨던 하나님은 언약의 상속자 야곱에게 개인적으로 나타나신 것이다. 그리고 그와 늘 동행할 것을 약속하신다.

28:17 이에 **두려워하여 이르되**
/두렵도다(מַה־נּוֹרָא [1][2]) 이 곳이여
이것은 다름 아닌 하나님의 집(בֵּית אֱלֹהִים)이요
이는 하늘의 문(the gate of heaven, שַׁעַר הַשָּׁמָיִם)이로다

1) 마(מָה) - '무엇, 어찌하여' / 감탄사

(1) 잠에서 깨어난 야곱, 그는 모든 것이 두려웠다. 그는 바로 이곳에 하나님이 계신 것을 알았다. 그는 이렇게 외친다 : "이곳은 얼마나 두려운 곳인가! 이 곳이 바로 하나님의 집이구나! 여기가 바로 하늘로 들어가는 문이구나!"

2) נוֹרָא - 야레(יָרֵא) - 두려워하다, 무서워하다 / 니팔 분사

(2) **하나님의 사자가 그 위에서 오르락 내리락 하고** : 이 꿈에 대한 것은 요한복음에서 그 성취를 보게 된다. "또 가라사대 진실로 진실로 너희에게 이르노니 하늘이 열리고 하나님의 사자들이 인자 위에 오르락 내리락 하는 것을 보리라 하시니라"(요 1:51 - 이 구절은 창 28장을 배경으로 하고 있다). 예수님이 누구에게 하신 말씀인가? (요 1:49*)

• 요 1:49 "**나다나엘**이 대답하되 랍비여 당신은 하나님의 아들이시요 당신은 이스라엘의 임금이로소이다 50 예수께서 대답하여 이르시되 내가 너를 무화과나무 아래에서 보았다 하므로 믿느냐 **이보다 더 큰 일을 보리라** 51 또 이르시되 진실로 진실로 너희에게 이르노니 **하늘이 열리고 하나님의 사자들이 인자 위에 오르락 내리락 하는 것을 보리라 하시니라.**"

(3) 이 사건에서 핵심적인 선언은 무엇인가? 그것은 "땅의 모든 족속이 너와 네 자손으로 말미암아 복을 받으리라."(14절)는 말씀이다. 야곱의 사다리는 그리스도 안에서 그 원형(도는 성취)을 발견한다.

예수께서 나다나엘에게 이렇게 대답하신다. "내가 너를 무화과나무 아래에서 보았다 하므로 믿느냐 이보다 더 큰 일을 보리라."(요 1:49) 여기서 '더 큰 일'이란 무엇을 가리킬까? 51절을 보라. 여기서는 '사닥다리' 대신에 '인자'가 나온다. 예수님 자신은 하늘과 땅의 연결자(The link)라는 것이다(요 3:13 참조). 이렇게 예수님은 이 예언의 성취자이시며 하나님을 나타내시는 이(the revealer)시며, 인자(人子)이시고, 땅과 하늘의 커뮤니케이션을 설정하는 수단이 되신다.[3]

3) 레온 모리스, 요한복음(상), 생명의 말씀사, 211.

3. 야곱이 잠에서 깨어난 후 반응은 두려움이었다. 이 사건 뒤에 변화된 야곱의

모습을 보라.

(1) 하나님은 아직까지 한번도 야곱을 훈계한 적도, 비난한 적도 없으셨다. 비록 야곱은 인간의 방법으로 축복을 얻으려고 했었지만, 오늘 하나님의 첫 만남을 통하여, 그 축복이 진정 자신의 것임을 확실히 알 수 있었다.

'어이쿠, 내가 이러고 있을 때가 아니지.' 그는 아침 일찍 일어나서 베개로 사용했던 돌을 취하여 기둥으로 세우고, 그 위에 기름을 붓고, 그곳 이름을 "벧엘"이라고 했다(18, 19절).

28:18 야곱이 아침에 **일찍이 일어나(וַיַּשְׁכֵּם)**[1]
베개로 삼았던 돌을 **가져다가** 기둥(마쩨바, מַצֵּבָה)[2]으로 **세우고**
그 위에 기름을 **붓고**
19 그 곳 이름을 벧엘이라 하였더라
이 성의 옛 이름은 루스더라

1) 솨캄(שָׁכַם) - (아침에)일찍 시작하다. 일찍 일어나다. / 히필(사역 능동) 동사

2) 기둥, 혹은 기념 비석

(1) 야곱이 새로운 세계를 경험하는 사건이 일어났다.

(2) 야곱, 그의 생애를 보면 알 수 있듯이, 그는 결점이 많은 사람이었다. 그러나 하나님은 그런 야곱을 아브라함과 이삭을 이어 약속의 반열에 올려 놓으시기로 작정하셨다. 하나님은 사람의 장점을 보고 선택하지 않으신다. 따라서 이제 하나님은 야곱의 삶을 간섭하실 것이다. 그가 성숙한 삶을 살아야 하기 때문이다. 하나님은 야곱의 삶에 제동을 거시며, 조금 조금씩 깨닫도록 인도하신다. 이후 하나님은 때로는 무정하리 만큼 냉혹하게 그를 연단하실 것이다. 그래야 하나님이 원하시는 인격이 형성될 것이기 때문이다.

(3) 아브라함과 이삭에게 주어졌던 모든 약속(28:13), 후손(28:14), 온 열방을 위한 축복(15절), 하나님의 지속적인 임재(15절)가 야곱에게도 주어질 것이다.

(4) 말라기서에서 우리는 에서보다는 야곱을 사랑(선택)하셨던 하나님의 주권을 본다(말 1:2). "에서는 야곱의 형이 아니냐 그러나 내가 야곱을 사랑하였고(וָאֹהַב אֶת־יַעֲקֹב)" '에서'는 야곱의 형이다. 그러나 하나님은 야곱을 사랑하셨다고 말씀하신다. 여기서 '사랑'이라는 말은 '아하브'를 말한다. 70인경 이후의 헬라번역에서는 '아가페'(ἀγάπη)라는 말로 번역되었다. 특별히 이스라엘을 택하여 언약을 세우신 '선택적 사랑'을 표현한 말이다(신 4:37, 7:7, 8,

야곱이
아침에 일찍이 일어나
베개로 삼았던 돌을
가져다가
기둥으로 세우고
그 위에 기름을 붓고

10:15). 이것은 어디까지나 하나님의 자유로운 의지였다. 야곱을 선택했다는 것은 이스라엘을 선택하시고 자기 백성으로 삼으셨다는 것을 의미한다. 여기서 사용한 '사랑'과 '미움'의 대조는 언약적 관점에서 보는 것이 더 바람직하다.[1)]

1) 동교재, 말라기, 1장

4. 감격에 넘쳐서 야곱은 무엇을 서원하는가?

28:20-22 ( )

(1) 물론 여기서 야곱의 서원은 하나님과 거래를 조건으로 한 것은 아니다. 그의 서원은 이미 하나님께서 그에게 약속한 것을 그대로 되풀이 한 것이었기 때문이다. 그가 얼마나 철저하게 서원하고 있는가를 보라. 그러나 그의 감격과 서원(誓願)에도 불구하고(20절) 그의 약속은 오랫동안 지켜지지 아니했다.

21, 22절과 같은 서원에도 불구하고 우상을 오랫동안 그대로 방치하기도 했다. 창 34장에서 볼 수 있듯이 세겜에서 자기의 딸 디나의 사건 이후에 우상을 청산하게 된다(창 35:2). 또 십일조를 약속대로(창 28:22) 드렸다는 기록도 없다.

(2) 하나님은 야곱에게 끊임없는 은혜를 계속 베푸셨지만 그는 하나님의 은혜를 잊고 살았다. 대다수의 많은 신자들이 그런 것처럼. 그는 생의 말년이 되어서야 하나님 앞에서의 서약을 지키게 된다. 그것도 하나님의 주권적인 인도가 있은 후에… 늘 안타깝게 근심하시는 분은 우리 하나님이시다.

56 창세기 27–28장 요약 정리

- 이삭의 말년의 형편이 어떠했나? (27:1)
- 이삭은 누구를, 왜 더 사랑했는가?
- 리브가는 누구를 더 편애했나?
- 이로인한 가정의 문제점은 무엇인가?
- 리브가와 야곱이 이삭의 축복을 얻어내기 위한 치밀한 작전을 말해보라.
- 리브가의 태도는 어떤 면에서 잘못되었나?
- 이삭이 야곱에게 내린 축복의 내용은 무엇인가?(27-29절)
- 에서가 속은 줄을 알고 야곱을 죽이려 했다. 이삭의 황당함과 에서의 분노가 어떠했나?
- 에서가 아버지께 매달리며 복을 간구했다. 그러나 그에게 주어진 축복은 어떤 것이었나?
- 급박하게 된 리브가는 잘못하면 두 자식을 한번에 잃을뻔 했다. 리브가는 어떻게 일을 마무리하려 하는가? 이로 인한 가정의 비극은 어떤 것이었나?

- 외삼촌 라반을 찾아떠나는 야곱에게 이삭이 부탁하는 말은 무엇인가?
- 떠나는 야곱에게 이삭이 내린 축복의 말씀을 분석해 보라.
- 만약 인간적인 방법을 동원하지 않았더라면 장자의 축복은 자연이 야곱에게 주어졌을 것이다. 그녀는 인내하지 못했던 것이다. 축복의 주도권은 누구에게 있는가?
- 에서는 그의 부모가 가나안 여인을 탐탁하게 여기지 아니함을 보고(28:6-9), 누구와 결혼했는가?
- 야곱이 하란까지 가는 경로를 지도에서 찾아보자. 하란은 어떤 곳인가?
- 야곱이 벧엘에서 하나님을 만나고 하나님께 서약한 내용은 무엇인가? (20-22절)
- 벧엘에서 하나님을 만난 후 야곱에게 일어난 영적 변화는 어떤 것이었나?
- 야곱이 벧엘에서 본 사닥다리의 영적 예표는 무엇인가?

Summary

- 형 에서의 낯을 피하여 도망가는 야곱, 돌베게 하고 누워 자신의 모습에 한숨짓는다. 갑자기 바꾸어진 환경, 부모 생각, 무서운 형의 모습, 이 생각 저생각, 그는 이내 깊은 잠에 떨어졌다. 이를 지켜보시는 하나님의 눈길, 아브라함의 하나님이요 이삭의 하나님은 이 언약의 계승자 야곱에게도 나타나신다. 하나님의 축복을 받으려고 몸부림쳤던 야곱, 그 축복은 인간적인 수단에 의해서가 아니라 하나님을 만나면서부터 시작된다는 사실을 배운다.

- 야곱의 서원(28:20)과 그 서원을 잘 지키지 못한 야곱의 삶
- 인생관의 변화는 언제 일어나는가?
- 하나님의 속성 중 하나님의 편재(徧在)에 대하여 연구

야곱과 라반의 딸들

화가 있는 대로 난 에서(Esau), 그는 자기 동생 야곱이 한 행동에 전율한다. 만약 현장에 있었다면 야곱은 어떤 변을 당했을 것이다. 사냥을 좋아하는 에서, 그는 사냥해온 고기로 아버지를 즐겁게 해드리곤 했다. 목축 일을 하는 이삭도 자연 이런 아들을 더 좋아했으리라. 더욱이 조금은 수동적이었던 이삭에게 이런 에서의 성격은 매우 믿음직 했을 것이다. 반면 야곱은 에서와는 정반대의 성격이었다. 집에 머물러 있기를 좋아했다. 따라서 어머니 리브가의 사랑을 받는다. 자연히 부모간에 편애(偏愛)가 생기게 됐다. 가정의 비극(?)은 여기서부터 시작된다.

어느 날 사냥에서 돌아온 에서는 배고픔을 이기지 못한다. 야곱은 이 기막힌 기회를 포착하고 그 특유의 꾀를 생각해 낸다. 야곱은 에서의 장자권을 얻으려 했다. 영적인 면에는 아무 관심도 없던 에서는 팥죽 한 그릇에 장자권을 팔아버린다. 에서에게는 장자권 보다 팥죽 한 그릇이 더 귀했다. 에서는 장자권을 경홀히 여겼다. 거기까지는 에서가 화를 낼 이유가 없었다. 그러나 아버지 이삭으로부터 오는 축복을 가로채는 일은 아무리 영적인 면에 관심이 없는 에서라 할지라도 충격이 아닐 수 없었다. 에서는 동생 야곱을 죽이려 했다. 급해진 것은 리브가였다. 리브가는 결국 야곱을 멀리 떠나 보내야만 했다. 그렇지 않으면 자식 둘을 한꺼번에 잃을 수 있기 때문이었다. 결국 야곱은 하란에 있는 외삼촌을 찾아간다. 그 멀고 먼 도피의 길, 그는 가면서 무엇을 생각했을까? 가는 도중 말로만 들어왔던 하나님을 만난다. 그리고 그는 하나님에 대한 새로운 인식을 하게 된다. 그는 하나님께 굳게 굳게 서약한다.

드디어 야곱은 어머니의 고향 하란에 도착하여 외삼촌 라반의 집에 거하게 된다. 그곳에서 20년을 살면서 외삼촌 라반의 딸들과 결혼한다. 야곱도 약았지만 외삼촌 라반의 성격도 보통은 아니였다. 라반은 수차에 걸쳐 야곱에게 줄 품삯을 변경하곤 했다. 우선 야곱이 외삼촌을 만나는 장면을 읽어보고, 그 모습을 상상해 보자. 얼마나 걸렸을까? 오랜 여행으로 인해 지친 야곱의 모습, 그는 다행히 라반의 양떼를 만나 쉽게 외삼촌을 만나게 된다. 그리고 그 밑에서 20여년을 지나게 된다.

58

Outline 29-31

- 야곱이 라헬을 만남(29:1-14) : 라헬을 위하여 7년 동안 외삼촌에게 봉사
- 레아와 결혼. 그리고 라헬과 결혼(29:21-30)
- 라헬이 자식을 낳지 못함으로 빌하를 첩으로 줌(30:1-8)
- 레아의 시녀 실바를 첩으로 줌(30:9-13)
- 라헬의 잉태. 요셉을 낳음(30:22-24)
- 야곱의 귀향(31장)

야곱은 형 에서를 피해 하란으로 달아났다. 그곳에서 외삼촌 라반의 집에서 20년을 머문다. 그는 외삼촌의 딸, 레아와 라헬에게서, 그리고 그녀들의 몸종을 통해 이스라엘 12지파의 조상이 될 자녀들을 얻게 되었다(창 35:22-26).

하란에서 20년을 지낸 후에 야곱은 가나안으로 돌아온다.

- **29:1-14 - 야곱은 하란에서 외삼촌을 만나 그곳에서 생활을 한다.** 야곱은 자신이 형 에서를 속였던 것처럼, 외삼촌 라반에게 여러 번 속임을 당한다. 야곱은 둘째 딸 라헬을 더 사랑했지만, 외삼촌의 속임수로 첫째 딸 레아와 결혼해야 했다.

  외삼촌 라반은 천성적으로 부지런하고 유능한 야곱을 오랫 동안 붙잡아 두고 양치는 일을 맡기기를 원했다. 결국 야곱은 7년을 일하고 첫째 딸 레아를 아내로 맞이하게 되었고, 둘째 딸 라헬과 결혼하기 위해 7년을 더 댓가 없이 봉사하게 된다. 그는 14년을 일하고 그가 사랑하는 라헬을 아내로 맞이하는 집념을 보였다. "레아는 시력이 약하고 라헬은 곱고 아리따우니"(29:17).

- **29:21-30 레아와 결혼. 그리고 라헬과 결혼**
  결국, 야곱은 이곳에서 큰 가족을 이루었지만 결코 평탄한 세월만은 아니었다. 야곱은 두 아내를 얻기 위해 14년을 라반을 위해 봉사했다. 그리고 나서야 라반에게서 독립했다. 외삼촌 라반의 억지스러운 조건 가운데서도 야곱은 하나님의 축복을 받아 크게 부자가 되었다.

- **30:1-8 - 라헬이 자식을 낳지 못함으로 빌하를 첩으로 줌** / 본의 아니게 야곱은 한꺼번에 두 명의 자매를 아내로 맞이하게 되었다. 그러나 야곱의 편애는 자매간의 질투를 유발했고 이로인한 가정에 불화가 생겼다. 레아와 라헬의 남편의 사랑을 독차지 하려는 싸움에서 가정에 그늘이 드리워졌다. 라헬이 자식을 낳지 못하게 되자 언니를 투기하여 그녀의 몸종 빌하를 통해 자식을 얻으려 했다(30:1-2). - 단과 납달리를 낳았다.

- **30:9-13 - 레아 역시 시녀 실바를 첩으로 줌** - 갓과 아셀을 낳았다.

- **30:22-24** - 라헬의 잉태 - 요셉을 낳음

- **31장 - 야곱의 귀향** / 하나님께서 야곱에게 복을 주심으로 6년 동안(30:41) "양떼와 노비와 약대와 나귀가 심히 많아졌다"(30:43). 그는 아주 큰 부자(巨富)가 되었다. 자연히 라반의 야곱에 대한 태도가 변하기 시작했다. 외삼촌 곁을 떠나야 할 수밖에 없다. 이때 하나님이 다시 야곱에게 나타나셨다. "야곱에게 이르시되 네 조상의 땅, 네 족속에게로 **돌아가라**. 내가 너와 함께 있으리라"(3절). 하나님은 야곱이 벧엘에서 하나님께 서약했던 일을 생각나게 하셨다(28:20-22).

외삼촌 라반의 집에서 (29:1~30)

얼마나 오랜 여행길이었을까? 야곱은 마침내 하란에 있는 외삼촌 라반을 만난다. 이제 그 무서운 형의 진노를 피할 수 있었지만 부모를 떠나 있는 야곱의 마음은 가벼울 리 없었을 것이다. 곧 다시 부모 곁으로 돌아갈 수 있으리라는 생각을 했을 것이나 그는 외삼촌의 그늘에서 20여년의 세월을 보내게 된다. 하나님은 이삭의 장자권을 이을 계승자로 만들기 위해 새로운 훈련 코스로 진입시키셨다. 그는 이곳에서 외삼촌 라반의 딸들과 결혼하며 새로운 삶을 시작한다. 처음에는 양치는 훈련부터 시작한다. 물론 그의 생애의 전 과정이 하나님의 은혜로운 섭리 속에 있음을 보게 된다.

1. 야곱이 외삼촌 라반을 만나게 되는 장면을 읽고 설명해 보라(29:1-14).

<라반, Laban> : '하얀색'이라는 뜻. 나홀(아브라함의 동생)의 손자이며 브두엘의 아들이다. 즉 이삭의 아내인 리브가의 오빠이다. 그러니까 야곱의 외삼촌이다. 야곱은 이 라반의 집에서 라반의 딸들과 결혼하며 20년의 세월을 보낸다.

(1) 동방 사람의 땅(아마 메소포타미아와 팔레스틴 사이)에 이르러서 양 떼에게 물을 먹이는 광경을 발견한다. 양은 세 떼로 나누어 있고, 각 팀의 목자들이 자기의 양들에게 물을 먹이고 있다. 어머니로부터 외삼촌 라반이 양을 치는 유목민이었다는 사실을 익히 들어 알았으리라. 혹시 하는 마음으로 이들에게 접근해 갔을 것이다.

(2) 목자들과의 자연스런 대화, 야곱은 그들이 어디서부터 온 목자들인가를 묻는다. 아, 그런데 그들의 입에서 <하란>이란 말이 나오지 않는가! 뒤이어 외삼촌 라반의 소식을 묻는다. 이들 목자들의 대답은 라반의 안녕뿐만 아니라 라반의 딸이 이곳에 도착할 시간이 거의 다 되었다는 것이 아닌가! 우리는 지난 장에서 하나님께서 야곱에게 이르신 말씀을 기억한다. "네가 어디로 가든지 너와 함께 할 것이다."

(3) 지금, 야곱은 하란에 있는 외삼촌 라반을 만나러 가고 있지 아니한가. 어머니로부터 외삼촌과 그의 자녀들의 이야기도 들었을까? 지금 라반의 딸이 이리로 다가오고 있다. 가슴 뛰는 순간이다. 그런데 야곱에게 나타난 외삼촌의 딸, 라헬이 너무 아름답지 아니한가!

(4) 야곱이 브엘세바를 떠난지 얼마나 되었을까? 오는 길이 평탄치 않았을 것이고, 또 부모를 떠나 먼 길을 온 야곱이었지만 야곱은 라반의 딸을 보는 순간 모든 슬픔을 잊을 수 있었으리라. 그는 우물 아구에서 돌을 옮기고 양떼에

게 물을 먹인다. 그리고 지금까지의 여독(旅毒)이 풀리면서 격정에 소리 높여 운다.

(5) 야곱은 라헬에게 입을 맞추며 소리내어 운다. 이 갑작스런 행동에 기절했을 라헬, 결국 자초지종을 다 듣고 난 후에야 그가 리브가의 아들이었음을 알게 된다. '그러니까, 이 청년이 친척이잖아!!' 그녀는 단숨에 달려가서 아버지 라반에게 이 모든 일을 알린다.

2. 라반이 야곱을 어떻게 영접했는가 성경 본문을 읽어보자.

야곱은 지금까지 가정에서 일어났던 일, 그리고 에서의 낯을 피하여 오다가 벧엘에서 여호와를 만난 일, 기름을 붓고 굳게 굳게 하나님께 맹세했던 일, 그리고 양떼를 치고 있던 일행을 만난 일 등을 소상하게 이야기 했을 것이다(29:13하). 이는 리브가의 소생임이 분명했다. 라반은 야곱의 말을 다 듣고 "정말로 너는 내 뼈요, 내 살이로다"라고 했다. 그리고 그 곳에서 한 달을 머물렀다.

3. 이렇게 외삼촌을 만나고 벌써 한 달이 지나갔다(14절). 라반은 야곱이 잠깐 다니러 온 것이 아님을 알고 있었다.

그런데 당장 야곱은 양떼를 먹이는데 유능한 일꾼이 아닌가. 야곱은 이미 양을 치는 일에는 익숙해져 있었을 것이다. 유목민이었던 할아버지와 아버지에게서 양을 치는 일을 배웠을 것이다. 게다가 가만히 보니까 야곱은 둘째 딸 '라헬' 을 좋아하고 있지 않은가! "그렇다면 이 놈을 붙들어 두어야겠구나! 그렇지 않아도 일손이 딸리는데 아주 잘 됐어."

4. 라반은 야곱에게 어떤 제안을 했나? (29:15-18)

"(1) 야곱아, 네가 비록 내 조카지만 어찌 공짜로만 내 일을 하겠니, 무엇을 해주면 너에게 보답이 되겠느냐?"(15절) 어이쿠, 이게 웬 일인가? 그러지 않아도 막연히 시간만 지나간다 했는데. "그래요. 외삼촌, 제가 라헬(Rachel)을 좋아하거든요. 만약 작은 딸 라헬과 결혼하게 해주신다면 외삼촌을 위해 7년을 봉사할께요. 어때요?"(18절)

(2) 이 말을 꺼내놓고 얼마나 가슴이 뛰었을까? "쿵당쿵당" 잘못하면 외삼촌의

외삼촌 라반의 양떼를 지키고 있는 야곱

• 야곱은 하란에서 외삼촌을 만나 그곳에서 생활을 한다. 야곱은 자신이 형 에서를 속였던 것처럼, 외삼촌 라반에게 여러 번 속임을 당한다. 야곱은 라반의 둘째 딸 라헬과 결혼하기 위해 7년 동안을 봉사한다. 그러나 7년이 지난 후 야곱은 레아를 아내로 맞게 된다. 외삼촌에게 속은 것이다. 그는 또다시 라헬을 아내로 맞기 위해 7년을 댓가 없이 봉사하게 된다.

결국, 야곱은 이곳에서 큰 가족을 이루었지만 결코 평탄한 세월만은 아니었다.

귀에까지 들렸으리라. '라헬만 나에게 준다면, 내가 무엇을 못하랴.'

5. 이렇게 시원스러운 야곱의 대답에 외삼촌 라반은 어떻게 대답했는가? (19절)

(1) 외삼촌 라반, 그는 어떤 인물인가! 라반도 야곱보다 결코 뒤지지 않는 사기꾼 기질이 있지 아니한가. 어쩌면 외삼촌은 이런 야곱의 청원을 기다렸을지도 모른다 "아, 그래. 다른 사람에게 내 딸을 주느니 네게 주는 것이 나으니까 나와 함께 있어라."(19절) 어쨌든 라반은 처음부터 야곱에게 호의적이었다(29:3).

(2) 정말로 그랬다. 야곱은 라헬을 위하여 7년 동안을 봉사했으나 그를 연애하는 까닭에 칠년을 수일 같이 여겼다고 했다(20절). '아, 꿈 같이 흘렀네.' 결국, 야곱은 신부를 얻기 위하여 머슴살이를 한 것이다. 이러한 일은 그 당시 문화에서는 흔히 있는 일이었다.[1] 어쨌든 7년을 채우고 이제 결혼식을 치뤄야 했다.

6. 칠년의 봉사를 끝내고 이제 라헬과 결혼식을 올렸다. 그런데 어떤 일이 벌어졌나? (29:22-25)

(1) 잔치를 크게 벌이고(22절), 그 결혼식날 밤에 의당히 라헬을 신부로 맞아야 했는데, 이걸 어쩌나? 아침에 깨어보니 레아였다(25절). 그가 그렇게 기다렸던 레아가 아니고, 큰 딸과 함께 잠을 잔 것이다. '이럴 수가!' 아마 전기불이 없어서 그랬겠지. 아니면 레아가 자신의 얼굴을 크게 가리고 있어서 못알아보았을까? 아니면 야곱이 너무 취해서 곯아떨어졌던가. 몸매는 동생과 비

1) 당시에는 딸이 결혼하면(그 집안에서 입게 될 손실에 대한 보상으로서) 신랑이 신부의 집에 돈이나 보석, 가축 등을 지불하는 관습이 있었다(지참금). 물론 야곱에게 그런 능력이 없었으므로 대신 자신의 노동력을 제공하기로 한다.

레아 Leah

1) "레아는 **시력이 약하고** 라헬은 곱고 아리따우니"(29:17)

• 레아 (Leah : '들소, 사나운 소' 라는 뜻. 시력이 약한 것 보다는 초롱초롱한 눈을 갖지 못했다는 말이다. '약한' 보다는 '부드러운' (tender - A.V. / delicate)이란 뜻이 더 정확하다. 그렇지만 이에 비해 동생 라헬은 '곱고, 아리땁다' 고 했다.

슷했던 모양이다.

(2) 어쨌든 얼마나 화가 나고 황당했을까? 화가 머리 끝까지 치민 야곱, "외삼촌--, 또한번 외삼촌-- 한번더 외삼촌--. 도대체 이럴 수가 있어요!! 씩씩" "동네 사람 창피해서 소리도 못지르겠고요. 아이고. 나 미치겠네." - 아마, 이러지 않았을까?

7. 이런 야곱의 반발에 대한 라반의 태도는 어떠했나? (29:26)

(1) 그래도 외삼촌, 라반은 눈 하나 깜짝 않고 여유만만. "형보다 아우를 먼저 주는 것은 우리 지방에서 하지 않는 일이네"(26절). 아휴, 그러면 처음부터 그렇게 말했어야지. 야곱은 그렇다고 레아(Leah)[1]를 버릴 수도 없었다. 만약 그렇게 한다면 야곱 자신은 말할 것도 없고, 레아는 더더욱 웃음거리가 될 것이 아닌가! 나 참.

(2) "이를 위하여 칠일을 채우라." 신혼 기간을 채우라는 말이다. 그러니 야곱의 신혼기간이 말이 아니었을 것이다. "네가 그를 위하여 또 7년을 내게 봉사하라. 그러면 라헬도 네게 주겠다"(27절). 라반은 신혼기간이 끝나자 동생 라헬도 그에게 아내로 주었다(28절). 그러나 야곱은 레아보다 라헬을 더 사랑한다(30절).

(3) 과거에 자기 형에게 속임수를 쓰기를 주저하지 않았던 야곱, 그는 이제 라반의 속임수에 걸려들었다. 순진하게 라반을 믿었던 야곱은 라헬을 얻기 위해 또다시 7년을 지내게 된다. 이번에는 야곱이 속임의 대상이 되었다. 야곱은 하나님이 인정하시는 방법으로 살지 않았다. 그는 이 과정에서 인간의 계획과 술수가 얼마나 잘못된 것인가를 깨달았을 것이다.

(4) 아브라함과 이삭을 이어 구속사의 선(線)을 이어갈 야곱, 그의 훈련은 이렇게 시작된다. 그를 성숙한 신앙인으로 키우기 위한 하나님의 훈련은 야곱의 약삭빠른 성격을 하나 하나 녹여간다. 모나고 거칠 수록 하나님의 망치 소리는 그끝이 없다. '아직도 내 안에 깨어지지 않은 부분은 무엇인가?'

(5) 야곱은 라헬 때문에 7년의 세월을 수일 같이 지냈다고 했다. 값싼 사랑 놀음에 기절할 만한 상황이 판을 치고 있는 요즈음, 야곱의 순수한 사랑은 우리에게 어떤 교훈을 주는가?

(6) 야곱은 최선을 다해 봉사했다. 그것은 야곱의 장점이기도 했다. 라반에게는 야곱이 없어서는 안될 존재가 되었다. 그러나 라반은 야곱을 계속 속여간다. 화가 났을 야곱은 그 옛날 형을 속이던 일이 생각났으리라. 야곱, 그는 하나님의 구원 역사에 주인공으로 쓰임받는 생애가 되기 위해 아주 고된 삶을 살아간다. 앞으로의 삶도 그의 모난 성격 때문에 더욱 힘든 과정을 걷게 된다. 하나님이 그를 특별히 사랑(선택)하셨기 때문이다. 그는 험악한 세월은 지나고 인생의 말년이 되어서야 그 하나님의 위대하신 섭리를 깨닫게 된다.

합환채(Mandrake) : 열매와 두 갈래로 갈라진 뿌리가 사람의 몸을 닮았다고 해서 고대로부터 정력제와 임신을 가능케 하는 약초로 믿어왔다. 그래서 근동 지역에 사람들은 이것을 최음제(催淫劑)로 사용했다.

야곱의 가정 : 악순환의 연속(30장)

야곱은 두 아내를 얻기 위해 14년을 라반을 위해 봉사했다. 그리고나서야 라반에게서 독립했다. 외삼촌 라반의 억지스러운 조건 가운데서도 야곱은 하나님의 축복을 받아 크게 부자가 되었다. 그러나 이러한 부는 결국 라반과의 사이가 벌어지게 하는 결과를 가져왔고, 야곱으로 하여금 고향을 생각나게 했다.

1. 야곱은 하나님의 축복으로 그의 가족이 많아졌다. 열한번 째 아들 요셉을 낳을 때에 무엇을 느끼게 되었는가? (30:25-26)

30:25 라헬이 요셉을 낳았을 때에 야곱이 라반에게 **이르되**
나를 **보내어** 내 고향 나의 땅으로 **가게 하시되**
26 내가 외삼촌에게서 일하고 얻은 처자를 내게 **주시어**
나로 **가게 하소서**
//이유(כִּי)
내가 외삼촌에게 한 일은 외삼촌이 아시나이다

- 창 30:27 "라반이 그에게 이르되 여호와께서 너로 말미암아 내게 복 주신 줄을 내가 깨달았노니 네가 나를사랑스럽게여기거든그대로 있으라
- 창 30:30 "내가 오기 전에는 외삼촌의 소유가 적더니 번성하여 떼를 이루었으니 내 발이 이르는 곳마다 여호와께서 외삼촌에게 복을 주셨나이다 그러나 나는 언제나 내 집을 세우리이까."

(1) 야곱의 가정을 보라. 악순환의 연속이었다. 그러나 이런 야곱의 생활 속에서도 하나님은 여전히 자신의 언약을 충실히 지키셨음을 본다(30:27*과 30절을 보라). 야곱은 불안을 느끼고 자기의 고향으로 돌아가기를 원했다(25절).

(2) 본의 아니게 야곱은 한꺼번에 두 명의 자매를 아내로 맞이하게 되었다. 그러나 야곱의 편애는 자매간의 질투를 유발했고 이로인한 가정에 불화가 생겼다. 레아와 라헬의 남편의 사랑을 독차지 하려는 싸움에서 가정에 그늘이 드리워졌다.

Close-up

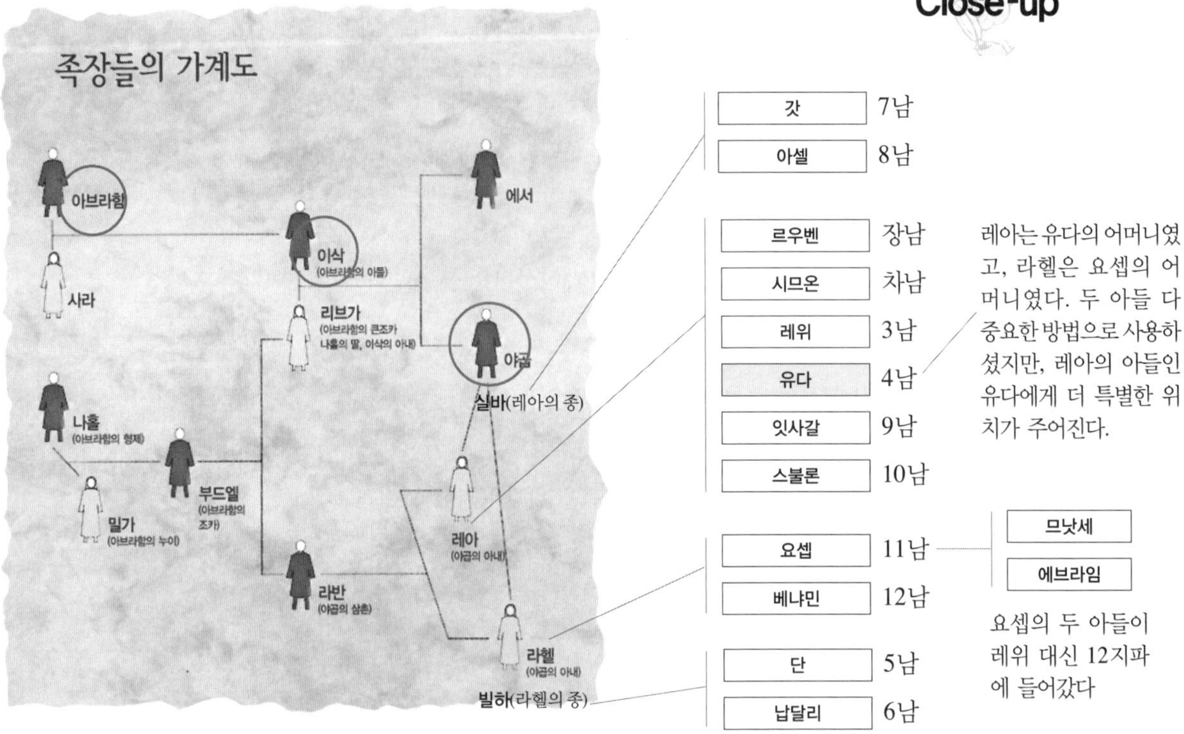

(3) 야곱이 외모가 예쁜 라헬에게만 정신이 팔렸기 때문이었으리라. 배우자 선택의 기준이 인격 보다 외모나 경제적인 면에 치중한다면 그만한 댓가를 받을 것이 분명하다.

2. 야곱은 하란을 떠나기를 원했으나 라반은 그에게 어떤 말로 설득하는가? (30:27-28)

(1) 라반은 야곱이 더 오래 머물도록 설득한다(25-34절). 왜 그랬을까? 라반의 계획은 어떠했는가? (27절) 라반은 하나님이 야곱에게 크게 복 주셨음을 깨달았다. 그래서 야곱이 계속해서 자기 집에 머물러 있기를 원했다. 두 사람은 다시 한번 계약을 맺는다.

(2) 라반과 야곱 사이에 다시 맺은 계약의 내용은 무엇인가? (30:32-36)
계약은 라반에게 유리한 것처럼 맺어졌다. 그러나 하나님은 야곱에게 축복을 약속하셨다. 야곱은 자신의 품삯으로서 어떤 조건을 제시했나? 양들을 두

편으로 갈라 아롱지고 점 있는 양과 검은 양은 야곱의 것으로 구분하고, 그렇지 않은 것은 라반의 양으로 하기로 했다. 앞으로 태어나는 것도 마찬가지였다. 이렇게 하여 염소도 마찬가지로 구분했다.

(2) 자, 그런데 라반이 누군가? 그는 작전을 짠다. 얼룩지고 점 있는 양들을 구분하고 그것들을 자기 아들로 하여금 치게 했다. 그리고 야곱과의 거리를 사흘 길을 떨어지게 했다(36절). 양들끼리 서로 떨어져 있게 하여 교미할 수도 없게 계략을 세웠다. 야곱은 그 나머지 양떼를 칠 수밖에 없었다.

(3) 그렇지만 야곱 또한 누군가? 그는 자기 양떼가 늘어나도록 희안한 방법을 고안해 낸다. 야곱이 세운 계획은 다분히 속임수를 갖고 있었다. 야곱의 이러한 태도는 옳은 것인가? 그러나 야곱의 도덕적 결함에도 불구하고 하나님은 야곱을 번성케 하셨다(37-39절을 보라). 야곱은 이런 행동 때문에 얼룩무늬 새끼를 많이 난 것으로 믿었겠지만 하나님이 그 방법을 통해 축복하셨기 때문에 가능한 것이었다. 야곱은 자기 아내들에게 하나님이 축복하셨음을 말한다(창 31:9*). 물론 아내들은 야곱을 지지한다(31:16).

• 창 31:7 "그대들의 아버지가 나를 속여 품삯을 열 번이나 변경하였느니라 그러나 하나님이 그를 막으사 나를 해치지 못하게 하셨으며 [8]그가 이르기를 점 있는 것이 네 삯이 되리라 하면 온 양 떼가 낳은 것이 점 있는 것이요 또 얼룩무늬 있는 것이 네 삯이 되리라 하면 온 양 떼가 낳은 것이 얼룩무늬 있는 것이니 [9]**하나님이 이같이 그대들의 아버지의 가축을 빼앗아 내게 주셨느니라.**"

(4) 왜 하나님은 이토록 야곱에게 축복하시는 것일까? 야곱은 하나님의 구속사를 이어갈 하나님의 택한 족장이기 때문이다. 야곱은 이 모든 것이 하나님의 축복이었음을 후에 시인한다(31:7-12을 미리 읽어보자). 하나님은 이미 야곱에게 어디를 가든지 함께 하시며 축복하실 것을 약속하셨기 때문이다(창 28장).

창 31:

7 **그대들의 아버지가 나를 속여 품삯을 열 번이나 변경하였느니라 그러나 하나님이 그를 막으사 나를 해치지 못하게 하셨으며**

8 그가 이르기를 점 있는 것이 네 삯이 되리라 하면 온 양 떼가 낳은 것이 점 있는 것이요 또 얼룩무늬 있는 것이 네 삯이 되리라 하면 온 양 떼가 낳은 것이 얼룩무늬 있는 것이니

9 **하나님이 이같이 그대들의 아버지의 가축을 빼앗아 내게 주셨느니라**

10 그 양 떼가 새끼 밸 때에 내가 꿈에 눈을 들어 보니 양 떼를 탄 숫양은 다 얼룩무늬 있는 것과 점 있는 것과 아롱진 것이었더라

11 꿈에 하나님의 사자가 내게 말씀하시기를 야곱아 하기로 내가 대답하기를 여기 있나이다 하매

12 이르시되 네 눈을 들어 보라 양 떼를 탄 숫양은 다 얼룩무늬 있는 것, 점 있는 것과 아롱진 것이니라 라반이 네게 행한 모든 것을 내가 보았노라

야곱이 가나안으로 돌아옴(31:1~55)

야곱은 하란에 너무 오래 머물렀다. 에서의 낯을 피하여 잠시 동안 머물겠다고 생각했던 야곱, 어느 새 20여년의 세월이 흘러갔다. 그 동안 너무 바쁘게 살아왔기에 고향은 저멀리 있었다. 아마 하나님의 약속도 까마득히 잊어버렸을 것이다. 드디어 하나님은 야곱에게 제동을 거신다. 라반의 아들들이 반기를 들기 시작했다. 외삼촌 라반과의 관계가 더욱 서먹해졌다. 하나님은 야곱으로 하여금 하란이 싫어지게끔 역사하신다. 야곱이 하란에서 자기 자신의 배만 두드리고 사는 것을 하나님이 원치 않으셨다. 아브라함의 후손들이 살아가야 할 곳은 가나안 땅이었기 때문이다. 드디어 대탈출의 드라마가 시작된다.

1. 야곱은 이제 자기의 고향으로 돌아가려 한다. 몇 가지 돌아갈 수밖에 없는 상황이 무엇인가? (31:1-3)

(1) 30장 마지막 부분에서 볼 수 있듯이 하나님께서 야곱에게 복을 주심으로 6년 동안(41절) "양떼와 노비와 약대와 나귀가 심히 많아졌다"(30:43). 이제, 그는 아주 큰 부자(巨富)가 되었던 것이다. 자연히 라반의 야곱에 대한 태도가 변하기 시작했다. 야곱에 대한 라반의 태도가 전과 같지 아니했다(2절). 우선 장성한 라반의 아들들이 야곱을 곱게 보지 않았다. 우리 아버지의 소유를 다 빼앗아간다는 것이었다(1절). 외삼촌 라반은 야곱과의 품삯의 약속을 10번이나[1] 변경했지만(31:7, 41) 야곱은 계속 하나님의 축복을 받아 크게 번성했다. 후에 자기의 형 에서에게 상당한 짐승을 선물로 주었을 정도로 크게 번성했다(창 31:13-16).

1) 여기 열번이나 변역했다는 말은 정확히 10번만을 의미하는 것이 아니라 수없이 변역했다는 말이다. 그러나 그러함에도 불구하고 하나님은 더욱 야곱을 축복하셨다. 야곱의 축복은 라반과 그의 아들들의 시기를 불러온다. 이 시기는 야곱으로 하여금 하란을 탈출하는 계기가 된다

(2) 이제는 어차피 외삼촌 곁을 떠나야 할 수밖에 없다. 이때 하나님이 다시 야곱에게 나타나셨다. "야곱에게 이르시되 네 조상의 땅, 네 족속에게로 돌아가라. 내가 너와 함께 있으리라"(3절). 하나님은 야곱이 벧엘에서 하나님께 서약했던 일을 생각나게 하셨다(28:20-22을 보라).

2. 야곱은 드디어 떠날 결심을 한다. 야곱은 아내, 라헬과 레아를 들로 불러냈다. 그리고 자초지종을 이야기 한다(31:5-13).

(1) 외삼촌이 나에게 대하는 것이 전과 같지 않다는 것과 그 동안 외삼촌을 뼈빠지게 섬겼다는 일과, 그런데도 너희 아버지가 나를 속여 품삯을 열번이나 바꿨다는 이야기, 그리고 하나님이 축복해 주셔서 지금 이렇게 부자가 되었

다는 것, 이제 옛날, 20여년 전 벧엘에서 나타나셨던 하나님이 다시 나타나셨다는 것, 그래서 이곳을 떠나야만 한다는 이야기를 했다.

(2) 이 말을 들은 아내들의 태도는 어떠했는가? 야곱의 아내들은 반대하지 않았다. 아마 이들은 물질적인 문제로 더 동의했을 것이다. 이들은 도주하려 만반의 준비를 한다. 아버지의 비인격적인 처사에 딸들까지도 아버지를 멀리하게 되었다(15절). "우리가 가면 틀림없이 아버지가 무슨 핑계를 대서라도 붙잡아두시려고 하실꺼야. 더욱이 우리에게 줄 분깃이나 유업이 있겠어?! (14절) 그러니 우리 몰래 도망갑시다." "그러면, 무엇을 준비할까?"

31:19 그 때에 라반이 양털을 깎으러 **갔으므로**
라헬은 그의 아버지의 드라빔(תְּרָפִים)을 **도둑질하고**
20 야곱은 가만히(אֶת־לֵב) **떠났더라**(가나브 - 훔치다, 도둑질하다)
/그 거취를 아람 사람 라반에게 말하지 아니하고

3. 야곱은 외삼촌 라반에게 알리지 않고 몰래 도망간다. 이 소식을 접한 라반은 어떠했나? (31:21-23)

(1) 지금, 급히 도망가야 하는 판인데 언제 인원 점검할 시간이 있겠나! 물론 외삼촌에게는 알리지 아니한다. 지금 도망가고 있는 것이니까(20절). "그가 모든 소유를 이끌고 강을 건너 길르앗 산을 향하여 도망"가고 있다. 그 소식이 3일 뒤에 라반의 귀에 들린다(21, 22절). "이크, 큰 일났다. 이 놈들 다 들고 튄 것 아냐?!" 얼마나 정신없이 쫓아왔을까? 3일만에 이들을 따라잡았다(23절). "이놈들 만나기만 해봐라." 아마, 화가 많이 났던 모양이다. "이 녀석이 은혜도 모르고 이렇게 배반하다니!"

(2) 가만나뒀다가는 무슨 일이 일어날 것 같았다. 급하신 것은 이번에도 우리 하나님이시다. 하나님이 밤에 화가 나 뒤쫓고 있는 라반에게 나타나셨다. "너는 삼가 야곱에게 선악간 말하지 말라"(24절).

하나님은 라반의 마음 속에 무섭게 타오르는 증오의 불길을 끄신다. 그 불길이 야곱 일행을 태울 수 있기 때문이었다. 말썽장이(?) 야곱 때문에 우리 하나님, 얼마나 애태우시는가! 하나님의 간섭이 없었다면 야곱은 정말 라반에게 해를 당했을 것이다(29절을 보라).

야곱의 탈주극

야곱의 식구들이 바빠졌다. 라반이 지금 멀리 양털을 깎으러 가고 없었기 때문이었다. 총출동 - 자식들, 아내들, 약대를 챙기느라 야곱이 정신이 없다. 라헬은 그 사이에 아버지의 드라빔을 훔쳐서(19절), 약대 안장 밑에 숨겼다(34절). 얼마나 재빨리 감추었을까? 왜 라헬은 이 드라빔을 감추려 했을까?

어쨌든 이들은 자기 것이라고 생각되는 것은 하나도 빼놓지 않고 다 싣고 있는 중이다(16절). 전부 몇명이나 되었을까?

드라빔(תְּרָפִים)

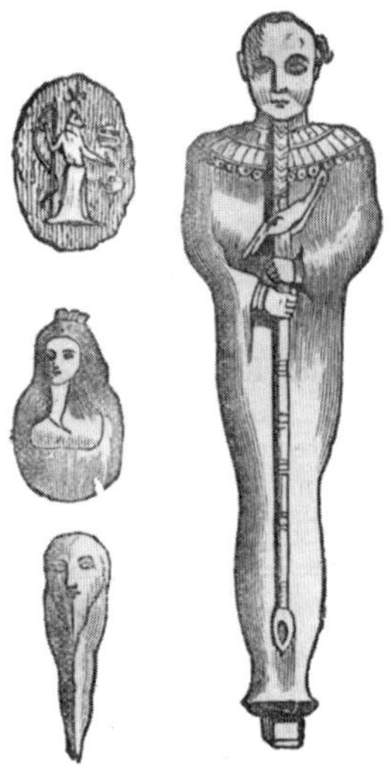

드라빔(Teraphim, תְּרָפִים) : 이 드라빔은 여성 신위(神位)의 작은 입상(立像)으로서 주로 나무나(삼상 19:13-16) 은으로 만든다. 아마도 가족 우상인 듯하다. 그런데 왜 라헬이 이 우상(드라빔)을 훔쳐왔을까? 이 드라빔은 가정의 번영을 가져오는 수호신으로 여긴 것 같다. 드라빔은 이스라엘 백성의 배교적 요소 가운데 주로 점을 치는 데 이용된 것 같으며(삼상 15:23, 왕하 23:24, 겔 21:21, 슥 10:2), 이러한 점을 치는 기능과 관련하여 드라빔은 문맥에서 에봇과 함께 종종 발견된다(참조: 삿 17:5, 삿 18:14, 삿 18:17, 삿 18:20, 호 3:4). 구약성경에서 드라빔은 하나님께 예배하는 데 있어서 합법적인 물건으로 결코 용납되지 않았다. 사실상 드라빔은 선지자들에 의해 빈번하게 비난 받았다(삼상 15:23, 왕하 23:24)

메소포타미아에서 최초로 생긴 것으로 여겨지는 이 드라빔(창 31:19-21, 겔 21:21)은 족장 시대(창 31장)부터 포로 이후 시대(슥 10:2)에 이르기가지 이스라엘의 전 역사에서 두루 나타난다.

라헬은 이 우상을 훔침으로써 드라빔이 부친에게 주는 복을 빼앗으려 했을까? 그러나 라헬은 이것을 우상 숭배하는데 사용하려 했던 것 같다. 그녀는 비록 야곱의 영향으로 하나님에 대한 어느 정도의 지식이 있었을 것이나(30:23, 24을 보라), 자기 부친의 영향 하에서 우상 숭배에 더 물들어져 있었을 것이다. 그래서 하나님도 섬기고, 우상에게도 관심을 가졌을 것이다. 야곱의 가정에서는 이런 우상이 다시 벧엘로 올라가기 전까지 있었다(35:2).

4. 뒤좇던 라반의 태도가 어떻게 변해 있었나? (31:26-28)

(1) 라반의 태도 좀 보라. 갑자기 순한 양이 되었다. "네가 어찌하여 내게 알리지도 않고, 가만히 내 딸들을 칼로 잡은 자 같이 끌고 갔느냐? 내가 너희가 간다면 즐거움과 노래와 북과 수금으로 너를 보냈을텐데, 어찌 손자 녀석들과 딸들에게 작별 인사도 못하게 했느냐?!"(26-28절) '어, 좋은 사람이잖아!!'

(2) "그래 다 좋은데. 너, 왜 나의 신(神)을 도적질 해가니?" "무슨 소리를 하세요, 외삼촌. 어디 다 뒤져보세요. 그리고 만약 발견되면 도로 가져가세요." 라헬은 상속권을 상징하는 집안의 우상을 훔쳤다. 라헬은 이 드라빔을 훔쳐 낙타 안장 밑에 숨겼다(34절). 물론 몰래 가져온 것이니 야곱이 알리 없었다. 아무리 장막 안을 다 찾아보아도 드라빔은 나오지 아니했다. 라헬이 낙타 안장 밑에 숨기고, 오리발을 내밀었기 때문이었다(34, 35). 뒤쫓아온 야곱은 당연히 라반에게 화를 낸다.

5. 자, 야곱이 라반에게 어떻게 화를 내며 대척(對斥= 질타하다)했는지 말해보라.

"딸들도 내 딸이요, 자식들도 내 자식인데, 네가 보는 것은 다 내 것인데…, 아이고 이 도둑놈의 사위… 미워할 수도 없고. 그래, 다 가져가라. 내가 이 마당에 너희들에게 어찌할 수 있으랴"(43절).

6. 라반은 야곱과 언약을 세운다. 무슨 내용인가 말해보라. (31:43-54)

(1) 이들은 다시는 서로 해하지 않겠다는 약속을 하고 헤어진다(44절 이하). 라반은 그곳을 '여갈사하두다'(Jegar-Sahadutha =아람 말)라 했고, 야곱은 그 곳을 '갈르엣'(Galeed, גַּלְעֵד, 갈엣)이라 했다(47절). 후자는 히브리 방언이다. 둘 다 '증거의 무더기' 라는 뜻이다. 그리고 미스바(Mizpah, מִצְפָּה)라고도 불렀다. '미스바' 라는 말은 '망대' 또는 '감찰자' 라는 뜻이다.

31:45 이에 야곱이 돌을 **가져다가** 기둥으로 **세우고**
46 또 그 형제들에게 돌을 모으라 **하니**
그들이 돌을 **가져다가** 무더기를 **이루매**
무리가 거기 무더기 곁에서 **먹고**

(2) 그리고, 라반 일행은 이들에게 축복하고 하란으로 되돌아갔다. 이들은 그동안 서로 아옹다옹 했지만 다시는 볼 수 없었기에 아름다운 헤어짐을 갖는다. 어찌했든 야곱은 늘 보호하시는 하나님의 인도로 본향을 향하여 가고 있었다(55절).

(3) 교활한 야곱, 그는 하나님의 사랑(선택)을 받은 대변인이요 중재자로서는 자격이 없는 사람이었다. 그러나 하나님은 이런 연약한 자를 어떻게 훈련시키셨는가? 만약 하나님이 우리를 의롭다 하지 않으셨다면 우리는 정말로 쓸모없는 존재들이다.

(4) 야곱이 귀향하기로 결심케 된 조건은 무엇인가? 그에게 만약 평안한 삶이 계속되었다면 구태여 하란을 떠날 필요성을 느끼지 못했을 것이다. 우리에게 닥치는 고통은 무의미한 아픔만은 아닐 것이다. 나에게 고통이 없다면 아름다운 삶의 열매를 기대하지 말아야 한다. 야곱을 향한 하나님의 뜻은 무엇인가? 일생을 통하여, 야곱을 야곱답게 하기 위해 내려치는 망치 소리에 그 성화의 과정은 뜨겁기만 하다. 그 누구도 하나님의 거룩하신 섭리 앞에 도망갈 수 없다. 하나님은 그 분이 원하시는 바를 이루시기 위해 우리를 끊임없이 채찍질 하신다. 때로는 우리가 그 사실을 느끼지 못해 한없이 자유 분방할 뿐이다. 야곱, 그는 오랜 훈련과 고생을 통해 성도(聖徒)가 되어간다.

창세기 29-31장 요약 정리

Summary

29장 야곱의 외삼촌 라반의 집에서 거함

- 에서의 낯을 피하여 외삼촌을 만나기까지의 여정을 그려보라.
- 라반의 딸 라헬을 보고 한눈에 반해버린 야곱, 그는 7년의 세월이 힘들지 아니했다. 왜?
- 야곱은 라헬과의 결혼을 위해 7년을 일했지만 막상 야곱에게 주어진 상대자는 큰 딸 레아였다. 결국 라헬도 얻었지만 그는 7년을 더 일해야 했다.
- 레아에게서 태어난 아들들의 이름은?

30장 빌하, 실바의 아들들 탄생. 라헬의 아들들과 딸 출생, 라헬이 요셉을 출생

- 라헬이 투기하게 된 원인은 무엇인가? (1절)
- 라헬의 시기는 불신앙의 표현이다. 그는 야곱에게 강한 불만을 나타낸다. 이에 대한 야곱의 노가 어떠했나?
- 이 상황에서 야곱의 행동은 진지하지 못했다. 그는 라헬이 자식을 갖는 문제로 하나님께 기도하지 못하고 라헬의 말을 따른다.
- 라헬의 몸종 빌하가 난 자식들의 이름은?
- 레아의 몸종 실바를 통해 난 자식들은?
- 성경 기록에 부끄러운 기사를 그대로 소개하는 것은 무엇을 의미함인가?

31장 야곱이 가나안으로 돌아옴

- 야곱이 고향으로 돌아가려고 하는 이유는 무엇인가?
- 하나님이 야곱에게 원하시는 것은 무엇인가?
- 야곱은 자기 아내 레아와 라헬에게 무슨 이야기를 하고 있나? (5-13절)
- 야곱이 탈주극을 벌이는 과정을 설명해 보라.
- 라반은 무엇을 핑계로 야곱을 뒤쫓고 있는가?
- 라헬의 기지로 드라빔은 발견되지 않는다.
  라헬은 왜 드라빔을 훔쳤는가?
  라헬의 신앙은 어느 정도였을까?
- 라반은 막상 야곱을 만나자 태도가 부드러워졌다. 어떤 연유에서인가?
- 라반과 야곱은 언약을 세운다. 그곳 이름을 무엇이라고 했나?

- 야곱의 불신앙적인 요소가 있었지만 야곱을 축복하신다. 왜?
- 야곱의 서원(28:20)과 그 서원을 잘 지키지 못한 야곱의 삶
- 인생관의 변화는 언제 일어나는가?
- 하나님의 속성 중 하나님의 편재(偏在)에 대하여 연구

얍복 강가의 야곱, 에서와 야곱의 화해

형에서의 낯을 피하여 하란으로 외삼촌을 찾아 떠난지가 엊그제 같은데 벌써 20여년의 세월이 흘렀다. 형의 노가 풀리기 까지 잠깐만 가 있으라던 어머니 리브가의 권면이 아직 귓가에 생생하게 들린다. 그런데 그 사랑하는 어머니의 생사도 아직 알 수가 없다. 어쨌든 야곱은 외삼촌 라반 밑에서 양떼를 키우면서 오랜 세월을 보냈다. 야곱은 그의 성격대로 라반을 위해 열심히 일했다. 수도 없이 외삼촌에게 속임을 당했지만 그는 내 일처럼 묵묵히 일을 했다. 야곱은 비록 고생은 했지만 아내와 자식들과 그리고 큰 거부가 되어 있었다.

이제, 야곱은 자기가 떠난 고향으로 돌아오고 있다. 야곱은 더이상 외삼촌 밑에서 머무를 수가 없었다. 라반과 그의 아들들의 시기 또한 참기 힘든 일이었기 때문이다. 그러나 그 모든 일들 위에 이런 환경을 만드신 분은 전능하신 여호와 하나님이었다. 야곱은 언젠가는 다시 가나안 땅으로 돌아와서 하나님의 구속사의 한 면을 담당해야 할 택한 그릇이었기 때문이다. 고향 땅에 점점 가까이 올 수록 그는 그 옛날 자기를 죽이려 했던 형의 얼굴을 떠올리지 않을 수 없었다. 창 27:41 이하를 읽어보자. 고민이었다. 그렇다고 안 갈 수는 없고. 이제 겨우 라반의 적개심에서 벗어났다고 생각했는데, 또다시 떠오르는 에서 형님의 얼굴. 만나면 틀림없이 나를 죽일꺼야!! 그 뒤로 20여년의 세월이 흘렀는데도 아직 형에 대한 두려움이 남아 있었다. 그 때의 비열함이 너무 컸기 때문이리라.

그 무서움에 떠는 야곱에게 하나님은 하나님의 천사들을 만나게 해서 용기를 주신다. 그러나 여전히 야곱은 불안해 한다. 그는 정찰대를 보내 에서의 근황을 알아보게 했고, 또 그의 특유한 꾀를 발휘해 에서의 노를 풀 수 있게 하기 위해 물품 공세를 취한다. 그래도 불안하기는 마찬가지였다. 야곱은 얍복 강가에서 하나님을 만난다. 야곱의 천사와의 생사를 건 투쟁은 마침내 하나님의 축복을 얻어낸다. 야곱은 환도뼈(허벅지 관절)가 위골이 된 후에야 그의 영안이 열린다. 결국, 야곱은 그 무서워하던 에서를 감격 속에 만난다. 하나님께서 에서의 마음을 이미 따뜻하게 녹여 놓으셨기 때문이다.

Outline 32-33

- 에서를 만날 준비를 하는 야곱(32:1-23)
- 천사와 씨름한 야곱(32:24-32)
- 야곱이 이스라엘로 (32:28)
- 에서와의 화해(33:1-20)
- 에서는 세일로 가고, 야곱은 숙곳에 머뭄(33:17)
- 세겜에 거함(33:18-20)

형 에서의 진노를 피하여 하란으로 도피했던
야곱, 20여년이 지났는데도
아직도 마음이 심히 무겁고 두렵고 답답하다
과거, 형 에서에게 했던 일이
계속 그를 짓누르고 있기 때문이다.
필사적이 기도가 계속되었지만
그는 회개하지 않는다. 아직까지는…
결국, 하나님께서 이들의 화해를 주선하신다.
아름다운 재회가 있었다.
그러나 야곱은 아직도 벧엘로 회항(回航)하지 않는다.
그는 세겜에서 죽을 쑤는 10여년의 세월을 보낸다.

▶ 32:1-23 - 에서를 만날 준비를 하는 야곱

- 가나안을 향해 오는 도중 야곱은 하나님의 사자를 만났다(1절). - 하나님께서 함께 해주신다는 확신을 주시기 위해서였다.
- 그곳 이름을 마하나임(Mahanaim)이라고 했다. - '하나님의 군대'라는 뜻이다.
- 야곱은 에서의 동태를 파악하기 위해 사자들을 에서가 살고 있는 세일로 보낸다. 그들의 보고의 내용 - 에서가 400명을 이끌고 야곱을 만나러 온다는 것이었다(6절).
- 야곱은 사자들의 보고를 받고 만반의 준비를 한다(7-8절). 그래도 아직 마음이 놓이지 않았다. 그는 다급하게 하나님께 기도하기 시작한다. 그 기도의 주 내용이 무엇인가? (9-12절)
- 그는 "심히 두렵고 답답하다"고 했다(7절). 그래도 불안하자 야곱은 에서에게 선물 공세를 편다. 그가 에서에게 주기로 한 선물은 이렇다(13-15절). 암염소 200마리, 수염소 20마리, 암양 200마리, 수양 20마리, 젖 나는 약대 30마리와 그 새끼, 암소 40마리, 황소 10마리, 암나귀 20마리와 그 새끼 10마리
- 야곱은 얍복강을 건너지 않고 홀로 남아 있었다. 그 밤에 "어떤 사람"을 만난다. 야곱은 처음에 이 사람이 자기를 죽이려 온 자객으로 알았을 것이다(24절). 그는 밤새 흙먼지를 일으키는, 생사를 건 투쟁을 한다. 그는 새벽이 되어서야 하나님의 사자인줄 알고 그에게 매어 달린다. 이제야 진정한 기도가 시작된 것이다(호 12:4 참조).
- 하나님이 야곱을 이기지 못했다는 것은 무슨뜻인가? 야곱의 이름을 이스라엘로 바꿔주신다(32:28).
- '브니엘' 이란 말은 무슨 뜻인가?

▶ 33:1-20 - 야곱과 에서의 상봉과 화해(和解)

- 야곱과 에서가 만나는 장면
- 에서가 이끄는 400여명의 일당들 - 야곱을 기쁜 마음으로영접하기 위한 숫자는 아님이 분명하다. 그러나 이미 하나님께서 에서의 마음을 누구러뜨리셨다. 에서도 이제는 뭇사람을 거느리며 부자가 되어 있었다(9절). 그는 아마도 하나님과의 언약 등 영적인 문제에 대해서는 잊은지 오래되었다.
- 에서와 만난 후 야곱은 어디에 가서 정착하는가? (18-20절) 야곱은 여러 가지 이유를 대면서 나중에 세일로 갈 것이라고 대답한다. 에서는 세일로 되돌아갔고(16절) 야곱은 숙곳으로 발길을 돌렸다(17절).

형 에서를 만나기 위한 준비(32:1~23)

20여년의 세월이 지났지만 아직도 형 만나기가 두려웠던 야곱은 만반의 준비를 한다. 우선 사자들을 자기 보다 앞서 보내 에서의 동태를 알게 했다. 그러나 앞서 보낸 사자들의 보고는 에서가 400명의 군대(?)를 거느리고 온다는 전갈뿐이었다. 다급해진 야곱은 자기 조상의 하나님을 들먹거리며 하나님께 이 상황을 벗어나게 해달라고 떼를 쓰기 시작한다. 그래도 불안했다. 그는 형 에서의 마음을 녹이기 위해 선물 공세를 하기로 작전을 바꾼다. 급하기는 급한 모양이다.

1. 외삼촌 라반의 추격을 받던 야곱 일행은 오히려 라반의 축복 속에 헤어진다. 야곱을 만나기만 하면 무슨 일이 일어날 것 같았던 상황은 은혜로 반전된다.

(1) 하나님께서 외삼촌 라반의 불같은 마음을 진정시키셨다. 야곱을 구속사의 한 주인공으로 선택하신 하나님의 섭리 때문이었다. 라반의 불만은 왜 자기 딸들에게 인사할 기회도 주지않고 도주했느냐는 것이었다.

(2) 라반은 야곱과 불가침 선언을 한다. 그리고 돌무더기를 세워 그 증거를 삼는다. 이름하여 '미스바 언약'. 라반은 손자들과 딸들에게 입맞추며 축복하고 돌아간다. 이로 인해 야곱은 훨씬 마음이 가벼워졌으리라. 만약 하나님의 간섭이 없었다면 라반의 노는 야곱 일행을 불태웠으리라.

(3) 그러나, 아직도 고향을 향해 가는 야곱의 마음을 짓누르는 무거움이 남아 있었다. 형 에서를 만나는 일이었다. '분명히 아직도 형, 에서의 노가 풀리지 않았을 터인데...'

2. 야곱은 아직도 두려움 속에서 고향을 가고 있었다. 가는 도중에 누구를 만났는가? (32:1-2)

'하나님의 사자'란?

32:1 야곱이 길을 가는데
'하나님의 사자들'(מַלְאֲכֵי אֱלֹהִים)이 그를 만난지라

2 야곱이 그들을 볼 때에 이르기를
이는 '하나님의 군대'(מַחֲנֵה אֱלֹהִים[1])라 하고
그 땅 이름을 마하나임(מַחֲנָיִם)[2]이라 하였더라

1) 야영지, 진영, 군대의 진영

2) '두 진영'을 의미한다. '두 개의 진영' 즉 이중부대(double camps)를 의미한다.

길르앗과 얍복강 사이의 지역/ 훗날 이스라엘 역사에서 중요한 곳이 되었다(삼하 2:8-9, 17:24-29; 왕상 4:14).

(1) 왜, 하나님의 사자들(מַלְאֲכֵי אֱלֹהִים)이 나타났을까?
지금 두려움 가운데 있는 야곱에게 '하나님의 사자들'이 나타났다. 이 일은 야곱에게 큰 위로와 확신이 되었을 것이다. 야곱은 그 땅 이름을 '마하나임'이라고 했다. 아마, 환상 중에 만났을 것이다.

(2) 이들은 에서의 400명의 군대를 이기고도 남을 수 있는 여호와의 부대였다. 낙심하고 있는 야곱에게 하나님은 이런 계시를 주셔서 용기를 갖게 하셨다. 그러나 야곱은 이런 계시를 받고도 비열한 행동을 하게 된다.

3. 이렇게 하나님의 천사들을 만난 후에도 야곱은 여전히 불안해 한다. 그는 정찰대를 먼저 내보낸다. 이 정찰대의 보고 내용이 무엇인가? (32:3-6)

(1) 에서는 에돔[1] 땅 세일에 살고 있었다. '세일'(Seir)은 어떤 곳인가?

아라바 광야 동쪽 사해로부터 아카바만까지 이르는 험한 산악 지역을 가리킨다. 이 지역의 원주민은 호리족(Horites)이었으며(창 14:6) 그 족속 중의 한 사람이 세일이었는데 그 땅에 자기 이름을 붙였다. 에서는 세일산으로 이주하였다(창 32:3). 호리족은 에서의 자손에 의해 망하고 에돔의 땅으로부터 추방당하였다(신 2:12, 창 36:20-21, 대상 1:38).

(2) 야곱은 우선 정찰대를 에서가 있는 세일 땅 에돔으로 내보낸다. 에서의 동태를 살피고 오라는 것이었다. 세일 땅은 사해 남방이었고 거의 산악지역이었다. 그런데 야곱이 지금 있는 곳은 얍복강 근처였다.

(3) 두려워하는 야곱에게 정찰대의 보고 내용은 무엇이었나?(6절) 에서는 야곱이 온다는 소식을 듣고 지금 며칠 째 그를 만나러 400명을 거느리고 출발했다는 것이었다(창 32:6). 에서의 마음은 어떠했을까? 아마 반신반의(半信半疑) 했을 것이다. 그러나 여차하면 야곱을 해할 수도 있었을 것이다. 에서가 이끄는 무리들이 그리 얌전한 사람들은 아니였을테니말이다. "아, 아직도 형의 분노는 가라앉지 않았구나!" 사신들의 애매모호한 보고에 야곱은 더욱 사색이 된다.

☞ 이 400명이나 되는 숫자는 분명 야곱의 일행을 맞이하려는 영접원들이라고 생각할 수 없다. 만약 에서가 기쁨으로 야곱을 만나려 했다면 구태여 이렇게 많은 숫자를 거느리고 오지는 않았을 것이다. 분명히 여차하면 대항해 싸우려는 부대임이 틀림없었다. 야곱은 이들 에서의 일행을 두려워했다. "아이쿠, 나 이제 죽었다." 얼마 전 하나님의 천사들이 나타나 격려한 일은(32:1) 벌써 잊어버렸나보다.

1) '에돔'은 '붉은'을 의미한다. 에돔은 에서의 별명이며, 에돔, 에돔인, 에돔의 영토를 가리키는데 사용되었다. 이 이름은 장자권보다 붉은 죽을 더 원했던 에서에게 붙여졌다(창 25:30, 36:1).

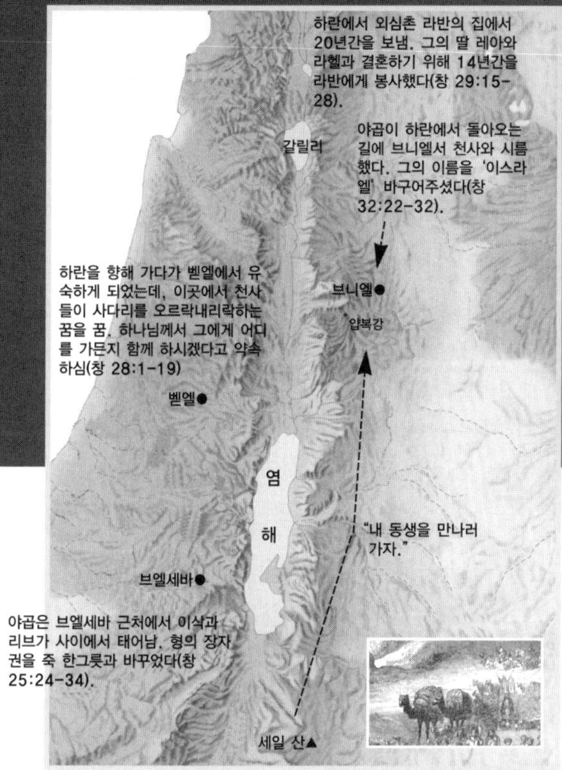

고향을 떠난지 20여년, 야곱 그는 지금 마음이 무겁다

- 32:2 야곱이 그들을 볼 때에 이르기를 이는 하나님의 군대라 하고 그 땅 이름을 마하나임이라 하였더라
- 3 야곱이 세일 땅 에돔 들에 있는 형 에서에게로 자기보다 앞서 사자들을 보내며
- 4 그들에게 명령하여 이르되 너희는 내 주 에서에게 이같이 말하라 주의 종 야곱이 이같이 말하기를 내가 라반과 함께 거류하며 지금까지 머물러 있었사오며
- 5 내게 소와 나귀와 양 떼와 노비가 있으므로 사람을 보내어 내 주께 알리고 내 주께 은혜 받기를 원하나이다 하라 하였더니
- 6 사자들이 야곱에게 돌아와 이르되 우리가 주인의 형 에서에게 이른즉 그가 사백 명을 거느리고 주인을 만나려고 오더이다

20여년이 지났는데도
야곱은 심히 두렵고 답답하다
과거, 형 에서에게 했던 일이
계속 그를 짓누르고 있기 때문이다.
필사적인 기도가 계속되었지만
그는 회개하지 않는다.
아직까지는…

4. 야곱의 지금 상황이 어떠한가? 이런 상황에서 야곱의 특유한 꾀가 동원된다. 아직도 그는 하나님을 신뢰하지 않았다. 어떻게 대처하고 있는가? (32:7-8)

32:7 야곱이 ─ 심히(메오드, מְאֹד) **두렵고**(야레, יָרֵא)[1]
└ **답답하여**(야차르, יָצַר) - 위기를 직면하여 답답한 것을 가리킨다.

//결과
자기와 함께 한 동행자와 양과 소와 낙타를 두 떼로 나누고

(1) 야곱은 지금 심히 두렵고 답답했다(greatly afraid and distressed) (7절). 우선 만반의 준비를 하자. 그래서 그는 사람이고 짐승이고 모두 두 떼로 나누었다. 왜? 한 떼를 치면 남은 한 떼는 피하려고 말이다. 그리고 기도하기 시작한다. 무엇이라고 기도했는가? 9-12절까지 읽어보자. 그는 아마 등에 식은 땀이 나고 있었을 것이다.

(2) 어쩌면 생의 처음으로 이런 간절한 기도를 드렸는지도 모른다. "내가 주께 간구하오니 (제발, נָא) 나의 형, 에서의 손에서 나를 건져내시옵소서 내가 그를 두려워함은 그가 와서 나와 내 처자들을 칠까 겁이 나기 때문입니다"(11절). 지금 야곱은 '하나님은 나의 조상들에게 신실하셨으니까 나에게도 신실하게' 해달라고 기도하고 있는 중이었다. 이렇게 필사적으로 기도하지만 그에게 아직 회개의 모습은 보이지 않는다. 대체로 우리들의 기도처럼 말이다.

1) 두려워하다, 무서워하다 이 단어는 시내산의 불을 보고 두려워했을 때와(신 5:5) 유대인들이 블레셋인들이 동원되었다는 소식을 듣고 미스바에서 두려워했던 경우에(삼상 7:7) 쓰였다. '심히'(메오드) 두려워했다고 했다.

(3) 그렇게 열심히 기도해 놓고도 마음이 안 놓였는지 그는 에서에게 줄 선물(아니 뇌물일 것이다)을 준비하고 있었다. 그는 지난 20년간 혹시 형이 쫓아와서 자기를 죽이지나 아니할까 하면서 두려운 삶을 살았다. 먼저 에서를 피하여 고향을 떠나 하란으로 갈 때에 어머니가 무엇이라고 하셨나? 일찍이 어머니는 "네 형의 분노가 풀려 네가 자기에게 행한 것을 잊어버리거든 내가 곧 사람을 보내어 너를 거기서 불러오리라 어찌 하루에 너희 둘을 잃으랴" (27:45)고 약속했다. 그런데 지금까지 고향으로부터의 소식이 전혀 없었지 않은가! '틀림없이 형 에서의 분(忿)이 안풀린거야. 나는 이제 죽었다.'

5. 생각이 여기까지 미치자 야곱은 또다른 계획을 세운다. 어떤 계획일까? (32:14-20)

(1) "아무래도, 안되겠다. 형한테 뇌물좀 써야지." "조금 주었다간 도리어 더 기분만 상할라." 한번 카운트 해보자. 암염소 200마리, 수염소 20마리, 암양 200마리, 수양 20마리, 젖 나는 약대 30마리와 그 새끼, 암소 40마리, 황소 10마리, 암나귀 20마리와 그 새끼 10마리 (이제 그만하자, 이 정도면 되겠지) '이것들도 여러 떼로 나누자. 그리고 거리가 뜨게 하자.' '이 정도면 형의 마음이 풀어질거야.' 그래도 마음이 놓이지 않았다. 에서를 만나서 그가 묻거든 잘 대답좀 하라고 앞선 자들에게 신신당부를 했다. 야곱의 약아빠진 행위를 보라. 그의 간사함은 아직도 없어지지 아니했다.

(2) 그는 예물을 먼저 보냈다. 밤이 되어 얍복강을 건너게 되었다. "밤에 일어나 두 아내와 두 여종과 열 한 아들을 인도하여" 강을 건너게 하였다(22절). 그리고 자기 혼자만 강을 건너지 않았다. 최후까지 안전을 생각했을까? 아니면 **기도하려 했을까?** 얍복강은 그리 깊은 강이 아니다. 무릎 정도 차는 강이라고 한다. 만약 가족들이 위험에 처하면 되돌아 도망칠 수 있었을 것이다. 야곱은 인간적인 수단 방법을 다 강구했다. 그는 어떻게 해서든지 에서의 공격으로부터 안전을 취하고자 했다.

아직은 세속적인 야곱

- 야곱을 다시 고향으로 인도하시는 하나님의 섭리, 그 섭리를 아직은 이해할 수 없는 야곱의 행보(行步), 그는 고향이 가까워질수록 더더욱 불안하다. 이 불안은 언제나 끝이 날까? 하나님의 천사가 나타나 용기를 주었지만 그는 여전히 인간적인 방법만을 강구한다. 내 앞에 산더미 같은 문제가 가로막혀 있을 때, 나는 어떻게 그 문제를 해결하는가?

- 인간적인 수단 방법을 다 강구한 후에, 그래도 안심이 안되었든지 하나님께 조상을 들먹거리며 하나님께 매어달리는 야곱, 그러나 하나님은 그에게 결국 하나님을 전적으로 의지하지 않고는 해결 방법이 없다는 것을 깨닫게 하신다. 인간은 누구나 절박한 상황이 오지 않으면 기도하려 하지 않는다.

- 우리는 등에서 식은 땀이 흐르기 전까지 아직은 매사에 자신만만하다. 하나님은 이런 인간의 교만을 깨뜨리시기 위해 고난을 허락하신다. 그래서 가슴 아픈 고통을 겪고난 사람들의 모습이 아름답다. 물론, 진정한 성장은 그 고난 후에 온다. 내가 지금 당하는 고통은 어떤 종류의 고난인가?

77

여호와의 사자와 씨름한 야곱(32:24)

별별 수단을 다 써 가면서 에서의 분노를 누그려뜨리려던 야곱은 얍복강가에서 일대 전환을 가져온다. 그는 '어떤 사람'과 밤이 새도록 싸웠다. 사생 결단의 싸움이었다. 그렇다면 이 '어떤 사람'은 도대체 누구일까? 물론 야곱은 이 사람을 에서가 보낸 자객으로 알았을 것이다. 죽느냐 사느냐의 기로에서 그는 죽을 힘을 다해 싸웠다. 동쪽이 밝아오기 시작한다. 그러나 밤새도록 싸운 이 사람은 자객이 아니었다. 그렇다면 누구일까?

1. 야곱은 누구와 씨름을 했는가?

32:24 야곱은 —— **남았더니**
/홀로(alone)
어떤 사람이[1]—— 야곱과 **씨름하다가**[2]
/날이 새도록

바드(בַד) : 천사의 축복을 받고 난 후에야 비로소 안심한 그의 차가운 고독을 의미한다.

(1) 24절을 보면, 야곱과 밤새도록 씨름한 자를 "어떤 사람"이라고 했다. 야곱은 아마도 처음에는 그를 천사(여호와?)로 알지 못했던 것 같다. 그는 분명히 에서가 파송한 자객(刺客)이 아닌가 하고 생각했을 것이다. 왜냐하면 조금 전까지도 에서의 공격을 받을까 전전긍긍 하고 있었기 때문이다. 그의 씨름이 얼마나 사생결단의 싸움이었나 보라. 밤새 싸웠다. 싸우면서 하나님을 찾지 않았겠는가? 새벽이 되었다. '어, 그런데 자객이 아니잖아.' 자객이 아니라 여호와의 사자(Theophanic Angel)가 아닌가! 여기서 씨름(wrestle)이라는 말은 흙먼지를 일으켜 가면서 힘을 겨루며 싸우는 격투를 의미한다.

(2) 그 사람은 야곱을 이기지 못함을 보고 야곱의 환도뼈(허벅지 관절)[3]를 쳤다. 그리고 날이 새려하자 떠나려 했다. 그 사람(=여호와의 사자)은 야곱이 자신을 보지 못하도록 날이 새기 전에 떠나려 했다. 야곱은 허벅지 관절이 어긋난 뒤에야(違骨, out of joint, 어긋나다) 밤새 씨름했던 분이 '어떤 사람'(אִישׁ)이 아니라 하나님(여호와의 사자?)인 줄 알게 되었다.[4] 야곱은 위골이 되기까지는 영안(靈眼)이 열리지 않았던 것이다.

'그 사람이'

32:25 자기가 야곱을 이기지[5] 못함을 **보고**
그가 야곱의 허벅지 관절을 **치매**[6]
//(결과) 야곱의 허벅지 관절이 그 사람과 씨름할 때에 어긋났더라

(뼈가) 탈구되다.

1) 어떤 사람(אִישׁ) - 남성, 단수

2) 아바크(אָבַק) - 씨름하다(흙먼지를 뒤집어 쓸 정도로) 싸우다. / 니팔(수동) 동사

3) 환도뼈(כַּף־יָרֵךְ)
허벅지 관절 - 개역개정
엉덩이뼈 - 표준새번역(개정) / 바른성경
넓적다리의 우묵한 곳 - 킹제임스흠정역

4) 어떤 사람(a man): 아마 야곱은 '어떤 사람'을 에서가 보낸 자객으로 알았을 것이다. 그러나 야곱은 그 사람이 결국 하나님(Theophanic Angel, 성육신 이전의 그리스도로 보기도 한다)이심을 알게 된다. 그러기에 야곱은 그에게 울며 회개하고 복을 간구했다.

5) 야콜(יָכוֹל) - 칼 동사 완료 / 능가하다, 압도하다, 극복하다

6) 나가(נָגַע) - 본래 의미는 '만지다, 손을 대다'라는 의미이다. 환도뼈를 가볍게 건드렸다는 의미이다. 그런데도 일생토록 절름발이가 되었다(32:25, 31-32).

2. 야곱은 그제서야 그를 붙들고 늘어졌다. 무엇이라고 간청했나?

샬라흐(שלח)의 피엘 동사 명령법

32:26 그가 **이르되**
/날이 새려하니 '나로 가게 하라'(שַׁלְּחֵנִי)[1]
야곱이 **이르되**
/당신이 내게 축복하지 아니하면 가게 하지 아니하겠나이다

1) "Let me go, for it is daybreak."

(1) "날이 새려고 하니(동이 트니) 나를 보내라." 피엘(강조형) 동사 명령형으로 되어 있다. '동이 트니(for it is daybreak) 나를 보내라'는 말이다. 그러나 야곱은 그를(Theophanic Angel?) 붙들고 늘어졌다. 이 끈질김, "축복해 주시지 않으면 못갑니다." 야곱은 전까지는 어떤 자객인줄 알고 밤새도록 싸웠고, 이제야 진짜로 기도하고 있는 것이다.

(2) 그렇다면 야곱의 회개는 언제부터 시작되었을까? 호 12:2-5를 참고해 보자. 동교재, 호세아서의 설명을 가져왔다.

> 호 12:3하 "또 힘으로는 하나님과 **겨루되**
> 4 천사와 겨루어 **이기고 울며** 그에게 **간구하였으며**
> 하나님은 벧엘에서 그를 **만나셨고**
> 거기에서 우리에게(עִמָּנוּ) **말씀하셨나니**"

2) 울었다는 말은 창세기 본문에서는 없지만 호세아는 그의 메시지를 극대화 시키기 위해 설명을 넣은 것 같다.

(3) 브니엘에서 하나님과 힘을 겨루되 천사와 힘을 겨루었다고 했다. "힘을 겨루다"라는 말 שׂרה('싸라')는 "<끝까지>고집하다, 주장하다, 참다, 견디다, 노력하다"라는 뜻이다. 야곱은 울며(바카, בָּכָה)[2] 간구해서 하나님의 복을 받았다고 했다. 야곱은 환도뼈(허벅지 관절)가 부러진 후 울며 간구했다(호 12:4). 회개는 이때부터 시작되었음이 분명하다.

3. 이 일 후에 '야곱'이란 이름에서 '이스라엘'이란 복된 이름을 받았다.

32:28 그가—**이르되**
'그 사람이'
/네 이름을 다시는 야곱이라 부를 것이 아니요
이스라엘이라 부를 것이니
//이는(for, כִּי)
네가 하나님과 및 사람들과 겨루어 이겼음이니라[3]

3) KJV "for as a prince hast thou power with God and with men" 이는 네가 군주처럼 하나님 및 사람들과 더불을 수 있는 능력을 가져 이기었음이니라"(창 32:28).

- 겨루다(사라, שָׂרָה) - 다투다, 싸우다, 노력하다
- 이기다(야콜, יָכֹל) - 능가하다, 압도하다, 견디다

(1) '이스라엘'이라는 말은 '엘'(אֵל)과 사라(שָׂרָה)로 구성되어 있다. 그래서 그 이름의 뜻을 "하나님과 겨루어 이긴 자"라고 해석되어 왔지만, 그 문구에 대한 정확한 번역에 따르면 '하나님과 더불어 힘을 얻어 강하게 된 자'를 의미한다. 그 문구에는 '통치하다'를 뜻하는 동사 '사라르'나 '다투다, 힘을 가지다'를 뜻하는 사라(שָׂרָה)가 들어 있다. 그렇다면 '이스라엘'이라는 말은 '하나님이 통치하신다, 하나님이 투쟁하신다'라는 의미로 해석할 수도 있다.

(2) 야곱의 싸움은 육체적인 것이었음은 물론 기도에 의한 영적인 것이었다(호 12:4*). 그리고 이 싸움에서 야곱은 '이겼다'. 물론 야곱이 하나님을 패배시켰다는 뜻이 아니라 그가 마침내 하나님의 언약적인 복종의 요구를 충족시켜 드렸다는 뜻이다(그의 환도뼈 위골로써 극적으로 암시되어 있다, 창 32:25*).

- 호 12:4 "**천사와 겨루어 이기고 울며 그에게 간구하였으며** 하나님은 벧엘에서 그를 만나셨고 거기에서 우리에게 말씀하셨나니."

(3) 야곱은 하나님께 울며 간구했다(호 12:4). 회개의 과정이 있었다는 말이다. 이 사건 이후의 야곱의 삶은 어떻게 변했을까? 그는 이 사건이 있고서도 그 옛날 벧엘에서 하나님께 약속했던 서원을 지키지 않는다. 얍복강 사건, 그 뒤로도 10여년의 세월이 흐른다. 아직도 생활 속에서 우상도 제거하지 못했음을 본다. 그는 세겜에서 그의 딸 디나 사건을 계기로 돌아서게 된다. 어쨌든 아직까지 야곱의 생애에는 이렇다할 생애의 변화가 크게 없었다. 노년기가 되어서야 그의 신앙이 심화된 것을 볼 수 있게 된다.

- 창 32:25 "자기가 야곱을 이기지 못함을 보고 그가 야곱의 허벅지 관절을 치매 야곱의 허벅지 관절이 그 사람과 씨름할 때에 어긋났더라."

(4) 그후 야곱은 위골(違骨)로 인해 장기간 치료를 요했던 것 같다. 야곱은 에서에게 세일로 가기로 약속했으나(창 33:14) 세일로 가지 않고 숙곳으로 다시 돌이킨 것은 형을 속인 것이 아니라 위골된 환도뼈를 치료하기 위함이었을 것이다(창 33:17 참조).

4. 〈야곱〉이 〈이스라엘〉로 변하기 까지의 하나님의 섭리를 말해 보라.

(1) 야곱, 그는 태어날 때부터 주위를 아주 시끄럽게 했다. 그의 형 에서보다 먼저 세상을 구경하겠다고 형의 발굼치를 잡고 늘어졌다. 에서와 야곱, 이들은 같은 어머니에게서 같은 날, 같은 시간에 태어났지만 그들의 성격 차이만큼이나 판이한 생활을 살아간다. 한 사람은 늘 밖으로 쏘다니기를 좋아했고, 또 한 사람은 그와는 정반대였다.

"에서가 달려와서 그를 맞이하여 안고 목을 어긋맞추어 그와 입맞추고 서로 우니라"(창 33:4)

פְּנִיאֵל

'브니엘' 이라는 말은 '하나님의 얼굴' 이라는 뜻이다. 하나님과 대면하면서도 죽지 않고 살아남은 사건에서 유래했다.

야곱, 어머니의 태에서부터 요란을 떨던 야곱, 그는 태어날 때부터 형의 발굼치를 붙들고 늘어졌다. 그래서 그의 이름을 야곱(יַעֲקֹב, 야아코브, 발꿈치를 잡은 자, 사기꾼, 빼앗는 자)이라고 했다. 그는 장년(壯年)이 되기까지 다분히 세속적이요, 계략적인 사람이었다. 이러한 그의 성격으로 인해 그는 일생 동안 피곤한 삶을 살아간다. 그는 아버지 이삭의 축복을 받아내기 위해 그의 어머니 리브가와 공모(共謀), 에서에게 내려주려던 축복을 가로챈다.

급기야는 형 에서의 분노를 사게 되었고, 그는 고향을 등지고, 외삼촌 집에 가서 젊음을 보낸다. 그는 인간의 약삭빠른 행동으로 밤낮 안가리고 살아왔지만, 늘 그의 삶을 힘들게 했다. 외삼촌 밑에서 20여 년을 살아오면서 많은 노력 봉사를 했다. 어쨌든, 하나님의 축복으로 많은 것을 얻을 수 있었다. 그는 레아와 라헬, 그리고 이들의 몸종 실바와 빌하를 아내로 두게 되었다. 이들을 통해 많은 아들을 얻고 또한 부자가 되었다.

그러나, 하나님은 언제까지나 그를 외삼촌 집에 머물게 하지 않으셨다. 하나님은 이제 그곳을 떠나 고향으로 돌아오게 하셨다. 하나님께서 그의 길을 열어 놓으시고, 계속 보호를 약속하셨지만 야곱은 불안하기 짝이 없었다. 그 옛날 형 에서에게 한 일 때문에 그는 아직까지도 인간적인 꾀를 내어 도주 작전을 세운다. 형 에서를 만날 것을 생각하니 더욱 더 초조하고 불안하다. 그는 얍복강가에서 사생 결단의 싸움을 하게 된다. 그는 밤새 싸운 분이 하나님(여호와의 사자? - 호 12:4)이신 것을 알았다. 그는 그를 붙들고 늘어졌다. '나에게 축복해 주지 아니하면 가지 못합니다.'

그는 마침내 하나님으로부터 축복을 받아낸다. 그는 '야곱'이라는 이름에서 **'이스라엘'**이란 이름을 갖게 된다. 그는 하나님을 뵙게 된 것이다. 그래서 그곳 이름을 '브니엘' 이라고 했다. 일생을 살아오면서 그가 당했던 환난과 징계, 그것이 결국 그의 믿음을 정금 같이 빛나게 했다.

앞으로 계속 공부하는 과정에서 그가 어떻게 성숙한 삶을 마무리하는 가를 주의 깊게 살펴 보자.

81

(2) 야곱은 팥죽 한그릇으로 에서의 장자권을 팔도록 유도한다. 결국, 그의 형 에서로부터 장자권을 아주 헐값으로 샀고, 그것도 모자라 어머니와 공모, (에서를 좋아하는) 아버지 이삭을 속여 장자의 축복을 받아낸다. 그 야비함, 그는 마침내 성난 사자와 같은 형 에서를 피하여 어머니의 고향 하란으로 간다. 가는 도중 벧엘에서 여호와 하나님을 만난다. 인간의 갖은 수단으로 축복을 받으려 했던 야곱은 그 축복이 진정 자신의 것이었음을 직접 확인하고, 기뻐한다. 그 기쁨을 주체할 수 없어서 그는 이렇게 서원한다 :

> "20야곱이 서원하여 이르되 하나님이 나와 함께 계셔서 내가 가는 이 길에서 나를 지키시고 먹을 떡과 입을 옷을 주시어 21내가 평안히 아버지 집으로 돌아가게 하시오면 여호와께서 나의 하나님이 되실 것이요 22내가 기둥으로 세운 이 돌이 하나님의 집이 될 것이요 하나님께서 내게 주신 모든 것에서 십분의 일을 내가 반드시 하나님께 드리겠나이다 하였더라" (28:20-22).

(3) 이렇게 서원한 것 까지는 좋았는데, 이미 보아온 것처럼 그는 서원에 충실하지 못했다. 야곱은 하란에 도착 외삼촌 라반 밑에서 20여년의 세월을 보낸다. 라반은 어떤 사람인가? 그의 외삼촌 라반은 야곱보다 더 야비한 사람이었다. 이번에는 야곱이 반대로 외삼촌 라반에게 여러번 속임을 당한다.

(4) 어쨌든, 야곱은 하나님께 드린 서원은 까맣게 잊어버리고, 그 자신만을 위해 젊음을 보낸다. 그러나 하나님의 인자는 그의 곁을 떠나지 아니한다. 그가 여전히 인간의 방법으로 부(富)를 축적하고 있을 때에도 그를 향한 하나님의 섭리는 변하지 아니했다. 그는 하나님이 선택하여 불러낸, 아브라함과 이삭의 뒤를 잇는, 메시야가 태어나는 축복의 도관(導管)이었기 때문이었다. 그는 하나님의 특별한 축복 속에서 많은 자녀와 부를 쌓았다.

(5) 하나님은 아직도 그곳에서 안주하려는 야곱을 강제적으로(?) 이끌어내신다. 에서 때문에 두려움 속에 있는 야곱, 그는 아직도 그 특유의 간사함으로 에서를 만나려 했지만 하나님은 에서의 마음을 누구러뜨리게 하시고, 한폭의 그림같은 만남을 주선하신다. 기적적인 장면이 연출되었다. 그 뒤로도 야곱은 여전히 세상쪽으로 배회를 계속한다. 그는 세겜에서 10여년간 죽을 쑤는 세월을 보낸다. 그리고 마침내 감당하기 힘든 회오리바람 속에서 나가떨어진다. 그제서야 그는 세상이라는 환상 속에서 잠을 깬다. 브니엘에서의 회개가 10여년이 지나서야 열매를 맺는다. 앞으로 계속 언급되겠지만, 야곱은 얍복강 사건 후로도 더 많은 성화의 과정을 겪는다.

브니엘 פְּנִיאֵל

• 브니엘 : 호 12:3에서는 "어떤 사람"을 '하나님' 이라고 했고, 4절에서는 '천사' 라고 했다. 그러나 창 32:30에 야곱이 그곳의 이름을 '브니엘' (=하나님의 얼굴)이라고 한 점으로 보아 천사와 대면한 것이라기 보다는 하나님 자신이라고 보아야 할 것이다. 하나님의 얼굴을 뵈었으나 죽지 않고 살아남을 수 있는 은혜를 입었다는 것이다.

적용을 위한 묵상

• 에서를 만난다는 사실로 인해 사색이 되어가던 야곱, 그는 지난 날의 자기의 행위를 되돌아 보며 괴로워했을 것이다. 어떻게 하면 형 에서의 마음을 녹일 수 있을까! 그는 아직도 그 특유의 꾀를 동원해 낸다. 그래도 불안하기는 마찬가지이다. 이 피할 수 없는 환경 앞에서 그는 조금씩 하나님께로 다가가기 시작한다. 야곱이 드리는 기도의 내용을 읽어 보고(32:9-12), 기도하지 않으면 안되는 환경으로 이끄시는 하나님의 섭리를 말해 보라.

• 하나님의 축복을 얻으려는 열심, 야곱은 그것을 얻으려고 인간적인 방법을 동원한다. 그는 하나님과의 씨름에서도 그의 성격을 드러냈다. 축복하지 아니하면 가게 하지 않겠다는 그 끈질김은 결국 하나님의 축복을 얻어낸다. 그러나 여기서 야곱의 끈질긴 행위나 인간적인 승리가 강조되어서는 안된다. 오히려 씨름을 통하여 야곱을 성결케 하시는 하나님의 섭리가 더 강조되어야 할 것이다. 왜, 하나님은 야곱을 끔찍히도 간섭하시는가?

형, 에서와 상봉 (33:1~20)

형 에서와 맞부딪친다는 사실 앞에 전전 긍긍하던 야곱, 그는 계속 불안해 했지만 하나님은 이 형제들의 만남을 이미 주선하고 계셨다. 야곱이 가나안 땅에 들어와 정착하는 것이 하나님이 의도하시는 바였기 때문이다. 하나님은 에서의 마음을 녹이셨다. 따라서 이 형제들의 상봉은 눈물바다를 이루웠다. 상봉 장면을 지켜 보자.

1. 드디어 야곱은 그토록 두려워하던 형 에서를 만난다. 만나는 모습을 말해보라. 그 장면을 드라마틱하게 설명해 보라. (33:1-4)

(1) 야곱이 에서의 낯을 피하여 하란으로 도망간 후 20여년의 세월이 지났다. 이제, 야곱은 형 에서와 조심스럽게 상봉하고 있다. 그 옛날 형 에서를 속였던 일이 어제의 일 같이 되살아났을 것이다. 미운 감정으로 볼 때에야 에서는 야곱을 죽이고 또 죽이고 싶었을 것이다.

(2) 그러나 하나님은 이들 형제에게 은혜를 베푸신다. 하나님은 형 에서의 마음을 움직이셨다. 야곱이 가나안 땅에 들어가는 것이 하나님의 뜻이기 때문이다. 하나님은 야곱에게 은혜를 베푸신다. 보라! 에서는 야곱을 치지 않았다. 오히려 울면서 야곱을 만난다.

2. 에서가 어떤 모습으로 야곱을 만나는가?

33:4 에서가 **달려와서** 그를 **맞이하여 안고** 목을 **어긋맞추어**
그와 **입맞추고** 서로 **우니라**

(1) 사나이들끼리의 울음소리가 어떠했을까? '으앙왕, 으앙왕' 그랬겠지, 훌쩍훌쩍거렸을라고. 한결 부드러워진 에서, "그래, 이 애들은 다 누구냐?" (속으로 많기도 해라) 아내 4명 + 사내 자식들 11명 + 딸네미 여러 명 + 종들 + 가축들 = 적지 않다. 많다. "애들아, 큰 아버지께 인사드려. 그리고 라헬 당신도 절해야지"(7절) - '이것은 한 폭의 그림이잖아.'

(2) 그렇다. 하나님은 환경을 바꾸셨다. 야곱이 고향 땅을 향해 발걸음을 옮겼을 때, 이미 마하나임에서 하나님의 사자들을 보여주시지 않았던가(32:1-2을 보라). 하나님은 에서의 마음을 녹이셨다. 에서는 400명의 부하들을 향하여, "야, 너희들도 인사해. 이 분이 바로 내 친동생이란 말야." "안녕하세요. 어

흠흠" - 모두들 큰 소리로 인사했겠지.

3. 야곱은 형 에서에게 준비된 가축들을 선물하려 한다. 이때 에서는 어떻게 대답했나?

33:9 에서가 **이르되**
/내 동생아 내게 있는 것이 족하니(라브, רָב - 풍성함, 풍부한)
네 소유는 네게 두라

(1) "이 소와 양떼들은 뭐냐?" "형님 드릴 선물입니다." 야곱은 에서에게 선물을 주려한다. 그러나 그는 받지 않으려 했다(9절). "글쎄 안됩니다. 받으셔야 합니다." 에서는 야곱의 강권에 못이겨 받았다(11절). 에서도 이제는 뭇사람을 거느리며 부자가 되어 있었다(9절). 그는 아마도 하나님과의 언약 등 영적인 문제에 대해서는 잊은지 오래되었던 것 같다.

(2) 이제 마음이 녹아진 에서는 야곱의 앞장을 서려 한다. 그러나 야곱은 어떤 이유를 대고 있나?

33:13

(3) "자, 내가 앞장서마. 나를 따라오려무나." 그러나 야곱은 여러 가지 이유를 대면서 나중에 세일로 갈 것이라고 대답한다. 에서는 세일로 되돌아갔고(16절) 야곱은 숙곳으로 발길을 돌렸다(17절). '세일(Seir)' 은 어디에 있고, '숙곳(Succoth)' 은 어디에 있는지 지도를 찾아보라. 야곱은 에서에게는 천천히 세일로 가겠다고 했으나 그는 반대 방향으로 갔다. 야곱은 건너 왔던 얍복강을 다시 건너 '숙곳' 으로 향했다. 왜, 그랬을까? 왜 아직도 살아계신 아버지 이삭을 만나보려 하지 않았는가? 아마도 에서 가까이에 사는 것이 싫었던 모양이다. 아버지가 사는 곳 강 건너편을 사모하면서도 말이다. 야곱은 숙곳에 이르러 위골된 다리를 치료했을 것이다(17절 참조).

(4) 그후 야곱은 세겜에서 땅을 사고 그곳에 정착했다. 그리고 그곳에 단을 쌓았다(20절). 여기서 10여년을 머문 것 같다. 그는 이곳에서, 성장한 딸 디나의 사건으로 어려움을 겪게 된다. 34장에 자세히 그 사건이 기록되어 있다. 그 당시 사회가 얼마나 불안한 사회였는가? 그는 아직도 세상에서 오는 재미에 미련을 두고 있었을까? 곧 불어닥칠 회오리 바람을 알지도 못한 채.

신앙과 성숙

야곱은 인생의 황혼이 가까와서야 그에게서 신앙의 원숙함을 보게 된다.

야곱은 그의 말년에 신앙의 상승 곡선을 그린다. 그러나 그의 성화의 경지는 상상을 초월할 만큼 성숙한다.

오늘, 우리는 야곱보다 더 약삭빠른 삶을 살고 있지는 않는지? 그래도 야곱은 영적인 축복을 얻으려는 면에서는 그 적극성이 대단했다. 그런데, 우리는 그게 없지 않은가!

Close-up

야곱의 행실대로 벌주시며(호 12:2-4)

호 12:2-4을 자세히 읽어보자. 여기서 야곱은 어떤 사람으로 그려지고 있는가?

"2여호와께서 유다와 논쟁하시고 **야곱을 그 행실대로 벌하시며 그의 행위대로 그에게 보응하시리라** 3야곱은 모태에서 그의 형의 발뒤꿈치를 잡았고 또 힘으로는 하나님과 겨루되 4천사와 겨루어 이기고 울며 그에게 간구하였으며 하나님은 벧엘에서 그를 만나셨고 거기에서 우리에게 말씀하셨나니"

1. 솔로몬 시대 이후 가장 번영을 구가하던 시대는 여로보암 2세(B.C. 793-753) 때였다. 그러나 번영 뒤에는 우상 숭배와 사회가 부패하기 마련이다. 호세아 선지는 자기 아내 고멜처럼 영적 음란에 빠진 북쪽 이스라엘에게 멸망을 선언하고 있다. 물론 하나님은 심판 이후에 이스라엘의 회복을 말씀하신다. 호세아의 심판 예언은 B.C. 722년 앗수르의 침략으로 성취된다.

2. 호세아 12장은 이스라엘이 그들의 죄악으로 멸망을 당할 것이나 결국은 다시 회복될 것을 예언한다. 이 회복을 예언하기 전에 호 11:12-12:14에서는 북이스라엘이 멸망을 당할 수밖에 없는 당위성에 대한 역사적 증거를 제시하고 있다.

(1) 그러면서 호세아는 당시 이스라엘 백성에게 자신들의 조상 야곱을 예증으로 채택한다. 그래서 야곱의 생애와 출애굽 당시의 일을 회상시키고 있다. 즉 야곱이 과거에 그렇게 많은 죄악에도 불구하고 <회개함으로> 축복을 받았으므로 너희들도 이 사실을 기억하여 빨리 회개하라는 것이 호세아가 전하는 메시지 내용이다. 물론 북이스라엘은 선지자의 음성에 귀를 기울이지 않고 결국은 파멸한다.

(2) 그렇다면 야곱은 어떠했는가? "① 야곱은 태에서 그 형의 발뒤꿈치를 잡았고 ② 또 장년에 하나님과 힘을 겨루되 천사와 힘을 겨루어 이기고 울며 그에게 간구하였으며"(호 12:3) 그리고 ③ 옛적에 야곱이 아람 들로 도망하였으며, 아내를 얻기 위하여 사람을 섬기며 양을 쳤다는 것이다(호 12:12).

2. 본문, 호 12:2에서는 이런 행위들을 가리켜 "야곱의 **행실**(그가 지난 날에 걸어온 모든 길, his ways)" 이라고 했다.

(1) 야곱의 소위(행실)가 벌을 받을 만한 행실(흔히 악한 행동을 말한다, 삼상 25:3, 삿 2:19)이라는 것이다. 그래서 그 소위(행실) 대로 보응하시리라는 것이다.

① 야곱이 태에서 그 형의 발뒤꿈치를 잡은 것이 의식적인 행동이라고 보기는 어렵지만 그의 천성이 그렇게 간계(奸計)했다는 것이다.

② 장년에 하나님과 힘을 겨루되 천사와 힘을 겨루었다. 여기서 장년(長年)이란 "그의 인간적인 힘으로"라는 뜻이다.

(2) 인간적인 힘으로 천사와 힘을 겨루었다는 것이다. "힘을 겨루다"라는 말 שָׂרָה, 사라)는

"<끝까지>고집하다, 주장하다, 참다, 견디다, 노력하다"라는 뜻이다. 앞에서는 하나님과 겨루었다고 표현했다. 창세기 34:24에서는 '어떤 사람'이라고 했다.

(3) 그는 처음에는 '어떤 사람'으로 알았고 위골이 된 후에야 그가 하나님이었음을 알았을 것이다. 그래서 "울며" 축복을 간구했다. 여기서는 하나님과 겨루어 이겼다(호 12:4, 창 32:28)고 표현했다. 물론 "이겼다"고 표현했지만 야곱의 삶이 변한 것이나 그의 이름이 "이스라엘"이라고 개명된 점을 볼 때 실제로는 하나님이 이기신 것이 분명하다.

(4) 하나님은 야곱에게 다음과 같은 약속을 하셨었다(창 28:15). "너와 함께 있어 네가 어디로 가든지 **너를 지키며 너를 이끌어 이 땅으로 '돌아오게 할지라'**[הֲשִׁבֹתִיךָ - 슈브(שׁוּב - 히필, 완료] 내가 네게 허락한 것을 다 이루기까지 너를 떠나지 아니하리라 하신지라."

(5) 결국 야곱은 하나님의 도우심에 힘입음으로써만 돌아오게 될 것이라는 것이다. 우리는 이 사건에서 야곱의 끈질긴 행위를 강조하기 보다는 하나님의 행위를 강조해야 한다. 하나님은 그 씨름을 통해 야곱을 성결케 하시고 새로운 사람으로 가나안에 들어가게 하신다. 하나님은 야곱의 일생을 책임지신 여호와 하나님이시기 때문이다.

(6) 야곱이 씨름에서 이겼다고 하셨지만 결국 야곱을 가나안으로 인도하신 분은 전능하신 하나님이셨다. 야곱의 끈질긴 싸움, 그것이 곧 기도가 아니겠는가! 야곱은 결국 하나님의 위대하신 구속사역을 위하여 부름받은 생애였음을 보게된다. 그래서 하나님은 끝까지 그를 간섭하시는 것이다. 나도, 당신도....

3. 야곱은 울며 간구해서 하나님의 칭찬을 받긴 했지만 그 뒤에도 계속해서 육적인 면이 많이 나타난다.

(1) 그가 "이스라엘"이라는 이름으로 바뀐 뒤에도 야곱으로 계속 호칭된다. 야곱이 "이스라엘"이라는 이름은 그가 벧엘로 다시 돌아온 후에 확증된다(창 35:10).

(2) 회개 후에도 야곱에게 즉각적인 변화는 나타나지 않는다. 때로는 다시 육적인 모습이 나타나기도 했다. 그러면서도 보다 높은 차원으로 성숙해 간다. 그것이 모든 성도들의 모습일 것이다.

(3) 호세아가 당시 백성에게 말하는 결론도 이렇다. 비록 야곱이 계교적인 면이 있었지만 **그가 울며 회개했을 때 하나님이 크게 기뻐하셨다는 것이다. 이 점을 들어 호세아는 이스라엘의 여호와께로의 회항(回航)을 강조하고 있다**. 이제 이스라엘은 야곱이 울면서 "제가 잘못했습니다"라고 말했던 것처럼 여호와 앞에 설 수밖에 없다는 것이다. 우리는 아직도 야곱의 생애를 공부하고 있다. 그의 생애를 더 지켜기로 하자. 참고로 동교재 호세아 12장을 읽어보자. (*)

창세기 32-33장 요약 정리

Summary

32:1-23 에서를 만날 준비를 하는 야곱

- 가나안을 향해 오는 도중 하나님의 사자들이 야곱을 만난다. 이들은 누구이며 왜 야곱을 만났는가? (1절)
- 마하나임(Mahanaim)이란 무슨 뜻이며 왜 그런 이름을 붙였는가? (2절)
- 야곱은 에서의 동태를 파악하기 위해 사자들을 에서가 살고 있는 세일로 보낸다. 그들의 보고의 내용이 무엇인가? (6절)
- 사자들의 보고를 받고 야곱은 어떻게 대응했나? (7-8절)
- 야곱은 인간적인 만반의 준비를 하고도 아직 마음이 놓이지 않았다. 그래서 그는 다급하게 하나님께 기도하기 시작한다. 그 기도의 주 내용이 무엇인가? (9-12절)
- 다음 단계로 야곱은 에서에게 선물(뇌물?) 공세를 편다. 그가 에서에게 주기로 한 선물을 말해보라. (13-15절)
- 야곱은 최후에 얍복강을 건너지 않고 홀로 남아 있었다. 왜 그랬을까? 그 밤에 "어떤 사람"을 만난다. 야곱은 처음에 이 사람을 누구로 알았을까? (24절)
- 하나님이 야곱을 이기지 못했다는 것은 무슨뜻인가?
- '브니엘' 이란 말은 무슨 뜻인가?

33:1-20 야곱과 에서의 상봉과 화해(和解)

- 야곱과 에서가 만나는 장면을 연출해 보라.
- 에서가 이끄는 400여명의 일당들이 출발한 것은 야곱을 기쁜 마음으로영접하기 위한 숫자는 아님이 분명하다. 에서의 마음을 누구러뜨리는 분은 하나님이셨다. 우리가 이웃의 형제들과 불화 관계가 있다면, 하나님으로부터 오는 사랑의 힘에 의존해야 한다. 그래야 진정한 평안이 온다.
- 야곱이 지금까지 불안해 한 것은 결국 어떤 이유에서인가?
- 에서와 만난 후 야곱은 어디에 가서 정착하는가? (18-20절)

(1) 야곱의 성장과정과 성화에 대한 연구

(2) 야곱은 얍복강에서 누구와 씨름한 것인가?

(3) 호세아 12:2-5까지 읽어보고 야곱과 관계된 그 내용을 정리해 보라.

세겜에서의 대학살 사건

생각만해도 두려웠던 형 에서, 에서와의 만남 때문에 야곱은 얼마나 많은 날들을 두려움 가운데서 지냈는가! 가나안에 가까이 오자 야곱은 더욱 불안했다. 그는 인간적인 방법을 다 동원해 에서의 마음을 돌려보기 위해 애를 쓰고 있었다. 여러 가지 묘책을 짜냈지만 두렵기는 마찬가지였다. 그 두려움은 결국 하나님을 의지하는 계기를 만들었고, 얍복강가에서의 하나님의 천사와의 생사를 건 투쟁은 그의 일생에 큰 전환점을 가져오게 되었다. 하나님을 붙잡고 늘어지면서 축복을 구하는 야곱, 하나님은 그에게 '이스라엘'이라는 이름을 주신다. 브니엘에서의 경험은 이제 형 에서를 만날 준비가 되어 있음을 보여주었다.

에서를 만나는 긴장의 순간, 400인을 거느리고 나타난 에서 앞에서 야곱은 최대의 예우를 갖춘다. 자식들과 부인들을 도열시키고 그리고 야곱은 맨 앞으로 나가 몸을 일곱 번 땅에 굽히며 에서에게로 나아간다. 이 모습을 바라보는 에서, 비록 그 성격이 거칠고 충동적이긴해도 단순한 성격을 갖고 있는 에서 역시 달려와 야곱을 안고, 목을 어긋맞기고, 입을 맞추고 피차 울기 시작한다. 20여년간 녹지 않고 쌓였던 분노가 녹아내리고 있었다. 결국 이들 형제 사이의 문제는 하나님만이 해결할 수 있으셨다. 야곱으로서는 태산 같은 문제가 해결된 셈이었다. 이제 야곱은 가나안에 터전을 삼고 살아가게 될 것이다.

이렇게 야곱은 가나안 땅에 다시 돌아오게 되었다. 그러나 야곱은 하나님께 약속했던 일을 잊어버리고 만다. 그는 오던 길을 다시 회전하여 숙곳으로 향한다. 그리고 다시 세겜 가까이에 장막을 치고, 그 땅을 다스리던 하몰(Hamor)의 아들로부터 땅을 사서 그곳에서 단을 쌓는다(33:18-19을 보라). 야곱은 하나님의 명령에 너무 오래 지체했다. 이들은 세겜에 너무 오래 머물렀다. 세겜 사람들과 섞여 살게 될 뻔했다.

신앙은 '나선식 상향(螺線式 上向)' 이라 했던가? 나사의 선처럼 올라갔다, 다시 내려온다. 그러면서도 결국은 위를 향하여 상승해 간다. 야곱의 가정은 지금 신앙이 다시 하강곡선(下降曲線)을 그리고 있다. 세겜에서 10여년의 삶, 그러나 그곳에서 엄청난 일을 당한다. 그리고나서야 야곱은 하나님께 드렸던 벧엘에서의 약속을 기억해낸다.

Outline 34-35

- 세겜에서의 대학살 사건(34:1-31)
  - 야곱의 딸 디나가 추행을 당한 사건(1-12절)
  - 야곱의 아들들이 히위 족속에게 할례 요구(13-17절)
  - 야곱의 아들들의 복수극(18-31절)
- 벧엘로 올라가라(35:1-15)
- 베냐민의 출생과 라헬의 죽음(35:16-26)
- 이삭의 죽음(35:27-29)

에서와의 극적인 만남,
그 동안 늘 두려움에 차 있던 야곱은 (하나님의 역사하심으로) 아름다운 만남으로 문제가 해결되었다.
그러나, 그는 아직 세속에 머문다.
하나님께 그렇게 철저하게 약속했던 언약도 (창 22:8) 잊은 째.
그러나, 그의 가정에 회오리바람이 분다.
세겜 성에서 벌어진 엄청난 사건,
이 사건은 그동안 잠자고 있던 야곱의 신앙을 흔들어 깨우는 기폭제가 된다.
하나님의 간섭이 시작되었다.
그는 구속사의 끈을 이어가야 할 도관이기 때문이다.

▶ 34:1-31 - 세겜에서의 대학살 사건

- 야곱은 에서와 상봉 후에 숙곳에 가서 정착한다(33:17, 18). 그는 아직 하나님께 서원했던 벧엘로 가지 아니했다.

- 레아에게서 낳은 딸 디나가(당시 약 15세 정도) 히위 족속 중 하몰의 아들 세겜에게 추행을 당한다(2절). 세겜은 디나를 추행하고 청혼을 한다. 물론 세겜은 조건을 걸고 야곱을 찾아왔다(8-12절). 이 소식을 들은 야곱의 아들들은 크게 분노했고, 누이의 추행을 보복하기 위하여 특별 작전을 세운다.

- 야곱의 아들들은 하몰에게 결혼을 허락하는 조건으로 종교적 요구한다. 모든 남자들에게 할례를 할 것을 요구했다(14-17절). 세겜 성 사람들은 야곱의 아들들의 조건을 쾌히 승락한다.

- 이 사건의 주동자는 둘째와 셋째 아들, 시므온과 레위였다(25절). 야곱의 아들들의 복수극으로 세겜 성의 남자들은 죽임을 당한다(25-29절).

- 이 일로 야곱은 엄청난 심적 타격을 받았다(30절). 야곱의 가정에 이런 일이 일어난 근본 원인은 무엇일까? 야곱은 그동안 자신의 부의 축적과 안일만을 추구해 왔다. 가정을 하나님이 원하시는 방향으로 이끌지 못했다.

- 야곱의 가정에 불어닥친 이런 환난은 우연이었을까? 이는 결코 세속에서 떠나지 않으려는 야곱의 행동에 대한 하나님의 극약의 처방전이었음을 알게 된다. 이런 어려움이 없었다면 야곱은 여전히 세상과 타협하며 그곳에 눌러 앉게 될 것이 뻔하기 때문이다. 야곱은 이제 세겜을 떠나지 않을 수 없는 환경에 처하게 되었다.

▶ 35:1-15 - 벧엘로 올라가라.

- 야곱은 모든 사람과 함께 처음 하나님께 약속했던 (창 28장) 벧엘로 올라가기로 결정을 내렸다. 그리고 서원대로 그곳에서 단을 쌓는다. 단을 쌓는다는 것은 야곱에게 어떤 의미가 있는가? 이 사건을 계기로 야곱은 크게 방향을 전환하고 하나님을 찾는다. **벧엘로 올라가 하나님의 서약을 지키는 삶,** 하나님은 야곱이 서약했던 그 약속 이행을 기다리고 계셨다. 그러나 야곱의 삶에는 아직 하나님과의 약속은 없었다. 그의 삶의 과정에서 모든 선택권이 아직도 자신에게 있었다. 이제 야곱은 이 일로 삶의 변화가 나타났고, 하나님은 그에게 주시기로 언약하신 내용을 재확신시켜 주신다(11-12절).

디나가 그 땅 여자를 보러나갔더니(34:1~17)

야곱은 형 에서와 헤어져 그 방향을 다시 북쪽으로 돌렸다. 숙곳으로 가기 위해서였다. 그곳에서 얼마나 체류했는지 모르나 아마도 위골된 다리를 치료하기 위해서였을 것이다. 그리고 다시 세겜에 와서 정착한다. 아예 땅까지 구입했다. 물론 계속 그곳에 정착하려 했을 것이다. 부모가 계신 곳으로 가지 않고 이방인의 땅에서 거하려 했다. 그러나 엄청난 포화를 맞고 정신을 차린다. 하나님이 더이상은 야곱을 그대로 놔둘 수는 없으셨기 때문이다. 세겜에서 어떤 일이 벌어졌을까?

1. 야곱의 딸 디나는 어디에 무엇하러 나갔는가? (34:1)

(1) 어느 날, 디나(레아가 낳은 딸)가 그 땅의 여자를 보러 나갔다. 어떻게 하고 명동(?)을 나갔을까? 수수하게 차려 입고 나가지는 않았을 것이다. 딸이 예쁘고 멋있었나보다. 엄마는 별로인데. 어쨌든 눈에 확 띄었겠지. 나이는 14 내지 15세 정도였지 않았을까?

(2) 야곱이 10여년 그곳에서 살다보니 세겜 사람들과는 서로 친하게 지냈을 것이고, 디나도 그날 아마 친구를 만나러 시내에 갔나보다. 쇼핑도 할겸. 물론 하몰의 아들로부터 땅을 구입했기에 서로간의 교제도 있었을 것이고 디나는 이들을 전혀 무서워하지 않았을 것이다.

2. 그런데 디나에게 어떤 문제가 생겼나? (34:2-4)

(1) 그런데 디나(Dinah)[1]는 그만 그곳 하몰의 아들, 세겜(Shechem)이라는 추장 녀석에게 겁탈을 당하게 된다. 드디어 문제가 생겼다. 그런데, 이 추장 녀석 넉두리도 좋게 디나에게 애정을 호소하고 있지 아니한가! 그리고 아버지 하몰에게 떼를 쓴다 : "나, 저 여자에게 장가 보내 줘요!!" 얼마나 떼를 썼을까? '나쁜 놈이잖아. 애숭이가!' (19절에서는 '소년'[2]이라고 했다.)

(2) 세겜은, 겁탈했지만 합법적으로 디나와 결혼하기 위하여 (야곱의 동의를 얻고자) 집으로 찾아왔다. 야곱은 아마 정신이 나갔을 것이다. 이 사건은 하나님을 멀리한 야곱에게 경고의 메시지였으리라. 야곱의 아들들은 목축으로 집에 없었기에 어찌할 수 없었다. 얼마 후 아들들이 이 소식을 듣고 달려왔다. 씩씩거리는 야곱의 아들들. 문제가 커지기 시작한다.

1) 디나 : '공의, 심판'을 의미한다. 야곱이 레아에게서 낳은 딸이다(창 30:21, 46:15).

2) 나아르(נער)- 아이, 소년, 젊은이, 종

3. 이 소식을 들은 야곱의 아들들의 태도가 어떠했는가? (34:7)

1) 아차브(עָצַב) - 몹시 슬퍼하다, 마음이나 가슴 아파하다. 이 단어는 감정적인 슬픔뿐만 아니라 육채적, 정신적 불안에 대해서도 사용되었다.

2) 하라(חָרָה) - 성내다, 노하다.

> 34:7 야곱의 아들들은 들에서
> 이를 **듣고 돌아와서**
> 그들 모두가 **근심하고**[1] 심히 **노하였으니**[2]
> //이는(for)
> 세겜이 야곱의 딸을 강간하여
> 이스라엘에게 부끄러운 일 곧 행하지 못할 일을 행하였음이더라

(1) 야곱의 아들들은 우선 자초지종을 들었을 것이다. 이들은 이 일로 근심하지 아니할 수가 없었다. 여기서 '근심하다'라는 말은 '몹시 슬퍼하다, 마음이나 가슴이 아프다'라는 의미가 있다. 본문에서는 히트파엘(강조형)을 써서 표현했다. 가족 모두가 몹시 가슴이 아팠음을 본다.

(2) 야곱의 아들들은 물론 '모든 사람들'(הָאֲנָשִׁים)이 심히(메오드, מְאֹד) 노했다고 했다. 여기 '노하다'(חָרָה, 하라)라는 동사는 (분노로) 후끈 달아오르다, 성내다'라는 의미이다. 그 당시 가나안 사회에서는 이런 일쯤은 대수롭지 않은 사건이었다. 디나 사건을 통해, 당시 가나안 족속의 도덕 수준이 어떠했는가를 볼 수 있다.

(3) 그러나 비록 가나안 족속들 가운데 살고 있었지만 야곱의 아들들은 그렇지 않았다. 이들은 이런 간통 사건에 울분을 터뜨리고 있었다. 한참 분을 못참고 씩씩거리고 있는데, 하몰이 그 아들녀석 세겜과 함께 글쎄 디나를 며느리 삼자고 온게 아닌가! '불난데 부채질이지. 이 거지 같은 놈들이.'

4. 하몰의 제안은 어떤 것이었나? (34:8-12)

• 창 34:23 "그러면 그들의 가축과 재산과 그들의 모든 짐승이 우리의 소유가 되지 않겠느냐 다만 그들의 말대로 하자 그러면 그들이 우리와 함께 거주하리라."

(1) 그러니까 한마디로 사돈을 맺자는 게 아닌가? 서로 통혼하고, 그리고 이 땅 어디에서나 살 수 있게 하고… 만약 이렇게 된다면, 하몰은 신나는 판이다. 왜? 잘하면 야곱 군단 전체를 합병할 수도 있지 않은가! (34:23*) '꿩 먹고 알 먹고. 확실히 나쁜 놈이다.'

(2) 이런 제안을 듣고 야곱의 아들들의 반응이 어떠했는가? 이 형제들은 우선 그렇게 하겠다고 '속여' 대답했다(13절). 왜 속여 대답했는가? 물론 야곱의 아들들이 하몰의 제안을 받았들였을 리 없었다. 만약 그들의 제안을 받아들

• 요단 동편, 즉 트랜스요르단은 아직은 이방인의 땅이었다. 그래서인지 야곱은 다시 요단강을 건너 세겜으로 건너간다.

• 숙곳(Succoth) : 오두막집들 - 정확한 위치가 확인되고 있지 않으나 일반적으로 얍복강에서 북쪽으로 약간 떨어져 있다. 요단강에서 동쪽으로 약 5km 지점이라고 한다. 훗날 이곳은 갓 지파의 영역으로 주어진다.

• 마하나임(Mahanaim) : '두 진영, 두 떼'라는 뜻 - 야곱이 가나안으로 오던 중 하나님의 천사들과 만난 장소

• 브니엘(Peniel) : '브니엘'이라는 말은 '하나님의 얼굴'이라는 뜻이다. 하나님과 대면하면서도 죽지 않고 살아남은 사건에서 유래했다. 사사기 8:8-9에서는 '부누엘'이라고도 불렀다.

• 세겜(Shechem) : '어깨, 목'이라는 뜻 - 에발산과 그리심산 사이에 에브라임 산지에 위치한 곳이다. 야곱이 하몰의 아들로부터 토지를 은 일백개를 주고 구입했다. 이때부터 히위 족들과 교제를 갖게 되었다(창 33:19).

였을 경우, 이스라엘의 정체성은 없어지는 것이다. 야곱의 아들들은 마음 속에 어떤 계획을 갖고 있었다. 물론 아버지 야곱은 이 아들들의 계획을 알리 없었다.

5. 야곱의 아들들은 하몰에게 우선 제동을 걸었다. 그리고 어떤 조건을 제시했는가? (34:14-17)

(1) "우선, 할례 받지 아니한 사람에게 우리 누이를 시집보낼 수 없습니다"(14절*). "그렇지만 한 가지 방법은 있긴 있는데… 머리를 긁적긁적. 어려울지 모르겠네요?" "아, 그래요? 그게 뭔데 말해보세요" "만약 당신네들 중에 남자가 다 할례를 받고 우리같이 되면, 우리 딸을 당신들에게 주며, 당신들의 딸을 우리가 취하여, 한 민족으로 같이 살 수는 있겠습니다. 그렇지 않으면 어림도 없습니다."

(2) 야곱의 아들들은 자기 누이가 이방 녀석에게 추행당했다는 사실에 치를 떨고 있었다. 그러나 숫적으로 열세이므로 어찌할 수 없었다. 따라서 야곱의 아들들은 모여 자기 누이의 수치를 보복할 작전을 숙의하고 있었다. 이런 사실을 알 수 없는 하몰의 아들은 즉각 야곱의 아들들의 제의를 수락한다. '이 정도 조건쯤이야! 신부도 데려오고, 그들의 생축과 재산과 그 모든 짐승이 다 우리 것이 되는 판인데…'(23절) 이들은 이 조건에 쾌히 승낙한다. 세겜 녀석은 지체하지 않고 할례를 행했다(18-19절). 디나를 아내로 데려올 수만 있다면야…

• 창 34:12 "이 소녀만 내게 주어 아내가 되게 하라 아무리 큰 혼수와 예물을 청할지라도 너희가 내게 말한 대로 주리라."

• 창 34:14 "야곱의 아들들이 그들에게 말하되 우리는 그리하지 못하겠노라 할례 받지 아니한 사람에게 우리 누이를 줄 수 없노니 이는 우리의 수치가 됨이니라."

6. 야곱의 아들들의 작전을 설명해 보라(34:24-29).

할례 (מוּל)

• 할례를 행하다(물, מוּל) - 할례를 행하는 것은 음경의 포피를 잘라내는 것이다. 하나님은 할례를 그와 아브라함과의 언약의 표징이자 보증으로 삼으셨다. 할례는 여호와와 이스라엘 사이에 특별한 관계로 인치는 것이다. 이스라엘 남자는 난지 8일만에 할례를 받아야 했다.

1) 타메(טָמֵא)의 피엘 동사 완료형 / 부정하다, 불결해지다.

(1) 작전개시, 웬 작전? 그러나 정말 작전(作戰)이었다. 그 아들 세겜의 말을 듣고 성문으로 출입하는 그 모든 남자씨들이 다 할례를 받았다. 다 큰 어른들이 할례를 받았으니 얼마나 아팠을까? 다 나으려면 며칠쯤 걸리나? 그런데 제 3일째 되는 날이었다(25절). 세겜 성중에 거하는 남자들이 할례*를 받고 아직 통증으로 고통하고 있을 때에 야곱의 두 아들, '디나' 의 오라비 시므온과 레위가 ***칼을 가지고 급습하여*** 그 모든 남자들을 죽였다(25절). 또 칼로 하몰은 물론 그 아들 세겜까지도 죽였다(26절).

• 창 34:26 "칼로 하몰과 그의 아들 세겜을 죽이고 디나를 세겜의 집에서 데려오고 27야곱의 여러 아들이 그 시체 있는 성읍으로 가서 노략하였으니 이는 그들이 그들의 누이를 더럽힌(טִמְּאוּ)1) 까닭이라 28그들이 양과 소와 나귀와 그 성읍에 있는 것과 들에 있는 것과 29그들의 모든 재물을 빼앗으며 그들의 자녀와 그들의 아내들을 사로잡고 집 속의 물건을 다 노략한지라."

• 칼(헤레브, חֶרֶב) : 칼, 검, 자르는 도구를 말한다. 그러나 이 사건을 언급하고 있는 창 49:5을 보라. "그들의 칼(메케라, מְכֵרָה)은 폭력의 도구(כְּלִי, 준비된 어떤 기구)로다" 여기서 메케라(한국역은 '칼')는 땅을 파는 기구, 즉 '곡괭이' 였을 것이다. 시므온과 레위는 의심을 사지 않기 위해 손에 곡괭이를 가지고 폭력의 도구로 사용했을 것이다.

(2) 물론 '디나' 는 집으로 데려오고, 거기다가 그들의 가축들과 그 모든 재물을 빼앗고, 그 자녀와 아내들도 사로잡고, 물건들을 노략했다. 한차례 엄청난 회오리 바람이 휩쓸고 지나갔다. 겁도 없는 작전을 감행했다. 앞으로 어떤 상황이 전개될 지는 나중 일이었다.

7. 이 소식을 들은 야곱은 어떠했나?

34:30 야곱이 시므온과 레위에게 **이르되**
/너희가 내게 화를 끼쳐 나로 하여금
이 땅의 주민 곧 가나안 족속과 브리스 족속에게
악취를 내게 하였도다 2)
/나는 수가 적은즉
그들이 **모여** 나를 **치고** 나를 **죽이리니**
그러면(וְ) 나와 내 집이 **멸망하리라**

2) 냄새를 내게 하였도다(바아쉬 - 나쁜 '냄새가 나다, 미움받다, 몹시 싫어하다) : 가나안 사람과 브리스 사람에게 '상종할 수 없는 추한 인간이 되고 말았다'(공동번역) '나로 하여금 악취를 풍기게 하였도다'(한글 킹제임스)

(1) 아, 이 충격(衝擊) - "이젠, 우리는 망했구나. 이 일을 장차 어쩐담." "이 녀

석들이 한 두 사람 죽인 것도 아니고, 대량학살을 했으니." 주동자는 시므온과 레위였다. 아, 얼마나 멋있는 사내다움인가! 그러나, 그것은 하나님이 원하시는 방법이 아니었다. 이로 인해 이들은 훗날 장자의 축복권에서 제외된다(창 49:5-7*을 보라). 추장 녀석 한 사람의 잘못을 세겜 성 전부에게 보복한 것은 그 무엇으로도 설명할 수 없는 극악한 행위였다.

(2) 야곱은 이 일로 엄청난 충격을 받았음에 틀림없다. 우선 그의 머리 속에 떠오른 생각은 무엇이었을까? "이제 가나안 사람들이 연합하여 우리를 공격하러 올 터인데, 어떻게 하나?" 그는 두려움에 경악했다. "나는 수가 적은즉 그들이 모여 나를 치고 나를 죽이리니 그러면 나와 내 집이 멸망하리라"(30절 하). 이제 가나안 사람들이 연합하여 공격할 것은 너무나 뻔한 일이었다. 그런데 야곱 군단은 이에 비해 숫적으로 열세였다. '분명히 멸망을 당할 것인데, 어떻게 하지?'

(3) 지금까지 야곱의 생애에 크고 작은 일이 수없이 일어났지만 이번 경우에는 그 차원이 달랐다. 그는 그곳 사람들과 상종할 수 없는 인간이 되었다. 아니 그것이 문제가 아니었다. 이제는 생존이 문제였다. 피를 말리는 일이 지금 눈 앞에 벌어지고 있다. 대작전을 감행하고 이제 그 승리에 들떠서 환호하고 있는 아들 녀석들을 바라보는 야곱은 이 기막힌 사실 앞에 오열하고 있다. '아, 내가 자식들을 잘못 길렀구나!! 이제 우린 망했다.'

• 창 49:5 "시므온과 레위는 형제요 그들의 칼은 폭력의 도구로다
• 6 내 혼아 그들의 모의에 상관하지 말지어다 내 영광아 그들의 집회에 참여하지 말지어다 그들이 그들의 분노대로 사람을 죽이고 그들의 혈기대로 소의 발목 힘줄을 끊었음이로다
• 7 그 노여움이 혹독하니 저주를 받을 것이요 분기가 맹렬하니 저주를 받을 것이라 내가 그들을 야곱 중에서 나누며 이스라엘 중에서 흩으리로다."

8. 야곱에게 일어난 이 엄청난 사건은 우연이었을까? 이 사건 속에 나타난 하나님의 뜻은 무엇일까?

(1) 이런 환난은 결코 세속에서 떠나지 않으려는 야곱의 행동에 대한 하나님의 극약의 처방전이었음을 알게 된다. 이런 어려움이 없었다면 야곱은 여전히 세상과 타협하며 그곳에 눌러 앉게 될 것이 뻔하기 때문이다. 야곱은 이제 세겜을 떠나지 않을 수 없는 환경에 처하게 되었다. 야곱은 언제까지나 세속에 눌러 앉아 세월을 보내서는 안 되는 인물이었다. 그는 하나님께서 특별히 불러 세우신 구속사의 한 파트를 담당해야 할 장본인이었기 때문이다.

(2) 따라서 하나님의 섭리가 그를 평안케 내버려두지 않는다. 하나님은 그 옛날 벧엘에서의 야곱의 언약을(창 28:20-22) 기억하고 계셨다. 야곱이 다시 벧엘로 돌아가는 길, 그 길만이 하나님의 뜻을 준행하는 족장으로서의 역할을 감당할 수 있었기 때문이다. 이제 야곱은 자기 스스로는 해결할 수 없는 장벽

얍복강 체험 이후에도 10여년의 세월을 허송하게 된다.

을 만나고서야 하나님을 찾게 된다. 과거 얍복강가의 씨름 사건도 이미 그의 기억 속에서 희미해져 갔을 것이다.

(3) 아직까지 하나님을 전적으로 의지하지 않고서도 그는 살아갈 수 있었다. 그래서 얍복강 체험 이후에도 10여년의 세월을 허송하게 된다. 따라서 이런 환경으로 몰아가는 이는 바로 야곱의 하나님 여호와이셨던 것이다.

9. 그러나, 하나님의 섭리를 깨닫지 못한 이 아들 녀석들이 하는 말좀 들어보라.

34:31 그들이 **이르되**
/그가 우리 누이를 (　　　　)같이 대우함이 옳으니이까.

'그렇기는 해도, 너무했잖아.' 이 사건을 통해 그 당시의 사회생활이 얼마나 어두웠는가 알 수 있다. 강간과 대량 살육이 벌어지는 사회 속에서 야곱의 아들들의 행동은 정당한 것이었는가? 이제는 야곱의 아들들도 타락해 가고 있었다. 아직도 이들은 하나님을 진지하게 찾지 아니했다.

그래, 벧엘로 돌아가는거야!!

1. 야곱의 불안과 회한(悔恨)

(1) 야곱의 마음은 착잡했을 것이다. 별 생각이 다 떠올랐을 것이다. 잠이 올리가 없었겠지. '가나안 사람들이 벌떼 같이 연합하여 총공격해 오면 어떻게 하지?' '과거에 형 에서를 속이던 일' '에서를 피하여 외삼촌을 찾아가다 만난 벧엘의 하나님' '하나님께 맹세하며 헌신을 다짐했던 일' '외삼촌 집에서 20여년의 피땀 흘리던 세월' '외삼촌 몰래 도망하던 일' '얍복강에서의 사생 결단의 씨름' '그 무서워하던 형 에서와의 해후' '그리고 숙곳에서' '그리고 세겜에서 10여년의 세월' 고향을 떠난지 30년이 넘는 세월이었다. '그런데 지금 나는 누구며 무엇인가?' 밤이 새도록 불안과 회한(悔恨)… "오, 야웨 하나님! 내가 이제 옵니다." *)

*) 필자도 이 교재 제목을 무엇으로 할까 계속 기도하는 중에 이곳에 시선이 머물렀다. 그래서 이 교재 제목을 *"Back To The Bible"*로 하기로 했다. 물론 이 과정에서 야곱이 당하는 어려움이 나에게도 있었다.

성경으로 돌아가자. 그 이유는 그 속에 우리의 길이 있고, 삶의 목표가 있기 때문이다. 하나님은 그곳에서 말씀하시고, 위로하시고, 갈길을 보여주시기 때문이다.

(2) 그래, "벧엘로 돌아가는거야" "일어나 벧엘로 올라가는거야!"(35:3) *"Back to Bethel!! Back to Bethel!!"* 이 사건은 지금까지 깊은 신앙의 잠을 자고 있던 야곱을 뒤흔들어 깨운 사건이었다. 좀처럼 깨어나려 하지 않는 야곱에게

Close-up

야곱에게 벧엘의 의미

벧엘은 야곱에게 특이한 의미가 있는 곳이다. 이곳은 아브라함이 애굽으로 이주하기 전에 제단을 쌓고 장막을 쳤던 곳이다(창 12:8). 야곱은 형 에서의 노를 피하여 밧단 아람으로 가던 중 이곳에서 사닥다리의 환상을 보면서 하나님의 실존을 체험한다. 그는 돌 기둥을 세워 기름을 붓고 하나님께 서원을 한다.

야곱은 자신을 축복하고, 평안히 가나안 땅으로 돌아오게 하신다면 십일조도 드리고, 이곳에다 하나님의 전을 세우겠다는 약속이 있었다(창 28:22). 물론 하나님은 이 약속을 지키셔서 야곱으로 하여금 거부가 되게 하셨다. 그러나 야곱은 하나님과의 그 약속을 계속 지키지 않는다. 그리고 세겜에 눌러 앉아 세월을 보낸다.

드디어 하나님은 야곱을 크게 징계하신다. 그것이 곧 디나 사건이었다. 이 사건을 계기로 야곱은 크게 방향을 전환하고 하나님을 찾는다. **벧엘로 올라가 하나님의 서약을 지키는 삶,** 하나님은 야곱이 서약했던 그 약속 이행을 기다리고 계셨다. 그러나 야곱의 삶에는 아직 하나님과의 약속은 없었다. 그의 삶의 과정에서 모든 선택권이 아직도 자신에게 있었다. 그의 전 생애가 하나님을 전적으로 의지해야 한다는 사실을 깨닫기까지 야곱은 너무 많은 희생을 치렀다. 이 사건 이후 야곱의 삶은 성숙을 향하여 상승을 계속하게 된다.

하나님은 강경책을 쓰셨다. 하나님 앞에 무가치한 인생, 꾀많고 이유가 많은 한 인생, 그래도 하나님은 그 한 사람이 필요하셨다.

(3) 한동안 괴로워했을 야곱, 그러나 하나님을 믿는 자들에게는 소망이 있다. 괴로워하던 야곱에게 하나님의 은총의 빛이 쏟아지고 있다. 그를 가로막고 있었던 두꺼운 벽이 무너지고 있다. 야곱은 이제서야 그의 얼굴을 들어 하나님을 바라본다. 야웨 하나님은 계속 그를 주시하고 있었는데 말이다.

적용을 위한 묵상

• 세상 걱정 모르고 예쁘게 자랐을 디나(Dinah), 그녀에게는 여호와 하나님에 대한 신앙이 낯설었을 것이다. 마냥 즐겁기만 한 딸네미를 바라보는 야곱과 그녀의 오라비들, 버릇 없이 자라났을지도 모를 디나에게 문제가 생겼다. 우리는 세상 일에 너무 바빠 자녀들을 보살필 여유가 없는 것이 아닐까? '뭐, 알아서 잘 크겠지. 이렇게 내가 교회 일 열심히 하는데...'

• 언제까지나 평안만 계속될 것 같던 야곱의 가정에 감당하기 어려운 문제가 생겼다. 먹을 양식도 풍족했고, 이방인들 사이에서도 힘께나 자랑했을 야곱, 그러나 세겜은 야곱이 머물 곳이 아니었다. 세상에 한눈을 팔고 있는 사이 10여년의 세월이 흘러가 버렸다.

• '모든 것이 잘 될거야!! 내가 하나님께 크게 잘못한 것도 없는데... 무슨 일 있을라고.' '예배도 꼬박꼬박 잘 참석하고. 새벽기도도 안빠지는데..'. 그래도 만약 신앙의 성장이 없다면, 아니, 하나님의 뜻과는 거리가 먼 삶을 계속한다면, 하나님은 우리의 성숙을 위하여 매를 드실지도 모른다.

• 왜, 우리는 좀더 하나님께 가까이 가려고 애쓰지 않는가? 적당히 세속과 타협하는 동안 우리의 영혼은 중병이 든다. 그것을 자각했을 때는 이미 시기가 늦어버린 경우가 대부분이다. 물론 중병에 있으면서도 교회에서는 할렐루야를 힘차게 외칠 수 있다.

• 야곱의 아들들의 용기를 칭찬해야 할 것인가? 만약 문제가 있다면 무엇일까? 왜 야곱의 아들들이 이 지경까지 왔을까? 야곱은 그 동안 뭐 했느냐고? 그러나 자세히 따져본다면 우리라고 더 낫지 않다. 야곱 역시 완전히 하나님을 떠난 것은 아니었다. 우리는 교회에 열심히 출석하면서도 여전히 세겜과 거래할 수 있다. 다만 나는 그렇지 않은 체 할 뿐이다. '난, 안그렇다고?' '글쎄!'

야곱을 다루시는 하나님의 손길

하나님은 야곱에게 강제적인 순종을 원치 않으신다. 너무 낭떠러지로 갈 때, 그 위험성 때문에 간섭을 하실 뿐이다. 그렇치 않다면 야곱의 생애에 파멸이 닥칠 것이기 때문이다.

지금까지의 야곱의 족적을 그리면서 나의 모습과 비교해 보자.

야곱의 서원

• 나는 지금 신앙의 상승곡선을 그리고 있는가? 아닌 것 같은데! '그럼, 어떻게 하지?'
• '그래, 다시 벧엘로 올라가는거야!!'
• 아래 빈칸은 여러분의 각오를!

가정의 신앙개혁(35:1~15)

오랫 동안 지속되던 야곱의 방황(?)은 디나 사건을 계기로 일대 전환을 가져온다. 이제는 여호와 하나님을 진실되게 찾는 길 외에는 달리 방도가 없었다. 그는 눈을 들어 하나님을 바라본다. 이 기막힌 현실 앞에서 그는 지금까지 걸어온 삶을 반추하였으리라. 자꾸만 하나님에게서 멀어져만 가는 야곱에게 하나님은 피할 수 없는 징계를 주셨다. 이제 야곱은 돌아선다. 그 옛날 에서의 낯을 피하여 밧단 아람을 향하여 가던 중 벧엘에서의 약속을 기억해 냈을 것이다. 야곱의 잠자던 신앙이 기지개를 켜기 시작한다.

1. 위의 환난이 있은 후 하나님이 야곱에게 내리신 명령은 무엇인가?

35:1 하나님이 야곱에게 **이르시되...**하신지라

/[너는] ── **일어나**(쿰, קוּם) - 칼, 명령형이다. Arise
── 벧엘로 **올라가서** - 칼, 명령형이다. go up to Bethel
── 거기 **거주하며** - 칼, 명령형이다. and dwell there
── 제단을 **쌓으라** - 칼,명령형이다. and make there an altar

어디서 제단을 쌓을까요? ── /네가 네 형 에서의 낯을 피하여 도망하던 때에 네게 나타났던 **거기서**
/하나님께

- 하나님은 야곱에게 어디로 가라고 말씀하시는가?
- 야곱이 지금 가려고 하는 벧엘은 어떤 곳인가?
- 왜, 하나님은 꼭 그곳에 가라고 말씀하시는가?
- 하나님은 어떤 모습으로 나타나셨을까? (13절을 읽어보고)
- 야곱은 30여년 전 벧엘에서 하나님께 어떤 약속을 했는가?
- 하나님은 왜 단을 쌓으라고 명령하시는가? 또 단을 쌓는다는 것은 어떤 의미가 있는가?

(1) '벧엘' (בֵּית־אֵל)은 그 옛날 야곱이 형 에서를 피하여 밧단아람으로 가는 길에서 하나님께 서약했던 곳이었다. 우리는 10여년 동안 세겜에서의 생활이 어떠했는지를 34장에서 보지 않았는가!

(2) 이미 앞에서 살펴본 대로, 야곱은 얍복강 사건이 있은 후에도 즉시 벧엘에서의 약속을 이행하지 못했다. 그는 여러 가지 핑계로 그 약속을 지연하고 있었을 것이다. 우선 그가 살고 있던 세겜에서 10여년의 세월을 보낸다. 세상

מִזְבֵּחַ **제단**

미즈베아흐(제단, alter)

미즈베아흐는 주로 오경과 역사서에 나온다. 때때로 제단은 정해진 이름을 가진다. 예를 들면, 세겜에 있는 야곱의 제단(엘엘로헤이스라엘; '하나님 이스라엘의 하나님' El the God of Israel, 창 33:20), 르비딤에 있는 모세가 쌓은 제단(여호와닛시; '여호와는 나의 기', 출 17:15), 오브라에 기브온이 쌓은 제단(여호와샬롬; '여호와는 평화시다, 삿 6:24).

제사의 중요성

- 홍수가 끝난 후, 노아는 단을 쌓았다.
- 아브라함은 약속의 땅에 도착했을 때 세겜에 단을 쌓았다(창 12:7-8).
- 족장 이삭과 야곱은 여호와의 축복을 기념하려고 각각 브엘세바와 벧엘에 단을 쌓았다(창 26:25, 창 35:7).
- 이삭은 그의 아버지 아브라함에 의해 모리아산 제단에 눕게 되었으나, 그의 자리는 수양이 대신하게 되었다. 이는 대속 희생의 의미를 가장 분명하게 증명해주는 구약성경의 본보기이다. 유월절양의 희생과 그 결과로 인한 모든 장자의 희생의 면제도 동일한 의미를 전달한다(출 12:27).

- 창 28:20 "**야곱이 서원하여 이르되** 하나님이 나와 함께 계셔서 내가 가는 이 길에서 나를 지키시고 먹을 떡과 입을 옷을 주시어
- 21 내가 평안히 아버지 집으로 돌아가게 하시오면 여호와께서 나의 하나님이 되실 것이요
- 22 내가 기둥으로 세운 이 돌이 하나님의 집이 될 것이요 하나님께서 **내게 주신 모든 것에서 십분의 일을 내가 반드시 하나님께 드리겠나이다** 하였더라."

의 속성이 그렇듯이 세겜 성은 야곱으로 하여금 그곳에 안주하도록 잡아끄는 매력이 있었다. 그는 세상의 달콤함 속에 정신이 흐려져 있었다. 이제 하나님은 더이상 야곱을 그대로 내버려 둘 수 없으셨다. 결국 하나님은 야곱에게 이제는 더이상 피할 수 없는 환경으로 징계하신다. 야곱의 행적에서도 알 수 있듯이 그의 약속은 하나도 지켜지지 아니했다. 그가 하나님께 드린 약속은 무엇인가? (창 28:20-22*).

(3) 이 약속이 있은 후 30여년의 세월 동안 하나님은 야곱과 함께 하셨다. 그가 원하는 대로 먹을 것도 아주 풍족히 주셨다. 그리고 가나안 땅까지 평안하게 인도하셨다. 그 무서운 에서와의 상봉도 하나님이 부드러운 만남을 주선하셨다. 그러나 그가 서원한 대로 지켜진 것은 아직 한 가지도 없었다. 가정의 우상도 제거하지 못했고, 하나님께 십분의 일을 드린다는 약속의 이행도 없었다. 더욱이 하나님의 전(殿)을 세우겠다고 큰 소리 쳤지만 가나안 땅에 무사히 돌아온 후에도 벌써 10여년의 세월이 흐르고 있지 아니한가! 얍복강가에서의 하나님과의 만남, 그는 그때 벧엘로 올라갔어야 했다.

(4) 하나님은 지금 야곱에게 벧엘로 올라가서, 거기에 거하며 단을 쌓으라고 명령하셨다. 야곱은 벧엘에다 제단을 쌓겠다고 약속했었다. 이제 하나님은 야곱에게 그 약속 이행을 촉구하신다. 따라서 야곱은 단순히 벧엘에 정착하려고 하기 보다는 그곳에서 약속하신 단을 쌓기 위하여 벧엘로 출발해야 했다. 하나님을 멀리 떠난 야곱의 가정, 어쩌면 이런 환난은 당연한 것이었으리라. 이제 야곱은 자기 식구들을 모아놓고 일대 결단을 내린다. 가정의 신앙개혁이 시작된 것이다. 이제야 야곱은 진정으로 하나님을 찾고 있는 것이다.

2. 야곱은 어떠한 결단을 내리는가? (35:2)

35:2 야곱이 이에 자기 집과 사람과 자기와 함께 한 모든 자에게 **이르되**
/너희 중에 있는 이방 신상들을 **버리고**(הָסִרוּ) - סרו의 히필 명령형
자신을 **정결하게 하고**(הִטַּהֲרוּ)[1)]
너희들의 의복을 **바꾸어 입으라**

1) 타헤르(טהר)의 히트파엘 명령형. 이 단어는 거의 오로지 의식적이거나 도덕적인 순결에 대해서만 사용되었다.

- 야곱은 식구들은 물론 모든 사람들을 다 모은다. 개혁은 전 가족이 다 참여해야 한다. 아직도 종들 가운데는 우상을 섬기는 자들이 있었을 것이다.
- 우선 야곱의 가정에서 버리고 고쳐야 할 것은 무엇인가?
- '의복을 바꾸라'는 의미는 무엇인가?
- 이들이 제거한 것은 어떤 것들이었나? (4절)

(1) 야곱의 가정의 종교개혁은 무엇을 제거하는 일로부터 시작되고 있는가? 그는 지금 결단을 내리지 않을 수 없는 막바지에 와 있다. 모든 이방신상과 귀걸이까지 다 상수리 나무 밑에 묻었다고 했다. 이제 세상 재미에 미련을 두지 말자. 야곱, 그 동안 하나님 앞에 깐죽깐죽하기는 했지만, 그래도 멋있는 분이 아닌가!'

35:3 우리가 — 일어나
— 벧엘로 올라가자(알라, עָלָה)
내가 —— 제단을 쌓으려 하노라 하매
/거기서 (야곱이 약속했던 바로 그곳, 벧엘에서)
/하나님께 (야곱에게 하나님은 어떤 분이셨는가?)
/내 환난 날에 내게 응답하시며
내가 가는 길에서 나와 함께 하신

- 환난 날에 응답하시는 하나님
- 야곱은 자신의 방법대로 자신의 삶에 충실했다. 하나님을 찾지 않아도 되었다. 젊은 날에는...
- 그러나 지금 야곱은 그런 삶이 얼마나 무모한 삶이었나를 깨닫기 시작했다.

(2) 그렇다. 회개는 과감한 용단이 필요하다. 진정한 '회개'는 무엇일까? 울고불고 하기만 하면 되는가? 회개는 결단이 있어야 한다. 잘못된 길에서 돌아서서 다시는 그 길로 돌아가지 않으려는 결단이 있어야 한다. 이제 옛 생활은 청산되어야 한다. 겉으로 나타난 우상들과 이들 마음 속까지도 정결케 하라는 것이다. 옛 것을 벗어버리고 새것으로 갈아 입어야 한다. 야곱은 족장으로서의 집안 내의 모든 불결한 것들을 씻어내고 있었다.

(3) 환난이 오기 전까지는 잘못을 깨닫지 못하는 게 인간인가! 우리 가정의 우상은 무엇일까? 여유 있는 생활 속에서 나의 우상을 없애려는 결단을 내리기가 쉽지 않다. 등줄기에서 식은 땀이 흐르기 전까지는…

3. 이렇게 결단을 내린 야곱의 가정에 하나님은 축복을 내리기 시작하신다. 어떤 기적적인 일이 생겼는가?

35:5 그들이 **떠났으나**(나사, נָסַע)[1]
하나님이 그 사면 고을들로 크게 두려워하게 **하셨으므로**
//결과(וְ)
야곱의 아들들을 추격하는 자가 없었더라

1) 이 동사는 '천막 말뚝을 뽑아내다 즉 천막을 거두다를 의미한다. 고대 유목민들의 생활 모습을 그려내는 단어이다. 족장 야곱은 계속 가나안 여기저기를 옮겨다녔다(창 35:16, 46:1)

(1) 자, 보라. 회개하니까 당장 문제 해결이 있지 않은가! 야곱은 가나안 족속들이 연합 공격을 해올까 전전긍긍하고 있었다(34:30). 분명히 이곳 족속들은 연합하여 야곱을 칠 계획을 세웠을 것이다. 만약 이들이 연합하여 공격한다

면 결과는 너무 뻔한 것이었다. 그래서 야곱은 더욱 사색이 되었다. 이 숨막히는 막다른 골목에서 야곱은 여호와를 찾지 않을 수 없었을 것이다. 어쩌면 하나님은 야곱으로 하여금 진정으로 하나님을 찾는 계기를 만드셨으리라. 하나님은 "그 사면 고을들로 크게 두려워하게" 하셨다. 그래서 야곱이 이곳 세겜을 떠날 때에 추격하는 자들이 없었다.

(2) '두려움'을 가리키는 단어 히타(חִתַּת)는 여기서 단 한번 언급된다. 문자적으로 하나님에 대한 공포(두려움)가 성읍들에 임했다는 것이다. 세겜 성에 대량 학살 이후 성 주변에 내린 자연적 공포였다. 하나님이 지키고 계셨기 때문에 야곱 군단을 무사할 수 있었다. 그렇지 않았다면, 주변 성읍들이 연합하여 대대적인 공격을 감행했을 것이다. 이렇게 하나님은 지금까지 야곱의 가정을 졸지도 주무시지도 않고 지키시고 계셨다. 잠을 잔 것은 야곱이었다.

אֵל בֵּית־אֵל 엘벧엘

• 엘벧엘 : "벧엘의 (강한) 하나님". 야곱은 벧엘에서 약속하신 대로 하나님이 언제나 자기와 함께 하셨음을 깨닫았을 것이다. '엘벧엘'이란 지금까지 함께 하신 하나님에 대한 신앙고백이었다.

4. 야곱은 드디어 가나안 땅 '루스' 곧 벧엘에 이르렀다. 그리고 그곳 이름을 무엇이라고 불렀는가?

35:6 야곱과 그와 함께 한 모든 사람이 가나안 땅 루스 곧 벧엘에 이르고
7 그가 거기서 제단을 쌓고
그 곳을 엘벧엘(אֵל בֵּית־אֵל)[1)]이라 불렀으니
//이는(이유, for, כִּי)
그의 형의 낯을 피할 때에(when)
하나님이 거기서 그에게 나타나셨음이더라

리브가의 유모 드보라의 죽음

35:8 "리브가의 유모 드보라가 죽으매 그를 벧엘 아래에 있는 상수리나무 밑에 장사하고 그 나무 이름을 알론바굿이라 불렀더라"

'알론바굿'은 '통곡의 상수리나무'라는 말이다. 유모의 죽음을 슬퍼하는 기념으로 붙인 이름이다.

(1) 자, 지금까지 야곱은 자기 나름대로 살아가려고 얼마나 애를 썼는가! 수많은 역경과 고난, 숨 돌릴 여유가 없었다. 결국 야곱은 하나님이 그의 생애를 주관하고 계신다는 사실을 깨닫게 되었다. 생의 어려움이 있을 때마다 하나님은 그에게 나타나셨다. 야곱이 이러한 사실을 깨달은 것은 숱한 어려움을 통해 믿음이 장성한 후였다.

(2) 이제 야곱은 그 모든 사람들과 함께 벧엘에 돌아왔다. 그리고 하나님께 약속한 대로 단을 쌓았다. 여기서 단(alter, מִזְבֵּחַ, 미즈베아흐)이란 말은 가장 단순한 형태의 제사를 드리는 곳을 말할 것이다. 야곱은 그곳에 단을 쌓고 그곳 이름을 "엘 벧엘"이라고 불렀다. 왜 그렇게 불렀을까?

5. 야곱이 밧단아람에서 벧엘로 돌아오자 하나님은 그에게 어떻게 역사하셨나?

(1) "야곱이 밧단아람에서 **돌아오매** 하나님이 다시 야곱에게 **나타나사** 그에게 복을 **주시고**"(9절)

(2) "하나님이 그에게 **이르시되**
/네 이름이 **야곱이지마는**
네 이름을 다시는 야곱이라 **부르지 않겠고**
이스라엘이 네 이름이 **되리라.**"

새로운 이름을 통하여 하나님과의 새로운 관계와 승리의 삶을 살게 하실 것을 보증해 주셨다.

(3) 야곱은 벧엘에 와서 하나님께 단을 쌓았다. 약속한 서원을 드린 후 하나님은 다시 야곱에게 나타나 축복을 주신다. 그 축복의 내용은 아브라함과 이삭에게 하신 약속과 같은 내용이다(11-13절을 보라).

35:11 하나님이 그에게 **이르시되**
/나는 —— 전능한 **하나님이라**
[너는] —— **생육하며 번성하라**
한 백성과 백성들의 총회가 —네게서 **나오고**
왕들이 — 네 허리에서 **나오리라**

12 내가 —— 네게 **주고**
/아브라함과 이삭에게 준 땅을
내가 —— 그 땅을 **주리라** 하시고
/네 후손에게도

13 하나님이 — **올라가시는지라**
/그와 말씀하시던 곳에서 그를 떠나

14 야곱이 —— **세우고**
/하나님이 자기와 말씀하시던 곳에
/기둥 곧 돌 기둥을
붓고
/그 위에 전제물을
또 **붓고**
/그 위에 기름을

15 벧엘(בֵּית־אֵל)이라 **불렀더라**
/하나님이 자기와 말씀하시던 곳의 이름을

야곱은 아브라함이 받은 약속들의 상속자였다. 아브라함에게 주어졌던 은혜의 약속은 야곱과 그 후손들까지도 계속하여 효력이 있다. 하나님은 야곱에게 전능하신 하나님으로 다시 나타나셔서, 여호와께로 회항(回航)한 야곱에게 축복을 약속하신다.

야곱은 하나님의 명령대로 세겜을 떠나 벧엘로 올라왔다. 그리고 여호와께 제단을 쌓았다. 이 일은 형 에서를 피하여 도망갈 때, 하나님께 약속했던 그 약속의 이행이었다. 야곱은 그 동안 너무 멀리, 그리고 오랫동안 방황했다. 너무 지체했다. 그런 야곱을 하나님은 다시 한번 끌어안으신 것이다. 약속의 상속자이기 때문이다.

이스라엘 יִשְׂרָאֵל

이 이름은 야곱이 브니엘에서 하나님과 겨룬 후 그에게 주어진 이름이다. 이 말은 보통 사라(שׂרה - 다투다) 라는 동사에서 유래한 것으로 본다(하나님과 더불어 겨룬자). 그리고 오늘 본문에서 보는 대로 벧엘에 돌아와 단을 쌓은 후에 다시 이스라엘로 불려지는 축복을 받았다. 후에 '이스라엘'이라는 말은 12지파의 대명사가 된다(창47:27, 49:28). 그 후 이스라엘 백성이 가나안 땅에 들어가 7족을 멸하고 그 땅을 '이스라엘'이라고 부르게 된다(수 23:1).

(4) 그리고 그의 이름이 '이스라엘'로 불려지는 축복을 받았다(10절). 야곱에게 이스라엘이라는 이름이 주어진 것은 언제였는가? (32:28을 보라) 그러나 그 동안 사용되지 않은 것 같다. 야곱은 아브라함이 받은 약속들의 상속자였다. 그렇기 때문에 끈질긴(?) 간섭이 있으셨던 것이다.

(5) 벧엘에서의 서원대로 단을 쌓은 후에 야곱에게 내리신 축복의 내용을 살펴본 것처럼(35:9-12) 잘못을 깨닫고 회개하고 돌아서는 모습, 하나님은 우리에게서 그 모습을 보고 싶으신 것이다. 야곱은 나이가 들어감에 따라 다시 믿음의 상승곡선을 그린다. 성화(聖化)의 모습, 이 모습이 우리 모두에게 있어야 하지 않겠는가!

라헬에게서 베냐민 탄생(35:16~20)

라헬에게서 그녀의 둘째 아들 베냐민이 태어난다. 그러나 라헬은 그 휴유증으로 죽게 된다. 아리따웠던 라헬, 그래서 야곱의 사랑을 독차지 했던 라헬, 시기와 질투, 거짓말쟁이 라헬이 최후를 맞는다. 사랑하는 라헬의 죽음으로 야곱은 비통해 한다. 베냐민이 태어남으로써 야곱의 자식 생산은 멈춘다. 베냐민을 얻었지만 사랑하는 아내가 죽었다. 베냐민은 이런 면에서 더욱 야곱의 사랑을 받는다.

1. 이제 야곱 일행은 어디를 향해 가고 있는가? (35:27)

(1) 그 전에도 야곱이 아버지 이삭을 방문한 적이 있었겠지만 이제 그의 모든 식구들을 이끌고 이삭에게로 향한다. 가는 도중에 야곱은 어려움을 당한다. 라헬이 둘째 아들 베냐민을 낳다가 죽는다(16-20절). 라헬은 죽으면서 아들 이름을 '베노니'라고 불렀으나 야곱은 '베냐민'으로 바꿔 불렀다(18절).[1] 야곱은 이 사건을 언약적인 관점에서 보고 그의 이름을 바꾸었다. 야곱의 믿음은 이렇게 성장해 있었다. 베냐민을 낳고 야곱의 지극한 사랑을 받던 라헬은 죽는다. 야곱은 그녀를 위해 묘비를 세웠다(20절).

1) • 베노니 : 내 슬픔의 아들, 불행의 아들
• 베냐민 : 내 오른 손의 아들

2. 야곱에게 또 불행한 사건이 일어났다. 어떤 사건인가? (35:22)

(1) 야곱의 장자 르우벤이 그의 서모(庶母)와 통간하는 사건이 일어난다(22절). 어찌하여 이런 일이 일어날 수 있을까? 야곱은 이 사건에 대해서 심한 충격을 받은 것 같다. 따라서 야곱은 그의 임종시에 르우벤의 장차 축복을 거부

Close-up

족장들의 관습과 토판

1. 구약의 족장들은 당시 사회의 관습과는 아무 관련이 없는 삶을 살아갔을까?

   물론 그렇지 않다. 구약 족장들의 생활관습은 호리 족속(Hurrians)의 사회에서 통용되던 관습의 영향을 받았다. 호리 족속은 일찍부터 에돔(세일)에 살았던 자들로 에서의 후손들에게 쫓겨난 자들이다(신 2:12, 22). 이들 족장들의 생활관습은 누지(Nuzi)와 마리(Mari) 토판(土板, Tablets)들이 발견됨으로써 확인되었다. '누지'는 현재 바그다드 근처로서 주전 2000년 중엽에 번영했던 도시이다. 1925-31년에 바그다드 주재 미국 동양연구학회와 하버드 대학교로 조직된 합동 조사반에 의해, '누지 토판'의 내용이 드러나게 되었다.

2. '마리'는 유프라데스강 근처의 고대 도성으로 1933-1960년 고고학자 A. Parrot에 의해 발굴되었다. 그곳에서 2만이 넘는 서판이 발굴되었다. 당시(주전 18세기)의 왕, Zimri-Lim의 약 300실이 넘는 궁전, 다곤 신당, 여신 Ishtar의 신당 등 성경에 나오는 지명, 인명들이 발견되었다.

3. **누지 토판의 내용** : 설형문자(쐐기 글자)로 기록되었는데, 사적인 문서와 공문서 등 그 수효가 5-6천개나 된다. 이 토판 내용에서 성경에 나오는 '후리' 족(창 14:6, 36:20이하, 신 2:12,22)의 생활 관습과 문화가 발견되었다. 이들의 생활관습은 족장들에게 큰 영향을 끼쳤다. 족장들이 하란 출신이라는 것을 알 수 있다.

   자식이 없을 때 엘리에셀을 양자로 입양하려 했던 아브라함의 결정이라든가(창 15), 자식을 얻기 위해 여종 하갈을 첩으로 준 사라의 경우라든가(창 16), 수태하지 못하자 자기 몸종 빌하를 야곱에게 준 라헬의 행위(창 30장) 등은 당시 문화의 관습들에서 온 것이다. 또 하갈과 이스마엘을 내쫓으려 할 때도 아브라함이 번민했던 것은 토판에 기록된 하란 주변 지방의 풍습에 기인한 것이다. 야곱이 팥죽 한 그릇에 장자권을 팔아버린 것도, 또 야곱이 많은 아내를 거느린 것도 자식의 출산에 있음이 토판에 의해 판명되었다. 참조-「라이프 인간세계사」(메소포타미아편)

(김희보, 구약이스라엘사; 배제민, 구약연구)

한다(창 49:3-4).[1] 르우벤은 장자였지만 그 장자의 직을 계승치 못한다. 그 장자권은 유다에게로 넘어가게 된다.

(2) 야곱에게 어찌하여 끝없는 시련이 계속 일어날까? 디나 사건, 사랑하는 아내 라헬의 죽음, 장남 르우벤의 생각조차 하기 싫은 치욕적인 사건, 왜, 하나님은 그에게 고난을 거두지 않으시는걸까? 그는 슬픔 속에서 하나님을 배워간다. 그 고통들이 그 자신을 철저히 하나님께 맡기는 순종의 사람으로 만들어 가고 있다.

(3) 그는 야곱 군단을 이끌고, 헤브론 땅에, 아직도 살아 계신 아버지에게 도착했다. 형, 에서를 피하여 하란으로 갈 때부터 40여년의 세월이 흐른 뒤였다. 이삭은 기력이 진하여 180세에 죽는다(28절). 그 장사에는 형 에서도 참석했다. 물론 에서는 언약의 반열에서 벗어나 세상 사람들이 걸어가는 길을 걸어갔다. 그러나 그도 크게 번성하는 축복을 받았다(16:10-12, 21:18).

• 창 49:3 "르우벤아 너는 내 장자요 내 능력이요 내 기력의 시작이라 위풍이 월등하고 권능이 탁월하다마는 4 물의 끓음 같았은즉 너는 탁월하지 못하리니 네가 아버지의 침상에 올라 더럽혔음이로다 그가 내 침상에 올랐었도다."

창세기 32-33장 요약 정리

Summary

34:1-31 세겜에서의 대학살 사건

- 야곱은 에서와 상봉 후에 어디에 가서 정착했는가? (33:17, 18)
- 야곱의 딸 디나는 누가 낳은 딸인가?
- 디나에게 어떤 일이 벌어졌는가? (2절)
- 세겜은 디나를 추행하고 청혼을 한다. 그러면서 어떤 조건을 제시하고 있나? (8-12절)
- 이 소식을 들은 야곱의 아들들의 반응은 어떠했나?
- 야곱의 아들들은 누이의 추행을 보복하기 위하여 작전을 세운다. 어떤 작전인가?
- 야곱의 아들들은 하몰에게 어떤 조건을 제시했나? (14-17절)
- 세겜 성 사람들은 야곱의 아들들의 조건을 쾌히 승락한다. 그 근본 저의는 어디에 있는가?
- 이 사건의 주동자는 누구였는가? (25절)
- 야곱의 아들들의 복수극으로 세겜성은 어떤 결과를 가져왔는가? (25-29절)
- 이 일로 야곱이 받은 심적 타격은 무엇이었나? (30절)
- 야곱의 가정의 이런 일이 일어난 근본 원인은 무엇인가? 하나님의 섭리를 말해보라.

35:1-15 야곱이 모든 사람과 함께 벧엘로 올라감. 그리고 서원대로 단을 쌓음

- 야곱은 디나의 사건으로 인해 크게 삶의 방향을 전환한다. 이 사건 이후 야곱의 가정에 달라진 점은 무엇인가 ?
- 단을 쌓는다는 것은 야곱에게 어떤 의미가 있는가?
- 리브가의 유모는 누구이며 어디에 장사했나? (8절) .
- 야곱의 이름은 이스라엘로 불리운다. 그 의미는 무엇인가?
- 단을 쌓은 후 야곱이 받은 축복의 내용은 무엇인가? (11-12절)
- 베냐민의 출생과 라헬의 죽음을 설명하라(16-19절). 그녀는 어디에 장사되었나? (20절)
- 이삭은 몇세에 죽는가? 그렇다면 야곱에게 장자의 축복을 하고도 얼마를 더 산 것인가?

Think

(1) 구속사의 주인공으로서의 야곱, 그 야곱의 생애를 끝까지 보살피는 하나님의 섭리에 대해 설명하라.

(2) 우리에게 닥치는 고난의 의미를 연구해 보자.

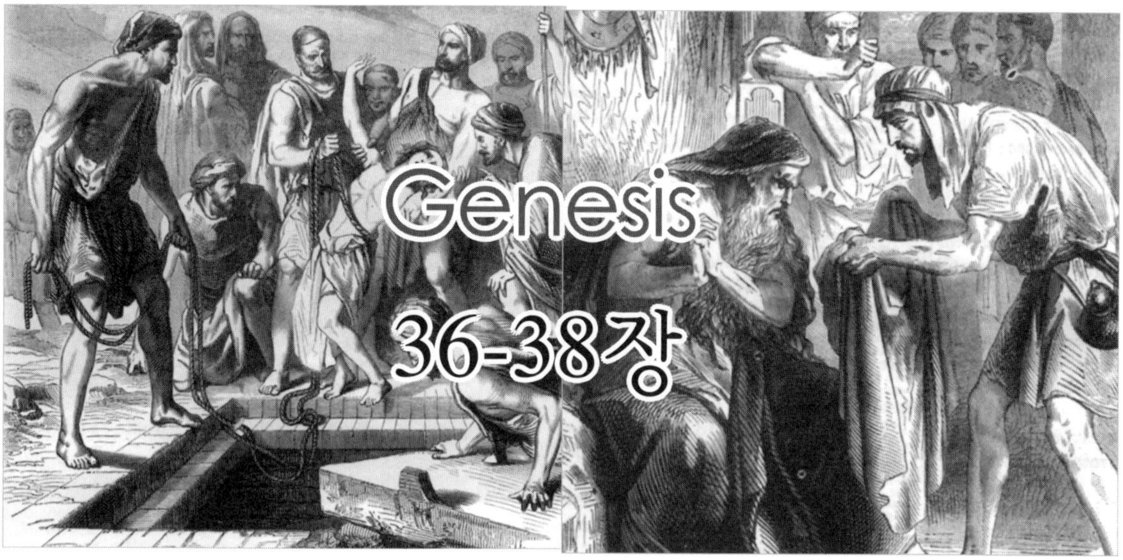

에서의 자손들 · 요셉이야기

에서와 야곱, 이들은 태어날 때부터 요란스러웠다. 에서는 너무 세속적이었고, 야곱은 너무 약았다. 에서는 칭찬받을 만한 인물이 아니라고 치자. 그러면 야곱은 어떠한가? 야곱도 역시 하나님 앞에서 에서와 별로 차이가 없는 인물이었다. 우리는 25:19 서부터 이들의 탄생 과정과 성장 과정을 살펴보았다.

태어날 때 야곱은 형 에서의 발뒷꿈치를 잡고 나온다. 장자의 축복을 받으려고 속임수를 쓰는 리브가와 야곱, 하나님의 약속은 까마득히 잊어버리고 에서에게 축복을 내리려는 이삭의 영적 어두움이 계속된다. 형 에서의 장자권의 축복을 가로챈 야곱, 그 분을 이기지 못하여 야곱을 죽이려는 에서, 족장 이삭의 가정은 영적 침체로 회오리 바람에 휘말린다. 야곱은 에서를 피하여 밧단아람으로 도망간다. 외삼촌 라반의 집에서 20여년의 봉사, 그래서 큰 축복을 받고 다시 가나안으로 돌아오는 야곱, 그는 에서와의 상봉을 두려워 한다. 얍복강가의 생사를 건 싸움, 그리고 다시 숙곳으로, 그리고 세겜으로 긴 방황 끝에 벧엘로 올라간다. 그렇다면 에서와 야곱의 긴 이야기를 소개하면서 성경의 저자가 강조하려는 점은 무엇일까? 그것은 "누가 하나님의 약속을 이어받을 상속자가 될 것인가?"에 있다. 아브라함은 하나님의 부르심에 따라 믿음으로 순종했다. 그리고 그 뒤를 이을 자는 누구인가? 이삭이 바로 하나님의 주권적인 뜻을 따라 난 자임을 성경은 강조하고 있다. 이 과정에서 이스마엘은 언약의 반열에서 떨어져 나간다. 그리고 에서와 야곱, 이 두 사람이 복중에 있을 때, 이미 하나님께서 주권적으로 야곱을 선택했다는 것이다. 왜 야곱을 택하셨는가? 그 나라는 하나님이 세우신 나라이기에 하나님이 주권적으로 역사하셨다는 것이다(롬 9장 참조).

그리고 37장부터는 요셉의 생애가 그리고 36장에서는 에서의 가족과 자녀들의 이름이 기록되어 있다. 에서는 하나님이 약속하신 것처럼 크게 번성했고 생각보다 많은 부(富)를 축적했지만 언약 밖에 사는 자들이었다. 그는 하나님의 역사 무대에서 사라져 버린다. 이제 야곱만이 약속의 성취를 기다린다. 야곱의 12아들은 모두 언약 계통에 들어간다.

Outline 36-38

- 에서의 자손들 (36장)
  - 에서의 아내들(1-5)
  - 에서와 야곱의 분리(6-8)
  - 에서의 후손들(9-14)
  - 에돔족속의 족장들(15-19)
  - 호리 족속의 족장들(20-30)
  - 에돔 족속의 왕들(31-39)
- 요셉의 꿈 이야기(37:1-11)
- 요셉을 해하려는 형들(37:12-25)
- 요셉을 판 형제들(37:26-36)
- 유다와 다말(38장)

요셉은 야곱이 사랑했던 라헬에게서 늦게 낳은 아들이다. 따라서 야곱은 요셉을 레아와 첩이 낳은 아들들보다 더욱 사랑한다. 이 일은 결국 열 아들의 분노를 샀다. 그 형들은 요셉을 애굽의 노예로 팔아버린다.

야곱의 가정에 바람이 불어왔다. 요셉을 애굽에 팔아버린 야곱의 아들들의 행동은 죄악된 소행이었지만, 하나님은 오히려 이런 환경을 이용하셔서 하나님의 구속 역사를 진행하신다. 요셉은 야곱의 가족을 지키는(창 41-46장) 하나님의 도구로 쓰임을 받는다.

▶ 36장 - 에서의 자손들

- 성경 저자는 에서의 자손들의 계보를 언급하고 있다. 에서는 비록 언약의 반열에서는 제외되었지만 하나님은 물질적인 복을 허락하셨다. 그의 후손들은 크게 번성했음을 보여준다.

- 에서의 후손들은 그곳에 살전 호리 족속(창 30:20-30 참조)을 내어쫓고 주로 사해 남부 지방, 세일 산을 중심으로 거주했다(6-8절).

▶ 37:1-11 - 요셉의 꿈 이야기

- 요셉의 이야기가 전개되는데 야곱의 약전(족보)을 소개하고 있다(2절). 37장에서는 요셉을 중심으로 한 역사가 전개된다. 그러나 야곱이 여전히 12장의 주역이란 사실이 부각된다.

- 37장의 사건은 야곱이 헤브론(35:27, 37:14) 근처에 살고 있었을 때 일어난 사건이다. 이삭이 죽기 몇 해 전의 일이다.

- 요셉이 형들에게 미움을 받게 되었다. 그 이유가 무엇일까? 야곱은 여러 아들들보다 요셉을 더 사랑했다. 그 이유를 "노년에 얻은 아들이므로"라고 했다. 그러나 그의 편애의 결과가 엄청난 부작용으로 나타났다.

- 요셉은 무슨 꿈을 꾸었는가?
- 첫번째 꿈 : "우리가 밭에서 곡식 단을 묶더니 내 단은 일어서고 당신들의 단은 내 단을 둘러서서 절하더이다"(7절). - 이 꿈 이야기를 들은 형들의 해석은 정확했다(창 37:8) : "네가 참으로 우리의 왕이 되겠느냐 참으로 우리를 다스리게 되겠느냐."

- 두번째 꿈 : 요셉이 다시 꿈을 꾸고 그 형제들에게 하는 말이 "내가 또 꿈을 꾼즉 해와 달과 열한 별이 내게 절하더이다 하니라"(9절).

두번째 꿈 이야기로 인해 형들의 미움이 더욱 커졌다. 그러나 무엇보다 요셉이 미움을 받은 이유는 요셉의 왕권(roalty) 때문이었다. 이 왕권에 대한 요셉의 꿈은 형제들로 하여금 요셉을 제거하려는 음모를 꾸미게 만든다.

- 르우벤은 요셉을 죽이자는 형제들의 모의에 반대하고 나섰다(37:21-22).

- 형들은 요셉을 이스마엘 사람들에게 팔아버렸다(27-28절). 아버지 야곱에게는 요셉이 짐승에게 잡혀죽었다고 거짓 보고했다(31-32절). 결국 요셉은 애굽으로 팔려가게 된다. 요셉은 장차 이스라엘 백성을 보존 유지하기 위해 준비하는 역사에 쓰임을 받는다.

▶ 38장 - 유다와 다말

- 유다의 타락의 길을 소개하며 그의 가정사를 소개하고 있다.

에서의 자손들 (36장)

왜, 여기서 에서의 자손들을 소개하고 있을까? 저자는 이삭의 역사를 마무리짓고, 그리고 요셉의 역사를 소개하기 전에 에서의 역사를 정리하고 있다. 에서는 비록 언약의 반열에서는 제외되었지만 하나님은 그에게 많은 자녀들을 주시고 물질적인 복도 허락하신다.

1. 모세가 이 서신을 기록하고 있을 당시 에서의 후손들은 어떤 상태에 있었는가?

36:1 에서 곧 에돔의 족보(톨레돗, תֹּלְדוֹת)[1]는 이러하니라

1) 11:27-50:26(아브라함~애굽 도착)는 다섯 개의 족보로 나누웠다.
⑥ 데라의 족보는 이러하니라(11:27-25:11) / 아브라함의 이야기
⑦ 이스마엘의 족보는 이러하니라(25:12-18) / 이스마엘의 계보
⑧ 이삭의 족보는 이러하니라(25:19-35:29) / 이삭-야곱까지의 축복의 전달
⑨ 에서(에돔)의 족보는 이러하니라 (36:1-37:1) / 에서의 계보
⑩ 야곱의 족보는 이러하니라(37:2-50:26) / 요셉, 애굽의 이스라엘

(1) 하나님의 언약의 반열에서 떨어져 나간 백성들에게도 하나님의 일반 은총의 역사는 계속된다. 에서의 후손들은 비록 유기된 백성들이었지만 하나님은 이들에게도 물질적인 축복을 내리셨다. 이들은 오히려 이스라엘 백성들보다 더욱 일찍 국가 형태를 갖추고 발전해 간다. 그리고 언약 백성의 역사를 가로 막으며 도전한다.

- 창 36:6 "에서가 자기 아내들과 자기 자녀들과 자기 집의 모든 사람과 자기의 가축과 자기의 모든 짐승과 자기가 가나안 땅에서 모은 모든 재물을 이끌고 그의 동생 야곱을 떠나 다른 곳으로 갔으니 7두 사람의 소유가 풍부하여 함께 거주할 수 없음이러라 그들이 거주하는 땅이 그들의 가축으로 말미암아 그들을 용납할 수 없었더라."

(2) 어쨌든 모세는 형제 족속인 에서의 족보를 정리할 필요성을 느꼈을 것이다. 이들의 역사를 간략하게나마 아는 것은 이후에 하나님의 구속사의 흐름을 이해하는데 도움을 줄 것이기 때문이다.

(3) 창세기 11:27의 데라의 기사로부터 시작하는 족장사는 '왜 열국 중에서 이스라엘이 처음으로 하나님의 백성으로 선택되었는가'를 설명해 주고 있다. 아브라함과 이삭과 야곱으로 이어지는 족장들의 삶과 역사가 창세기 12-50장에 펼쳐진다. 장차 이들의 혈통에서 약속하신(창 3:15) 메시야가 탄생하게 될 것이다. 창세기는 10개의 톨레돗(족보)으로 나누었는데, 오늘 본문은 아홉 번째로 에서의 계보를 다루고 있다("에서 곧 에돔의 족보는 이러하니라", 36:1-37:1).

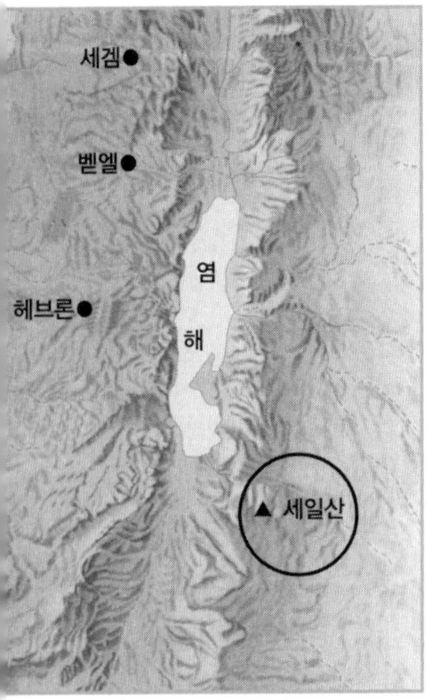

에돔 족속이 거주했던 지역은 대개 붉은 색을 띤 사암(砂岩)이었다. 당시 에돔은 사해 남방과 남동쪽에 위치해 있었다. ▲

2. 에서의 후손들은 주로 어디에서 거주했나? (36:)

세일(Seir) 산은 어디쯤 있는가 지도에서 확인해 보자. 이곳은 사해 남부 지방이다. 우선 신 2:12을 찾아보자. 에서의 후손들은 탁월한 전법으로 이곳에 살고 있는 호리 족속(Horites)을 진멸하고 세일 산을 중심으로 거주했다. 이곳에 거하던 세일의 원주민들이 얼마나 강한 족속이었나를 창 36:20-30절에서 설명하고 있다. 이 지역은 주로 산악지대로서 해발 600피트에서 6000피트로 되어 있다.

3. 호리 족속(Horites)에 대해 조금 더 언급해 보자. (20절을 읽어보고)

(1) 이들은 에돔 땅에 살고 있던 원주민들로(창 30:20-30) 에서의 후손에게 쫓겨났다(창 14:6, 신 2:12,22). 에서는 호리 족속의 여자(오홀리바마)를 아내로 얻기도 했다. 이들은 세일만 아니라 팔레스틴 중앙과 세겜, 길갈에서도 살았다. 학자들은 이들이 비(非)셈계 족속으로 코카사스 남쪽에서 메소포타미아 동쪽으로 흘러들어와 미탄니(Mitanni) 왕국(1500-1320 B.C.)을 건립한 '후리 족속'(Hurrians)으로 본다. 이들 족속은 앗수르가 망하기까지 수리아 지역과 남부 터키와 동부 앗수르에서 지배적인 세력이었다. 훗날 이들은 앗수르에 의해 점령 당한다.

☞ 에서는 40세에 헷 족속의 브에리의 딸, 유딧과 엘론의 딸, 바스맛을 아내로 삼았다(창26:34). 그러나 이삭 부부는 에서의 이방 결혼을 싫어했다(창 26:35). 후에 에서는 부모를 기쁘게 하기 위해서인지 이스마엘의 딸 마할랏과 결혼한다(28:6-9).

그러나 오늘 본문(창36:1-2)은 에서의 아내를 아다와 오홀리바로 기술하고 있다. 그러나 이는 같은 사람이라고 주장하는 학자들이 많다.

4. 에서의 아내들은 누구인가?(36:1-3)

창 26:34, 28:9		창 36:2, 3	
헷 족속 엘론의 딸	**바스맛**	헷 족속 엘론의 딸	**아 다**
헷 족속 브에리의 딸	**유 딧**	히위 족속 아나의 딸	**오홀리바마**
이스마엘의 딸	**마할랏**	이스마엘의 딸	**바스맛**

- 아다와 바스맛을 동일 인물로 본다. 둘다 엘론의 딸로 언급하고 있기 때문이다.
- 오홀리바마와 유딧을 동일 인물로 본다. 오홀리바마는 아나의 딸로 언급하고 있다. 아나는 온천을 발견했다(24절). '온천'이란 말은 '베에르'인데, 창 26:34에서는 '브에리'의 딸이라고 되어 있다. 따라서 오홀리바마는 유딧과 동일 인물이라고 볼 수 있다는 것이다.

이렇게 이름이 다르게 수록된 것은 에서가 에돔으로 불리워졌듯이(36:1, 9), 몇개의 이름을 가질 수 있었으며, 결혼식 때 새 이름을 받기도 했기 때문이다. 또는 여러 가지 이유로 종족이나 부족에게 주어진 명칭들로 인해 이름이 다르게 기록될 수 있기 때문이다. 그래서 오늘 본문에 언급된 에서의 아내의 이름도 창 26:34, 28:9의 기록과 동일인이라고 주장한다.

"에서가 자기 아내들과 자기 자녀들과 자기 집의 모든 사람과 자기의 가축과 자기의 모든 짐승과 자기가 가나안 땅에서 모은 모든 재물을 이끌고 그의 동생 야곱을 떠나 다른 곳으로 갔으니"(6절)

5. 에서는 왜 세일에 가서 정착하게 되었나? (36:6, 7)

(1) 에서가 그 가솔들을 이끌고 세일 산으로 간 것이 언제쯤일까? 이 본문의 내용으로 보아서는 확실치 않으나 아마 야곱이 다시 가나안으로 돌아온 후일 것이다. 야곱이 이끄는 가축들과 에서의 가축들이 한 지역에서는 사육하기가 불가능했기 때문이었다(7절 "두 사람의 소유가 풍부하여 함께 거주할 수 없음이러라 그들이 거주하는 땅이 그들의 가축으로 말미암아 그들을 용납할 수 없었더라."). 아마 에서가 동생에게 양보하지 않았을까? 따라서 에서는 세일에 사는 족속들을 무력으로 쫓아냈을 것이다.

(2) 모처럼 형과 동생이 만났는데, 이들은 지금 또다시 헤어진다. 어차피 이들은 서로 다른 길을 걸어왔고, 또 다른 길을 걸어갈 것이다. 한 사람은 하나님의 경륜 속에 부름을 받고, 한 사람은 아주 멀리 떠나간다. 하나님 존전에서...

(3) 하나님은 야곱에게 아주 천천히 그리고 조금 조금씩 하나님 나라의 법도를 가르치신다. 스스로 자발적인 순종을 가져올 수 있도록 야곱의 생애를 이끌어가실 것이다. 야곱의 앞으로의 삶 가운데서 때로는 무정하리만큼 매서운 연단의 과정도 있게 될 것이다. 아브라함도, 이삭도 이런 과정을 지나왔기 때문이다. 조부 아브라함과 아버지 이삭에게 주어졌던 약속이 야곱에게도 주어질 것이다.

에서의 후손들(36:9-14)

1. 세일 산에 거한 에돔 족속의 조상 에서의 후손들을 언급하고 있다. 이들을 자세히 언급하기 보다는 도표를 보고 간단하게 살펴보자.

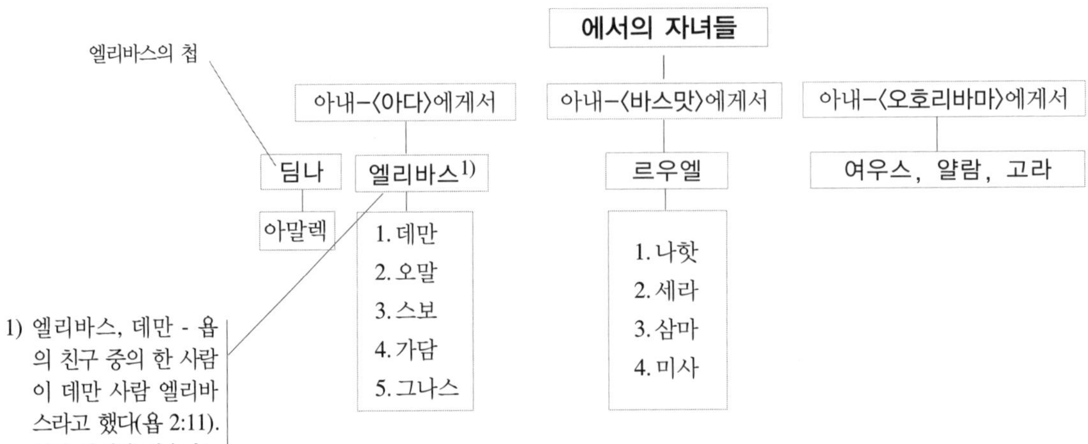

(1) 여기 엘리바스의 첩 딤나에게서 난 '아말렉'은 에돔 족에게 차별을 받고 자기 형제들에게서 떨어져 나간다. 그리고 아말렉 족속의 조상이 된다. 이 족속은 히스기야 왕 때까지 주로 사해 남단 네게브 지방에 거했다. 아말렉 족속은 출애굽 하여 광야 여행 중에 있는 이스라엘 백성들에게 대적으로 나타난다.

(2) 그 이후로도 계속해서 이스라엘의 적대 세력으로 역사상에 등장한다. 특히 에훗 사사시대에는 모압, 암몬과 함께, 그리고 기드온 사사시대에는 미디안과 연합하여 이스라엘을 공격한다(삿 3:13, 6:3). 다윗 왕 때에 가서야 아말렉은 멸망된다.

36:15 **에서 자손 중 족장**은 이러하니라
에서의 장자 엘리바스의 자손으로는
데만 족장, 오말 족장, 스보 족장, 그나스 족장과 16고라 족장, 가담 족장,
아말렉 족장이니 이들은 에돔 땅에 있는 엘리바스의 족장들이요 이들은 아
다의 자손이며

17 에서의 아들 르우엘의 자손으로는 나핫 족장, 세라 족장, 삼마 족장, 미사
족장이니 이들은 에돔 땅에 있는 르우엘의 족장들이요 이들은 에서의 아내
바스맛의 자손이며 18에서의 아내인 오홀리바마의 아들들은 여우스 족장,
얄람 족장, 고라 족장이니 이들은 아나의 딸이요 에서의 아내인 오홀리바마
의 족장들이라 19에서 곧 에돔의 자손으로서 족장 된 자들이 이러하였더라

야곱의 족보 (37:1~11)

37장부터는 요셉의 생애가 등장한다. 하나님은 그 주권적 선택으로 아브라함과 이삭, 그리고 야곱을 부름으로써 역사를 진행시키신다. 결국 이 과정에서 이스마엘이 제거되고, 에서가 제거되었음을 보여주었다. 이제 모세는 열두 족장들의 조상에 관한 역사를 기술하려고 하고 있다. 물론 요셉이라는 한 개인에다 초점을 맞추고 있다. 그러나 **요셉의 역사는 요셉 한 개인의 역사가 아니라 하나님 왕국의 역사와 깊은 관련이 있음을 보게 된다.** 어쨌든 요셉이 왜 애굽에 팔리게 되었는가 그 이유를 설명하고 있다. 그러나 저자는 여전히 야곱을 주역으로 등장시킨다.

요셉의 이야기가 야곱의 약전(略傳, 족보) 속에서 전개된다.

1. 37장부터 요셉의 이야기가 등장하지만 야곱의 족보를 소개하고 있다.

(1) 왜 요셉의 이야기를 소개하면서 "야곱의 족보는 이러하니라"라고 소개하고 있을까?

These are the generations of Jacob, אֵלֶּה תֹּלְדוֹת יַעֲקֹב

(2) 물론 이후의 역사가 요셉을 중심으로 전개되고 있지만 야곱이 여전히 12족장의 주역이란 사실이 부각되어 있다. 따라서 요셉에게만 지나친 강조점을 두어서는 안 된다. 요셉은 애굽과의 관계에서 아주 뛰어난 역사를 이루었지만 하나님의 왕국에서는 그의 조상들의 수준을 결코 넘지 못하였다. 더욱이 창 38장에서는 유다의 이야기가 계속된다. 그리스도는 유다의 계보를 통하여 탄생하실 것이기 때문이다.

(3) 이제, 모세는 출애굽 이후, 광야에 머물고 있는 이스라엘 백성들에게 어떻게 이들이 애굽에 정착하게 되었고, 또 열 두 지파는 어떻게 해서 형성되었는가를 보다 자세히 설명해야 할 필요성이 있었을 것이다. 따라서 요셉과 관계된 이야기가 보다 상세하게 진술된다. 또한 요셉은 그의 조상들의 생애보다도 더욱 현저하게 그리스도의 모형으로 나타난다는 점에서 그의 삶은 주의해 볼만하다.

2. 야곱은 어디에 거하고 있는가? 에서가 살고 있는 곳과 비교하여 설명해 보라.

37:1 "야곱이 가나안 땅 곧 그의 아버지가 거류하던 땅에 거주하였으니"

(1) 에서는 야곱이 있는 곳을 떠나 세일 산에 거하게 되었지만(36:7, 8) 야곱은 아브라함이 우거하던 가나안 땅에 머물고 있다. 야곱은 아브라함과 이삭을 이어 하나님의 약속을 이어나갈 주인공이기 때문에 아브라함이 살던 그 땅에 머무는 것은 당연한 일이었으리라.

(2) 지금 벌어지는 사건은 야곱과 그의 가족들이 헤브론 근처에 살고 있었던 때의 일이다(창 35:27, 37:14). 이삭이 죽기 몇 해 전의 일이다. 이제 이 야곱의 아들들이 12족장으로서 이스라엘의 역사에 등장한다.

3. 요셉은 왜 형들에게 미움을 받게 되는가?

37:2 요셉이 십칠 세의 소년으로서 그의 형들과 함께 양을 칠 때에
[그가] — **함께 있었더니**
/그의 아버지의 아내들 빌하와 실바의 아들들과 더불어
그가 — **말하더라**
/그들의 잘못(라, רַע)[1]을 (무엇을 말했는가?)
/아버지에게 (누구에게?)

1) 나쁜, 사악한, 악, 악한 것을 말한다. 17세 소년의 눈에 비친 형들의 행동은 악한 일이었을 것이다.

(1) 아버지의 편애 때문에 형들에게 미움을 받는다. 그때 요셉의 나이가 17세였다고 했다(2절). 야곱이 하란에서 돌아온 이후로 약 10년 동안 살았던 것 같다. 한때 레아와 라헬은 남편 야곱의 사랑을 독차지하려는 질투 때문에 반목질시했었다. 이제 그 영향이 그 자녀들에게까지도 미쳤음을 본다.

(2) 레아의 아들들과 라헬의 아들 요셉 사이에 그러했다. 이 배다른 동생이 형들이 하는 일을 사사건건 아버지 야곱에게 일러바쳤다. 물론 그들의 과실을 일러바쳤다. 이 일은 첩의 아들들을 더욱 화나게 하는 일이었다. 당시 서자(庶子)들은 본처 소생보다 다소 열등하게 취급당하였다. 빌하의 아들과 실바의 아들들이란 누구누구인가? (창 30:5-13)

4. 더욱 이들을 화나게 한 것은 무엇보다 아버지 야곱의에 대한 편애였다. 왜 야곱은 요셉을 편애했을까?

(1) 요셉은 누구에게서 얻은 아들인가? (창 30:22-23)
요셉은 야곱이 가장 사랑했던 라헬에게서 얻은 아들이었다. 그런데 라헬은 먼저 갔고, 다른 아들들은 그리 미덥지 않았다. 그래서 다른 아들보다 요셉

을 깊이 사랑했을 것이다. 그리고 그에게만 채색옷을 입혔다. 물론 그 당시 그런 옷은 상당히 고가였다. 채색옷은 일하기에 적합치 않고 감독자를 나타내기에 적합한 옷이었다고 한다. 계속해서 해 입혔다는 뜻이 원문에 들어 있다. 이런 편애 때문에 형들은 요셉을 미워했다.

37:3 이스라엘이 여러 아들들보다 그를 더 **사랑하므로**
//(이유: because, כִּי) - 더 사랑한 이유는?
요셉은 노년에 얻은 아들이므로
//(and, 그래서) 그를 위하여 채색옷[1](a coat of many colours)을 지었더니

37:4 그의 형들이 아버지가 형들보다 그를 더 사랑함을 **보고**
그를 **미워하여**
그에게 편안하게 **말할 수 없었더라**
(וְלֹא יָכְלוּ דַּבְּרוֹ לְשָׁלֹם)

1) (כְּתֹנֶת פַּסִּים) - 화려하게 장식한 긴 겉옷.

(2) 형들은 자연히 요셉에게 '편안하게 말할 수 없었더라'고 했다(4절). '언사가 불평이었더라'(개역) : 원어는 "그에게 평안하냐고 인사도 않더라"라고 되어 있다.[2] 불평 정도가 아니라 한집에 살았어도 형들은 인사도 하지 않고 지냈다는 뜻이다(דַּבְּרוֹ, 피엘<강조>형). 그러나 요셉은 형들을 그렇게 대하지 아니했다.

2)
KJV:could not speak peaceably unto him.

NASB:could not speak to him on friendly terms.

(3) 따라서 레아의 아들들에게 요셉을 맡길 수 없었다. 그래서 요셉을 빌하와 실바의 아들들에게 맡겨 두었다. 이들은 서로 나이가 비슷한 또래였을 것이다. 요셉이 17세라고 했다. 요셉은 빌하와 실바의 아들들에게 맡겨 양치는 일을 돕게 했다. 이 과정에서 요셉은 늘상 아버지 야곱에게 형들의 좋지 않은 행동을 일러바치곤 했다. 형들은 이런 요셉을 그렇다고 때려줄 수도 없었다.

(4) 야곱이 볼 때도 자식들 중에서 쓸만한 놈이 없어 보였다. 르우벤은 장자이긴 했지만 자기 서모와 통간하는 일이 있었고, 둘째, 셋째인 시므온과 레위는 그 잔인성 때문에 문제였다. 그러니 자연히 야곱은 요셉을 사랑하게 되었다. 요셉의 신앙심 또한 철저하지 않았겠는가? 어쨌든 서로 배다른 형제끼리 모였으니, 서로간의 시기심 또한 많았을 것이다. 또 야곱은 그의 자녀들을 철저하게 교육시키지 못했던 것 같다. 자녀를 지나치게 방임하는 것은 그의 자녀들로 하여금 죄를 짓게 만든다.

5. 그런데 거기에다 더욱 문제가 된 것은 무엇이었나? (37:5-11)

"...내가 또 꿈을 꾼즉 해와 달과 열한 별이 내게 절하더이다 하니라"(37:9)

(1) 요셉이 꾼 꿈이 문제였다. 글쎄 무슨 꿈을 어떻게 꾸었기에? 그것도 두번씩이나 같은 내용의 꿈을 꾸었다. 그리고 자랑하고 다녔으니…

• 첫번째 꿈 : "우리가 밭에서 곡식 단을 묶더니 내 단은 일어서고 당신들의 단은 내 단을 둘러서서 절하더이다"(7절).

이 꿈 이야기를 들은 형들의 해석은 정확했다(창 37:8) : "네가 참으로 우리의 왕이 되겠느냐 참으로 우리를 다스리게 되겠느냐 하고."
'그 꿈(들)[1]과 그 말로 말미암아' 요셉은 더욱 미움을 받는다.

• 두번째 꿈 : 요셉이 다시 꿈을 꾸고 그 형제들에게 하는 말이 "내가 또 꿈을 꾼즉 해와 달과 열한 별이 내게 절하더이다 하니라"(9절).

(2) 두번째 꿈 이야기로 인해 형들의 미움이 더욱 커졌다. 그러나 무엇보다 요셉이 미움을 받은 이유는 요셉의 왕권(roalty) 때문이었다. 이 왕권에 대한 요셉의 꿈은 형제들로 하여금 요셉을 제거하려는 음모를 꾸미게 만든다. 여기서 '힌네'(הִנֵּה 보세요, 7, 9절)라는 말을 두번씩이나 언급함을 보아(한역은 생략됨, NASB- Lo와 behold로 표현) 그 꿈 때문에 얼마나 기뻐했는 가를 볼 수 있다.

(3) 다른 형제들은 요셉을 미워했으나 아버지 야곱은 그 꿈의 내용을 마음에 두었다고 했다. 그 꿈 내용을 들었을 때, 자기 자신과 레아까지 요셉에게 절을 하게 될 것이라는 내용에 야곱은 순간적으로 혼란했을 것이나 지금까지의 삶을 되돌아볼 때, 그 꿈은 기억해두어야 할 가치가 있다고 생각했을 것이다.

1) 그 꿈들 때문에: 원문에는 그의 '꿈들'(his dreams)이라고 복수로 되어 있다. 아마, 다른 꿈을 또 꾼 것 같다. 그렇다면 9절에 '다시 꿈을 꾸었다'는 말은 세번째 꿈일 것이다.

요셉을 애굽에 팔다(37:12~36)

야곱의 일방적인 요셉 사랑은 형제간의 시기를 불러왔다. 더욱이 요셉의 왕권에 대한 꿈 이야기는 형제들로 하여금 더욱 열을 받게 한다. 따라서 요셉은 그의 형들에 의해 애굽에 노예로 팔린다. 이 야곱의 아들들의 소행은 악한 죄를 짓는 행동이었다. 그러나 하나님은 요셉이 처한 환경을 이용하신다. 그가 어떻게 애굽에 정착해가는지 그 과정이 설명되어 있다.

1. 형들이 어디서 양을 치고 있었나?

37:12 그의 형들이 세겜에 **가서**
아버지의 양 떼를 칠 때에(לִרְעוֹת) - to feed, 치기 위하여

(1) 이곳은 전날 '디나'의 사건으로(창 34장) 인해 대학살극을 벌인 곳이기에 야곱은 이들의 신변을 염려했던 것 같다. 그래서 요셉을 시켜 형들의 안부를 알아오게 했다. 그래서 요셉은 '헤브론'에서 '세겜'으로 간다. 그런데 형들이 보이질 않는다. 그래서 '도단'이라는 곳으로 옮겨갔다는 말을 듣고 그곳에서 형들을 만난다(17절). '도단'은 어디쯤 있나?

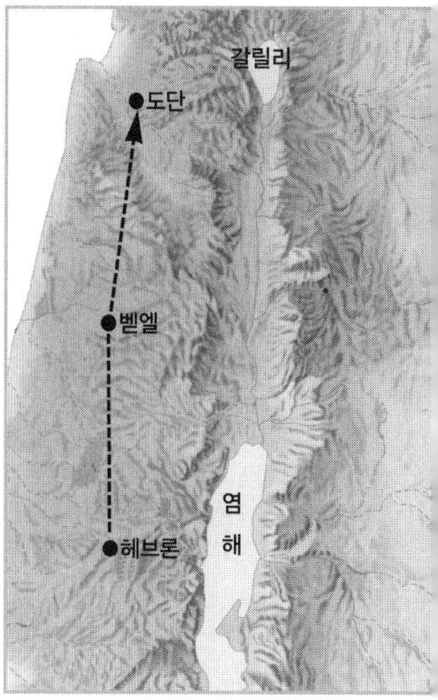

• 도단 - 사마리아 북쪽 12마일에 위치. 엘리사의 고향이다.

(2) 형들이 멀리서 보니까 반갑지 않은 녀석이 오고 있었다. "야, 저기 꿈쟁이 녀석이 온다(19절)." "저 녀석을 죽여 구덩이에 던지고, 아버지에게 가서는 악한 짐승이 잡아먹었다고 합시다. 그리고 저 녀석이 꾼 꿈이 어떻게 되는가 봅시다." 형들은 그를 죽일 모의를 한다. 부모의 편애(偏愛)는 얼마나 무서운 일인가?

2. 요셉을 죽이자는 형제들의 모의에 맏형 르우벤의 제안은 어떤 것이었나?

37:21 르우벤이 **듣고** 요셉을 그들의 손에서 **구원하려 하여 이르되**
/우리가 그의 생명은 해치지 말자

(1) 아무리 배다른 형제이지만 그래도 맏형 노릇을 하는가 보다. 르우벤은 어떻게 하든지 요셉을 죽이기를 원치 아니했다(22절). 르우벤은 요셉의 목숨만은 살려주어야 한다고 다른 형제들을 설득하기 시작한다. 그 설득이 주효해서 결국 요셉은 죽지 않지만 그는 채색 옷을 벗기우고 물이 없는 구덩이에 던져진다. 이제는 죽을 수밖에 없었다. 요셉은 형들에게 살려달라고 애걸했다

"아주, 죽여버립시다."
"오, 그것만은 안되!!"

르우벤은
요셉의 목숨만은 살려주어야 한다고
다른 형제들을 설득했다.

결국 요셉은 죽지 않았지만
그는 채색 옷을 벗기우고
물이 없는 구덩이에 던져진다.
이제는 죽을 수밖에 없다.
요셉은 형들에게 살려달라고 애걸했다
(창 42:21)

지금, 족장들의 역사가 진행된다
이런 엄청난 비극 속에서도...

"요셉을 잡아 구덩이에 던지니"(창 37:24)

(42:21을 보라). 그러나 형들은 듣지 않는다. 그는 결국 지나가는 대상(隊商)들에게(이스마엘족이 아니면, 미디안족) 팔린다.

(2) 자, 어떻게 이 사실을 처리할까, 그들은 결국, 짐승에게 잡혀 먹은 것으로 일을 꾸민다. 아버지의 요셉에 대한 사랑을 익히 알고 있기에 이들은 함께 모의를 하고 있다. 요셉의 옷을 찢고, 염소 피를 바르고... '야곱의 아들들의 사악성, 도대체 왜 이런 지경까지 왔을까?'

3. 요셉은 그 뒤로 어떻게 되었나?

37:28 그 때에 미디안 사람 상인들이 **지나가고 있는지라**
형들이 요셉을 구덩이에서 **끌어올리고**
은 이십에 그를 이스마엘 사람들[1]에게 **팔매**
그 상인들이 요셉을 데리고 애굽으로 **갔더라**

(1) 요셉은 애굽으로 팔려간다. 그리고 바로 왕 시위대장 보디발의 집에 있게 된다. 그 집에서 그가 장차 애굽의 총리대신이 되기 위한 모든 자질을 익혀간다. 물론 이 일은 훗날 하나님의 섭리를 이루는 역사의 시작이 된다(창 50:20).

(2) 우리는 앞으로 계속되는 요셉의 이야기를 통해서 하나님의 신실하심을 보게

1) 이스라엘 사람들- 아브라함과 애굽 여인 하갈 사이에 난 이스라엘의 후손들이다. (창 37:25, 27:27-28, 39:1; 삿 8:24)

"자, 보세요. 진짜 요셉이꺼잖아요. 맞지요!"

야곱의 슬픔을 보라.
형들은 요셉을 짐승에 물려 죽은 것으로
가장하여 아버지께 보고한다.
'오, 이런 일이!!'
야곱은 옷을 찢고 굵은 베로 허리를 묶고
오래도록 그 아들을 위하여 애통해 했다.
야곱의 슬픔은 극에 달했다(35절).

야곱, 왜 그에게는
아직도 아파야 할 고통이
남아 있어야 하는가?

고통 속에서 신앙은 성숙해간다.
그러나 지금은 마음이 아프다

야곱은 옷을 찢고 굵은 베로 허리를 묶고 오래도록 그 아들을 위하여 애통해 했다. 그의 슬픔은 극에 달했다(35절). 이럴 수가 있을까! 요셉은 야곱이 가장 사랑했던 부인 라헬이 낳은 첫 아들이었다. 게다가 늦으막하게 얻은 아들이기에 야곱의 요셉에 대한 사랑은 도가 넘는 것이었다. 가장이나 후계자만이 입을 수 있었던 채색옷을 이 요셉에게 입히고, 요셉만을 사랑했다. 자식에 대한 편애(偏愛)가 이런 비극을 불러왔다. 야곱의 삶에는 구름이 걷힐 날이 없었다. 아직도 원숙한 신앙을 바라시는 하나님의 섭리가 남아 있었던가? 어쨌든 지금, 야곱은 제 정신이 아니다.

된다. 인간의 끝없는 범죄와 실수에도 불구하고 하나님의 능력과 신실하심과 은혜로우심이 나타난다. 하나님은 요셉을 하나님 나라의 제목으로 쓰시기 위하여 특별 훈련 코스에 집어 넣으신 것이다.

적용을 위한 묵상

- 파란만장한 삶을 살아온 야곱이지만, 그 마음 한 구석에는 아직도 깨어지지 않는 인간의 약점이 숨어 있었다. 극진히 사랑했던 라헬은 먼저 가고, 여러 가지 이유로 인해 그의 자식 사랑은 라헬의 소생 요셉과 베냐민에게 쏠린다. 야곱의 편애(偏愛)는 스스로 감당키 어려운 비통 속에 빠지게 한다. 성도의 성화(聖化)는 어디까지 진행되어야 하는가? 야곱은 아주 말년이 되서야 이 자식 편애에서 벗어나게 된다. 더 많은 고통을 당한 후에야...
- 야곱의 다른 아들들은 요셉을 죽이자고 모의한다. 장남 르우벤의 만류로 가까스로 죽음을 면했으나 요셉은 애굽으로 팔려가게 된다. 야곱의 아들들은 너무 악해져 있었다. 그들은 세겜에 거하면서 너무 많은 세속적인 것을 배웠다. 이들 형제들간의 미움은 살인을 모의하는데 주저하지 않을 정도까지 끌고 갔다. 우리 마음 속에 막 심어지기 시작한 미움, 그 미움은 형제를 살인할 때까지 성장을 멈추지 않는다. 그 미움을 유산시키기 전까지는... 마 5:23, 24을 읽어보자.

유다의 거룩치 못한 삶(38:1~30)

지금까지 살펴본 대로 야곱의 가정은 어두운 그늘이 드리워져 있었다. 형제들간의 불화는 결국 그가 가장 사랑하는 요셉을 잃어버리는 결과를 가져왔다. 다른 자식들 역시 올바른 삶을 살아갔을리 없었을 것이다. 여기 넷째 아들 유다의 기사가 나온다. 유다의 삶 역시 타락의 길을 걷고 있었다. 그는 야곱을 떠나 세속의 그늘에서 방황한다. 그는 가나안 여인과 결혼하여 자식들을 낳는다. 왜 요셉의 이야기 가운데 유다의 삶을 그려놓고 있을까? 유다의 삶에서 하나님의 백성다운 삶을 발견하지 못하지만 그의 계보를 통해서 그리스도가 오시게 된다. 물론 유다가 선택된 것은 어디까지나 하나님의 선하신 뜻 때문이었다. 우리가 구속함을 받은 것이 우리 자신의 의로움 때문이 아닌 것처럼...

1. 유다는 세상으로 떠내려 갔다. 그는 이방 여인과 결혼한다. 누구와 결혼했는가?

38:1 그 후에(그 무렵에)[1]
유다가 자기 형제들로부터 **떠나 내려가서**
아둘람 사람 히라와 **가까이 하니라**

1) 그 후에: '그 후에'는 언제를 가리킬까? 아마 요셉이 애굽으로 팔려가고 난 직후를 말할 것이다.

(1) 이제 모세는 잠깐 유다의 가정 이야기를 소개하고 있다. 요셉의 이야기를 중단하고 왜 이 이야기를 삽입해 놓았을까? 유다는 족보상 예수 그리스도의 조상이 된다(마 1:3). 유다의 생애는 본 장에서 볼 수 있듯이 깨끗하지 못했다. 무엇보다 그는 가나안 여자와 결혼했다(2절, "유다가 거기서 가나안 사람 수아라 하는 자의 딸을 보고 그를 데리고 동침하니").

(2) 유다는 요셉을 미디안 상고들에게 팔아 넘기자고 주장했던 장본인이 아닌가! (37:26, 27) 이런 거룩하지 못함에도 불구하고 예수 그리스도가 이 지파에서 탄생하신다. 그것은 하나님의 은혜라고 말할 수밖에 없다. 하나님의 구속역사는 하나님의 절대적인 주권 하에서 이루어짐을 볼 수 있다. 요한복음 1:13을 보라. "이는 혈통으로나 육정으로나 사람의 뜻으로 나지 아니하고 오직 하나님께로서 난 자들이니라."

2. 유다는 왜 자기 형제에게서 떠나게 되었을까? 그는 누구에게로 갔는가?

38:2 유다가 거기서 가나안 사람 수아라 하는 자의 딸을 **보고**
그를 **데리고 동침하니**

(1) 아마, 요셉을 편애하던 아버지도 싫었고, 또 형제들끼리의 모함, 시기 등도 싫었을 것이다. 그는 형제를 떠나 아둘람(=예루살렘 서남쪽 27km 지점)에 거했다. 그리고 거기서 가나안 여인[=수아(Shuah)라 하는 자의 딸]과 결혼하여 세 아들을 낳았다.

① 엘(עֵר) : '에르' - '자각(각성)하는'이라는 의미이다.
② 오난(אוֹנָן) : '강한, 힘센'
③ 셀라(שֵׁלָה) : '청원, 요구'

(2) 물론 이 일 자체가 하나님의 뜻에서 어긋났다(창 28:1*을 읽어보라. 누가 누구에게 당부한 말인가?) 유다의 가정에 환난의 바람이 불어온다. 그 집안에 가나안의 죄악이 더욱 깊숙하게 자리잡기 시작한다. "그가(유다) 또 다시 아들을 낳고 그의 이름을 셀라라 하니라 그가 셀라를 낳을 때에 유다는 거십(Chezib)에 있었더라"(5절). 거십은 악십과 동일한 지역이다. 시벨라 지역에 있던 성읍 중 하나이다. 그는 형제들과 떨어져 이방인들 속에 살고 있었다.

• 창 28:1 "이삭이 야곱을 불러 그에게 축복하고 또 당부하여 이르되 너는 가나안 사람의 딸들 중에서 아내를 맞이하지 말고"

3. 유다의 집에 불어온 환난의 바람은 어떤 것인가?

38:7 유다의 장자 엘이 '여호와가 보시기에'[1] **악하므로**(라, רַע)[2]
//(결과 : 그러므로) 여호와께서 그를 죽이신지라

8 유다가 오난에게(둘째 아들) **이르되**
/[너는] ─ 네 형수에게로 **들어가서**
├ 남편의 아우 된 본분을 **행하여**(야밤, יָבַם)
└ 네 형을 위하여 **씨**(제라, זֶרַע-자손)**가 있게 하라**

(1) 첫째 아들, 엘(Er)은 다말(Tamar, '종료 나무'라는 뜻)과 결혼했다. 그러나 엘은 하나님 앞에 악했다. 그래서 하나님은 그를 죽이신다(7절). 어떤 죄악인지 설명이 없다. 그런데 자식이 없이 죽었다. 그러니 어떻게 하나? 그 당시 형이 죽었을 경우에는 동생이 형수와 결혼하여(만일, 동생이 결혼하지 않았다면) 자식을 얻게 하는 계대결혼 풍습이 있었다. 이런 제도는 훗날 모세의 법에서도 포함되었음을 본다(신 25:5-10을 보라). 즉 기업을 이어가기 위해 죽은 자의 동생이 대(代)를 이을 책임이 있게 된다. 이런 제도는 상속보다 가계(家系)의 지속과 관계가 았다.

1) 여호와의 목전에 (בְּעֵינֵי יְהוָה) in the sight of the LORD 신인동형론적 표현으로 하나님에게 눈이 있는 것으로 표현되었다.

2) 나쁜, 사악한 / 여호와의 판단으로 악하다는 것이다. 여호와의 판단은 도덕적으로 절대적인 것이기에 엘을 죽이신 것은 그에게 결정적인 악을 행했기 때문이다.

1) '시형제(남편의 형제)의 의무(도리)를 이행하다'라는 뜻이다. 죽은 자의 남자 상속자를 세우기 위해 과부된 형수와 결혼을 책임을 이행하라는 말이다.

(2) 여기 '남편의 아우된 본분'이란 바로 위에서 설명한 죽은 형을 위한 그 계대 책임을 말하는 것이다. 여기서 쓰인 동사 '야밤'(יָבַם)[1)]은 (고인이 된) 형의 과부와 결혼하여, 남편의 형제된 의무를 행하라는 뜻이다(계대결혼).

이 원리는 '수혼법'(嫂婚法)으로 알려져 있다(신 25:5-10). 이 법은 어떤 사람이 아들 없이 죽었을 때, 이스라엘에서 그 죽은 사람의 "이름"이 계속되고(가문을 세우고) 그의 재산이 그의 이름으로 보존될 수 있도록 그에게 남자 상속자를 제공하기 위한 제도였다. 이 법은 어떤 사람이 남자 상속자 없이 죽었을 때에만 적용될 수 있었다.

(3) 따라서 둘째 아들, 오난(Onan)은 자기 형수에게로 들어가서 자기 형을 위하여 "씨"(제라, זֶרַע - 자손, 후손)가 있게 해야 할 책임이 있었다. 그러나 오난은 고의적으로 임신을 못하게 땅에다 설정(泄精)했다(정액을 땅바닥에 쏟아버리곤 했다 - 표준새번역). 그 이유는 형에게 아들을 얻게 아니하려고 했기 때문이다. 오난은 그 후손이 자기 것이 되지 않을 줄 알고 있었기 때문이다.

(4) 그런데 이 일이 하나님 보시기에 악했다고 했다(10절). 따라서 하나님은 그도 죽이신다. 그는 형의 가족을 잇는 일에 관심이 없었다. 오난은 만약 형수의 자식을 낳는다면 아버지에게서 자기에게로 전 재산이 돌아오지 않을 것이기에 고의로 그랬다. 오난은 자기 형의 가족을 보존하는 데에는 별로 관심이 없었다. 결국 이것은 하나님 앞에 큰 범죄가 아닐 수 없었다.

4. 이제 유다의 후손은 위기에 처하게 되었다. 누가 그 씨를 본존할 것인가?

(1) "자, 그러면, 그 다음에는 어떻게 하지?" "뭘, 어떻게 해? 셋째를 주면 되지?" 그런데 셋째는 너무 나이가 어렸다(11절). 따라서 유다는 며느리를 불러 종용한다. "그러니, 며늘 아가야. 내 셋째 아들, 셀라가 클 때까지 친정에 가 있거라"(11절). 유다는 셀라가 어린 것은 고사하고 그녀와 또다시 결혼한다면 셋째 아들까지 죽지 않을까 그게 걱정이었으리라. '어쨌든 저 꼬마 도련님이 언제 클 때를 기다리누!'

(2) 그리고 세월이 흘렀다. 셀라가 장성했다. 그렇다면 마땅히 그 약속을 지켜야 하지 않겠는가? 그러나 유다는 셀라가 크면 다말에게 주겠노라고 약속하고도 그 약속을 지키지 아니했다. 유다의 가계가 이어지는 것은 유다의 손에 놓여 있다. 그런데 유다는 자신의 집의 씨(제라)를 전하기 위해 아무 일도 하

Close-up

계대결혼(繼代結婚)이란?

1. 당시에 기업(inheritance)을 이어가는 가는 것은 아주 중요한 일이었다.

(1) 이것은 한 세대에서 다른 세대로 넘어가는 재산(財産)의 전이(轉移)를 가리킨다. 아들마다 각자 아버지의 재산의 일부를 받을 수 있는데 이때 장자는 두 몫을 받았다(신 21:15-17).

(2) 그러나 여기서 수혼(嫂婚, levirate marriage) 제도는 상속보다 가계(家系)의 지속과 더 관련이 있다. 즉 족보가 끊어지지 않게 하기 위해서였다. 이럴 때 형수는 법적 상속자인 아들이 없어야 하며, 두 형제가 함께 살고 대가족의 의무를 갖고 있어야 한다. 그래서 첫 아들은 형의 대(代)를 잇게 하고, 다른 아이는 모두 자기 것으로 했다.

(3) 이 결혼 과정에서 난 첫 번째 아들은, 비록 대리인에 의해 잉태되긴 했지만, 그 아들의 "법적인" 아버지(그의 어머니의 첫 번째 남편)의 이름을 이었다. 가계에서 이름을 지키는 것이 중요하였다는 사실은 율법이, 과부가 남편의 가문에 속하지 않은 사람과 결혼하는 것을 금했다는 점에서 강조된다. 물론 이 관습은 씨족 내의 재산권을 지켰다.

(4) 만약 시동생이 그의 죽은 형에게 남자 상속자를 세울 이런 의무를 이행하기를 거부할 경우, 과부된 형수는 장로들 앞에서 그의 신을 그의 발에서 벗겨내고 그의 얼굴에 침을 뱉음으로써, 공개적으로 시동생에게 모욕을 가할 수 있었다. 그 순간부터, 그는 이스라엘 전역에 "신을 벗은 자의 집"으로 알려지게 되는 것이다.

2. 물론 신약에서는 이 '기업'이라는 말은 영생과 하나님 나라에 참여하는 것을 가리킨다(엡 1:18, 골 1:12).

3. 오늘 본문에서 오난(Onan)은 죽은 형을 위하여 그 형수에게 계대(繼代)의 책임을 이행하지 않았다. 이런 행동이 하나님 앞에 불의했다. 따라서 하나님은 오난을 죽이신다.

지 않고 있다는 것이다.

(3) "그는 나보다 옳도다 내가 그를 내 아들 셀라에게 주지 아니하였음이라"(26절). 여기 26절에서 '그는 나보다 옳도다' 라는 말은 어떤 뜻에서 그렇다는 말인가? 다말은 시아버지를 통해서라도 죽은 자기 남편의 대(代)를 이으려는 열심이 유다보다 더 강하여 자신의 혈통이 끊어지지 않게 하려 했다. 그런 점에서 다말은 칭찬을 받아야 했다.

5. 그렇다면 유다는 어떤 잘못을 범했는가?

38:12-25

(1) 유다는 며느리 다말과 간음하는 죄를 저지르고 만다. 물론 다말이 시아버지를 유혹했지만 말이다. 이 불륜의 관계를 통해서 두 아들을 낳는다. 두 아들

이름은 무엇인가?

(2) 여기서 베레스는 다윗의 조상이 되었고(룻 4:18, 22*), 예수 그리스도의 족보 가운데 들게 된다(마 1:3*). 이렇게 유다가 그리스도의 조상으로 선택된 것은 어디까지나 하나님의 은혜였다. 하나님이 우리를 불러 하나님의 자녀 삼으신 것은 우리가 다른 사람보다 더욱 깨끗해서 그리하신 것이 아닌 것처럼, 우리가 바라볼 것은 오직 예수 그리스도 뿐이다.

- 룻 4:18 **베레스**의 세계는 이러하니라 베레스는 헤스론을 낳았고
- 19 헤스론은 람을 낳았고 람은 암미나답을 낳았고
- 20 암미나답은 나손을 낳았고 나손은 살몬을 낳았고
- 21 살몬은 보아스를 낳았고 보아스는 오벳을 낳았고
- 22 오벳은 이새를 낳았고 이새는 다윗을 낳았더라

6. 다말의 속임수와 유다의 불륜의 내용(12-30절까지)은 각자 읽어보라. 길게 설명하기가 그렇다. 거룩한 성경에 왜, 이런 내용을 빼지 않고 기록했을까 하고 생각하시는 분이 계시겠지? 왜, 그랬을까?

- 마 1:2 아브라함이 이삭을 낳고 이삭은 야곱을 낳고 야곱은 유다와 그의 형제를 낳고
- 3 유다는 다말에게서 베레스와 세라를 낳고 베레스는 헤스론을 낳고 헤스론은 람을 낳고

(1) 모세는 이 유다와 다말과의 관계를 기록하면서 무엇을 전하려 했을까? 본장의 결론은 **유다와 다말에게서 태어난** 두 쌍동이가 유다의 후손들과 어떤 관계가 있는가를 설명하려 했다. 우리는 요셉의 이야기를 하다 말고 유다의 사건을 기록한 사실을 통해 요셉이 결코 주인공이 아니라는 사실을 깨닫게 된다.

(2) 요셉은 야곱의 가정을 구하기 위해 그 집안에서 이방으로 사라진다. 하나님은 아브라함에게 그의 후손들이 이방의 객이 되어 400여년 동안을 섬길 것이며 그리고 4대만에 큰 무리를 이끌고 나오리라고 예언하셨다(창 15:12-21 참조). 요셉을 애굽에 팔아버린 야곱의 아들들의 행동은 죄악된 소행이었지만, 하나님은 오히려 이런 환경을 이용하셔서 하나님의 구속 역사를 진행하신다.

적용을 위한 묵상

- 형제들간의 불화,
그래서 세상 밖으로 뛰어나간 유다,
그는 여호와의 은총에서 너무 멀리 떨어져 나갔다.
계속되는 유다의 세속적인 사고와 삶,
그러함에도 불구하고 그에게 쏟아지는 하나님의 은총.
거룩한 것이라곤 찾아볼 수 없는 유다의 계보에서
하나님은 놀라운 계획을 세우고 계신다.

중요 인물만

아담 — 에노스 — 므두셀라 — 노 아 — 셈

셈: 또 가로되 **셈의 하나님** 여호와를 찬송하리로다(창 9:26)

데 라: 아브라함의 부친

- 눅 3:34 "그 이상은 야곱이요 그 이상은 이삭이요 그 이상은 **아브라함**이요 그 이상은 **데라**요 그 이상은 나홀이요
35 그 이상은 스룩이요 그 이상은 르우요 그 이상은 벨렉이요 그 이상은 헤버요 그 이상은 살라요
36 그 이상은 가이난이요 그 이상은 아박삿이요 그 이상은 **셈**이요 그 이상은 **노아**요 그 이상은 레멕이요
37 그 이상은 **므두셀라**요 그 이상은 에녹이요 그 이상은 야렛이요 그 이상은 마할랄렐이요 그 이상은 가이난이요
38 그 이상은 **에노스**요 그 이상은 셋이요 그 이상은 **아담**이요 그 이상은 **하나님**이시니라."

아브라함과 다윗의 연속성을 강조

아브라함 → 이 삭 → 야 곱 → **유 다**

유 다: 유다는 다말에게서 **베레스**와 세라를 낳음(마 1:3)

베레스 — 헤스론 — 람 — 아미나답 — 나 손 — 살 몬 — 보아스 — 오 벳 — 이 새 → **다 윗**

연속성 강조

베레스는 다말과 시아버지 유다와의 근친상간적인 관계에서 태어났다(창 38장).

보아스는 룻과 죽은 남편의 이름으로 후손을 산출한다는 면에서 **베레스의 탄생**과 유사점이 있다. 그러나, 무엇보다 중요한 것은 '다말'(Tamar)과 '룻'(Ruth) 둘 다 메시야 계보에 나타나는 아들들을 낳았다는 데 있다. 이것이 두 이야기를 연결해 주는 가장 강력한 연결끈이다. 베레스의 가문은 베들레헴에 정착했고(대상 2:5, 50-54), 보아스는 바로 베레스의 후손이다.

- 룻 4:12 "여호와께서 이 소년 여자로 네게 후사를 주사 네 집으로 **다말**이 유다에게 낳아준 **베레스**의 집과 같게 하시기를 원하노라."

살 몬: 살몬은 라합에게서 보아스를 낳고(마 1:5)

보아스: 보아스는 룻에게서 오벳을 낳고(마 1:5)

보아스와 룻 사이에 태어난 오벳은 다윗 족보의 연결고리로서 중요했다.

다 윗 — 솔로몬 — 르호보암 — 아비야 →

<동교재, 룻기에서 가져옴>.

아주 먼 훗날
유다의 계보에서 그리스도가 태어날 것이라는 사실을
유다 자신도 알지 못했다.

누가 이 부도덕한 인간에게서
그러한 축복을 받을 것이라고 생각했겠는가!
하나님의 주권적인 사역,
하나님의 선하신 뜻만이 당신과 나를 주의 자녀로 삼으신다.
여기에 무슨 할 말이 있는가!

- 자식에게, 어떻게 신앙교육을 시켜야할까?
  우리는 예수님을 보여주기보다 종교생활만 강요하지는 않는가?
  억지로 모이는 가정예배,
  끝도 없는 지리한 부모의 기도,
  위선적인 삶의 태도 등.

- 아브라함, 이삭, 그리고 야곱을 부르셔서
  그의 구속 역사를 이루어 가시는 하나님,
  그들을 선택하여 부르시는 분은 하나님이지만,
  그 하나님은 그 족장들에게 순종을 요구하신다.

우리는 족장들의 삶에서
하나님 앞에서 순종하는 것이
곧 믿음이라는 사실을 배운다.

창세기 36-38장 요약 정리

- 왜 여기서 성경 저자는 에서의 자손들의 계보를 언급하고 있을까?
- 에서는 비록 언약의 반열에서는 제외되었지만 하나님의 물질적인 복을 허락하신다. 그의 후손들은 얼마나 번성했는가?
- 에서의 후손들은 주로 어디에 정착했는가? 왜 그곳으로 이주했는가? (6-8절)
- 에서의 아내들은 누구누구인가? 이들은 창 26:34, 28:9에 기록되어 있는 여인들과는 동일인인가?
- 아말렉의 탄생에 대해 조사해 보라. 그는 누구의 소생인가? (36:12)
- 요셉의 이야기가 전개되는데 왜 야곱의 약전(족보)이라고 소개하는가? (2절)
- 요셉은 왜 형들의 미움을 받게 되었는가?
- 야곱은 왜 요셉을 편애하였는가? 그리고 그 편애의 결과가 어떻게 나타났는가?
- 요셉은 무슨 꿈을 꾸었는가? 그 내용은 무엇이며 왜 형들은 그를 죽이려고 공모했는가?
- 요셉을 죽이자는 형제들의 모의에 반대하고 나선 형은 누구인가? 왜 그는 반대했는가? (37:21-22)
- 형들은 요셉을 누구에게 팔아버렸는가? (27-28절)
- 아버지 야곱에게는 어떻게 보고했는가? (31-32절)
- 요셉을 잃은 야곱의 슬픔은 어느 정도였는가?
- 미디안 사람은 요셉을 누구에게 팔았는가? (36절)
- 요셉은 장차 이스라엘 백성을 보존 유지하기 위해 준비하는 역사에 쓰임을 받는다. 그렇다면 야곱의 아들들의 행위는 오히려 칭찬받을 만한 일인가?
- 38장은 유다의 타락의 길을 소개하며 그의 가정사를 소개하고 있다. 왜 유다의 거룩치 못한 삶을 길게 소개하여 놓았을까?
- 유다의 집에 불어닥친 환난의 원인은 무엇인가?
- 유다의 둘째 아들 오난의 잘못은 무엇인가? (8절)
- 유다는 어떤 잘못을 범했는가? (12-25절)
- 유다와 다말 사이에 태어난 아들들은 누구인가?

Summary

(1) 야곱의 편애가 미친 야곱 가정의 환난에 대해.

(2) 유다의 선택과 성도들을 택하시는 하나님의 주권적 사랑.

(3) 하나님의 백성을 이방에 보존하기 위한 하나님의 역사의 손길.

126

애굽에서의 요셉

야곱은 아직 살아서 족장으로서의 역할을 감당하고 있다. 요셉과 그 형제들의 역사가 시작되고 있지만(창 37-50장) 아비가 살아있기에 야곱의 약전(족보, 톨레도트)에 속해 있다고 소개하고 있다(37:2). 창세기 12-50장까지 모세는 무엇을 강조하고 있는가? 모세는 하나님께서 약속한 씨 계열의 조상들로 아브라함, 이삭 그리고 야곱을 다루고 계심을 보여주고 있다. 따라서 요셉의 이야기에서도 그 초점은 계속해서 야곱에게 맞추어져 있음을 본다. 우리는 야곱의 예언에서(창 49:8-10) 유다가 메시야의 씨 계열에서 야곱을 이을 자로 계승되었다는 사실을 보게 된다. 그렇다면 야곱과 유다의 관계에서 요셉의 중요성은 무엇일까? 그것은 메시야의 모형론에서 그 의미가 있을 것이다.

어쨌든, 앞장에서 이미 언급한 바와 같이 요셉은 애굽으로 팔려와 애굽의 관원 보디발(Potiphar)의 집에 거하면서 그의 천부적인 관리 능력을 발휘한다. 그의 나이 지금 17세가 아닌가! 그러나 하나님은 요셉과 함께 하셔서 그가 하는 일마다 잘되게 하셨다(39:2). 보디발의 아내의 일로 요셉은 감옥에 들어가게 되었지만, 잡범들이 들어가는 감옥이 아니라 왕의 죄수들을 가두는 특별한 감옥이었다. 후에 요셉은 옥에서 풀려나와 바로가 꾼 꿈을 해석한다. 그는 꿈을 해석할뿐만 아니라 그 대안까지 내놓았다. 그 일로 요셉은 애굽의 총리가 된다.

하나님은 이 요셉을 통한 원대한 계획을 가지고 계셨다. 어떤 계획을 가지셨을까? 즉 요셉이 애굽에 오게 된 것은 우연인가, 아니면 하나님의 의도에서인가? 성경은 요셉의 생애가 한 개인의 영달을 위한 것이 아니라 하나님의 왕국 역사와 깊은 관련이 있다고 말한다. 즉 요셉은 하나님의 도구로 쓰임받는 생애였다. 아브라함에게 보여주신 후손에 대한 약속처럼(12:2) 구속 목표를 성취하기 위해서는 번성하여 하나의 큰 민족을 형성해야 한다. 따라서 요셉 사건은 하나님의 왕국 백성으로 선택된 야곱 군단이 어떻게 애굽으로 내려왔는가를 보여주며, 큰 민족이 될 것을 보여준다. 요셉은 지금 '만민의 생명'을 구원하는(50:20) 하나님의 수단이 되기 위해 애굽의 통치자로서의 수업을 받고 있는 중이다. 수업은 보디발의 집에서부터 시작된다.

Outline 36-38

- 애굽으로 내려간 요셉(39:1-6)
  보디발의 가정 총무가 됨(39:4)
- 보디발의 처가 요셉을 성적으로 유혹함(39:7-19)
- 요셉이 감옥에 갇힘(39:20-23)
- 관원들의 꿈 해석과 그 성취(40:1-23)
- 애굽의 총리가 됨(41장)
- 애굽으로 양식을 사라간 요셉의 형제들(42장)

- 애굽으로 팔려간 요셉, 그것은 형들의 악행 때문이었지만, 요셉은 하나님에 의해 구속 사역의 주역이 된다.
- 지금 성경 저자는 요셉 한 개인의 영달을 위한 성공담을 쓰고 있는 것이 아니다. 요셉의 생애는 하나님의 왕국 역사와 깊은 관련이 있다고 말한다.
- 요셉의 역사는 스스로 개척한 역사가 아니라 하나님에 의해서 되어진 역사요, 하나님의 왕국과 관련된 역사(창 45:1-8, 50:20, 46:1-4)이다. 그는 "하나님의 나라의 실현"을 위하여(창 45:7,8, 50:19-20) 부름을 받은 것이다.

▶ 39:1-6 - 애굽으로 내려간 요셉

- 요셉은 자기가 머물고 있는 시위대장 보디발을 위해 충성스럽게 일했다. 그는 보디발의 집에서 애굽인의 생활방식과 사고를 접하게 된다. 요셉은 보디발의 아내로 인해(39:7-19) 옥에 갇히게 되지만 (39:20-23) 그 굴욕을 인내로 잘 참아낸다.

- 요셉은 그가 처한 환경에서 성실하게 살았다. 보디발은 요셉에게서 훌륭한 인격을 발견했다. 하나님께서 늘 요셉과 함께 하심으로 형통케 하셨다. 이렇게 요셉은 경건한 삶을 살아간다. 그는 오랜 고난을 통해 지도자로서의 인격을 갖추어 간다.

▶ 40:1-23 - 관원들의 꿈 해석과 그 성취

- 요셉은 보디발의 아내와의 사건으로 누명을 쓰고 억울하게 감옥에 들어가게 되었다. 그곳은 왕에게 죄를 지은 죄수들만을 가두는 특별한 감옥이었다. 본래 애굽의 법률에는 강간미수범은 1000대의 태장을 맞고, 만약 피해자의 고발이 있을 경우에는 사형에 처했다고 한다.

- 그러던 어느 날, 감옥에 거물급 죄인이 두 명이나 들어왔다(40:1-4). 왕의 '술 맡은 관원과 '떡 굽는 관원'이 왕에게 범죄하여 같은 옥에 갇히게 되었다. 둘 다 꿈을 꾸었는데, 그 꿈의 내용이 생생했다. 그런데, 도대체 그 꿈이 무엇을 가리키는지 알 수는 없었다. 그런데 요셉이 꿈을 해몽한다. 그런데 요셉이 해몽한 대로 그대로 이루어졌다.

- 훗날(그로부터 2년이 지난 후) 바로 왕 역시 꿈을 꾸웠다. 문제는 그 꿈을 기억해 낼 수 없어 번민했고, 이에 바로는 전국에 있는 술사를 충동원해 그 꿈의 내용을 기억해 내고 해몽하라는 명령을 낸다. 물론 아무도 왕이 꾼 꿈을 기억해내지 못한다.

- 2년 전 술 맡은 관원장은 요셉을 기억해 냈고, 이로 인해 요셉은 꿈 해몽과 함께 그 대안까지 제시했다. 이로 인해 요셉은 일약 총리로 발탁되었다(41장). 요셉이 총리가 된 사건을 하나님의 구속 역사와 관련해 설명해 보라.

▶ 42장 - 애굽으로 양식을 사라간 요셉의 형제들

- 바로 왕의 꿈을 통해 예언된 대로, 애굽 전 지역과 가나안 땅에도 흉년이 들었다. 야곱 군단도 이 기근을 피해갈 수 없었고, 곡식을 사기 위해 애굽에 오게 되었다. 결국은 야곱의 아들들은 요셉 앞에 서게 된다.

하나님이 함께 하시므로(39:1-8)

앞으로 애굽의 통치자로서 자질을 배우기 위해 요셉은 애굽인의 생활부터 배워야 했다. 그는 보디발의 집에서 애굽인의 생활방식과 사고를 접하게 된다. 요셉은 보디발의 아내로 인해 옥에 갇히게 되지만 그 굴욕을 인내로 잘 참아낸다. 이런 훈련은 훗날 그가 총리에 있게 될 때 겸손할 수 있는 요인이 되었을 것이다. 그는 보디발을 섬길 때 최대의 봉사를 하며 섬겼다. 그의 형들이 가나안에 깊숙히 오염되었음에 비해 요셉은 경건한 삶을 살아간다. 그는 오랜 고난을 통해 지도자로서의 인격을 갖추어 간다.

1. 요셉은 애굽에 팔려와서 어디에 머물게 되었으며, 어떻게 하나님이 함께 하셨나? (39:1-6)

요셉은 자기가 머물고 있는 시위대장 보디발(Potiphar)을 위해 충성스럽게 일했다. 보디발은 하나님이 요셉과 함께 하심을 보았다. 보디발은 그 요셉을 가정 총무로 삼고 자기 소유를 다 그 손에 맡긴다(6절). 요셉의 용모가 빼어나고 아름다웠다고 했다. 그의 어머니 라헬은 "곱고 아리따운 여인"이었다고 했다(창 29:17). 아마 요셉은 그의 어머니 라헬의 모습을 닮았던 것 같다. 하나님은 요셉이 거주하는 보디발의 집에 복을 내리신다.

- 39:1 - "애굽에 내려가매" - 이스라엘에서는 어느 곳을 가든지 예루살렘을 중심으로 여기고 있으므로 '내려간다'고 표현했다.

(1) 보디발은 어떤 자인가?

바로의 신하, 친위대장 : 여기서 '신하'라는 말은 '싸리스'(סָרִיס)라는 말로 '환관, 시종(특히 여자들의 방), (지방) 장관, 관리 등의 뜻이 있다. 만약 보디발이 환관이라면 그가 어떻게 아내를 두었겠는가 하는 문제가 생긴다. 옛날에는 환관도 때론 아내를 가졌다는 설명이 있다. 또 다른 설명은 원래 환관이란 말이 본래의 의미를 상실하고 궁정의 저명한 관리를 가리키는 말로 쓰였다는 것이다. 개역 성경은 신하(officer)로 번역되었다.

(2) 요셉은 어디를 가나 형통했다. 왜 하나님은 그를 형통케 하셨을까? 보디발은 요셉을 주목했다. 그는 모든 일에 성실하게 임했다. 그러나 그보다 더 놀란 것은 요셉이 하는 일마다 하나님이 함께 하심을 보았고 형통했다는 것이다. 시

1) 섬기다(שָׁרַת; 솨라트) : 최대의 봉사와 충성으로 섬기는 데 사용되는 말이다. "엘리사가 엘리야를 수종들더라"는 말씀에서 '수종들다'라는 말이 같은 단어이다. 겉으로 섬긴 것이 아니라, 진심으로 섬겼다는 말이다. 시 103:21에 나오는 "여호와의 뜻을 행하며 **봉사한다**"는 말도 같은 말이다. 그는 그 주인을 섬기기를 인간이 하나님을 섬기듯 했다. 어찌 그 주인이 그를 가정 총무로 삼지 않았겠는가!

우리는 내가 다니는 직장에서 어떤 태도로 일하는가? 고마움 가운데서 일하는가, 아니면 늘 불평 속에서 일하는가? 만약 후자라면 요셉의 축복을 받지 못할 것이다.

당시 애굽 여인의 머리 모습

위대장 보디발, 그는 그 지위로 인해 엄청난 부자가 되었을 것이다. 보디발은 요셉에게 모든 일을 맡겼다. 요셉은 주인을 어떻게 섬겼을까?[1] 그는 인간이 주님께 하듯 했을 것이다. 가정 총무를 삼은 것은 당연한 귀결이 아니겠는가! 주인의 눈치만 살피고 꾀를 부리는 사람들이 많은 세상에서 요셉의 태도에서 느끼는 점은 무엇인가?

(3) 야곱이 머무는 곳에는 늘 형통함이 있었다. 언제부터 보디발의 집이 복을 받게 되었는가?

보디발의 집안의 모든 일은 보디발 자신이 관장할 때보다 요셉이 맡았을 때부터 더욱 복을 받기 시작했다. 여호와의 복이 그의 집은 물론 밭에 있는 모든 소유에 미쳤다고 했다. 물론 이런 축복은 요셉을 위한 것이었다. 누가 보더라도 보디발의 축복은 요셉으로 인하여 된 것임을 인정하지 않을 수 없었다. 따라서 보디발은 모든 소유를 다 요셉에게 위임했다. 한 가지 제한한 것은 보디발이 먹는 음식은 간섭하지 못하게 했다(6절).

2. 그러나, 어려움은 어디든지 있지 않던가! 요셉은 어떤 어려움 속에 빠졌는가?

39:7 "그 후에 그의 주인의 아내가 요셉에게 눈짓하다가 동침하기를 청하니"

(1) 요셉의 성실함과 그 용모(토아르, 윤곽, 형태 용모보다는 모습, 모양을 가리킨다. 예를 들면 아름다운 여인, 잘 생긴 남자)의 준수함(6절 아름다운, 매력적인)[1]은 타인의 이목을 끌게 되었다. 이 일로 보디발의 아내의 관심을 받게 된다. 보디발의 아내는 요셉의 준수함에 끌려 요셉을 유혹한다. 그러나 거절하는 것도 하루이틀이지 처음에는 눈짓으로 유혹하더니, 다음에는 "여인이 날마다 요셉에게 동침하기를" 요구했다(10절). 그러나 요셉은 꿈적도 하지 않는다.

1) 야페(יָפֶה) - 매력적인, 잘생긴(개역 - 아담하였더라) / 미학적으로 아름다움을 가리킨다. "요셉은 용모가 준수하고 아담하였더라"(6절)

(2) 이런 유혹에 대한 요셉의 태도는 어떠했나? (39:8-10)

요셉은 그의 주인에게 충성스럽게 봉사하고 있지 아니한가! 그는 주인의 신뢰를 저버릴 수 없었다. 그러나 그것보다는 이런 일은 하나님께 죄가 된다는 사실을 그녀에게 지적해 준다. "그런즉 내가 어찌 이 큰 악을 행하여 하나님께 죄를 지으리이까"(9절)

구애(求愛)에 실패한 이 여자에게 독기가 서린다. "그래, 이 종놈의 XX야, 네가 어디까지 견디나보자." 보디발의 아내의 유혹을 어떻게 뿌리쳤는가 설명해 보라(11-18절까지). 결국 요셉은 억울한 누명을 쓰고 감옥에 가게 된다(19절). 특히 당시 애굽의 여인들은 아주 정숙하지 못하고 부정한 생활로 유명했다고 한다. 만약 요셉이 하나님을 두려워 하는 마음을 갖지 않았다면 그는 그곳에서 멸망으로 치달았을 것이다.

(3) 요셉은 하나님의 신실하심을 믿었다. 그는 하나님께 득죄하기를 거절했다(9절). 요셉은 그녀의 간청을 일언지하에 거절했다. 이 일로 부인이 자기 남편에게 거짓 고발을 했을 것이다. 따라서 요셉은 이 말을 사실대로 믿었을 보디발의 노여움을 사게 된다(19절).

3. 요셉은 몇 가지 이유를 대며 거절했나? (39:9)

9b 그런즉(וְ)
내가 ── 어찌 행하여(אֵיךְ אֶעֱשֶׂה[1])
/이 큰 악을(הַזֹּאת this הַגְּדֹלָה great הָרָעָה[2])
└ 죄를 지으리이까(וְחָטָאתִי)
/하나님께 (against God, לֵאלֹהִים)

1) 아싸(עָשָׂה) -행하다 / 칼 미완료

2) הָרָעָה - ה + רַע - 나쁜, 악한, 해로운 /

(1) 여기서 '악'(라, רַע)이란 '해악, 악한 것, 해로운 것'을 의미하며, 하나님 보시기에 용납할 수 없는 상태나 행동을 말한다. 더구다나, 이런 이 '큰(가돌, גְּדֹלָה) 악'이라고 했다. 그것은 곧 하나님께 엄청난 죄를 짓는 일이다. "그런데 이렇게 엄청난 짓을 제가 어떻게 저지를 수 있겠습니까?, 이것은 하나님께 죄가 됩니다."(공동번역<개정>)

(2) 보디발의 집안에서는 요셉 위에는 아무도 없었다. "이 집안에서는 나의 위에는 아무도 없습니다. 나의 주인께서 나의 마음대로 하지 못하게 한 것은 한 가지 뿐입니다. 그것은 마님뿐입니다"(표준새번역). 요셉은 이와 같이 몇 가지 이유를 들어 이 부인의 욕망을 피하려 했으나 이 정신나간 여인에게는 소용이 없었다. 오히려 날마다 조르는 것이 아닌가. 요셉의 신실성을 보아 단번에 넘어갈 사람이 아니라는 것을 알았을 것이다. 그래서 끈질기게 동침을 요구했다.

(3) 사태가 보통이 아님을 알자 요셉은 그녀와 함께 있는 일조차 금했다. 오해로 어떤 봉변을 당할지 알 수 없었기 때문이었다. 무엇보다도 그는 하나님께 득죄할 수 없었다. 따라서 그녀에게 이런 일을 여호와 하나님께 죄가 되는 일임을

분명하게 밝혔다. 그러나 성욕에 사로잡힌 이 여인에게 그 어떤 조치도 통제불능이었다.

4. 보디발의 부인은 그녀의 목적 달성이 이루어지지 않자 요셉에게 어떤 누명을 씌우는가? (39:11-18)

(1) 어떻게 하든 요셉과 동침할 수 있는 기회만을 포착하던 보디발의 부인, 드디어 그런 기회가 왔다. 황금의 찬스를 놓칠리 없는 이 여인은 드디어 행동 개시를 한다. 요셉은 젊은 청년이었다. 이런 유혹을 참는다는 것은 쉬운 일이 아니다. 그녀는 아예 요셉의 옷을 잡고 노골적인 간청을 반복한다.

(2) 그러나 요셉의 거절은 단호했다. 너무 급한 나머지 요셉은 옷을 벗기기까지 하면서 뛰쳐나올 수밖에 달리 도리가 없었다. 상황이 급하게 되어 갔다. 이제 이 여인은 궁지에 몰릴 수밖에 없다. 그러나 이 여인은 상황을 반전시킨다. 요셉이 자기를 겁탈하려 했다는 것이다.

(3) 그녀는 남편이 돌아오기만을 기다렸을 것이고, 마침내 자기 남편이 집에 오자마자 전말을 보고했을 것이다. 물론 자기 남편을 비아냥거렸을 것이다. 당신이 신임하고 믿던 저 히브리 사내놈이 자기를 "희롱하려"(לְצַחֶק)[1] 했다는 것이다(14절). 즉, 자기를 성적 노리개로 삼으려 했다는 것이다. 물론 증거물도 내놓는다. 그래서 자신은 크게 소리질렀다는 것이다. 그랬더니, 요셉이 그의 옷을 버려두고 도망쳤다는 것이다(18절). 그리고 그 옷을 보여주었다.

(4) '히브리'[2]라는 말에는 강한 인종적 차별을 두고 하는 말이다. 아무리 주인에게 신임을 얻고 성실한 요셉이었지만 이런 상황에서 빠져나간다는 것은 불가능했다. 보디발의 아내는 그녀의 구애(求愛) 작전(?)이 실패하자, 급히 이 상황을 반전시키려 했다. 그녀는 우선, 집안 사람들을 불러 모았다. 물론 고함을 치며, 상황의 급박함을 알렸다

(5) "이것 좀 봐라"(레우, רְאוּ) - 라아(רָאָה)의 칼 동사 명령법
집안 식구들을 불러 증인 노릇을 하라는 것이다. 그녀는 '주인이 우리에게 데려온' 히브리 종이라고 힘주어 말하고 있다. 그녀는 그 옷을 증거물로 잡고 그녀의 남편이 돌아오기를 기다린다. 그리고 화가 나 있을 남편에게서 빠져나갈 기회를 찾는다.

1) ל + צַחֶק = to mock
차하크(צָחַק) - 여기서는 피엘(강조 능동) 형으로 쓰였는데, '놀다, 장난치다, 희롱하다, 놀리다' 등의 뜻으로 쓰인다. 보디발의 아내는 히브리 종놈 요셉이 자기를 성적 노리개로 삼으려 했다는 것이다.

2) 히브리 사람(종) (39:14) : 바벨론 초기에는 하비루(habiru)는 용병과 약탈자로 언급되어 있다. 또 누지 토판에는 외국인 계약 노동자로 언급하였다. 창14:13에서 아브라함에게 적용될 때, 히브리인은 이민자, 또는 방랑자를 의미했다. 오늘 본문에서는 강한 인종차별 의식을 갖고 말한 것이다. "이 외국인 (녀석)"이라는 의미로 말했다.

(6) 마침내, 보디발은 퇴근 시간에 맞추어 집에 도착했다. 그녀는 아주 멋지게, 그리고 상황을 아주 극대화시켜 연출을 시도한다. 그때의 상황을 성경은 이렇게 기록하고 있다.

39:16 그의 옷을 **곁에 두고**
자기 주인이 집으로 돌아오기를 **기다려**
17 이 말로 그에게 **말하여 이르되**
/'당신이 우리에게 데려온 히브리 종'이
나를 희롱하려고 내게로 **들어왔으므로**
18 /내가 **소리 질러 불렀더니**
그가 그의 옷을 내게 **버려두고** 밖으로 **도망하여 나갔나이다**

(7) 당시, 보디발의 아내의 연출을 상상해 보자. 그녀의 연출은 너무 진지했다. '흥분하여 지껄이는 그녀의 모습, 억양은 숨가쁘게 높아가고, 아직도 분을 삭이지 못해 씩씩거리고' 있다. 연출은 아주 성공적이었다. 그 자초지종을 들은 주인 보디발은 심히 노했다고 했다(he burned with anger.). 증거물까지 있는데 부인의 말을 듣지 않을 수 없었을 것이다.

'노하다'라는 '아프'(אַף)는 '코nose, 코구멍nostrils, 얼굴face, 화anger'라는 뜻이 있다. 이 단어는 하나님과 사람의 '분노'를 뜻하는 말로 사용되었다. 하나님께서는 자기 백성들의 죄와 관련해서 이 말을 쓰셨다(왕하 13:3, - 여호와께서 이스라엘에게 **노를 발하사**…).

(8) 보디발은 아내의 말을 어디까지 믿었을까? 아마 요셉에게 어떻게 했다는 말이 없는 것으로 보아 그는 부인의 말을 완전 믿지는 아니했을 것이다. 정말로 인정했다면 요셉은 사형에 처해져야 한다. 보디발에게는 아주 좋은 관리자를 잃어버리게 되었지만 요셉을 감옥에 집어넣는다. 물론 자기 집안에 있는 감옥이었다. 그 옥은 왕의 죄수를 가두는 곳이었다고 했다.

(9) 큰 일났다. 성경은 요셉이 어디를 가나 형통하다고 했는데...(23절) 그렇다면 형통이란 말은 어떤 의미가 있을까? 숨을 잠깐 돌리고 요셉이 감옥에서 어떻게 지나고 있는가 살펴보기로 하자.

적용을 위한 묵상

- 성(性) 범죄의 유혹에서 이길 수 있는 길은 무엇일까? 요셉이 당한 환경과 관련해서 이야기 해보자.
- 어찌 내가 하나님께 죄를 지으리이까?
- 주의 신실하심과 요셉의 경건을 말해보라.
- 세상 사람들이 우리의 생활을 보고, 과연 하나님이 함께 동행하는구나 하는 것을 느낄 수 있어야 하는데…

요셉의 감옥생활 (39:19-40:23)

요셉은 언제까지나 보디발의 집에 있지는 아니할 것이다. 그는 또다른 경험을 통해 통치자로서의 자질을 배워야 하기 때문이다. 결국 요셉은 보디발의 아내의 모함으로 옥에 갇히게 된다. 보디발은 요셉을 왕의 죄수를 가두는 감옥에 가둔다. 그러나 이런 환경은 왕을 가까이 대할 수 있는 고관들과 접촉하는 기회가 된다. 요셉은 낙담하지 않았다. 그는 지금까지 여호와 하나님께서 자신과 함께 하심을 체험했기 때문이다. 물론 이런 과정에서도 하나님이 함께 하신다. 이 역경의 과정에서도 하나님이 함께 하심을 '형통했다'고 표현하고 있다. "여호와께서 그를 범사에 형통하게 하셨더라."(whatever he did, the LORD made to prosper. - NASB)

1. 요셉은 결국 옥에 갇히게 된다. 그러나 그가 갇힌 감옥은 어떤 곳인가? (39:20)

(1) 요셉은 억울하게 감옥에 들어가게 되었지만, 왕에게 죄를 지은 죄수들만을 가두는 특별한 감옥이었다. 본래 애굽의 법률에는 강간미수범은 1000대의 태장을 맞고(아니, 1000대씩이나? 그러고도 살아남을 수 있을까? 그만큼 강간미수범에게 엄했다는 증거다), 만약 피해자의 고발이 있을 경우에는 사형에 처했다고 한다.

(2) 그런데 그는 지금 고급관리들의 미결범(未決犯)들이 갇히는 곳에 있게 되었다. 왜, 그랬을까? 보디발이 부인의 말을 액면 그대로 믿지 않았든가, 아니면 조사결과 큰 혐의와 증거가 없었든가…. 보디발은 요셉을 죽이기에는 너무 아까운 인물이라는 것을 알았다. 어쨌든 요셉은 그곳에서도 뛰어난 재능을 발휘한다. 하나님이 "요셉에게 인자(헤세드, חֶסֶד)를 더하사 간수장(감옥의 감독자, keeper of prison, chief jailer)에게 은혜(헨, חֵן)를 받게" 하셨다고 했다.

2. 요셉은 그곳에서 어떤 일을 맡게 되었나? (39:22)

(1) 요셉이 어디를 가나 하나님이 함께 하시고 그에게 은혜(헨, חֵן)를 더하셨다. 요셉은 그곳에서도 신임을 얻었기에 간수장(=典獄), 싸르, שַׂר)은 모든 것을 다 맡겼다(22절). 이 모든 일은 하나님이 요셉과 함께 하셨기 때문이었다. "여호와께서 그의 범사에 형통케 하셨다"(מַצְלִיחַ)[1](23절).

(2) 진정한 형통은 어디로부터 오는가? 여기서는 히필형으로 쓰였기에 '형통하게

1) 마츠리아흐 : 짜라흐(צָלַח)의 히필형(사역 능동) 분사 / 번영하게 하다, 성공적인 결과에 이르게 하다. 성공을 이루거나 보이다.

두 관원장과 요셉 :
이들과의 만남은 요셉이 바로의 궁전으로 들어가는 지름길이었다.

하다'라는 뜻이다. 형통이라 말 '찰라흐'(צָלַח)는 의도했던 바를 만족스럽게 성취하는 것을 말한다. 따라서 진정한 번영(형통)은 하나님을 전심으로 구하는 자의 생애 속에 하나님께서 역사하심으로 도래한다(대하 13:21, 대하 26:5). 물론 지금은 인간의 눈에 요셉은 불행하게 보인다. 그러나 여호와를 전심으로 구하는 자에게는 그의 모든 불행을 바꾸어 유익하게 하신다. 우리 역시 그런 형통을 위하여 기도해야 한다(시 118:25). 당연히 그 형통의 과정에서 고난도 포함된다. 그러나 우리는 대체로 그런 결과가 오기까지 인내하지 못한다.

(3) 그러나 요셉은 그런 환경을 조금도 불평하지 않았다. 그를 모함한 보디발의 아내도, 그를 애굽에 팔아버린 자기 형들도 원망하지 않았다. 만약 요셉이 감옥에서 독기(毒氣)를 품고 지났다면, 그는 아마 파멸했을 것이다. 물론 훗날 애굽의 국무총리 자리도 없었을 것이다. 그 고난의 세월을 기다라고 인내하기란 쉽지 않은 일이다. 언제까지 감옥에 있을 것인가? 평생? 아니, 그는 그런 생각을 하지 않는다. 다만 그는 감옥 안에서도 그의 성실함으로 드러낸다. '아마 찬송도 부르면서 지냈겠지? 무슨 찬송을 불렀을까?'

<♬> 아마, "나의 갈길 다가도록"이라는 찬송을 부르면서 지냈을거야. 그치? 설마? 자기가 직접 지은 찬송을 불렀겠지. 어쨌든 어디를 가나 하나님이 늘 그와 함께 하셨다. 그러나 저러나 언제까지 이곳에 있어야지...

3. 그러던 어느 날, 감옥에 거물급 죄인이 두 명이나 들어왔다? 왜? 누구? (40:1-4)

(1) 왕의 '술 맡은 관원'(마쉬케, מַשְׁקֶה - 주류 관리인, 술잔을 올리는 자)과 '떡 굽는 관원'(아파, אֹפֶה)이 왕에게 범죄하여 같은 옥에 갇히게 되었다. 왕의 음식에 독약을 풀었나, 아니면 누명을 썼나? 이들은 왕에게 범죄했다(하테우, חָטְאוּ)고 했다. 어쨌든 들어온지 얼마 안되서 두 놈이 다 꿈을 꾸었다. 무슨 꿈을 꾸었을까? 꿈을 꾸고 일어났는데, 그 꿈의 내용이 생생했다. 그런데, 도대체 그 꿈이 무엇을 가리키는지 알 수가 없었다.

(2) 아침에 요셉이 들어가 보니 신하들의 얼굴에 근심의 빛이 역력했다(6절). 물론 꿈의 내용은 각자 다 달랐다. 아마 둘이 서로가 꾼 꿈에 대해 이야기 하며 고민하고 있었을 것이다. 요셉은 왕의 신하들에게 도대체 무슨 꿈을 꾸었기에 그렇게 금심하고 있는가 하고 물었다.

(3) 신하들 - "우리가 꿈을 꾸었는데, 아무도 풀어줄 사람이 없소."
요셉 - "꿈을 푸는 것은 하나님만이 하시는 것 아닙니까?", "어디 그 꿈 이야기나 나에게 들려주십시오."

(4) 술 맡은 관원장이 꾼 꿈의 내용부터 들어보기로 하자.
(꿈 내용은? 10-12절을 읽어보고)

• 꿈의 내용 : 포도나무 - 세 가지가 있고 - 싹이 나서 꽃이 피고 - 포도송이가 익어서 ⇒ 그 포도즙을 짜서 그 잔을 (　　　　　)에 주었다.

• 이 꿈에 대한 요셉의 해석은 어떠했는가?
(당신은 사흘 안에 다시 복직되고 산다)

• 요셉의 해석 : 세 가지는 (　　　　)이다. 결국 당신은 사흘 안에 다시 전과 같이 복직될 것이다.

(5) 술 맡은 관원장의 꿈은 길몽(吉夢)이었다. 이 꿈의 해석을 듣던 술 맡은 관원장은 얼마나 기분이 좋았을까! 요셉은 이 기회를 놓칠 리 없었다. 요셉은 이 사람에게 무엇이라고 부탁했는가? (14절)

4. 떡 굽는 관원장의 꿈의 내용은? (16-17절) - (당신은 죽는다)

(1) 술 맡은 관원장의 꿈이 길몽(吉夢)이었기에 그것을 보고 있던 떡 굽는 관원장, "요셉 군, 내 꿈도 해몽해주게"

• 꿈의 내용 : 흰 떡 세 광주리 - 바로를 위한 각종 구운 식물이 있었다 ⇒ 그런데 (　　)이 와서 그것을 먹어버렸다.

• 요셉의 해석 : 세 광주리는 (   )이다. 사흘 안에 바로가 머리를 끊고 나무에 매달게 될 것이고 새들이 당신의 몸을 뜯어먹을 것이다.

(2) 떡 굽는 관원장의 꿈은 정 반대였다. 놈은 기분이 나빴겠지. 술 맡은 관원의 꿈 해몽이 좋다고, 자기 꿈도 좋을 줄 알았다(16절). 그런데 정말 꿈의 해석대로 떡 맡은 관원장은 죽었고, 술 맡은 관원장은 다시 복직되었다.

(3) 요셉은 술 맡은 관원장에게 복직되어 나가거든 자기의 사정을 바로 왕에게 고해서 풀려나가게 해달라고 부탁했다(14절). 그런데 그만 그는 요셉의 부탁을 까마득히 잊어버렸다. '잊어버릴 게 따로 있지.' 은혜를 입은 자는 요셉을 잊고 있었다. 그러나 하나님은 여전히 요셉을 기억하고 계셨다(40:23절 참조).

(4) 요셉은 감옥 생활에서 많은 인내를 배웠을 것이다. 그러나 이들의 꿈을 해몽하는 일은 요셉 자신이 아니라 오직 하나님 뿐이라는 사실을 고백하게 된다. 그러나 이들과의 접촉은 훗날 요셉이 바로의 궁전으로 들어가게 되는 계기를 만들었다. 하나님이 예비하신 그 때까지 요셉은 인내를 기르게 하시고, 또 하나님은 주변 역사를 섭리하신다.

바로의 꿈 해석 (41장)

요셉은 꿈과 관련해서 많은 사건들을 만나게 된다. 물론 이 꿈은 요셉 자신의 개인의 영달을 위해 전개되지 아니한다. 바로 왕은 어느 날 이상한 꿈을 꾸게 된다. 애굽의 전 술객과 박사들이 동원되었지만 그 꿈을 해석하는 자가 없었다. 왕은 이 꿈의 내용으로 인해 심히 번민했고, 애굽의 술객과 술사들은 전전긍긍한다. 침묵은 계속 되었을 것이고 궁정 안의 분위기는 침울했을 것이다. 이 절박한 순간에 술 맡은 관원장은 2년전 감옥에서 일어났던 한 일을 기억해 낸다. 요셉이라는 히브리 청년의 꿈 해몽 사건이었다. 이렇게 해서 요셉은 역사의 전면에 등장하기 시작한다.

하나님은
이 때를 위하여
요셉으로 하여금
뜨거운 사막길을
걷게 하셨다.
이미 요셉은
애굽인의 생활과
사고를 익힌 후였다.
이때부터
역사는 숨가쁘게 돌아간다.

1. 앞장의 사건이 있은지 벌써 2년이 지났다. 어느날 애굽의 왕 바로가 비슷한 꿈을 두번이나 꾼다. 무슨 꿈을 꾸었길래?

• 41:1-4 첫 번째 꿈

1 만 이 년 후에
바로가 꿈을 꾼즉 자기가 나일 강 가에 서 있는데
2 보니 아름답고 살진 일곱 암소가
강 가에서 올라와 갈밭에서 뜯어먹고
3 그 뒤에 또 흉하고 파리한 다른 일곱 암소가 나일 강 가에서 올라와
그 소와 함께 나일 강 가에 서 있더니
4 그 흉하고 파리한 소가 그 아름답고 살진 일곱 소를 먹은지라

바로는 곧 깨었다가 다시 꿈을 꾸었다.

• 41:5-7 두 번째 꿈

5 다시 잠이 들어 꿈을 꾸니
한 줄기에 무성하고 충실한 일곱 이삭이 나오고
6 그 후에 또 가늘고 동풍에 마른 일곱 이삭이 나오더니
7 그 가는 일곱 이삭이
무성하고 충실한 일곱 이삭을 삼킨지라
바로가 깬즉 꿈이라

(1) '이상하다, 두 번씩이나 비슷한 꿈을 꾸다니.' 바로는 불안해 했다. 바로는 긴급 명령을 내린다. 애굽의 술객(=마술사)과 박사들을 총동원시킨다. 그리고 꿈을 해석케 한다. 물론 그 꿈을 해석하는 사람이 하나도 없었다.

41:8 아침에 그의 마음이 **번민하여**(파암, פָּעַם)[1)] 사람을 **보내어**
애굽의 점술가(하르톰, חַרְטֹם, magician)와 현인(하캄, חָכָם)들을
모두 **불러**
그들에게 그의 꿈을 **말하였으나**
그것을 바로에게 해석하는 자가 없었더라

1) 파암 - 이 단어가 니팔형 (일반 동사 수동형)으로 쓰였다. '불안하거나 번민하다'라는 의미이다.

(2) '하르톰'은 '마술사, 점쟁이, 점성가'를 말한다(창 41:24; 출 7:11, 22, 8:18). '현인'들은 지혜롭고, 현명한 사람들을 말한다. 이렇게 바로가 꿈으로 시달릴 때, 그의 술 맡은 관원장은 감옥에서의 요셉을 기억해 낸다(10-13절). 감옥에서 요셉은 꿈을 해석해 준 일이 있었다. 그것은 술 맡은 관원이 옥에서 풀려난지 2년 뒤의 일이었다. 무고한 죄로 인해 옥에 갇힌 요셉에게는 감옥에서의 2년간의 세월은 적지 않은 기간이었으리라. 마침내 요셉은 바로 앞에 서게 된다.

2. 요셉은 옥에서 풀려나와 바로가 꾼 꿈을 해석한다. 그 꿈의 내용은 무엇인가? (41:14-33)

(1) 지금 바로는 한시가 급하다. 감옥에 갇혀 있던 요셉에게 급하게 입궁하라는 명령이 하달되었을 것이다. "이에 바로가 사람을 보내어 요셉을 부르매"

(2) 아무리 급해도 수염은 깍고 가야지. 요셉은 급히 수염을 깍고 옷을 갈아 입고 바로 앞에 선다. 왜 수염을 깍고 왕 앞에 섰을까?

3. 지금 요셉을 불러들인 바로는 애굽의 어느 왕조 때의 왕일까?

Close-up

(1) 요셉이 애굽으로 팔려갈 때의 애굽의 왕조는 학자들마다 서로 주장이 다르다. 유진 H. 메릴은 그의 책, 「제사장의 나라(*Kingdom of Priests*)」에서 요셉이 애굽에 내려간 때는 애굽의 제 12왕조 때라고 주장한다. 그 이유를 아래아 같이 설명했다.[1)]

1) 유진 H. 메릴, 「제사장의 나라(*Kingdom of Priests*)」, 곽철호 역 (기독교문서선교회, 1997), 61-69면

(2) 즉, 힉소스인들의 애굽 통치는 요셉의 죽음과 모세의 출생 사이에 끼어든다는 것이다. 이스라엘 백성이 애굽에 몇년간 머물렀느냐에 대해 크게 두 가지 견해가 있는데, 215년간과 430년간 머물렀다는 학설이다.

만약 요셉이 힉소스 궁정에서 섬겼다면 이스라엘의 애굽 체류 기간은 훨씬 줄어들게 된다. 그래서 유진 H. 메릴은 요셉은 힉소스 통치 때가 아닌, 애굽의

제 12왕조 때에 내려갔다고 주장한다. 요셉은 바로의 꿈을 해석하는데 이 바로가 제 12왕조의 세소스트리스 2세(Sesostris 2, 1897-1878)였다는 것이다. 다음과 같은 몇 가지 증거들을 통해 그 주장을 뒷받침 하고 있다. 흥미로운 주장이기 때문에 관심을 갖고 살펴보자. 동교재, 출애굽기, 서론에서 그 설명을 그대로 가져왔다.

- 이 왕의 사업 중 지금도 남아 있는 것은 Bahr Yusef(요셉의 강)이다.
- 이 왕위 재위 연대를 계산하면 세소스트리스 2세는 풍성한 수확기의 마지막 해에 죽었고, 그의 뒤를 이은 세소스트리스 3세(1878-1843)가 기근을 시작하는 해에 통치를 시작한다.
- 요셉 기사에 첫번 째 외국인의 이름은 바로의 친위대장 "보디발"이다. 그런데 성경에서 애굽인이라고 구체적으로 명시된 점은 물론이고(창 39:1), '보디발'(Potiphar) 이름의 뜻은 "레(Re, 애굽의 태양신) 신이 보내주신 자"라는 뜻이다.
- 요셉은 온(On, 혹은 헬리오폴리스)의 제사장 보디베라의 딸 아스낫과 결혼한다(창 41: 15). 그리고 결혼 후에 요셉은 '사브낫바네아'라고 애굽 이름을 갖는다. 셈족 계통의 좋은 이름인 요셉이라는 이름이 셈족 계통인 힉소스 통치 하에서 이름이 바뀐다는 것은 믿기 힘들다.
- 또 요셉이 힉소스 통치 중심의 남쪽 지역인 헬리오폴리스에서 섬기는 본토 애굽인 제사장의 딸과 결혼했다는 것은 이해할 수 없다.
- **요셉이 출옥 후 바로 앞에 섰을 때 수염을 깎았다(창 41:14). 힉소스 왕은 턱수염을 길렀다. 그가 수염을 깎은 것은 왕을 거스리지 않으려 했기 때문이었다.**
- "애굽인들은 히브리인들과 함께 먹지 않았다"(창 43:32). 만약 요셉이 힉소스 왕을 섬기는 대신으로 나타났다면 같은 셈족인을 격리시키는 일은 이상한 일이다.
- 힉소스인들은 목축을 중시했다. 그렇다면 "애굽 사람은 다 목축을 가증히 여긴다"는 말은(창 46:34) 이들이 힉소스인들이 아니라는 증거이다.
- 요셉의 형들은 애굽에 내려가서 요셉 앞에서 자기들끼리 히브리어로 말한다. 요셉이 알아들을 수 없을 것이라고 생각했기 때문이다. 만약 요셉이 힉소스 왕정 하에 있었다면 이들이 히브리어로 말했을 리 없다. 힉소스인들은 어떻든 셈족 방언을 말했고, 그러므로 히브리어를 이해했을 것이다.

(3) 위와 같은 여러 이유를 들어 요셉은 힉소스 통치 때가 아닌 제 12왕조, **암메네메스 2세**(Ammenemes 2)* 때에(1929-1895) 애굽으로 팔려갔을 것이라고 주장한다.

애굽의 제 12왕조

• 암메네메스 1세 : 1991-1962	• 세소스트리스(Sesostris) 1세
• **암메네메스(Ammenemes) 2세**	• 세소스트리스(Sesostris) 2세
• 세소스트리스 3세 : 1878-1843	• 암메네메스(Ammenemes) 3세
• 암메네메스(Ammenemes) 4세	• 솝크네페루(Sobkneferu) : 1789-1786

(4) 힉소스 왕조에 대해 조금 더 계속 설명을 해보자.

힉소스 왕조

- 애굽은 제 12왕조(1991-1786 B.C.) 이전까지는 남과 북으로 갈려 있었다. 그러다가 12왕조에 와서 남쪽(Upper Egypt)과 북쪽(Lower Egypt)이 통일되었다.
- 이 왕조를 이집트의 中王國(Egypt' s Middle Kingdom) 시대라고 부른다. 그러나 13, 14왕조는 아주 나약했다. 따라서 상이집트와 하이집트가 다시 분리된 꼴이 되었다. 이들은 서로 자주 싸웠고, 내란이 그치지 않았다. 결국 애굽은 외국인의 침략을 받게 된다.
- 따라서 애굽은 외국인에 의해서 설립된 힉소스(Hyksos) 왕조가 등장한다. 이 왕조는 셈족 사람들에 의해서 세워진 왕조였다. 이 힉소스 왕조는 제 14왕조에서 제 17왕조까지를 계속 장악했다. 그러니까 이 왕조의 창건자는 애굽인이 아니라 셈 계통의 아시아인이다. 바로 이 힉소스 왕조 때가 요셉의 때였다고 많은 학자들은 보고 있다. 그 당시까지는 애굽에 말(馬)이 없었다. 힉소스 왕조는 말을 이용한 전차(戰車)의 힘으로 애굽 본토인을 장악했을 것이다.
- 위에서 잠간 살펴본 대로 요셉이 이 힉소스 왕조 때 애굽에 내려갔는지 아니면 12왕조 때에 갔는지는 학자들마다 다르다. / (동교재, 출애굽기 서론에서)

꿈(חֲלוֹם) 하롬

꿈 : 구약에서는 하나님이 어떤 개인에게 말씀하실 때 주로 꿈을 이용하셨음을 본다(창 20:3, 31:10, 11, 24, 민 12:6, 욥 33:14-18 참조). 그렇다고 모든 꿈이 꼭 하나님의 계시인가? 물론 그렇지 않다. 꿈은 계시일 수도 있고, 몸이 약한 징후로서 올 수도 있고, 장차 일어날 사건을 예고할 수도 있다. 우리 주위에는 너무 꿈에 의존하는 사람들이 있다. 그러나 구약의 꿈들은조심스럽게 평가해야 한다(렘 23:28이하 참조). 하나님의 기록된 계시보다 더 큰 비중을 꿈에 두면 안된다(신 13:1-4을 읽어보자).

힉소스의 세력은 애굽의 제 13왕조 때에 시작된다. 따라서 12왕조는 애굽의 남쪽 '멤피스'에서 명백을 유지한다. 이 멤피스마져 힉소스의 손에 떨어졌고, 더 남쪽으로 옮겨가다 1633년에 종말을 맞이한다. 제 14왕조는 1603년까지 서부 삼각주 지역을 관할한다. 이 왕조는 힉소스 통치 말기까지 끝까지 버틴다. 그리고 15, 16왕조는 멤피스의 함락과 시작한 왕조들인데 힉소스 통치와 공존하여 힉소스가 1567년 애굽에서 축출될 때까지 유지된다. 17왕조는 세케넨르 2세(1650-1567)에서 부흥한다. 그의 아들 카모세(Kamoses)는 점차 남쪽으로부터 힉소스인을 몰아내기 시작한다. 그러나 그는 죽게 되고 힉소스인은 제 18왕조의 창시자요 그의 형제인 아모스(Ahmose, 1570-1546)에 의해 축출된다. 물론 출애굽은 애굽의 제 18왕조에서 일어난다. ⌟

<여기까지의 설명은 동교재, 출애굽기 서론에서 가져왔다>

4. 다시 본문으로 돌아와서 설명해 보자. 요셉은 바로 왕에게 그가 꾼 꿈의 내용을 해석한다.

(1) 물론 이 꿈의 해석권은 "내게 있는 것이 아니라 '하나님' 께 있음"을 바로에게 주지시킨다(16절). 바로 왕이 꿈을 두 번 겹쳐 꾼 것은 하나님께서 이 일을 정하셨기 때문임을 분명히 설명했다. "하나님이 이 일을 정하셨으니 하나님이 이를 속히 행하시리니"(41:32).

(2) 그 해석 내용은 우리가 이미 잘 알고 있다. 그래도 16-36절까지 읽어보라. 요셉은 꿈을 해석할 뿐만 아니라, 그 대안까지 말하고 있다. 바로의 마음이 얼마나 기쁘며 시원했겠는가! 요셉의 대안책은 무엇인가? (41:34-36).

41:33 이제 바로께서는
명철하고 지혜 있는 사람을 택하여
애굽 땅을 다스리게 하시고
34 바로께서는 또 이같이 행하사 나라 안에 감독관들을 두어
그 일곱 해 풍년에 애굽 땅의 오분의 일을 거두되
35 그들로 장차 올 풍년의 모든 곡물을 거두고
그 곡물을 바로의 손에 돌려 양식을 위하여
각 성읍에 쌓아 두게 하소서
36 이와 같이 그 곡물을 이 땅에 저장하여
애굽 땅에 임할 일곱 해 흉년에 대비하시면
땅이 이 흉년으로 말미암아 망하지 아니하리이다

바로 앞에 선 요셉 : 요셉이 애굽에 왔을 때가 17세였다. 그리고 지금 국무총리로 바로 앞에 선 때가 30세라고 했다(41:46). 몇년 동안 요셉을 훈련시키셨는가?

5. 요셉은 아주 명쾌하게 바로의 꿈을 해석했다. 바로는 현명한 왕이었던 같다. 애굽의 바로는 요셉을 어떻게 대했나?

(1) 바로는 요셉이 하나님의 영에 감동된 사람임을 즉각 알아보았다. '이런 사람은 또 어디가서 찾을 수 있겠는가!'

41:40 너는 내 집을 다스리라 (אַתָּה תִּהְיֶה עַל־בֵּיתִי)
내 백성이 다 네 명령에 복종하리니(יִשַּׁק)[1]
내가 너보다 높은 것은 내 왕좌뿐이니라

(2) "내가 너로 애굽 온 땅의 총리가 되게 하노라"(41:41 이하). 요셉은 애굽의 총리가 되었다. 요셉이 애굽에 왔을 때 그의 나이 17세, 그리고 그는 30세에 감옥에서 구출되어 총리가 되었다(41:46). 왜, 그렇게 하셨을까? 뒷장에서(45장) 우리는 그 해답을 보게 된다. 당시 최강대국 중의 하나인 애굽, 요셉은 그 애굽의 총리가 되었다. 그러나 이 일로 인해 요셉은 교만하지 아니했다. 지나간 역경의 세월이 그를 겸손케 했으리라.

1) 나샤크(נָשַׁק) - 입맞추다, 다루다, 설비되다. / 칼 동사 미완료 "네 말에 따라 내 모든 백성이 다스림을 받을 것이다"(KJV) / "너의 입에 모든 백성이 입맞출 것이다"라고도 번역되어 왔다.

애굽왕 바로가 타는 수레 ⬆

바로는 요셉을 애굽의 총리로 임명하고 자기의 인장 반지를 빼어 요셉의 손에 끼우고, 세마포 옷을 입히고 금사슬을 목에 걸게 하고 자기에게 있는 버금 수레(second chariot, 바로가 타는 수레 다음가는 수레)에 그를 태우고 무리 앞에 사열하게 했다. 그가 지금까지 겪어온 온갖 고난을 잊는 순간이었으리라.

(3) 바로 왕의 기쁨은 말로 다할 수 없었다. 바로는 자기의 인장 반지를 빼어 요셉의 손에 끼운다. 세마포 옷을 입히고, 금사슬을 목에 걸게 하고 버금 수레에 태운다. 인장반지를 소유한 사람은 왕의 권세와 마찬가지 권세를 갖는다. 세마포 옷은 그 당시 최고의 옷감이었다. 버금 수레(둘째 수레)는 바로 왕이 타는 수레에 버금가는 수레라는 말이다. 그리고 백성들에게 공개적으로 소개한다. 그리고 백성들에게 무엇이라고 외치는가? (44절)

41:44 바로가 요셉에게 **이르되**
/나는 — **바로라**
/수족을 놀릴 자가 **없으리라**
/애굽 온 땅에서
/네 허락이 없이는(yet without your permission, וּבִלְעָדֶיךָ)

(4) 바로 왕은 애굽인의 신적 존재였다. 바로가 요셉에게 대한 후대는 파격적인 것이었다. 바로는 요셉의 이름까지 바꾸어주었다.

사브낫 바네아(צָפְנַת פַּעְנֵחַ; 차페프나트 파네아흐): 바로가 요셉에게 지어준 애굽식 이름이다. 이 말의 뜻은 '신이 말하므로 그가 산다'라는 뜻이라고 하나 정확한 해석은 알 수 없다. 아마 '풍성한 생명'을 뜻할 것이라고 본다.

(5) 그리고 애굽에는 연속 풍년이 들었다. 그 풍년이 계속되는 동안 요셉은 부지런히 곡식을 비축했다. 하나님의 약속처럼 7년 풍년 뒤에는 반드시 7년 흉년이 뒤쫓아 올 것이기 때문이다. 요셉은 곡식을 비축하는 일에도 탁월한 행정력을 발휘한다. 보디발의 집에서 가정 총무의 역할이 그에게 크게 도움이 되었을 것이다. 저장한 곡식이 바다 모래같이 많아서 세기를 그쳤다고 했다.

6. 바로는 요셉에게 애굽식 이름을 주고, 또한 애굽 여인을 아내로 준다. 요셉은 제사장의 딸 아스낫과 결혼하여 두 아들을 낳았다.

(1) 두 아들의 이름은? 그리고 그 이름의 뜻은? (41:50-52)

- 첫째 아들 (므낫세, מְנַשֶּׁה - '잊어버림'이라는 뜻)
"하나님이 내게 내 모든 고난과 내 아버지의 온 집 일을 잊어버리게 하셨다"
- 둘째 아들 (에브라임, אֶפְרָיִם - '창성함'이라는 뜻
"에브라임이라 하였으니 하나님이 나를 내가 수고한 땅에서 번성하게 하셨다 함이었더라."

• 30세의 나이 : 이 나이는 한 국가의 지도자가 되기 위한 公的인 연령이다. 회막의 일을 하기 위해 계수한 사람도 30세부터 50세까지 였다(민 4:3). 다윗도 왕의 위에 나아갈 때 그의 나이가 30세 였다(삼하 5:4). 예수님도 그의 공생애의 시작을 30세부터 하신다. 그러기에 옥에서 2년을 더 있게 하신 것인가?

(2) 온 제사장 보디베라의 딸, 아스낫(45절)

• 온(אוֹן) - 하부 애굽에 있는 도시로서 고센 경계의 땅이다. 태양 숭배의 중심지이다. 요셉의 장인 보디베라(포테페라, פּוֹטִי פֶרַע)[1]가 이곳의 제사장이었다(창 41:45, 50, 46:20). 이곳은 수많은 오벨리스크가 세워졌다. 후에 이 도시는 헬리오폴리스(Heliopolis, 태양도시 sun-city)로 지칭되었다. 이 도시는 태양신 라(Ra)의 예배지로 알려져 있었다.[2]

• 아스낫(אָסְנַת) - '네이트(Neith) 여신에 속한'을 의미한다. 유대 전설에 의하면, 이 아스낫은 요셉과 결혼할 때에 자기의 섬기던 이방 종교를 공식적으로 포기하고 여호와를 섬기는 자가 되었다고 한다. 요셉과 아스낫에게서 이들로부터 므낫세와 에브라임이 태어났다.

(3) 요셉은 풍년이 들었을 때에 두 아들을 얻었다. 요셉은 하나님의 크신 은혜를 기억하고 아들들의 이름을 지었다. 지나온 과거를 돌아보니 얼마나 놀라운 하

1) '레(태양신)가준자'라는뜻이다.

2) 이 이름은 70인역본의 출 1:11에 나온다(καὶ **Ων** ἥ ἐστιν Ἡλίου πόλις - LXX). 오늘날 텔 히슨(Tell Hisn) 그리고 마타리예(Matariyeh)로 지칭되는 온은 고대부터 애굽인들의 태양신 숭배의 주요 중심지였다. <바이블렉스>

나님의 축복인가! 요셉, 그가 가는 길목, 길목마다 역경이 그를 기다리고 있었지만 그것은 훌륭한 인격자로 키우시기 위한 하나의 훈련 코스들이었다. 그는 그 역경 속에서 애굽을 총리할 수 있는 자격을 갖추었다.

(4) 칠 년 동안 연속 풍년이 지나갔다. 그리고 뒤이어 흉년이 시작되었다. 그 흉년은 애굽 지역뿐만 아니라 가나안 땅까지 미쳤던 광범위한 것이었다. 물론 애굽은 이 흉년 때문에 타격을 받지 아니한다. 요셉 총리 덕분이었다. 문제는 애굽을 제외한 전 지역이었다. 각국의 백성이 양식을 사러 애굽으로 몰려들었다.

적용을 위한 묵상

- 이제는 더 이상 부러울 것이 없는 국무 총리의 자리, 그러나 요셉은 교만하지 않았다. 우리도 그럴 수 있을까? 아마 힘들껄! 별것도 아닌 자리에 목에 힘을 주는 판인데… 나이가 들어가면 없던 명예심이 생긴다던데. 뭘!

- 요셉의 그 끝없는 겸손은 어디로부터 오는 것인가? 천성? 역경? 교육?

- 요셉을 총리의 자리에 앉히게 하시려는 하나님의 섭리의 과정 과정들, 그 계단 밑에는 눈물도 고여 있었으리라. 겉으로 드러난 요셉의 성공(?) 과정을 자신과 동일시 하는 무지 때문에 우리는 골치가 아프다. 왜, 하나님은 요셉을 그 자리에 앉히시려는걸까?

- 성경은 어떤 한 인간을 우상화시키려 하지 않는다. 요셉은 하나님의 나라 건설을 위한 하나님의 도구였을 뿐이다. 그는 하나님의 뜻을 분명히 알았고, 그래서 그에게 주어진 환경에서 최선을 다했다는 것이다. 그런데 우리는, 그의 성공만을 기억하려 한다. 그는 결코 국무총리가 되려고 야망을 가진 적이 없다. 그는 자기가 어떤 환경에 처해 있든, 그의 신실함을 지켜나갔을 뿐이다. 어떤 역경 속에서도 신실했던 야곱은 어느 사이 애굽을 통치할 수 있는 능력이 갖추어져 있었다. 하나님은 애굽에 팔려온 요셉을 하나님 자신의 계획을 위하여 그의 생애를 섭리하신 것이다. 거기에는 오직 신실한 순종만 있었을 뿐이다.

- 요셉이 만일 위대한 점이 있다면, 그는 자기가 왜 이곳에 오게 되었으며, 왜 하나님이 자기 자신을 은혜로 인도하셨는가를 분명히 알고 있었다는 점일 것이다. 45:5-8을 미리 읽어볼까? 따라서 그는 겸손하지 않을 수 없었으리라.

애굽에 온 요셉의 형제들 (42장)

흉년은 광범위하게 나타났다. 애굽은 물론 가나안 땅도 흉년으로 인해 모든 사람이 굶주렸다. 물론 그 파장은 야곱 군단에게도 미쳤다. 결국 야곱의 아들들이 애굽으로 식량을 구하러 오게 될 것이다. 요셉은 그것을 잘 알고 있었다. 야곱의 자녀들은 애굽이라는 둥지 안에서 커다란 민족으로 태어나야 한다. 그것은 오래 전에 아브라함에게 이미 예언된 것이었다. 아브라함의 자손은 이방인의 손에서 400여년간을 지내야 한다. 그리고 커다란 민족이 되어 출애굽을 할 것이다. 자식이 태어나지 않아 안타까워 하는 아브라함에게 주신 하나님의 약속이었다(창 15:13).

1. 온 땅에 흉년이 들어 그 양상이 심각했다(41:57). 가나안도 흉년이 들었다. 야곱은 자기 아들들에게 무엇이라고 했는가? (42:1-2)

(1) 요셉은 애굽의 총리가 되었다. 이제 그는 새로운 생활을 즐기고 있다. 그 옛날 가나안의 일쯤은 생각할 필요가 없지 않은가. 그러나 하나님은 이 요셉을 통한 원대한 계획을 가지고 계셨다. 칠년 동안의 풍년이 끝나고 일곱해 흉년이 들기 시작한다(41:54).

(2) 야곱은 지금 굶고 있으면서도 서로 쳐다 보기만 하는 아들들에게 무엇이라고 야단치는가?

42:1 그 때에
    야곱이 애굽에 곡식이 있음을 보고
    [그가] —— 아들들에게 **이르되**
        /너희는 어찌하여 서로 바라보고만 있느냐
        (לָמָּה תִּתְרָאוּ[1])

1) 티투라우 : 라아(רָאָה) 동사의 히트파엘 (재귀형 강조) 동사이다.

(3) 애굽에서 곡식을 살 수 있다는 소식은 야곱에게도 알려졌다. 이들에게는 지금 생존이 문제였다. 이제 더이상 미루다가는 가족 전체가 굶어죽어야 할 판이다. 그런데도 자식들은 서로 관망만 하고 있다. 비록 야곱은 늙었지만 이럴 때 가만히 있어서는 안 된다는 것을 알고 있었다. 그의 과거의 경험에서 얻어진 결론이었다. 그런데 곡식을 구할 수 있는 곳은 오직 애굽밖에 없다. 그곳에 가서 양식을 사오라는 것이다.

(3) '애굽'이라는 말만 들어도 가슴이 덜컹 내려앉는 야곱의 자식들, 그들은 아주 먼 옛날 자기 동생 요셉을 애굽에다 판 일을 생각해 냈을 것이다. 그래서 이들은 누구 하나 선듯 곡식을 사러가겠다고 나서지 않았을 것이다.

2. 그러나 결국 야곱의 아들들도 곡식을 구하러 애굽으로 가게 된다. 더이상은 견딜 수 없었기 때문이다. 몇명이 애굽을 향해 출발했는가? (42:3)

42:3 요셉의 형 열 사람이 애굽에서 곡식을 사려고 내려갔으나
4 야곱이 —— **보내지 아니하였으니**
/요셉의 아우 베냐민은
/그의 형들과 함께
//이는 (이유, כִּי)
그의 생각에 재난이 그에게 미칠까 두려워함이었더라

(1) 그러니까 이 숫자는 요셉과 베냐민이 포함 안된 숫자였다. 어쨌든 집안 식구가 총 출동했다. 당시 기근이 매우 심각했던 모양이다. 이들이 애굽에 올 때 야곱은 베냐민을 보내지 아니했다.

(2) 왜, 그랬을까? (4절) 아마 그의 형 요셉 문제 때문에 베냐민을 보내고 싶지 않았을 것이다. 형들은 양식을 구할 수 있다는 소식에 200마일 이상 떨어진 애굽을 두번이나 왕복한다. 이스라엘에서는 애굽으로 양식을 사러 가는 사람들이 많이 있었다. 어쨌든 이들 일행과 함께 야곱의 아들들은 애굽으로 갔을 것이다.

42:5 이스라엘의 아들들이 양식 사러 간 자 중에 있으니
//(이유, כִּי)
가나안 땅에 기근이 있음이라

(3) 요셉은 총리로서 직접 곡물 판매를 관장하고 있었다. 물론 그럴 이유가 있었다. 형들을 만날 수 있는 유일한 기회를 포착하기 위해서였다. 드디어 형들이 요셉 앞에서 땅에 엎드려 절한다. 그렇게 기다렸던 형들이 지금 요셉 앞에 머리를 땅에 대고 엎드려 있지 아니한가.

얼마나 놀라운 일인가! 그 옛날 꿈꾸었던 내용이 그대로 성취되고 있지 아니한가! 기쁜 마음으로야 당장 자신의 정체를 밝히고 통곡하고 싶었을 것이다. 그러나 그는 절제하고 있었다.

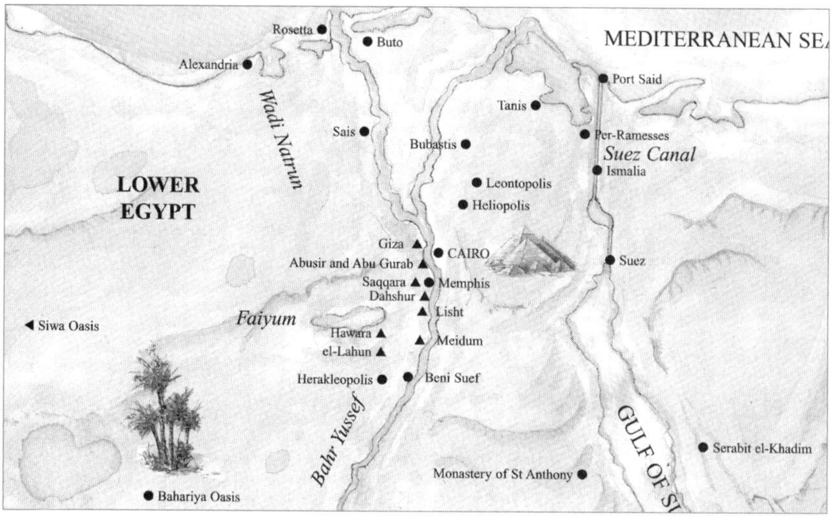

당신들, 정탐들이지? (42:6-38)

1. 요셉은 틀림없이 자기 형제들도 곡식을 사러 올 줄 알았을 것이다. 그런데 정말 형제들이 곡식을 사러 요셉 앞에 나타났다(42:6). 그렇다고 당장 본인의 정체를 드러낼 수 없었다. 왜 요셉은 형들을 보고 모르는 체 했을까?

(1) 우선 그들의 과거의 죄를 생각나게 해야 했고, 또 그들 형제가 변화되었는지도 알아야 했기 때문이었다. "당신들, 이 나라를 엿보려고 온 정탐들이지?" 지금 그러지 않아도 오금이 저리는 판인데, 당대의 최대의 대국 애굽의 국무총리가 으름장을 넣고 있지 아니한가.

42:7 요셉이 ─┬ **보고** 형들인 줄을 **아나 모르는 체하고**
　　　　　　├ **말하여**
　　　　　　│　/엄한(קְשׁוֹת) 소리로
　　　　　　│　/그들에게
　　　　　　└ **이르되**
　　　　　　　　/너희가 어디서 왔느냐
　　그들이 ── **이르되**
　　　　　　　　/곡물을 사려고 가나안에서 왔나이다

(2) 엄한(קָשֶׁה; 카쉐, roughly) : '호된, 잔인하게, 고통스러운, 완고한, 거친' 등의

뜻이 있다. 이렇게 요셉이 자기 형들에게 거칠게 말한 이유가 어디 있을까? 처음 형들을 대할 때 요셉은 전혀 미운 마음이 없었을까? 아니면 자제하고 있는 것일까? 전혀 그런 마음이 없었다면 왜 그랬을까? 요셉은 오랜 세월을 지내는 동안 형들에 대한 그리움이 미움보다 더 컸을 것이다. 무엇보다 요셉은 왜 하나님께서 이곳에 미리 오게 하셨는지를 깨닫고 있었다. 어쨌든 지금 요셉은 거친 소리로 자기 형제들을 향해 이 나라를 정탐하러 온 자들이 아니냐고 윽박지르고 있다.

(3) 요셉은 두 번이나 그의 형들은 엄하게 대했는데, 그것은 그 옛날 일을 보복하려고 했던 것이 아니었다. 요셉은 적어도 하나님이 자신을 그들 보다 먼저 애굽에 보낸 이유를 알고 있었다. 요셉의 형들은 이런 사실을 이해해야할 필요가 있었다. 이 형들은 하나님의 공의와 자신들의 범죄를 스스로 인정했다.

2. 자꾸만 다구치는 애굽의 총리, 이들은 애굽 총리(요셉)에게 무엇이라고 변명하고 있는가? (42:13)

(1) "우리는 다 형제들인데, — 자초지종 — 그런데 말째 아들은 아버지와 같이 있고, 또 한 사람은 (**없어졌나이다**)" - 두근두근. 그 옛날 동생 요셉을 애굽에 판 일 때문에 애굽에 오는 것 자체를 두려워 했던 야곱의 아들들이 아닌가! 그런데, 정말 우려했던 상황이 벌어지고 있다. 상황이 몹씨 급해진 형들은 요셉이 묻지도 아니한 말들을 떨어놓았다.

(2) 요셉의 17세의 모습만을 기억하고 있는 이들에게는 지금 이렇게도 변한, 더욱이 총리가 입고 있는 의복 등으로 인하여 알아볼 수 없었을 것이다.

3. 삼일 만에 풀어주면서 하는 말이 무엇이었는가? (42:20)

(1) 어쨌든 요셉은 이들을 3일 동안 가두었다(17절).
"그래 너희들이 정말 정탐이 아니라면, 너희 중 한 사람만 인질로 남아있고 다른 형제들은 다 돌아가라. 가서 마지막 아우 베냐민을 데려오라. 그리해야 너희 말이 진짜인줄 믿겠다. 그래야 너희들이 죽지 아니하리라." 아이고 갈수록 태산이네. 그러나 지금 어느 안전이라고 거절을 하겠는가!

(2) 이들은 과거 요셉을 애굽 노예상인에게 판 일을 뉘우치고 있었다. "우리가 아우 요셉을 인하여 범죄하였도다"(42:21). "그가 살려달라고 할 때에 그 마음의

괴로움을 보고도 듣지 아니하였으므로…그러므로 그의 피값을 내게 되었도다"(22절). 이 형제들은 요셉이 이런 말들을 다 듣고 있는 줄도 몰랐다. 통역을 세웠기에 못알아듣는 줄 알았기에 자기들끼리 탄식하고 있다.

• 요셉이 당하는 고난과 그 고난을 통해 인격을 형성하시는 하나님

• 총리로서의 자격을 갖추기 위한 훈련단계, 왜 그런 훈련이 필요한가?

• 요셉과 형들의 삶을 대조해 보라.

4. 요셉은 그만 그 정을 이기지 못해 몰래 가서 울어버린다(24절). 그리고 어떤 작전을 세웠는가? 왜? (42:25)

(1) 그리고 그 형제 중 시므온을 결박하고, 다른 형제들은 양식을 주어 보낸다. 나중에 집으로 오는 도중 보니까 곡식 사려고 가지고 왔던 돈이 그대로 다 자루 속에 들어 있었다. 집에 와서 보니까 자루 마다 다 돈이 들어 있지 아니한가!(35절) '이제, 우린 죽었다.' 지금 이들은 혼이 나서 떨고 있다(28절). "오 하나님, 어찌하시려고 우리를 이 상황으로 몰고 가시는가요?"

(2) "아버지, 여차여차 해서, -- 설명, 또 설명, 그리고 말째 아우를 데려오래요"(34절). 기절 직전의 야곱, "야, 이놈들아. 너희가 나로 나의 자식들을 잃게 하였도다. 요셉도 없어졌고, 시므온도 없어졌는데, 뭐라고 이제는 또 베냐민까지 빼앗아 가려고 하느냐, 이놈들아!"(36절).

5. 이때 장남 르우벤이 나선다. 그는 아버지께 어떤 제안을 했는가? (42:37)

르우벤은 자기의 두 아들의 생명을 걸고 베냐민을 데리고 갔다, 다시 데려오겠다고 아버지를 설득했다. 그러나 야곱은 고개를 흔든다. 야곱이 요셉을 잃은 슬픔이 어떠한 가를 알 수 있다. 잘못하면 요셉에 이어 시므온과 베냐민까지 잃지 않을까 걱정하고 있다(38절).

적용을 위한 묵상

• 아주 밉고 미웠던 요셉을 애굽에 팔아버리고, 그리고 끝내 그 비밀을 유지했던 야곱의 아들들, 그들은 이제는 애굽의 총리가 된 요셉의 위엄 앞에 어쩔줄을 몰라 한다. 이렇게 될 줄 알았으면 애굽에 팔아버릴 수가 없었겠지! 아마 완전한 범죄는 없다고 하지! 적어도 하나님 앞에서는...

• 우리 같으면 형이고 뭐고 한번 되게 혼을 내줄텐데. 요셉의 인격은 성숙해져 있었다. 형을 보고 그 정을 이기지 못하고 몰래 울어버린 요셉의 마음에서 우리는 예수님의 온유하심을 기억한다. 요셉은 예수님의 모형이라지?

• 늦게나마 후회하는 요셉의 형들(42:21-22), 그들을 형제로서 맞아들이는 요셉, 야곱 군단을 애굽으로 이끄시려는 하나님의 섭리. 그리고 역사는 계속된다.

42:7 **요셉이 보고 형들인 줄을 아나 모르는 체하고 엄한 소리로 그들에게 말하여 이르되**
너희가 어디서 왔느냐 그들이 이르되 곡물을 사려고 가나안에서 왔나이다
8 요셉은 그의 형들을 알아보았으나 그들은 요셉을 알아보지 못하더라
9 요셉이 그들에게 대하여 꾼 꿈을 생각하고 그들에게 이르되
너희는 정탐꾼들이라 이 나라의 틈을 엿보려고 왔느니라
10 그들이 그에게 이르되 내 주여 아니니이다
당신의 종들은 곡물을 사러 왔나이다
11 우리는 다 한 사람의 아들들로서 확실한 자들이니
당신의 종들은 정탐꾼이 아니니이다
12 요셉이 그들에게 이르되 아니라 너희가 이 나라의 틈을 엿보러 왔느니라
13 그들이 이르되 당신의 종 우리들은 열두 형제로서 가나안 땅 한 사람의 아들들이라
막내 아들은 오늘 아버지와 함께 있고 또 하나는 없어졌나이다
14 요셉이 그들에게 이르되 내가 너희에게 이르기를
너희는 정탐꾼들이라 한 말이 이것이니라
15 너희는 이같이 하여 너희 진실함을 증명할 것이라
바로의 생명으로 맹세하노니
너희 막내 아우가 여기 오지 아니하면 너희가 여기서 나가지 못하리라

창세기 39-42장 요약 정리

Summary

- 요셉은 애굽의 누구에게 팔렸는가? (1절)
- 요셉은 보디발의 집에서 어떻게 지냈는가? (6절)
- 요셉이 주인에게 대한 태도는 어떠했는가? '섬긴다'(4절)는 말은 어떤 의미인가? 요셉의 성실함에서 느끼는 점은 무엇인가?
- 보디발은 요셉에게서 어떤 점을 발견했는가? (3절)
- 하나님은 늘 요셉과 함께 하심으로 형통케 되었다. 하나님은 왜 요셉과 늘 함께 하시는가?
- 보디발의 처의 유혹을 요셉은 어떻게 이길 수 있었는가?
- 성적 유혹을 이길 수 있는 최선의 방법은 무엇일까?
- 요셉은 무고하게 옥에 갇혔으나 그곳에서도 하나님은 그를 형통케 하셨다. 감옥에 있는데 그것이 어찌 형통일 수 있는가? 형통에 대한 성경적 개념을 말해보라.

- 요셉이 갇힌 감옥은 어떤 곳인가? 그는 그 감옥에서 어떤 일을 했는가?
- 그 감옥에서 요셉은 몇년을 사는가?
- 두 관원장이 꾼 꿈의 내용과 이를 해몽한 내용을 설명해 보라.
- 꿈은 계시의 수단인가? 요셉이 꾼 많은 꿈은 어떤 의미의 꿈인가, 교역자의 안내를 받고 꿈에 대한 신학적인 의미를 정리해 보라.
- 감옥에서 요셉이 꿈을 해몽한 사건은 훗날의 역사와 어떻게 연결되었는가?

- 바로는 어떤 꿈을 꾸웠으며, 요셉은 어떻게 이 꿈을 해몽했는가 그 과정을 설명해 보라.
- 요셉은 꿈 해몽과 함께 그 대안까지 제시했다. 이로 인해 요셉은 일약 총리로 발탁되었다. 요셉이 총리가 된 사건을 하나님의 구속 역사와 관련해 설명해 보라.
- 바로의 꿈 내용은 어떻게 성취되었나? 그리고 어떻게 요셉의 형들이 애굽에 곡식을 사러오게 되었는지 그 과정을 설명해 보라.

- 각자의 자루에서 돈이 발견되었을 때 이 아들들의 태도는 어떠했을까?

- 아들들의 자세한 보고를 받은 야곱의 심경을 이야기 해보라. 이제 또다시 베냐만을 보내야 한다니!! 사랑하던 라헬의 소생이었던 요셉을 잃은 것만 해도 견딜 수 없었는데, 이제 또 베냐민마져 없어진다면 나는 더이상 살아갈 의미가 없지 않느냐! 이 놈들...

- 르우벤의 갑작스런 제안에 야곱은 더욱 슬픔 속에 빠진다. 아, 삶이 너무 고달프구나!!

152

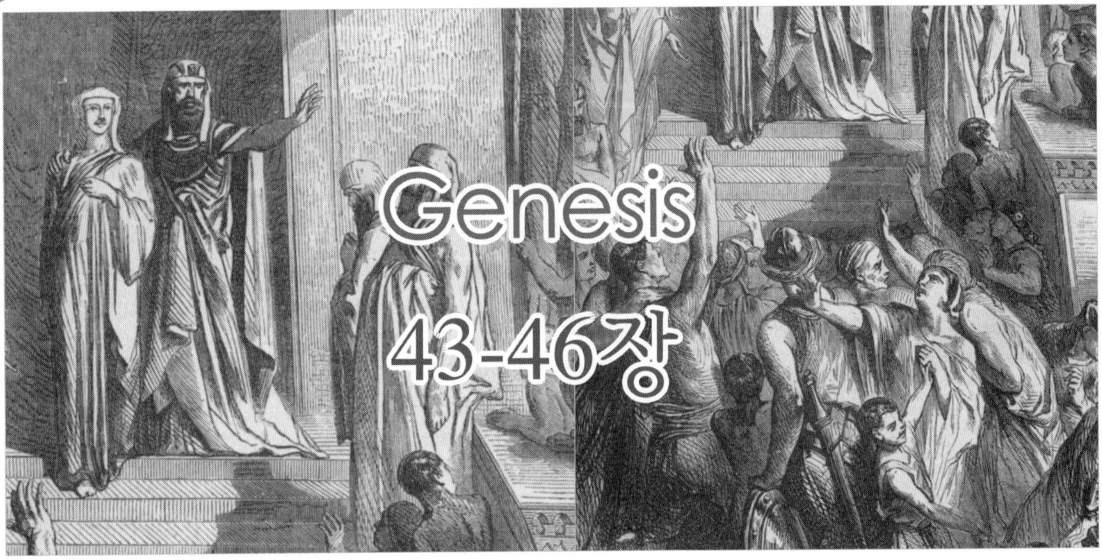

야곱의 가족 애굽에 도착

기근은 계속되고 있었다. 어렵게 애굽에서 양식을 사왔지만 야곱은 걱정이 이만 저만이 아니다. 양식은 조금 구해왔지만 시므온은 볼모로 잡혀버렸다. 이제 애굽에서 가지고 온 양식도 다 떨어졌다. 이들은 다시 애굽으로 양식을 사러가야 한다. 그러나 베냐민을 데려오지 않으면 양식은 커녕 죽게될 판이지 않는가. 야곱은 노년이 되어도 고난이 그치지 않는다. 그러나 언제까지나 결정을 미룰 수는 없었다. 그렇다고 차마 베냐민을 보내기는 죽기 보다도 싫었다. 이렇게 야곱은 결단을 내리지 못하고 지체하고 있었다. 벌써 그 시간이면 애굽을 두번이나 다녀올 기간이 흘렀다(43:10).

이런 상황에서 유다가 나선다. 그는 자신을 담보로 베냐민에게 어떤 어려움도 당하지 않게 하겠다고 다짐한다. 결국 야곱은 결단을 내린다. 그는 자기의 고집을 꺾고 베냐민을 보내기로 한다. 그는 지금까지 자기를 지켜주신 여호와 하나님의 신실하심을 기억했다. 아마 야곱은 기나긴 환상에서 깨어났으리라. 그는 지금까지 다른 아들보다 라헬의 아들들만을 지나치게 사랑했음을 깨닫게 되었다. 야곱은 베냐민을 애굽으로 보내기로 한다. 비록 일이 잘못되어 베냐민을 잃게 되더라도 그것 때문에 슬퍼하지 않기로 마음 먹었다. 총리에게 줄 선물도 준비하고 전보다 배나 되는 금액을 준비해 가지고 가게 되었다.

이들 형제들은 베냐민을 데리고 애굽에 다시 가게 된다. 이들 형제를 다시 만난 요셉은 결국 자기 자신의 정체를 밝힌다. 요셉은 베냐민을 남기려는 계획을 세운다. 결국 야곱은 요셉이 지금까지 살아 있었고 지금은 애굽의 총리가 되었다는 놀라운 소식을 접한다. 야곱은 비록 요셉의 생존을 알고 기뻐했지만 그는 애굽으로 내려가기를 두려워한다(46:3). 그러나 하나님은 두려워하는 야곱에게 나타나 어떻게 말씀하시는가? 하나님은 야곱에게 애굽으로 이주를 명하셨고, 그와 함께 동행하실 것을 약속하신다. 이렇게 해서 야곱 군단은 이미 총리가 되어 있는 요셉의 안내로 애굽에 정착하게 된다. 이들은 이방인의 객이 되어 400여년간을 애굽에서 정착한다. 그리고 애굽이라는 둥지 안에서 커다란 민족으로 성장하게 된다.

Outline **43-46장**

- 열두 형제의 만남 (43장)
  요셉의 형들이 두번째로 애굽에 감(43:1-15).
  요셉과 베냐민이 만남(43:16-34)
- 베냐민을 만나기 위한 요셉의 계획 (44장)
  베냐민을 위해서 유다가 나서서 호소함(44:14-34)
- 형제들에게 신분을 밝히는 요셉 (45장)
  요셉의 야곱 초청 / 가나안으로 돌아온 형제들 (43:9-28)
- 야곱의 가족 애굽에 도착 (46장)
  가족수 (46:8-28) / 요셉과 야곱의 만남(46:29-34)

- 아브라함의 부르심, 하나님은 이 한 사람을 통해, 이 지상의 하나님 나라의 실현을 약속하셨다. 그를 통해 만민이 (구원의) 복을 받게 될 것이다(창 12:1-3). 하나님은 그에게 축복의 땅을 약속하셨고, 크고 위대한 민족이 될 것임을 보여주셨다.

- 하나님의 특별하신 계획, 그것은 아브라함을 통해 큰 민족을 이루는 것이었다. 이제 야곱 군단은 그의 전 부대를 동원해(도합 70명, 출 1:5), 요셉이 국무총리로 있는 애굽 행을 택한다. 여기서 큰 민족으로서의 부화가 있게 될 것이다. 430년 동안에.

▶ 43장 - 열두 형제의 만남

- 야곱의 아들들은 애굽으로 가서 양식을 구해오기는 했지만 대신 시므온이 볼모로 잡혀야 했다. 야곱은 이런 소식에 충격을 받았다.
- 이런 소식에 이어 이번에는 막내 아들 베냐민까지 데려오라는 것이었다. 야곱은 선뜻 베냐민의 동행을 허락치 못하고 고민하지만 결국 베냐민을 애굽으로 보내기로 한다.
- 애굽과 그 주변 나라들은 극심한 가뭄이 들었는데, 이들 지역의 생사가 요셉의 손에 달려 있다(창 41:57).

▶ 45장 : 형제들에게 신분을 밝히는 요셉

- 결국 요셉은 자기 형제들에게 자신의 정체를 밝히고, 형제들은 물론 부친 야곱까지 애굽으로 인도한다.

▶ 46장 : 야곱의 가족 애굽에 도착 (46:8-28)

- 야곱과 함께 애굽으로 이주하게 된 숫자 : 레아에게서 낳은 33명(8-15절), 실바의 소생 16명(16-18절), 라헬의 소생 14명(19-22절), 빌하의 소생 7명(23-25절)으로서, 야곱의 자부를 제외한 자손 66명. 여기에 야곱, 요셉과 그의 두 아들을 더하면 모두 70명이 된다(출 1:5 참조). 사도행전 7장 14절은 가족이 75명이라고 했는데, 아마도 에브라임과 므낫세의 다섯 자녀를 포함시킨 듯하다. (대상 7:14- 참조)

- 요셉과 야곱의 재회 장면(46:29-34).
- 이런 일련의 사건에서 요셉은 열두 지파를 보존하시려는 하나님의 섭리의 수단이었음을 본다. 그래서 이스라엘 민족은 애굽이라는 둥지 안에서 하나의 국가가 될 정도로 숫적 성장이 있게 된다.

▶ 아브라함을 통한 하나님의 계획

- 아브라함을 통한 하나님의 계획은 그의 자손들로 하여금 '큰 민족'을 이루게 하시는 것이었다(창 12:2). 이제 그의 후손들을 통해 지상의 하나님 나라가 형성케 될 것이다. 구속 받은 하나님의 백성들이 창대하게 될 것이었다. 이제 이들 민족을 통해 세상의 많은 족속들이 복을 받게 될 거이다(창 12:3). 아브라함에게 주어진 약속은 이미 오래 전에 주어졌다(창 15:13-14).

혈육의 정 (43장)

굶주림을 면하기 위해 자기 아들들을 총동원시켜 애굽으로 식량을 사러 보낸 야곱, 결국 이 아들들은 양식을 구해오기는 했지만 시므온이 볼모로 잡힌 뒤였다. 시므온이 볼모로 잡혔다는 충격적인 소식에 아연실색하는 야곱, 그러나 보다 큰 절망은 이번에는 막내 아들 베냐민을 데려오라는 것이었다. 야곱은 이 일로 몹시 고민하지만 결국 베냐민을 애굽으로 보내기로 작정한다. 이 급박한 환경으로 인해 야곱의 아직까지도 굳어 있던 부분이 깨어지고 있다. 하나님은 환경을 통하여 한 영혼을 성화시키고 계신다.

1. 상황은 급박해졌다. 가뭄은 곧 끝날 것같지 않았다. 그런데도 이들이 애굽으로 선뜻 가지 못하는 이유는 무엇이었나?

43:3-5

(1) 어쨌든 온 가족의 굶주림을 면하기 위해서는 양식을 다시 사러가야 한다. 가뭄이 계속되고 있었기 때문이다. 야곱의 마음은 착잡했다. 양식은 다 떨어졌고, 그렇다고 애굽으로 베냐민을 보낸다면 그 또한 못할 일이었다. "그러게, 왜 아우가 있다고 그래가지고 나로하여금 이런 곤경에 빠뜨리게 하느냐, 이 못난 녀석들아!!"(6절) "제가 그럴 줄 알고 그랬나요, 그분이 하도 43:7처럼 물어보길래 그렇게 대답했지요."

(2) 야곱은 막내 아들 베냐민을 내놓지 않으려고 한다. 유다는 아버지 야곱에게 애굽에 있는 그 사람의 명령이 얼마나 추상같았었나를 설명했다. 만약 베냐민과 함께 가지 않는다면 결코 애굽으로 갈 수 없다는 것이었다.

2. 이때 유다가 나서서 어떤 제안을 하는가? 왜 유다가 앞장 서서 이야기 하고 있을까?

43:8-10

(1) 유다는 아버지께 자신을 담보로 베냐민에게 해(害)가 가지 않게 하겠다고 약속한다(8-10절). 유다는 전날 요셉을 죽여버리자는 형제들의 안에 브레이크를 걸고 나온 일이 있었다(창 37:26). 그래서 요셉은 유다의 제안대로 죽임을 당하지

않고 미디안 상인들에게 팔렸다. 유다는 그의 형제들을 설득한 것으로 보아 성격이 적극적이었던 것같다. 유다의 제안은 무엇이었는가? 유다는 정말로 자기 목숨을 걸고 베냐민의 안전한 귀가(歸家)를 보장했다(44:32-34을 보라*).

(2) 결국 야곱은 그의 고집을 꺾는다(11절상, 13절).

43:11 그들의 아버지 이스라엘이
그들에게 **이르되**
//그러할진대(=만일 그래야 한다면)
이렇게 하라
너희는 이 땅의 아름다운 소산을 그릇에 담아가지고
내려가서 그 사람에게 예물(민하, מִנְחָה)[1]로 드릴지니
곧 유향 조금과 꿀 조금과 향품과 몰약과
유향나무 열매와 감복숭아이니라

12 너희 손에 갑절의 돈을 **가지고**
너희 자루 아귀에 도로 넣어져 있던 그 돈을
다시 **가지고 가라**
혹(울라이, אוּלַי)[2] 잘못이 있었을까 두렵도다

13 네 아우도 **데리고** 떠나 **다시**(슈브, שׁוּב) 그 사람에게로 **가라**

(3) 야곱은 더이상 라헬의 아들을 다른 아들들과 구별치 않는다. 그는 지금까지 얼마나 라헬의 아들들만을 편애해왔던가! 그것은 옳지 않은 일이었다. 어떻게 하든지 베냐민만은 보내지 않으려고 몸부림 치는 야곱을 보라. 그러나 야곱은 더이상 버틸 수 있는 환경이 못되었다. 결국 베냐민을 내놓지만 그는 이 순간 전능하신 하나님을 바라본다.

(4) 그는 하나님을 "엘 샤다이"(God Almighty)라고 부름으로써(14절) 언약의 하나님께서 이 문제를 해결해 주시리라는 믿음을 갖고 있었음을 본다. 이제, 야곱에게 최후까지 남아있던 삶의 찌꺼기를 걸러내는 순간이었다. 그의 신앙의 극치(極致)를 보라. "내가 자식을 잃게 되면 잃으리로다"

• 전능하신 하나님(אֵל שַׁדַּי, 엘 샤다이, God Almighty) : 여기서 야곱은 하나님을 '엘 샤다이' (=전능하신 하나님)로 부르고 있다. 이 호칭은 하나님의 언약에 대한 깊은 신앙을 나타내는 말이다. '엘 샤다이' 는 아브라함과 언약을 맺으실 때(창 17:1)와 이삭에게 하나님의 축복이 계승될 것을

• 창 44:32 "주의 종이 내 아버지에게 아이를 담보하기를 내가 이를 아버지께로 데리고 돌아오지 아니하면 영영히 아버지께 죄짐을 지리이다 하였사오니 33 이제 주의 종으로 그 아이를 대신하여 머물러 있어 내 주의 종이 되게 하시고 그 아이는 그의 형제들과 함께 올려 보내소서 34 그 아이가 나와 함께 가지 아니하면 내가 어찌 내 아버지에게로 올라갈 수 있으리이까 두렵건대 재해가 내 아버지에게 미침을 보리이다."

1) 민하 - 여기서는 사람이 사람에게 주는 선물을 의미한다. 야곱의 아들들이 요셉에게 (창 43:11, 15, 26) 드린 예물을 가리킨다. 특히 왕에게 바치는 선물에서 사용되었는데, 이는 그 사람에게 대한 존경 혹은 복종의 태도를 나타낸다(삼상 10:27).

2) 아마, 가정하다, 상상하다, 만일~이라면 / 의심이나 두려움을 가지고 '~인지 어떤지' (창 24:5, 27:12; 수 9:7)

말씀하실 때(창 28:3), 그리고 밧단아람에서 야곱에게 아브라함과 이삭에게 준 축복을 약속하실 때 계시하신 호칭이었다. 야곱이 여기서 하나님을 처음으로 '엘 샤다이' 라고 부른 것은 자기가 받은 하나님의 언약에 대한 확실한 신앙을 고백한 것으로 보여진다. 그 언약을 생각하면서 "내가 자식을 잃으면 잃으리이다"라고 했다. 우리는 지금 그의 깊은 신앙의 성장을 볼 수 있다. 이런 야곱의 고백이 있게 되자, 하나님은 모든 문제를 다 풀어주신다. 시므온의 문제도, 베냐민의 문제도 해결되고, 더욱이 요셉이 어떻게 영화롭게 되었는가를 '비로소' 알게 되었다.

3. 야곱의 신앙고백적 허락을 보라.

43:14 하나님께서 —— 베푸사
/전능하신
/은혜를(라함, רַחַם, 동정, 연민)
/그 사람 앞에서 너희에게
돌려보내게 하시기를 원하노라(וְשִׁלַּח)[1]
/그 사람으로 너희 다른 형제와 베냐민을
/[만일, כַּאֲשֶׁר]
내가 — 자식을 잃게 되면 잃으리로다
(שָׁכָלְתִּי I am bereaved שָׁכֹלְתִּי I am bereaved כַּאֲשֶׁר if)

1) 샬라흐(שָׁלַח)의 피엘 동사 완료 / 여기서는 피엘형으로 쓰였는데, 이때에는 '풀어주다, 해방하다'라는 의미이다. 풀어주기를 원하는 간절함이 배어 있다. that he may send away

(1) "내가 자식을 잃게 되면 잃으리로다"
야곱은 이전에도 요셉을 잃어버렸다. 그리고 양식을 구하려 애굽에 내려갔다가 시므온까지 볼모로 잡히게 되었다. 이제 또다시 베냐민을 잃어버리게 될지도 모른다. 만일 이것이 하나님의 뜻이라면 겸손히 받아들일 것이라는 표현이다. 이 막다른 골목에서 야곱은 '엘 샤다이' 에게 모든 것을 맡기고 있음을 본다. 나는 더이상 베냐민을 끼고 있지 않을 것이다.

(2) 하나님은 야곱의 눈을 가리고 있던 불신앙적인 면을 이런 막다른 환경을 통해서 승화시키신다. 야곱은 옛날 보다는 엄청난 성화의 경지에 와 있음을 본다. 그는 이제 더이상 옛날의 야곱이 아니었다.

(3) 이제 베냐민도 함께 형들을 따라가야 한다. 야곱은 베냐민을 보내고서는 죽을 것 같은 심정이었다. 그러나 그가 전능하신 하나님(엘 샤다이)을 신뢰하게 될 때, 모든 불안은 사라져버렸다. 사랑하는 막내 베냐민이 그의 곁을 떠나는데도 이제 두렵지 않다. 이제 야곱의 자녀들은 결국 총리에게 줄 선물(11절을 보라)과 그 전에 가지고 갔던 돈의 2배를 가지고 두 번째로 애굽으로 내려간다(15절).

(4) 자, 그런데 이번에는 그들을 어디로 인도했나? (43:17)
그런데, 이번에는 이들 일행을 총리공관으로 인도하는 게 아닌가. 그들은 두려워했다. 이젠 정말로 죽는 게 아닌가? 지난번 돈 때문에 그런게 아닐까? (18절) 그러나 그 집 청지기는 이들 형제들을 안심시키고, 담보로 잡혀 있던 시므온도 데려와 쉬게 했다. 실로 오랜만에 12형제가 모두 만났다. 요셉은 혈육의 정을 억제하지 못한다. 더욱이 자기 어머니가 난 동생 베냐민을 보자 울음을 참지 못했다.

(5) 이들은 함께 식사한다. 그런데, 이상한 것은 총리가 어떻게 이 형제들을 장유(長幼)의 차서대로 앉히는가? 확실히 애굽의 총리는 보통 사람은 아닌것 같았다. 어떻게 마치 신처럼 우리 형제들의 나이 순서대로 자리를 앉히는가! 아무리해도 이해 못할 일이었다. 이들은 아직 총리가 누구인지 모르고 있다.

(6) 더욱이 요셉은 베냐민에게는 다른 형제들보다 다섯 배나 주는 것이 아닌가. 물론 이런 일은 먹을 것을 다섯 배나 주었다는 것보다는 다른 형제보다 베냐민에게는 영예로운 일이었다. 이는 분명히 편애적인 태도였다. 그러나 누구나 이에 대한 불만을 노출하지 아니한다. 이제 이들 형제간에는 서로 시기하고 질투하는 문제는 없어진 것같다.

적용을 위한 묵상

- 아무리 생각해도 멋있는 요셉, 그래도 당시 천하를 호령하던 애굽의 총리인데, 한 번쯤은 과거의 형들이 자기에게 행한 일을 기억하고 단단히 보복을 했음직도 한데, 그러나 그에게는 형제들에 대한 애뜻함만이 더욱 넘쳐나고 있다. 무엇이 그를 그렇게 훌륭한 인격자로 키웠을까? 그의 천성 때문인가, 아니면 역경(逆境) 때문인가? 아니면...

- 43:26-30을 읽어보고 요셉의 마음에서 일어나고 있는 형제에 대한 정을 이야기해보라. 더욱이 동생 베냐민에 대한 정으로 애타하는 모습을 보라. 교회 내에서 우리의 모습을 살펴보자. 너무 자주 대하기에 소홀히 하기 쉬운 형제, 자매들이 아닌가!

- 자녀를 많이 낳지 않는 요즈음은 교회에 다니는 형제, 자매들을 한 식구처럼 대하고 지내야 하지 않을까? 그렇다. 교회는 가정이 확대된 곳이 아닌가! 장로님은 아버지, 권사님은 어머니, 중고등부 학생은 동생들, 그러면 유치부 아이들은? 막내동생... 그런데 그러기에는 교회가 너무 크다고? 그러니까 교회가 너무 크면 재미없어, 그치?

베냐민을 남기려는 요셉의 계획 (44장)

요셉은 아직은 자기의 정체를 밝히지 아니하고 다시 한번 형제들의 우애를 시험한다. 은잔을 몰래 베냐민의 자루에 집어 넣고 이들 형제들에게 곡식을 주어 돌려보낸다. 요셉은 청지기를 시켜 은잔을 훔쳐가는 자를 색출케 하고 누구든지 은잔이 발견되는 자는 종으로 삼겠다고 위협한다. 물론 은잔은 베냐민의 자루에서 발견되었다. 베냐민은 이제 다시 요셉에게로 돌아와야 했다. 자, 이런 환경에서 형제들의 태도를 보자. 이들 형제들은 베냐민으로 인해 전부 다시 애굽으로 돌아온다. 베냐민을 두고 떠날 수는 없었다. 이들은 서로 배다른 형제들이지만 그 사이의 장벽은 이미 무너져 있었다. 그 중에 유다가 대표로 그들의 사정을 언급한다.

1. 요셉은 그들에게 곡식을 주어 돌려보낸다. 그러나 요셉은 베냐민을 남기려는 계획을 세운다. 그 상황을 설명해 보라.

44:1-13 은잔을 훔쳐간 베냐민을 종으로 삼겠다고 위협함. 형들은 모두 동생과 함께 종이 되겠다고 자청함. 이들 형제들은 이미 크게 변화되어 있었다. 과거의 형들이 아님을 볼 수 있다.

(1) 이들은 소기(所期)의 목적을 달성할 수 있었다. 애굽 총리의 융숭한 대접, 그리고 필요한 식량도 충분히 얻었고, 볼모로 잡혀 있던 시므온도 풀려 났고, 물론 야곱이 걱정했던 베냐민도 함께 동행한다. 아침 일찍 이들은 가나안을 향해 출발한다. 마음도 가벼웠을 이들 형제들, 그러나 출발한지 얼마되지 않아 애굽의 병사들이 뒤쫓아 오는 것이 아닌가!

(2) 설마, 우리를 다시 잡으려 오는 것은 아니겠지... 그러나 문제가 발생했다. 이 형제들 중에서 도둑이 있다는 것이다. 결국 수색이 진행되었으며 범인은 바로 베냐민이었다. '왜, 하필이면 베냐민일까?'

2. 베냐민은 왜 억류되게 되는가? 물론 계획이었지만.

44:12

(1) 자루에서 발견된 은잔으로 베냐민은 억류되어야 했다. 그러나 이들은 베냐민만

요셉이 청지기에게 명하여 은잔을 베냐민의 자루에다 넣으라고 명령하고 있다(창 44:1-2). ⬆

내어줄 수는 없었다. 만약 그랬다가는 아버지 야곱이 기절할 것이기 때문이다. 이들은 모두 함께 다시 요셉이 있는 애굽으로 되돌아온다. 그들은 옷을 찢으면서 짐을 싣고 다시 성으로 돌아올 수밖에 없었다. 이들은 베냐민을 내던져버리고 가나안으로 돌아갈 수도 있었다.

(2) 그러나 이들 형제들은 베냐민이 종으로 남아 있느니 자신들 전부가 종으로 남아 있겠다고 자원한다. 요셉은 이제, 이들 형제들이 서로 시기하지 않는다는 것을 친히 볼 수 있었다. 이들은 베냐민을 위하여 스스로 종이 되겠다고 하지 않는가!

3. 형제들의 대변자 유다와 요셉과의 대화 내용을 요약 설명해 보라. (44:16-34)

(1) 유다는 형제들을 애굽으로 인도하여 내려갔고, 애굽에서 어려움에 처했을 때 형제들의 대변자가 되었다(44:16). 유다는 과거의 유다가 아니었다. 유다는 지도자로서의 책임을 인식하고 어떻게 하든 자기의 책임을 완수하려는, 과거와는 변화된 모습의 사람이었다.

(2) 우리는 본문에서 아버지를 대신하여 희생하려는 유다의 모습을 본다. 그가 한 연설의 내용을 보라(18-29절을 보라). 유다의 헌신적인 사랑이 엿보인다(30-34절).

요셉이 자신의 정체를 밝힘 (45장)

요셉은 형제들이 베냐민의 일로 함께 단결하는 모습을 보았다. 이들 형제들은 과거에 서로 질시하던 모습이 아니었다. 배다른 형제들간의 장벽은 무너졌다. 더욱이 유다는 베냐민을 대신하여 종이 되겠다고 간청한다. 결국 요셉은 자신의 정체를 밝힌다. 요셉은 방성대곡 했고 그 울음 소리가 바로의 궁중에 까지 들릴 정도였다. 이렇게 해서 요셉은 아버지 야곱을 애굽으로 초청하게 된다. 야곱은 아들 요셉이 지금까지 살아 있을 뿐만 아니라 애굽의 총리가 되었다는 소식을 접하게 되고 놀란다.

1. 요셉은 드디어 자신의 정을 억제하지 못하고 자신이 요셉임을 형들에게 밝힌다. 이때 형들의 태도가 어떠했나?

45:3 요셉이 **이르되**
/그 형들에게
/나는 요셉이라(אֲנִי יוֹסֵף)
내 아버지께서 아직 살아 계시니이까
형들이 **놀라서**(נִבְהֲלוּ)[1] - 바할(בָּהַל) : 니팔, 완료
/그 앞에서
대답하지 못하더라
/능히(could, יָכְלוּ)

'아니' - 보통 강조를 위해 서 쓰인다.

1) 혼란스럽다. 근심하다, 흥분하다, 놀라게 하다

(1) "형님들, 나에요 나. 내가 요셉이란 말입니다. 내가 바로 당신들이 옛날에 애굽으로 팔았던 요셉입니다. 엉엉"

(2) 지금 이 형제들은 너무 놀라서 모두 정신이 나갔다. "놀라다"(바할, בָּהַל)라는 말은 '당황해서' 또는 '혼비백산' 이라는 뜻이다. 그 놀라움이 얼마나 컸었나를 알 수 있다. 그들은 옛날 요셉에게 했던 죄책감 때문에 어찌할 줄을 몰라 했다. 그들은 공포에 사로잡혔다고 했다. 그 놀라움은 훗날, 아버지 야곱이 죽고 난 후까지도 계속 되었음을 본다(50:15). 자기들을 지금까지 대했던 애굽의 총리의 행동에 조금은 이상한 것을 느꼈을 터이지만 그 총리가 요셉이라는 사실에 기절할 노릇이었다.

(3) 이때 요셉의 나이 39세였다. 30세에 총리가 되었고(41:46), 거기다가 7년 풍년(41:53) 그리고, 이년째 흉년이 계속되고 있었다(45:6). 요셉은 방성대곡 한다.

그 울음소리가 애굽 사람에게 들리며 바로의 궁중에까지 들렸다고 했다(2절). 아마 다른 사람들이 그렇게 크게 운다면 궁중을 시끄럽게 했다고 처벌을 받을 수도 있었을 것이다.

☞ 그 재회(再會)의 장면을 드라마틱하게 연출해 보라. 서로 요셉 역할 하겠다고 싸우지 말고… 지금 이 형제들도 반목질시하던 것에서 완전히 하나로 변화되어 있지 아니한가!

2. 요셉의 신앙고백을 보라. 그는 놀라운 하나님의 계획을 어떻게 표현하고 있나? (45:5-8)

[그가] **가로되**
/나는 —— 요셉이니
/당신들의 아우
/당신들이 애굽에 판 (자라)

5 /[당신들이] ┬ 근심하지 마소서
└ 한탄하지 마소서
/나를 이곳에 팔았으므로
/[스스로, בְּעֵינֵיכֶם]

직역: '당신들의 눈으로 붉게하지 마소서' 이다. 이 말은 스스로에게 분노하는 모습에 대한 관용적인 표현이다.

근심하거나 한탄하지 말아야 하는 이유? / 하나님이 나를 먼저 이곳에 보내셨기 때문이다.

//(이유: כִּי, for)
하나님이 —— 보내셨나이다
/나를
/당신들 앞서

לִפְנֵיכֶם
for God sent me **before you**

//(목적: לְ, to)
생명을 구원하시려고

왜 먼저 보내셨는가? (=생명을 구원하시려고)

6 //(이유: כִּי, for)
이년 동안
/이 땅에 흉년이 들었으나
(그리고) 아직 오년(은)
/기경도 못하고
추수도 못할지라

하나님께서 요셉을 먼저 보내신 두 번째 이유는?

7 /하나님이 —— 보내셨나니
/나를
/당신들 앞서
//(목적: לְ, to)
보존하고
/당신들의 생명을
/큰 구원으로

하나님께서 요셉을 애굽에 먼저 보내신 목적? (=① 큰 구원으로 야곱 군단을 보존하고)

//(목적: לְ, to)
두시려고
/당신들의 후손을
/세상에

(=② 야곱의 후손들을 세상에 두시려고)

8 /그런즉
당신들이 —— 보낸 자는 아니요
/나를
/이리로
하나님 —— 이시라(보내셨다)

결국, 요셉을 애굽으로 이끄신 분은 여호와 하나님이셨음을 고백한다.

וַיְשִׂימֵנִי, and He has made me

/하나님이 — 삼으시며(쑴, שׂוּם, 세우다, 두다, 배치하다)
/나로
/바로의 아비를(=아비로)
(삼으시고)
/그 온 집의 주를(=주로)
(삼으시고)
/애굽 온 땅의 치리자를

(1) 자신의 약속을 신실하게 지켜나가시는 주님의 놀라운 사랑을 이해하게 될 때 비로소 신앙이 성장, 감사가 넘치는 것이다. 그래야 어떤 환경에서든지 감사와 순종이 따른다.

(2) 요셉의 역사관을 보라. 그는 애굽의 총리가 된 것은 자기가 노력한 대가에 의해서가 아니라는 것을 알았다. 하나님은 당신의 영원한 나라의 실현을 위해, 요셉 개인을 세우신 것이다. 따라서 요셉은 자기 개인의 영달을 위해서 존재하는 것이 아니라, 그의 삶속에서 '하나님의 나라' 가 최고의 자리에 있어야 했다. 요셉은 지금, 그것을 잘 알고 있다.

(3) 다시 한번 45:7, 8절을 읽어보라. 우리의 삶 속에서도 '하나님의 나라' 가 최고의 자리에 있는가, 아니면 개인의 축복된 삶을 위하여 하나님을 우리의 종으로 이해하고 있지는 아니한가? 물론 말이야 하나님을 위한다고 하겠지만….

3. 극적인 만남, 이는 단순히 야곱과 그의 자녀들의 기쁨만 아니라 애굽 전체의 축제가 되었다.

45:14-16
"자기 아우 베냐민의 목을 안고 우니 베냐민도 요셉의 목을 안고 우니라 15요셉이 또 형들과 입맞추며 안고 우니 형들이 그제서야 요셉과 말하니라 16 요셉의 형들이 왔다는 소문이 바로의 궁에 들리매 **바로와 그의 신하들이 기뻐하고**"

바로는 즉시 명령을 내린다. "너희 아버지와 너희 가족을 이끌고 내게로 오라." 바로의 명령은 바로 법이다. 기근은 아직도 5년이나 계속될 것이다. 야곱 군단의 생존이 문제였을 이 기막힌 현실을, 하나님은 기적적 사건으로 해결하신다.

45:17-20
"바로는 요셉에게 이르되 네 형들에게 명령하기를 너희는 이렇게 하여

너희 양식을 싣고 가서 가나안 땅에 이르거든 18 너희 아버지와 너희 가
족을 이끌고 내게로 오라 내가 너희에게 애굽의 좋은 땅을 주리니 너희
가 나라의 기름진 것을 먹으리라 19 이제 명령을 받았으니 이렇게 하라
너희는 애굽 땅에서 수레를 가져다가 너희 자녀와 아내를 태우고 너희
아버지를 모셔 오라 20 또 너희의 기구를 아끼지 말라 온 애굽 땅의 좋
은 것이 너희 것임이니라."

4. 이제 이들 야곱 군단은 왕의 초빙을 받아 애굽으로 내려오게 된다. 그 과정을 읽고 서로 이야기해보라. (45:21-28)

(1) 바로의 명령은 즉시 이행된다(45:21-23).

"이스라엘의 아들들이 그대로 할새 요셉이 바로의 명령대로 그들에게 수레
를 주고 길 양식을 주며 22 또 그들에게 다 각기 옷 한 벌씩을 주되 베냐민
에게는 은 삼백과 옷 다섯 벌을 주고 23 그가 또 이와 같이 그 아버지에게
보내되 수나귀 열 필에 애굽의 아름다운 물품을 실리고 암나귀 열 필에는
아버지에게 길에서 드릴 곡식과 떡과 양식을 실리고"

(2) 요셉은 아직도 안심이 안 된다. 형들 간에 요셉의 일로 논쟁이나 말다툼이 일어날 수 있기 때문이다. 그래서 이렇게 간곡히 청한다. "이에 형들을 돌려보내며 그들에게 이르되 당신들은 길에서 다투지(라가즈, רָגַז) 말라 하였더라"(24절).

은잔이 베냐민의 자루에서 발견됨 ⬆

창 44:9-12 "당신의 종들 중
누구에게서 발견되든지 그는
죽을 것이요 우리는 내 주의 종
들이 되리이다 10 그가 이르
되 그러면 너희의 말과 같이 하
리라 그것이 누구에게서든지
발견되면 그는 내게 종이 될 것
이요 너희는 죄가 없으리라
11 그들이 각각 급히 자루를 땅
에 내려놓고 자루를 각기 푸
니 12 그가 나이 많은 자에
게서부터 시작하여 나이 적
은 자에게까지 조사하매 그
잔이 베냐민의 자루에서 발
견된지라 13 그들이 옷을 찢
고 각기 짐을 나귀에 싣고
성으로 돌아 가니라."

⬆ 창 45:3 "**요셉이 그 형들에게 이르되 나는 요셉이라** 내 아버지께서 아직 살아 계시니이까 형들이 그 앞에서 놀라서 대답하지 못하더라."

창 45:13 "당신들은 내가 애굽에서 누리는 영화와 당신들이 본 모든 것을 다 내 아버지께 아뢰고 속히 모시고 내려오소서 하며 14 자기 아우 베냐민의 목을 안고 우니 베냐민도 요셉의 목을 안고 우니라."

(3) 이렇게 바로는 정식으로 요셉의 가족들을 초청한다. 그것도 극진한 예의를 갖춰서 말이다. 야곱은 아직도 요셉이 살아있고, 그것도 당대의 강국인 애굽의 총리가 되었다는 말을 듣고 기뻐한다.

(4) 야곱은 처음에 아들들의 보고를 듣고 믿지 아니했다. "그들(자식들)의 말을 믿지 못하여 어리둥절" 했다고 했다. '어리둥절하다'(푸그, פוּג)라는 말은 '감각이 없어지다, 마비되다, 무력하다'라는 뜻이다. 그러니까 처음에는 마음이 냉냉했다는 말이다. 그리고 무감각해졌다는 것이다. 야곱은 도저히 그 소식을 믿을 수 없었기 때문이었다.

(5) 그러나 야곱은 요셉이 자기를 태우려고 보낸 수레를 보고나서야 기운이 소생한다. 지나간 20여년의 세월, 야곱은 늘 요셉의 일로 마음 한 구석 허전함이 있었을 것이다. 짐승에게 잡혀 죽었다던 요셉이 지금 살아 있고, 그것도 애굽의 총리가 되어 있다는 사실을 야곱은 도저히 믿을 수가 없었다. 그래서 그는 감각이 마비될 정도였다. '아니, 이럴 수가 있나!!' 만약 요셉이 보낸 애굽제 최고급 승용차가 없었다면 그는 이 보고를 믿지 않았을 것이다.

45:28 이스라엘이 **이르되**

/족하도다(라브, רַב) - '충분하다'라는 의미(It is enough)

내 아들 요셉이 지금까지 **살아 있으니**

내가 죽기 전에 **가서** 그를 **보리라**

(6) 그는 지금 기근을 피하려고 애굽으로 가는 것이 아니다. 죽기 전에 요셉을 보려고 떠나는 것이다. 야곱은 얼마나 기뻤을까? '내 아들 요셉이 지금까지 살아 있다니, 족하도다(라브, רַב).' 야곱은 더이상 바랄 것이 없었다. 요셉이 애굽의 총리가 되었다는 사실은 2차적인 기쁨이었다. '요셉이 아직까지 살아 있다니...'

적용을 위한 묵상

• 요셉이 형제들 앞에서 자신의 정체를 밝히고 방성대곡하는 모습, 이 한순간에 그는 지금까지의 모든 슬픔과 고통, 그리고 총리가 되기까지의 하나님의 섭리를 생각했을 것이다. 그간에 맺힌 모든 응어리들이 한순간에 녹아내리고 있었다. 이런 기쁨의 순간들을 맛본적이 있는가? 총리가 안 되서 모른다고?

• 요셉의 신앙고백(45:5-8), 그것은 얼마나 놀라운 고백인가? 하나님이 지금까지 자신의 삶을 인도하셨다는 사실, 야곱의 자손들을 이곳에 정착시키기 위해 자신을 보내신 분이 바로 여호와 하나님이시라는 사실을 고백한다. 나는 지금까지 어떤 삶을 살아왔는가? 하나님께서 우리의 삶을 인도하신다고 믿는가? 아직은 잘 모르겠다고? 왜?

• 파란만장한 야곱의 삶, 그는 있는 힘을 다해 열심히 살아왔지만 슬픔은 늘 그의 주위를 맴돌았다. 그러나 숱한 어려움을 통과하면서 신앙의 성화를 가져온다. 유난히 라헬의 소생만을 감싸 안았던 야곱, 이로 인한 배다른 형제들간의 반목, 그러나 이제 야곱에게는 그것마져 무너져내렸다. 이제 야곱은 모든 자식들을 사랑한다. 자식들도 이제는 서로를 감싸 안는다. 여호와 하나님을 향한 야곱의 믿음은 상승곡선을 그린다. 그의 아들들의 신앙도 함께 저 높은 곳을 향하여 상승하고 있다. 우리의 믿음의 그래프는 지금 상승곡선? 하향곡선?

• 결국, 야곱을 붙드시는 이는 언약의 하나님 여호와시다. 야곱은 인간의 모든 술수를 동원해 자신의 삶을 꾸려나가지만, 그를 붙들어 하나님의 구속사를 이루시려는 하나님의 열심은 야곱으로 하여금 놀라운 신앙을 고백케 한다. 따라서 야곱의 말년은 얼마나 아름다운가! 인간 내부의 모든 찌꺼기를 걸러내고 이제 그는 하나님이 쓰시는 도구가 되었다.

• 만약 우리에게 이런 성화의 과정이 없다면... 물론 그것은 성도의 삶이 아니다. 우리는 우리 자신을 성화시키시기 위한 성령님의 역사에 얼마만큼 순종하는가?

애굽으로 내려온 야곱의 가족 (46장)

야곱의 기쁨은 어떠했을까? 죽을 줄만 알고 있던 요셉이 살아있다니... 지금까지 마음 한구석 그를 짓누르고 있던 무거움이 사라져버렸다. 야곱은 다시 한번 하나님의 신실하심 앞에 감사를 드린다. 애굽으로 내려오라는 요셉의 간청, 그는 잠시 동안 망서린다. 그러나 하나님은 요셉에게 애굽으로 내려갈 것을 명령하신다. 물론 애굽으로의 이주가 영원한 것은 아니다. 언젠가는 다시 이들 백성을 이끌어 올리실 것이다.

• **브엘세바**(Beer-Sheba) : 네게브 지방으로 일반적으로 이스라엘의 남방 한계선으로 지칭되었다(단에서 브엘세바까지, 삿20:1, 삼상3:20). 고대에는 이곳이 애굽으로 가는 길과 유다 해안으로 가는 길의 분기점이었다.

1. 야곱은 비록 요셉의 생존을 알고 기뻐했지만 그는 애굽으로 내려가기를 두려워한다(3절). 그러나 하나님은 두려워하는 야곱에게 나타나 어떻게 말씀하시는가?

1 이스라엘이 — **이끌고**
/모든 소유를
발행하여 이르러
/브엘세바에
드리니
/희생을
/그 아비 이삭의 하나님께

2 하나님이 — **나타나시고**
/밤에
/이상중에
/이스라엘에게
불러 가라사대...하시는지라
/야곱아! 야곱아!

야곱이 — **가로되**...하매
/내가 여기 있나이다

3 하나님이 — **가라사대**
/나는 — 하나님이라
— 하나님이니
/네 아비의
[너는] — 두려워 말라
/애굽으로 내려가기를

//(이유: כִּי, for)
내가 — 이루게 하리라
/너로
/큰 민족을
/거기서

야곱은 왜 애굽으로 내내려가기를 꺼려하는가?

왜, 하나님은 야곱에게 '네 아비의 하나님'이라고(3절) 언급하시는가?

① 야곱을 무엇이라고 부르고 있는가? 왜, 여기서는 그렇게 부르고 있는가? (46:2)

② 야곱은 지금까지 어디에 머물고 있었나? (창 37:14 참조)

③ 이들은 그곳을 떠나 어디로 왔는가?

브엘세바[1]는 어떤 곳인가 창 26:23-25, 28:10-13을 읽어보자)

④ 야곱은 우선 이곳에 와서 일단 주춤한다. 왜?

⑤ 하나님은 야곱에게 무엇이라고 명령하시며, 또 약속하셨는가?

야곱에게 두 가지 큰 약속 : ① 큰 민족을 이루게 하시겠다(3절)

야곱에게 두 가지 큰 약속 : ② 이스라엘 자손을 다시 불러 올리시겠다(4절)

```
4 /내가 ─┬ 내려가겠고
         │    /애굽으로
         │    /너와 함께
         └ 다시 올라올 것이며
              /정녕
              /너를 인도하여
  /요셉이 ─ 감기리라 하셨더라
              /네 눈을
              /그 손으로

5 야곱이 ──── 발행할새
                /브엘세바에서

  아들들이 ──┬── 태웠고
   /이스라엘의 │    /자기들의 아비 야곱과
             │     자기들의 처자들을
             │    /수레에
             │      /바로의 태우려고 보낸
             │
             └ 6 이끌었으며
                  /그 생축과 가나안 땅에서 얻은 재물을

    //(결과)
     야곱과
     그 자손들이 ─ 다 함께 애굽으로 갔더라
```

(1) 자상하신 하나님의 사랑을 보라. 어려운 일이 닥쳐올 때마다 나타나셔서 자신의 언약을 다시 재확인해 주시고 위로해 주시는 하나님을 보라(1-4절). 요셉이 살아 있다는 소식은 늙은 야곱으로 하여금 그 기쁨을 주체할 수 없게 만들었을 것이다. 그는 즉시 그에게 속한 모든 가솔(家率)들을 이끌고 애굽을 향해 출발한다. '요셉이 아직 살아 있다니...' 야곱에게는 죽은 자식이 살아돌아온 것이었다. 하루라도 빨리 만나보고 싶었을 것이다.

(2 이 감사함을 다 어떻게 표현할까? 야곱은 헤브론을 출발하여 브엘세바에 이르렀다. 그는 이곳에서 하나님께 희생제사를 드린다. 브엘세바는 어디쯤에 있을까? 야곱은 이곳에 와서 더이상 애굽으로 가기를 주저한다. 왜, 그는 애굽으로 가는 것을 두려워 했을까?

(3) 야곱은 아마 그 옛날 조부 아브라함의 일과 아버지 이삭의 일을 떠올렸을 것이다. **아브라함**은 애굽으로 내려갔다고 얼마나 큰 어려움을 겪었는가? (창 12:10이하 참조) 그리고 **이삭에게도** 애굽으로 내려가지 말라는 하나님의 명령이 있었지 아니한가?! (창 26:2 참조) 자, 그런데 **야곱은** 지금 가나안 남방 한계선에 와 있다. 이제 이 국경선을 넘으면 애굽의 영토이다. 옛날 조부 아브라함과 아버지 이삭의 일대로면 애굽으로 내려가서는 안 된다. 그래서 그는 한순간 주저했을 것이다.

2. 그런데 그 밤에 하나님이 이상 중에 야곱에게 나타나셨다. 그에게 어떤 약속을 주셨는가? (46:3, 4)

(1) 하나님은 두려워하는 야곱에게 두 가지 약속을 하신다. 어떤 약속인가? 첫째는 거기서 큰 민족을 이루겠다는 말씀이요(3절), 둘째는 이스라엘 자손을 다시 불러 올리시겠다(4절)는 말씀이었다. 따라서 야곱의 애굽으로의 이주는 영원한 것이 아님을 알 수 있다. 언젠가는 다시 이스라엘 백성들을 애굽에서 이끌어내실 것이다. 물론 커다란 민족이 형성된 후에 일이다.

(2) 이제 야곱의 마음은 가벼워졌다. 하나님이 애굽으로 내려가도 좋다는 허락이 있었기 때문이었다. 야곱에게 속해 있는 모든 권속들이 총 출동한다. 인원이 전부 몇 명인가? (46:26, 27)

(3) 이들은 다 야곱의 몸에서 나온 자였다(26절). 거기에다가 애굽에서 요셉이 낳은 아들이 2명 + 야곱 + 요셉도 포함해야 한다. 그러나 여기에 며누리, 사위, 손녀 등이 더 있었을 것이다. 참고로 출 1:5, 신 10:22, 행 7:14을 보라. 이들은 애굽의 목초지 고센 땅에 거하게 된다(46:34). 애굽인들은 목축하는 것을 가증히 여겼기에 이들에 대해 신경을 쓰지 않았다.

- **애굽에 내려간 자** : 행 7:14에는 전부 합하여 75명이라고 했다. 이 숫자는 구약을 헬라어로 번역한 70인경에 따른 것이다. 므낫세의 아들과 손자 한명씩과 에브라임의 두 아들과 손자 하나를 포함했기 때문이다.

(4) 자, 시편 105편을 찾아 읽어보자. 이 시편에서는 아브라함부터 가나안 땅에 들어갈 때까지 하나님께서 어떻게 이들을 인도하셨나를 요약하여 시로 기록하고 있다.

- 창 12:1 "여호와께서 아브람에게 이르시되 너는 너의 고향과 친척과 아버지의 집을 떠나 내가 네게 보여 줄 땅으로 가라 2내가 너로 큰 민족을 이루고 네게 복을 주어 네 이름을 창대하게 하리니 너는 복이 될지라 3너를 축복하는 자에게는 내가 복을 내리고 너를 저주하는 자에게는 내가 저주하리니 땅의 모든 족속이 너로 말미암아 복을 얻을 것이라 하신지라."

3. 아브라함에게 약속하신 예언이 야곱에게서 어떻게 이루어졌는가?

(1) 우선 창 15:12-16을 읽어보자. 여기서 하나님이 아브라함에게 무엇을 약속하셨는가? 그리고 이 약속은 어느 때, 왜 주셨는가?

(2) 나이가 많았던 아브라함은 후손에 대한 약속을 받고 기뻐한다(창 12:1-3*). 그러나 그 약속은 바로 성취되지 아니한다. 이로인해 아브라함은 조급해 한다. 그는 그의 종 엘리에셀을 자기의 상속자로 이미 내정했었다(15:2). 이런 조급한

애굽을 향하여 출발하는 야곱 일행 – "야곱의 집 사람으로 애굽에 이른 자의 도합이 칠십명이었더라."

아브라함에게 하나님은 그 약속의 성취는 그렇게 조급하게 이루어질 것이 아님을 보여주신다. 더욱이 가나안 땅이 아브라함에게 완전히 주어지는 일은 더욱 후대의 일임을 보여준다. 결국 이스라엘의 자녀들은 이방에서 객이 되어 400년 동안을 지내게 될 것이다.

창 46:27-28 "야곱의 집 사람으로 애굽에 이른 자의 도합이 **칠십명**이었더라 28 야곱이 유다를 요셉에게 미리 보내어 자기를 고센으로 인도하게 하고 다 고센 땅에 이르니"

(2) 족장으로서의 야곱, 그는 그리 칭찬할 만한 사람이 아니었다. 그러나 야곱은 하나님의 주권적인 선택의 사랑을 입어 에서 대신에 언약의 계열에 들어가게 된다(25:19-23 참조). 그가 선택받은 것은 야곱에게 어떤 공로가 있었기 때문이 아니었다(롬 9:10-13). 약삭빠르고, 간사한(?) 야곱, 인간의 모든 술수를 동원해 그의 삶을 아름답게 채색해 가지만 그는 계속 실패의 쓴 잔을 마시게 된다. 하나님의 축복으로 인해 부(富)가 그를 따랐지만 결코 평탄한 생활만은 아니었다. 하나님은 그의 삶을 은혜 속으로 인도하시곤 했다. 이제 그는 노년이 되어 성화의 극치를 가져왔다. 마지막까지 라헬의 자녀만을 끌어안았던 그것마져 잘못된 것임을 깨닫는다(43:13-14).

(3) 이제 야곱은 요셉을 보러 애굽으로 간다. 죽은 줄만 알았던 요셉이 살아 있고, 게다가 지금 애굽의 총리로 있다니... 이제는 죽어도 여한이 없다. '그래, 가자.

애굽으로' 그는 모든 가족에게 총동원령을 내린다. 아직도 흉년은 계속되고 있다. 애굽으로 내려가는 야곱 군단의 이름이 소개되고 있다(46:8-28). 그 숫자를 도합 70명이라고 했다(46:28). 이 숫자가 400년이 지난 뒤에는 수백만의 숫자로 성장한다. 이렇게 해서 창 15:13의 말씀이 성취된다.

(4) 이들 야곱의 자손들을 안전하게 받아들일 수 있게 하기 위하여 하나님은 요셉을 미리 애굽에 보내셨다. 그것은 요셉의 고백이기도 했다. "당신들이 나를 이곳에 팔았으므로 근심하지 마소서 한탄하지 마소서 하나님이 생명을 구원하시려고 나를 당신들 앞서 보내셨나이다"(창 45:5). 요셉은 하나님께서 구원 역사를 이루시기 위하여 자신을 미리 보내셨다는 것을 잘 알고 있었다(창 45:5-8). 이렇게 해서 이스라엘 백성의 애굽에서의 생활이 시작된다.

4. 야곱이 요셉을 만나는 장면과 바로 앞에 서게 되는 과정을 설명해 보라 (46:29-34)

Close-up 야곱의 말년과 성화

1. 야곱은 어떤 사람인가? 우리는 이미 앞에서 그의 탄생과정에서부터 애굽으로 이주한 과정까지 모든 과정을 살펴보았다. 그의 일생을 살펴보면서 우리는 그에게서 무엇을 느끼는가? 그의 장년기 까지의 삶은 그야말로 세속적이고 계략적인 삶이었다. 그는 태어날 때부터 쌍둥이 형 에서의 발꿈치를 붙들고 나와서 주위를 요란스럽게(?) 했다(창 25:26).

   그래서 그이 이름은 야곱이라고 했다. 아케브(뒤꿈치)라는 히브리에서 그 이름이 유래되었다고 한다. 장자권을 얻기 위한 그의 노력은 비록 간사한 것이기는 하나 하나님의 축복을 사모하는 마음만은 간절했다. 물론 하나님은 주권적으로 에서보다는 야곱을 택하셨다. 그러나 야곱은 인간의 속임수로 그것을 얻으려 했다. 우선 어머니 리브가와 함께 눈먼 아버지 이삭을 속이고, 또 에서를 속였다. 이 일로 인해 에서는 야곱을 죽이려 했고, 아주 오랜 세월을 불안 속에 지내게 된다.

2. 야곱은 아직까지는 하나님의 축복을 받을 수 있는 그릇이 되지 못했다. 이미

살펴본 바와 같이 야곱에게는 눈물과 탄식이 따르게 된다. 많은 환난의 날들이 그를 괴롭혔다. 그는 바로 앞에서 그의 지나온 날을 말하면서 '험악한 세월'을 보냈다고 고백한다.

그는 외삼촌 라반 밑에서 20여년 동안 종살이를 해야 했다. 물론 하나님의 축복으로 많은 물질과 부인과 자녀를 얻었지만 그 세월이 결코 평탄한 길은 아니었다. 언제까지나 라반의 밑에서 있으려는 야곱에게 하나님은 그곳을 떠날 수밖에 없는 환경을 만드신다. 고향 가나안으로 돌아오는 야곱, 그러나 그는 편치 못했다. 형 에서와의 관계 때문이었다. 이 엄청난 고통 속에서도 그는 하나님께 대한 간절함이 없었다. 아직까지 인간의 꾀가 동원되고 있었다. 그는 결국 얍복강가에서 하나님을 만나고 나서야 신앙의 방향전환을 시도한다. 어떤 사람과 밤새도록 싸웠지만, 그것은 기도가 아니었다. 에서가 보낸 자객인줄 알고 그는 생존을 위해 결투했다.

호세아 12:2, 3에서는, 그전 까지의 일은 하나님께 대적한 악한 소행이라고 했다. 그는 새벽녁이 되서야 그 사람이 하나님인 줄 알고 붙들고 늘어졌다. 축복을 주지 않으면 결코 놓을 수 없다는 끈질김, 그제서야 야곱은 하나님께 진정으로 기도한다. 그는 환도뼈가 부러진 후에야 손을 놓는다. 하나님은 그에게 이스라엘이라는 칭호를 주지만, 그 후의 삶이 그의 이름과 같은 생활을 하지 못했다.

3. 그는 그 뒤로도 하나님께 약속한 일을 지키지 않는다. 그는 세겜 성에서 딸 디나의 사건으로 벧엘로 돌아서게 된다. 이런 과정에서 야곱이 겪은 징계와 환난은 적지 않은 것이었다. 그런데 이상한 것은 그런 역경 속에서 야곱의 신앙이 상승곡선을 그리게 된다는 것이다. 앞장에서 살펴본 것처럼 야곱은 크게 변화되어 있었다. 애굽 총리(요셉)의 명령으로 베냐민을 요구했을 때, 그는 결국 베냐민을 내어놓기로 작정한다(43:14).

지금까지 라헬의 자식만을 유난히 편애했던 그것까지도 없어졌다. "전능하신 하나님께서 그 사람 앞에서 너희에게 은혜를 베푸사 그사람으로 너희 다른 형제와 베냐민을 돌려보내게 하시기를 원하노라 내가 자식을 잃게 되면 잃으리로다."

야곱은 죽은 줄로만 알았던 요셉이 살아 있다는 소식을 듣고 너무 기뻐한다. 그는 하나님께 제단을 쌓는다(45:28). 그 뒤로 야곱은 요셉의 안내로 고센 땅에서 편안한 날을 보내지만, 그래서 말년에 영화를 누렸겠지만, 그것보다는 그는 영원한 본향을 더 사모했다(히 11:24-26 참조). 그 간교했던 야곱이 어떻게 성화된 삶을 살 수 있었을까? 성경은 그 이유가 바로 환난이었다는 것을 보여주고 있다.

4. 우리네 주위에서, 오랜 신앙 생활을 한 사람에게서 좀처럼 없어지지 않는 고집들을 보면서 비록 약싹빠른 삶을 살아왔지만 놀라운 성화(聖化)의 경지에 들어선 야곱을 흠모하게 되는 것은 어찜인가? 야곱의 삶을 변화시킨 하나님이 우리 자신도 변화시키실 수 있으시기에 우리에게도 소망이 있는 것이 아닌가! (*)

창세기 43-46장 요약 정리

43장

- 야곱의 아들들은 다시 애굽으로 양식을 사러가야 한다. 이들은 누구와 동행해야 했는가?
- 야곱은 선뜻 베냐민의 동행을 허락치 아니한다. 그 이유는 무엇일까?
- 유다가 아버지 야곱에게 한 설명의 내용은? (3-10절)
- 야곱은 마침내 베냐민을 보낼 것을 허락한다. 무엇이 그런 허락을 하게 했을까?
- 야곱의 신앙고백을 보라. 그런 결단을 내린 야곱의 믿음에 대해 설명해 보라(14절).
- 요셉은 다시 내려온 형제들을 어떻게 대했나? (16-34절)
- 요셉은 베냐민만을 왜 특별대우 했을까(34절). 이들에 대한 형들의 반응은 어떠했을까? 형제들의 믿음의 성장에 관해 이야기 해보라.

44장

- 요셉은 형제들에게 두번째로 어떤 시험을 하는가? (1-3절)
- 은잔은 누구의 자루에서 발견되었는가? (12절)
- 은잔이 발견된 베냐민을 종으로 삼겠다는 협박에 형들은 어떻게 대했나? 이들은 왜 베냐민을 버리고 가버리지 않고 다시 돌아섰는가?
- 형제들은 어떻게 변화되었는가, 그 전과 비교하여 설명해 보라(4-17절).
- 형제중 유다가 대표로 나서서 요셉에게 베냐민을 보내줄 것을 호소한다. 유다의 인물됨에 대해서 평가해 보라(14-34절).

45장

- 요셉이 자신의 정체를 밝히는 과정을 설명해 보라(45:1-8절)
- 요셉이 야곱과 그의 식솔들을 초청한다. 그 내용을 말해보라?(45:9-20)

46장

- 야곱은 요셉의 초청을 받고 브엘세바에서 주춤한다. 그 이유는 무엇일까?(46:2)
- 야곱이 애굽에 데리고 간 식솔들은 누구인가? (46:7)
- 애굽에 이주한 야곱 가족의 숫자는? (46:27)
- 요셉과 야곱의 재회 장면을 말해보라(46:29-34).

Summary

- 요셉, 야곱, 유다의 성격 파악하기
- 변화된 요셉의 형제들을 보고, 크리스천의 성화에 대해 연구해 보라.
- 아브라함의 언약과(창15장) 그 언약의 성취에 대해 연구해 보라.

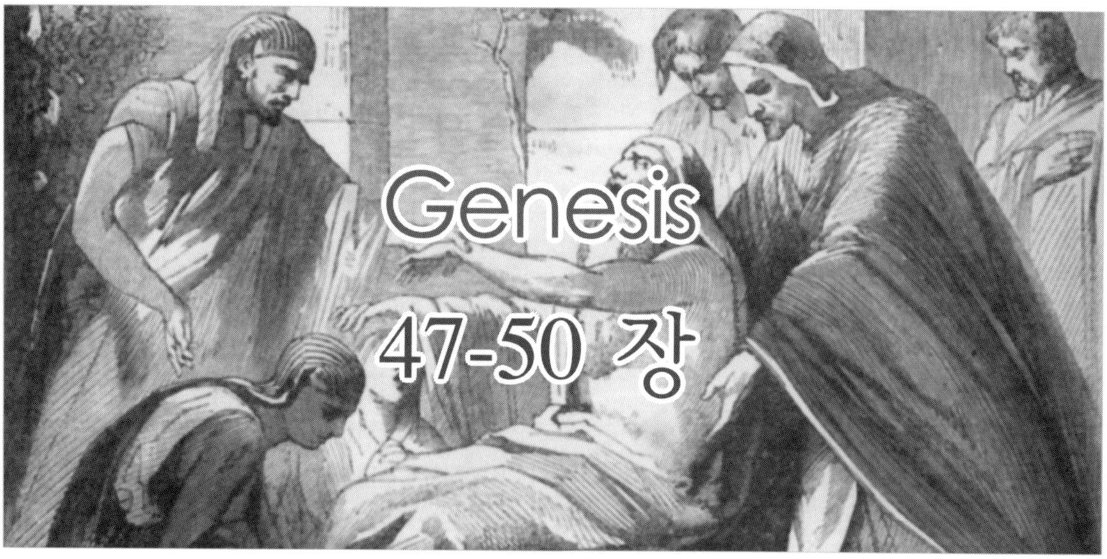

고센 땅에서의 이스라엘

야곱은 드디어 애굽에 와서 정착하게 된다. 야곱과 함께 애굽에 내려온 자들이 요셉이 낳은 아들을 포함해서 도합 70여명이라고 했다(46:27). 하나님은 야곱 군단을 애굽이라는 둥지 안에서 거대한 민족으로 키우시기 위해 미리 요셉을 애굽으로 인도하셨다. 요셉은 하나님의 놀라우신 섭리로 이미 애굽의 총리가 되어 있었다. 이들 형제들은 바로 앞에 서게 되었다. 야곱도 바로를 축복했다. 그런다음 그들은 바로에게서 애굽에서 거주할 땅을 하사받는다. 고센은 아주 비옥한 땅이지만 나일강과는 거리가 멀었다. 애굽인들은 나일강을 좋아했다. 더욱이 이들은 목축을 가증히 여겼다고 했다. 따라서 야곱의 자손들은 목축하기에도 알맞은 곳에서 애굽인과는 별도로 성장을 계속할 수 있었다.

요셉은 자기 자신의 삶이 우연에 의해 움직여지지 않는다는 것을 알았다. 요셉을 애굽에 판 사람들은 그의 형들이었지만 하나님은 그의 백성을 큰 민족으로 키우시기 위해 요셉을 미리 애굽으로 인도하셨다. 요셉의 생애는 실로 하나님의 구속 역사를 위해서 쓰임받은 생애였다. 그는 "하나님의 나라의 실현"을 위하여 부름을 받은 것이다. 따라서 그는 자기 형들이 과거에 죄은 죄를 끝까지 물고 늘어지지 않는다. 야곱이 죽은 후에도 요셉은 형들을 전혀 미워하지 않았다. 그는 하나님의 구속 역사를 내다보는 믿음이 있었다. 이렇게 해서 이스라엘 백성들은 출애굽 할 때까지 400여년간을 애굽에서 거주하게 된다. 요셉으로 인해 야곱의 자손들은 그 안전이 보장되었다. 우선 그들은 당장 급한 흉년을 피할 수 있게 되었다.

그렇다면 어떻게 바로가 야곱 일행을 쉽게 받아들일 수가 있었을까? 애굽의 어느 왕조 때에 이런 기근이나 농업 정책이 있었는지 애굽 역사의 자료가 충분치 못하다. 학자들 가운데는 야곱 일행이 이곳에 정착했을 때에는 힉소스 왕조 때라고 믿는 사람이 많다.

힉소스 왕조란 어떤 왕조였는가? 힉소스 왕조는 야곱의 자손들과 같은 셈족 계통이었다. 이들은 상부 이집트를 정복하고 약 150년간을 통치하게 된다. 그리고 모세가 태어날 무렵, 이 왕조는 다시 애굽 본토인에 의해 무너지고 추방 당한다.

Outline 47-50장

- 요셉의 토지정책(47장)
  야곱이 바로를 축복함(47:1-12)
  야곱의 탁월한 양곡관리와 토지정책(47:13-26)
  야곱이 선영에 장사해 주기를 유언함(47:28-31)
- 요셉의 아들들에게 축복(48장)
- 열두 아들에 대한 예언과 야곱의 죽음(49장)
  야곱의 죽음(49:28-33)
- 야곱의 장례와 요셉의 죽음(50장)

- 창세기는 요셉의 이야기를 통해서 아브라함의 언약이 어떻게 성취되어가고 있는 가를 보여준다. 특별히 요셉 개인의 역사는 선민 이스라엘을 커다란 민족으로 키우시기 위하여 애굽으로 미리 불러 준비케 하신 하나님의 역사였다.

- 요셉으로 인해 야곱의 자손들은 그 안전이 보장되었다. 이제 아브라함의 후손들은 그들이 출애굽할 때까지 430년을 이곳에서 지내게 된다.

▶ 47장 : 요셉의 토지정책

- 야곱과 그의 권속(도합 70명)은 애굽 땅 고센에 정착한다. 아브라함의 자손들은 가나안의 전쟁의 광풍이 지나기까지 애굽에서 한 국가로 성장한다. 하나님의 특별한 보호하심 때문이었다.

- 야곱의 가족들이 바로를 알현한 다음 이들이 거주할 땅을 하사받는다(고센 땅). 이곳은 목축하기에 아주 좋은 곳이었다.

- 요셉은 대흉년 기간에 곡식을 주고 토지를 사들였다. 요셉의 탁월한 양곡정책으로 애굽은 물론 주변 나라의 기근을 넘어가게 했다.

▶ 48장 : 요셉의 아들들에게 축복

- 야곱은 임종할 때 그의 열두 아들들에게 축복을 선언했다. 그의 축복 가운데 유다에 관한 축복은(창 49:10) 학자들의 다양한 해석이 있지만 구약의 메시아 선언으로 간주된다.

49:10 규(셔베트, שֵׁבֶט, 笏, Scepter)가
유다를 떠나지 아니하며
통치자의 지팡이가 그 발 사이에서
떠나지 아니하기를
실로(שִׁילֹה)가 오시기까지 이르리니
그에게 모든 백성이 복종하리로다

- 요셉에게는 에브라임과 므낫세 라는 두 아들이 있었는데, 야곱은 이 둘을 자신의 것으로 입양시킨다. 그래서 요셉은 두 지파를 이룬다.

▶ 50장 : 야곱의 장례와 요셉의 죽음

- 이제 야곱은 기운이 진하여 죽는다(33절). 그의 나이 147세였다. 그는 아들들에게 자신이 죽거든 가나안 땅, 선영에 묻히기를 명한다.

특히 요셉에게 환도뼈 아래 손을 넣고 애굽에 장사하지 않기로 맹세시켰다(47:29). 막벨라 굴에는 이미 아브라함, 이삭, 리브가, 레아 등이 묻혀 있다. 라헬은 베들레헴 근처의 묘에 장사되었다(창 34:19, 20).

이스라엘이 거한 고센 땅

야곱 일행은 드디어 애굽의 고센(Goshen)에 거한다. 이곳은 애굽 백성들과 분리해서 살아가기에 적당한 곳으로 나일강 삼각주의 동편에 있다. 이곳은 목축을 할 수 있기에 매우 적합했다. 특히 애굽인들은 목축하는 일을 가증히 여겼기에 이스라엘 백성들과 크게 부딪치는 일도 없었다. 먼저 이스라엘 백성들이 거한 고센 땅은 어떤 곳이며, 당시의 주변 상황은 어떠했는가를 살펴보자.

1. 우선, 이스라엘 백성들이 거한 고센은 어떤 곳인가 알아보자.

(1) 지리적으로 고센(Goshen)은 라암셋(Rameses 제 19-20왕조시의 수도, 주전 1319-1085년)과 아주 가까운 곳이다. 다음 두 구절을 비교해 보자.

- 창 47:6 "고센 땅에 그들로 거하게 하고..."
- 창 47:11 "애굽의 좋은 땅 라암세스를 그들에게 주어 기업을 삼게 하고..."

(2) 위의 구절을 보아 두 곳이 거의 같은 곳인 것 같다. 이스라엘 백성이 출애굽 할 때 출발 지점이 어디인가 비교해서 알아보자.

- 이스라엘 백성이 거한 곳 : 출 8:22, 9:26 (   )
- 이스라엘 백성이 출애굽 하기 위해 출발한 곳 : 출 12:37 (   )

(3) 출 1:11에는 이스라엘 백성이 국고성(무기고?) 비돔과 라암셋을 건축하게 했다는 기록이 나와 있다. 이 라암셋의 정확한 위치를 알 수 없지만 타니스(소안, Zoan)와 타니스 남쪽 24km지점인 칸티르(Qantir)일 것이라고 본다. 시편 78:12, 43을 보면 출애굽 시의 이적들이 이 '소안 들'에서 일어났다고 기록하고 있다. 그러나 소안들에 라암셋의 국고성이 있었는지는 확실치 않다. 어쨌든 고센은 이곳 근처였을 것이고 이곳은 나일강 삼각주로서 목축하기에 아주 적합한 곳이었다.

2. 이스라엘 백성들이 애굽의 거할 당시의 주변상황을 먼저 알아보도록 하자.

(1) 많은 학자들은 요셉이 국무총리로 있을 때에는 힉소스 왕조가 통치하고 있다고 보고 있다. 그렇다면 힉소스 왕조는 어떤 왕조이며, 왜 이 왕조가 애굽

을 장악하게 되었는지 알아보자.

(1) 이 왕조의 통치는 주로 북부 델타(Delta)의 동쪽 지역에 집중되었다(델타의 아바리스를 중심으로). 따라서 남쪽에는 힘이 잘 미치지 못했다. 현재까지 발견된 문서에는 요셉이라는 기록이 나와있지 않으나 역사적으로 정확한 기록이라는 고고학적 발견물들이 많이 있다고 한다. "술 맡은 관원장"이라든가, 7년기근이라든가, 흉년이 들었을 때 국경을 지키는 관원들이 이방인을 들어오도록 허용했다는 기록문서가 발견되기도 했다. 당시 작성된 한 파피루스에는 테베스 감옥에 갇혔던 죄수 목록이 각자의 신상기록과 함께 기록되어 있다. 어떤 이집트 가정의 79명의 종들의 이름이 적혀 있는데, 그 중 40명이 셈족의 이름이라고 한다.

(2) 그렇다면 힉소스 왕조란 도대체 어떤 왕조인가?[1)]

- 애굽은 외국인에 의해서 설립된 힉소스(Hyksos) 왕조가 등장한다. 이 왕조는 셈족 사람들에 의해서 세워진 왕조였다. 이 힉소스 왕조는 제 14왕조에서 제 17왕조까지를 계속 장악했다. 그러니까 이 왕조의 창건자는 애굽인이 아니라 셈 계통의 아시아인이다. 바로 이 힉소스 왕조 때가 요셉의 때였다고 많은 학자들은 보고 있다.

- 그 당시까지는 애굽에 말(馬)이 없었다. 힉소스 왕조는 말을 이용한 전차(戰車)의 힘으로 애굽 본토인을 장악했을 것이다. 그 당시 애굽의 무기래야 조그만 도끼와 활이 고작이었다. 그러나 이 힉소스 왕조의 영향력은 멤피스와 테베의 중간 지점에 머물렀다. 남쪽 이집트의 세력은 이기지 못해 북이집트만을 통치하게 된다. 약 150년간을 지배하고 힉소스 왕조는 그 전차술을 습득한 이집트 본토인에게 다시 추방당하게 되고 제 18왕조가 세워진다. 물론 모세는 제 18왕조 때에 등장한다. 그래서 출 1:8에 "요셉을 알지 못하는 새 왕이 일어나서 애굽인을 다스리더니"라는 언급이 나온다.

3. 위에서 잠간 살펴본 대로 요셉이 이 힉소스 왕조 때 총리로 등장했다고 많은 학자들은 본다.[2)]

(1) 그렇다면 같은 셈족으로서 애굽 왕 바로는 셈족 청년 요셉을 쉽게 받아들였을 것이다. 어쨌든 하나님은 이스라엘 백성이 애굽이라는 둥지 안에서 보금자리를 틀고 "번식하고 창성하고 심히 강대하여 온 땅에 가득하게"(출 1:7)

1) 애굽은 제12왕조(1991-1786 B.C.)에 와서 남과 북으로 갈려 있던 것이 바로 왕의 주권 밑에 통일 국가가 되었다. 남쪽(Upper Egypt)과 북부(Lower Egypt)가 12왕조 때 통일되었다. 이 왕조를 이집트의 中王國(Egypt's Middle Kingdom) 시대라고 부른다. 그러나 13, 14왕조는 아주 나약했다. 따라서 상이집트와 하이집트가 다시 분리된 꼴이 되었다. 이들은 서로 자주 싸웠고, 내란이 그치지 않았다. 결국 애굽은 외국인의 침략을 받게 된다.

2) 물론, 학자들간에 견해가 일치하지는않으나 요셉은 제12왕조 후반기나 제 13왕조 초기에 애굽에 내려갔다고 본다. 야곱의 후손들은 힉소스의 침략이 일어났을 때 이미 애굽에 정착해 있었는지, 아니면 힉소스 왕조 때에 내려왔는지 정확치 않다. 만약 요셉이 힉소스 왕조와 접촉했다면 이 힉소스 왕조는 이스라엘 사람을 우호적으로 대했을 것이다. 같은 셈족 계통이었고 동일한 점령자였기 때문이다.

나일강: 이집트인들의 생명선이다.

라암셋은 비돔과 함께 언급되어 있는 애굽의 도시이다. 여기서 히브리인들은 노역으로 고통을 당했다(출 1:11, 12:37, 민 33:3). 이 도시는 라암세스 시대(제 19-20왕조, BC 1319-1085년)의 수도였다. 라암세스 주변 지역은 요셉에 의하여 이스라엘 족장들에게 주어졌다(창 47:11, 고센 - 47:6).

되도록 주변 역사를 정리하셨을 것이다. 힉소스 왕조는 이스라엘 백성이 애굽에 안착할 수 있도록 길을 열어놓은 왕조였다.

(2) 이 힉소스 왕조는 약 150여년간을 애굽(하이집트)을 통치하다가 다시 애굽 본토인에게 축출당한다. 그리고 새로운 통치자가 애굽을 통일하면서 등장한다.

야곱이 바로를 축복함 (47:1-12)

1. 요셉이 바로에게 보고한 내용이 무엇인가? 바로의 태도가 아주 관대한 이유는 무엇인가?

(1) 요셉은 바로에게 자기의 형제들이 고센에 정착한 것을 보고하고, 형제들의 대표 5명으로 하여금 바로를 직접 만날 수 있도록 주선한다. 물론 야곱도 함께 참석했다. 야곱은 바로를 축복한다.

(2) 요셉의 형제들이 바로에게 무엇을 구하고 있는가? 이에 대한 바로의 응답은 어떠했나?

- 47:5 "바로가 요셉에게 말하여 이르되 네 아버지와 형들이 네게 왔은즉

6 애굽 땅이 네 앞에 있으니 땅의 좋은 곳에 네 아버지와 네 형들이 거주하게 하되 그들이 **고센 땅에 거주하고** 그들 중에 능력 있는 자가 있거든 그들로 내 가축을 관리하게 하라."

(3) 요셉의 형제들이 바로에게 고한 것은 고센 땅에 거하게 해달라는 것이었다. 물론 아주 눌러 살려고 온 것이 아님을 분명히 밝힌다. 우선 가나안 땅에 기근이 심하여서 잠깐만 우거하러 왔다는 것이다. 이들은 아주 공손히 바로에게 부탁을 하고 있다.

(4) 물론 바로는 이를 승락했을 뿐만 아니라 아예 고센 땅에 살도록 장소까지 허락한다. 이런 약속은 훗날 이 약속을 한 바로가 없더라도 공적인 효력을 갖게 된다. 이 모든 일은 요셉의 치밀한 계획에 의해 진행되었다.

3. 바로 앞에 서게 된 야곱, 야곱의 나이를 묻는 바로에게 야곱은 어떻게 대답했는가? 야곱의 성숙한 신앙고백을 보라. (47:8)

(1) 지금 야곱은 바로를 축복을 하고 있지 아니한가! 겁도 없이... 그렇다. 겁이 있을 리가 없다. 야곱, 그는 지금 바로 왕 앞에서 당당해도 될 하나님의 자녀가 아닌가! 바로와 야곱간의 질문과 대답을 보라. 나이를 묻는 바로의 질문에 야곱은 이렇게 대답한다 :

47:8 바로가 야곱에게 **묻되** 네 나이가 얼마냐
9 야곱이 바로에게 **아뢰되**
내 나그네 길의 세월이 **백삼십 년이니이다**
내 나이가 **얼마 못 되니**
우리 조상의 나그네 길의 연조에 미치지 못하나
험악한 세월을 **보내었나이다**

(2) 우리는 앞에서 야곱의 삶을 더듬어 보았다. 그는 한 곳에 정착하지 못하고 살아왔다. 그의 말대로 그는 험악한 세월을 보냈다. 그의 삶에 상처를 남기고 지나간 험악한 세월들, 그래서 그는 영원한 본향을 더 사모했을 것이다. 이제 그의 나이 130세, 아브라함과 이삭에 비해 보면 짧은 세월이었지만 그가 겪은 세월은 그를 몹시 지치게 했다.

"내 나이가 얼마 못 되니 우리 조상의 나그네 길의 연조에 미치지 못하나 험악한 세월을 보내었나이다."

(3) 형 에서를 피하여 하란으로 도망가던 일, 외삼촌이자 장인인 라반에게 속임을 당하면서 고생하던 20여년의 세월, 그의 형 에서를 무서워하며 전전긍긍하던 세월, 세겜에서 당했던 딸 디나의 사건, 시므온과 레위의 대살육 사건, 장남 르우벤이 서모를 강간했던 일, 그리고 사랑하는 라헬의 죽음, 그리고 요셉을 잃고 나서 괴로워 했던 세월 등등. 야곱은 지금 그의 삶을 '나그네 길'이라고 말하고 있다. 물론 야곱은 그 뒤로도 17년을 더 살고 147세에 죽는다(47:28). 그 17년의 세월은 어떤 삶이었을까?

4. 바로는 어떤 곳을 그들에게 주어 기업을 삼게 했는가?

47:11 요셉이 바로의 명령대로
그의 아버지와 그의 형들에게 거주할 곳을 주되
애굽의 좋은 땅 **라암셋을 그들에게 주어** 소유로 삼게 하고
12 또 그의 아버지와 그의 형들과 그의 아버지의 온 집에
그 식구를 따라 먹을 것을 주어 봉양하였더라

5. 흉년은 계속되어 기근이 더욱 심했다. 요셉은 효과적인 토지 정책을 세워 통치해 나간다. 그의 토지 정책은 어떤 것이었나?

(1) 47:13-19 요셉은 계속되는 흉년에 대비하여 양곡을 현명하게 관리했다.

백성이 처음에 돈으로 곡식을 삼 ⇒ 돈이 다떨어지면 가축을 끌고 옴 ⇒ 돈도 가축도 없어지면 토지만 남게 됨 ⇒ 나중에는 토지도 내놓게 됨. 이렇게 해서 애굽의 모든 토지는 왕의 소유가 되었다. 그러나 이 토지는 소작으로 다시 분배하여 백성들을 기근으로부터 구하려는 토지 정책이었다.

(2) 그 자세한 토지법은 23-26절에 나와 있다.

① 제사장의 토지를 제외한 모든 토지가 바로의 소유가 되었다.
② 토지를 다시 분배하여 씨앗을 주어 곡식을 심게 하고, 농사를 짓게 하여 그 토지 소산의 오분의 일을 세금으로 내게 했다(26절).
③ 따라서 토지는 국가의 재산이며, 백성은 다만 그 땅을 경작하고 세금을 제외한 나머지 부분은 농사짓는 자의 몫이 되게 하였다.

6. 이런 극한 가뭄 속에서도 이스라엘 족속은 어떠했나?

47:27

7. 야곱은 요셉을 불러 무엇을 부탁하는가? 이러한 부탁 속에서 야곱의 어떤 면을 볼 수 있는가? (47:29-31)

(1) 야곱은 자신을 선영(先塋, 先山, 조상의 무덤이 있는 산으로 여기서는 가나안 땅을 말함)에 장사하라고 유언했다. 야곱은 왜 이런 부탁을 하고 있을까? 우리는 야곱의 이러한 부탁에서, 장차 이스라엘 백성이 가나안을 소유하게 되리라는 하나님의 언약을 여전히 믿고 있다는 사실을 볼 수 있다. 그는 언젠가는, 하나님의 약속대로, 이 후손들이 결국은 이 땅을 떠나게 될 것을 확실히 믿었다(46:4을 보자).

4 /내가	내려가겠고
	/애굽으로
	/너와 함께
	다시 올라올 것이며
	/반드시
	/너를 인도하여
/요셉이	감기리라 하셨더라
	/네 눈을
	/그의 손으로

야곱은 참으로 오랜 동안 험악한 세월을 보냈다. 그러나 그의 말년은 부요하고 행복한 나날을 보낸다. 그러나 야곱은 죽기 전에 요셉으로 하여금 가나안 땅에 묻겠다는 약속을 하게 했다. 자신의 뼈를 아브라함과 이삭과 사라와 리브가와 그리고 레아가 묻힌 곳에 묻기를 원한다. 이 땅은 아브라함이 사라가 죽을 때 구입한 막벨라 굴이었다(창 23장).

고대 이집트의 피라밋(기원전 2700에서 2500년 사이에 세워졌다)

만약 아브라함이 2166년에 때어났다면, 아브라함은 75세에, 주전 2091년에 우르로부터 이주하였다는 계산이 된다(창 12:4). 그렇다면 그의 이집트 여행은 제1중간 시대가 될 것이다. 그렇다면 당연히 요셉도 피라밋을 보았을 것이다.

적용을 위한 묵상

- 험악한 세월을 보낸 야곱, 그 세월이 야곱을 차원 높은 성화의 길로 이끌었다. 그는 이 세상을 살아가면서 아마 더 높은 본향을 생각했을 것이다. 야곱은 그의 삶이 너무 힘들었기에 '나그네의 길'이라는 표현했다. 순례의 길을 걸어가는 우리의 삶, 너무 세상에 안주해서도, 그렇다고 너무 이 세상의 삶을 허무한 것으로 돌려서는 안될 것이다. 이 세상을 어떤 자세로 살아가야 할까?

- 요셉은 어려운 시기에 국정을 현명하게 이끌어간다. 그의 양곡 관리와 토지 정책은 탁월한 것이었다. 이 일로 이스라엘이 애굽에 머물고 있는 동안 많은 유익을 받을 수 있었을 것이다. 이런 훌륭한 지도자가 더욱 그리워지는 것은 우리가 사는 세상이 너무 혼란하기 때문일 것이다. 하물며 훌륭한 영적인 지도자의 필요성은 말해 무엇하랴!

- 야곱, 그는 자신을 가나안 땅 선영에 묻어달라고 유언한다. 잠시 애굽에 내려와 있지만 언젠가는 이 후손들이 이곳을 떠날 때가 있으라는 믿음을 가지고 있었다. 물론 현재 애굽에서의 삶이 가나안에서의 삶보다 풍족한 삶이었을 테지만 그 풍족함이 그의 마음까지도 즐겁게 한 것은 아니었다. 우리의 영원한 본향은 어디인가?

야곱이 요셉의 두 아들을 축복함 (48장)

야곱이 애굽에 정착해서 이미 많은 세월이 흘렀다. 야곱은 이미 많이 늙어 있었다. 그가 애굽에 도착했을 때가 130세였다(47:9). 그 뒤로 17년을 더 살았다. 그는 그의 생이 얼마 남지 않은 것으로 알고 요셉을 부른다. 무엇보다 자신의 12아들을 이스라엘의 조상으로 정리해야 할 필요성을 느꼈을 것이다. 야곱은 우선 요셉의 두 아들을 자신의 양자로 삼는다.

1. 야곱이 나이 많아 병이 든다. 이 소식을 듣고 요셉은 자기의 두 아들, 므낫세와 에브라임을 데리고 야곱에게로 왔다. 그런데 야곱은 무엇을 선포하는가?

▶ 문맥성경(도서출판 그리심)에서 가져옴

이스라엘이 **힘을 내어**
앉아
/침상에

3 **이르되**
/요셉에게
/하나님이 — 나타나
/전능한
/가나안 땅 루스에서
/이전에
/내게
— 복을 허락하여
/[내게]
4 이르시되 ...하셨느니라
/내게
/내가 — 생육하게 하며
/너로
— 번성하게 하여
— 나게 하고
/많은 백성이
/네게서
내가 — 주어
/이 땅을
/네 후손에게
/영원한 기업이 되게 (하리라)

5 /에브라임과
므낫세는 — 내 것이라
/두 아들
/애굽에서 네게 낳은
/내가 애굽으로 와서
네게 이르기 전에
— 내것이 될 것이요
/르우벤과 시므온처럼

6 /네 소생이 — 네 것이 될 것이며
/이들 후의
그 산업은 — 함께 하리라
/그 형의 명의 하에서

야곱은 이미 눈이 어두워져 있었다. 그는 요셉의 두 아들을 껴안고, 하나님을 찬양한다. "내가 네 얼굴을 보리라고는 뜻하지 못하였더니 하나님이 내게 네 소생까지 보이셨도다"(11절).

요셉 대신 두 아들이 지파를 형성한다. 야곱은 요셉의 두 아들과 자신의 아들들을 통해서 확정될 지파 정리 작업을 생각하고 있었을 것이다. 이제 이 아들들을 통하여 이스라엘 민족이 형성될 것이다.

야곱은 죽기 전에 요셉의 두 아들 므낫세와 에브라임을 양자로 택하여 자기 친 아들과 같은 지위로 끌어 올렸다. 요셉의 두 아들은 이스라엘 12지파에 속하게 된다.

(1) 야곱은 요셉의 두 아들을 자신의 것으로 입양시킨다. 야곱은 이때 그의 사랑하던 아내 라헬을 생각하고 있었을 것이다(7절).

48:7 내게 대하여는 내가 이전에 밧단에서 올 때에 **라헬이 나를 따르는 도중 가나안 땅에서 죽었는데** 그 곳은 에브랏까지 길이 아직도 먼 곳이라 내가 거기서 그를 에브랏 길에 장사하였느니라 (에브랏은 곧 베들레헴이라)

(2) 역대상에서는 이 사실을 어떻게 기록하고 있을까? (대상 5:1-2)

5:1 "이스라엘의 장자 르우벤의 아들들은 이러하니라." 르우벤은 장자라도 그의 아버지의 침상을 더럽혔으므로(빌하와의 사건, 창 35:22, 49:4) 장자의 명분이 이스라엘의 아들 요셉의 자손에게로 돌아가서 족보에 장자의 명분대로 기록되지 못하였느니라

2 유다는 형제보다 뛰어나고 주권자가 유다에게서 났으나 **장자의 명분은 요셉에게 있으니라)**" - 요셉은 야곱(이스라엘)이 사랑했던 아내 라헬의 장남이었다.

(3) 요셉은 히브리 율법상(신 21:17 참조) 장자가 받을 수 있는 두 몫을 받음으로써(에브라임, 므낫세) 실질적으로 장자의 명분을 누렸다(창 48:5). 그러나 역대기 기자는 궁극적으로 영적 장자권을 소유한 자는 유다임을 증거하고 있다. 이스라엘의 모든 지파를 이끌고 나갈 권세와 능력이 유다 지파에게 주어진다. 창세기 49:10에서 그 축복을 볼 수 있다. 구속사적 면에서 장차 그리스도의 탄생이 유다 지파에서 이루어질 것을 예언하고 있다(49:8-11).

2. 요셉은 노쇄했기에 눈이 잘 보이지 아니했다. 따라서 요셉의 아들들을 잘 알아보지 못했다.

(1) 야곱은 두 아들을 축복하기 전에 요셉을 축복한다. 그 축복의 내용은 무엇인가? (48:15, 16)

15 그가 요셉을 위하여 축복하여 **이르되**
/내 조부 아브라함과 아버지 이삭이 섬기던 하나님,
나의 출생으로부터 지금까지 나를 기르신 하나님,
16 나를 모든 환난에서 건지신 여호와의 사자께서
이 아이들에게 복을 주시오며 이들로 내 이름과

• 신 21:15 "어떤 사람이 두 아내를 두었는데 하나는 사랑을 받고 하나는 미움을 받다가 그 사랑을 받는 자와 미움을 받는 자가 둘 다 아들을 낳았다 하자 그 미움을 받는 자의 아들이 장자이면 16 자기의 소유를 그의 아들들에게 기업으로 나누는 날에 그 사랑을 받는 자의 아들을 장자로 삼아 참 장자 곧 미움을 받는 자의 아들보다 앞세우지 말고 17 반드시 그 미움을 받는 자의 아들을 **장자로 인정하여 자기의 소유에서 그에게는 두 몫을 줄 것이니** 그는 자기의 기력의 시작이라 장자의 권리가 그에게 있음이니라."

내 조상 아브라함과 이삭의 이름으로 칭하게 하시오며
이들이 세상에서 번식되게 하시기를 원하나이다

(2) 야곱은 요셉의 두 아들을 껴안고, 하나님을 찬양한다(11절). 그리고 이들을 축복한다. 이때 야곱은 손을 어긋맞겨 축복하고 있다. 그런데 맏아들인 므낫세에게는 왼손을, 그리고 그 아우인 에브라임에게는 오른 손을 얹고 축복 기도를 한다(48:13-14). 그는 손을 어긋맞겨 기도했다. 그러나 그 기도를 요셉은 중단할 수 없다. 기도가 끝나자 요셉은 이를 기뻐하지 않아 아버지에게 이 사실을 지적했다.

▶ 문맥성경(도서출판 그리심)에서 가져옴

14 이스라엘이 — **펴서**
/우수를
얹고
/차자 에브라임의 머리에
〈펴서〉
/좌수를
얹으니
/므낫세의 머리에
/팔을 어긋맞겨 얹었더라
//(이유: כִּי for)
므낫세는 장자라도

요셉은 아버지 야곱의 기도를 기뻐하지 아니했다. 차자 에브라임에게 오른손을 얹어 축복했기 때문이다. 이를 기뻐하지 않아 아버지에게 이 사실을 지적했다.

15 그가 **축복하여**
/요셉을 위하여
가로되
/하나님,
/섬기던
/내 조부 아브라함과
아버지 이삭의
하나님,
/나를 기르신
/나의 남으로부터 지금까지
16 /사자께서
/나를 건지신
/모든 환난에서

야곱(이스라엘)은 요셉을 위하여 축복 기도를 한다. 요셉은 그를 인도하셨던 하나님을 어떻게 부르고 있는가? (1) 조상의 하나님, (2) 나를 기르신 하나님, (3) 모든 환난에서 건지신 하나님.

누가 복을 주시는가? 15, 16절
(하나님 - 어떤 하나님? - 내 조상이 섬기던 하나님께서)
(사자 - 어떤 사자? / 모든 환난에서 나를 건지신 사자)

복을 주시오며
/이 아이에게
칭하게 하시오며
/이들로
/내 이름과
내 조부 아브라함과
아버지 이삭의 이름으로
번식되게 하시기를 원하나이다
/이들로
/세상에서

17 요셉이 — **보고**
/그 아비가 — 얹은 것을
/우수를
/에브라임의 머리에

기뻐 아니하여
들어
/아비의 손을
//(목적: ל)
에브라임의 머리에서 므낫세의 머리로 옮기고자 하여

18 - **이르되**
/그 아비에게
/아버지여!
그리 마옵소서
이는 장자니
우수를 그 머리에 얹으소서

19 아비가 — **허락지 아니하여**
가로되
/나도 안다
내 아들아!
나도 안다
그도 — 한 족속이 되며
그도 — 크게 되려니와
그 아우가 — 큰 자가 되고
/그보다
그 자손이 — 이루리라 하고
/여러 민족을

20 **축복하여 가로되**...하여
/그들에게
/그 날에
/이스라엘 족속이 축복하기를 ...하리라
/너로
/하나님이 - 하시리라
/너로
/에브라임 같고
므낫세같게

//(결과: 그래서)
[그가] — 앞세웠더라
/에브라임을
/므낫세보다

- 야곱은 비록 그의 노년에 아버지 이삭과 같이 육신의 눈은 어두웠으나 그의 영안(靈眼)은 아주 밝았다. 이삭은 오히려 그의 노년에 영적 생활이 어둡지 아니했던가!
- 야곱이 축복한 요셉의 두 아들은 이스라엘의 두 지파를 이룬다. 므낫세도 한 "족속이 되며 그도 크게 될 것"(48:19)이지만 그보다는 에브라임이 이보다 큰 자가 되리라는 것이다.
- 요셉은 에브라임의 머리에서 므낫세의 머리로 옮기고자 하여 아버지 야곱의 기도를 기뻐하지 아니했다. 그러나 아비가 이를 허락지 아니했다. "나도 안다 내 아들아 나도 안다."
- 나도 **이미 알고 있지만 하나님이 주권적으로 하시는 사역을 거역하지 못한다는 사실**을 요셉에게 주지시킨다.

3. 야곱의 노년의 생애에서 나타나는 열매들을 설명해보라. 그의 믿음은 성숙해 있었다. 당대의 최강의 애굽, 그 애굽의 국무총리를 아들로 둔 야곱, 그는 노년에 그가 받고 있는 영화(榮華)를 마음껏 누릴 수 있었으리라. 그러나 야곱은 그러하지 않았다. 그는 이 세상의 부귀영화 보다는 하나님 나라와 그 약속을 더 사모하고 있었다.

48:21 이스라엘이 요셉에게 또 **이르되**
/나는 죽으나
하나님이 너희와 함께 계시사
너희를 인도하여 너희 조상의 땅으로 돌아가게 하시려니와

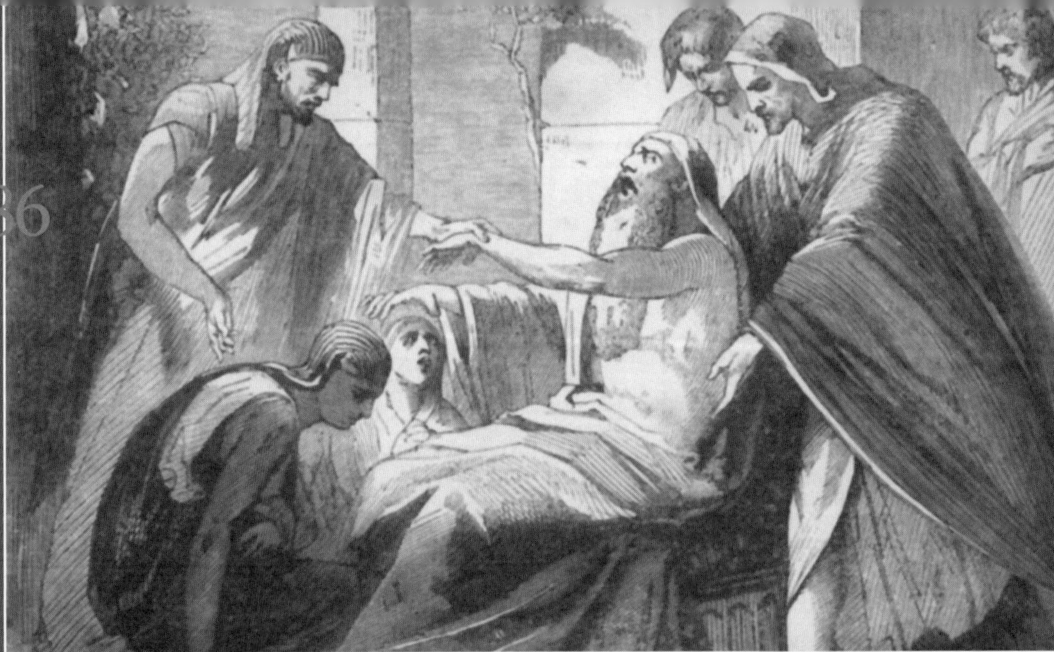

▲ 야곱은 요셉의 두 아들들을 축복한다. 맏아들인 므낫세에게는 왼손을, 그리고 그 아우인 에브라임에게는 오른 손을 얹고 축복 기도를 한다. 손을 어긋맞겨 기도했다. 요셉은 이에 이의를 제기한다. 그러나 야곱은...

(1) 야곱은 언젠가는 하나님이 그의 후손들을 약속하신 땅으로 인도하여 가실 것을 굳게 믿고 있었다(49:18 참조). 그의 말대로 험악한 세월을 지내오는 동안(47:9*) 그는 성화(聖化)의 최고 수준에 올라와 있었다. 그 간교했던 (27:35) 야곱이 어떻게 그렇게 변화될 수 있었을까? 그것은 그에게 당한 끝없이 이어지는 역경(逆境)이었다. 성도가 당하는 역경과 환난은 성도들로 하여금 성화에 이르게 하는 최선의 길이다. '성화'는 성도가 하나님의 뜻에 가까이 이끌리는 과정이다.* (옆면 특강 참조)

• 창 47:9 "야곱이 바로에게 아뢰되 내 나그네 길의 세월이 백삼십 년이니이다 내 나이가 얼마 못 되니 우리 조상의 나그네 길의 연조에 미치지 못하나 험악한 세월을 보내었나이다 하고"

(2) 야곱에게 이런 성화의 과정이 있었기에 우리는 더욱 그의 생애에 공감한다. 그는 젊어서 자신의 지혜를 믿고 열심을 다해 살아왔다. 그러나 그의 생애는 참으로 고단한 삶이었다. 그의 모난(?) 성격은 많은 시련을 통해 다듬어졌다. 그는 말년에 고도의 성화의 경지에 다다른다. 이렇게 성화는 점진적인 과정을 통해 일어난다. 물론 이 세상에 사는 동안은 완전한 성화는 일어나지 않는다.

(3) 그러나 이것은 신자의 마음속에서 계속되는 과정이기에, 그 과정 속에서 반드시 영적 전투가 있게 마련이다. 그래서 빌립보서에서는 우리가 "두려움과 떨림으로 우리 자신의 구원을 이루어나가라"고 말씀하신다. 결국 그리스도와 함께 죽는다는 것(to have died with Christ)은 옛 사람이 그와 함께 십자가에 못 박히는 것을 의미한다.

(4) 성령 안에 있다는 것(To be in the Spirit)은 새 사람, 즉, '영적인 사람'을 덧입는 것을 의미한다(고전 2:14ff.).

Close-up

Sanctification [성화]

신자가 하나님의 뜻에 가까이 이끌리는 과정. 트리엔트(Tridentine) 가톨릭주의에서는 칭의(Justifi-cation)가 성화에 의존하도록 하는 방법으로 성화와 칭의가 서로 연결되어 있다. 성화는 신자와 협력하는 은혜(Grace)를 통하여 하나님이 죄인을 의롭게 만드는 과정이며, 그로 인해 죄인이 하나님의 면전에서 거할 수 있게 하는 것이다. 이는 일반적으로 루터가 강력하게 저항했던 중세의 교리로 받아들여졌다. 루터는 죄인은 그리스도의 공로(Merit)를 그들에게 전가함으로 의롭게 되며, 의롭게 된 죄인은 여전히 칭의 이전과 마찬가지로 여전히 죄인이다

비록 루터는 하나님은 의롭게 된 죄인에게서 삶과 인격을 형성하도록 작용하실 수 있다고 믿었으나, 루터는 성화를 지나치게 강조하는 것이 마치 칭의가 개인의 거룩함에 의존한 것처럼 행위(works)에 의한 칭의로 되돌아가는 것을 초래할까 두려워했다.

칭의에 대한 이해에서 루터에 동의하는 칼빈은, 그리스도의 의가 죄인에게 주입되는 칭의의 사건은 성화의 과정이 뒤따른다고 생각하며, 성화를 통해 성령(Spirit, Holy)은 신자들이 하나님의 뜻에 따르도록 한다.

심지어 그렇다고 하더라도, 신자들이 성취하는 어떤 거룩함이 하나님의 은혜(Grace)를 받을 만한 가치를 만드는 것은 아니다. 이러한 과정에서 칼빈은 기독교인의 삶의 목표로서 완전을 향하는 신자들의 성장이라는 것을 말하였다. 또한 그와 같은 완전을 이 세상에서 획득하는 것은 불가능하다고 주장하였다.

이와 관련하여, 웨슬리(Wesley, 1703-91)는 칼빈의 의견에 동의하지 않는다. 웨슬리는 칭의는 하나의 사건이며, 성화는 칭의 위에 세워진 과정이라고 믿었다. 그러나 웨슬리는 기독교인들에게 완전(Perfection) 혹은 "완전한 성화" (full sanctification)를 설교하고 가르쳐야 할 필요성을 주장하였다.

이렇게 함으로써 성화로의 요청이 공허해지거나 도달불가능한 소리가 되지 않아야 한다고 보았다. 웨슬리는 많은 신자들이 실제로 "이 세상에서 완전해 지는 것"을 믿지는 않았다. 그러나 웨슬리는 기독교인의 삶의 목표로서 완전한 성화를 제시할 필요성을 강조했다. 이 웨슬리주의(Wesleyan)의 강조로부터 성결 운동(Holiness Movement)이 나타났고, 그 주장의 일부로서 온전한 성화인 "두 번째 축복"(second blessing)은 웨슬리 스스로가 생각한 것보다 훨씬 더 일반화 되었다.

<곤잘레스 신학용어사전, 그리심>

(5) 옛 사람의 존재 양식에 이별을 고하는 것으로서 세례(洗禮)를 언급했다. 동시에 예수 그리스도가 그 자신 안에서 "하나의 새 사람"으로 만드신 <교회>의 새로운 존재를 언급한다(엡 2:15). 신앙생활은 옛 사람은 벗고(골 3:10; 엡 4:20) 새 사람을 입는다는 것을 의미한다. 그리스도 안에서 삶이란 계속적으로 새롭게 되는 것(continous renewal), 즉 예수 그리스도로 옷 입는 것을 신자들의 구체적 존재 속에서 반복함을 의미한다.

(6) 그러나 그리스도 안에서 새로운 삶이란 그리스도와 함께 부활하여 새로운 법 아래에 있을 뿐 아니라 날마다 새롭게 되는 것이다(고후 4:16).

열 두 아들에 대한 야곱의 예언 (49장)

하나님께서는 요셉에게 언젠가는 "조상의 땅"으로 돌아가게 하실 것을 주지시킨다. 야곱은 12지파에 대한 축복으로 그의 삶을 마감한다. 이들 12지파는 하나님 왕국의 상속자로 축복을 받는다. 이들에 대한 예언은 구체적 사건으로 역사에 나타난다. 그러나 어떤 이들은 이 예언의 정확성을 들어 어떻게 야곱이 그런 지식을 가질 수 있었겠는가 의구심을 갖기도 한다. 하나님은 죽음이 임박해서 영안이 열린 야곱에게 직접적인 계시를 주실 수 있었을 것이다. 그리고 이런 아름다운 시들은 구전(口傳)을 통해 모세에까지 정확하게 전달되었을 것이다.

1. 야곱은 그의 아들들을 불러모으고 축복기도를 한다. 이 기도는 언제 이루어질 기도 내용인가?

49:1 야곱이 그 아들들을 **불러 이르되**
너희는 **모이라**
너희의 후일에 당할(일어날) 일을 내가 너희에게 **이르리라.**

(1) 하나님은 야곱을 통해서 앞으로의 일들을 말씀하고 계시는 것이다. 야곱은 아들들에게 예언적(豫言的)인 축복(49:28)을 한다. 그는 노후에 영안(靈眼)이 열린 믿음의 선지자였다. "여호와여, 나는 '주의 구원' 을 기다리나이다"(18절).

(2) 이제 애굽에 내려온 야곱 군단은 앞으로 400여년간을 이곳에서 살아가게 될 것이다. 그것도 괴로움을 당하면서.... 이러한 사실은 이미 하나님께서 아브라함에게 약속하신 것이었다(창 15:13).

(3) 그러나 누가 이 사실을 기억하고 있단말인가? 이제, 야곱은 그의 아들들을 불러놓고 그의 장래를 예언한다. 물론 이들은 12지파의 조상이 된다. 이제 모세가 이들의 후손들을 이끌어 낼 때까지 이들은 마지막 하나님의 계시를 듣게 된다. 그 중에도 유다에게 준 축복은 우리의 특별한 관심을 끌게 한다. 유다에게서 특별한 통치자가 나온다는 것이다.

2. 유다 지파에서 약속하신 후손이 태어나실 것이다. 야곱이 아들들에게 축복한 내용을 간단하게 살펴보자.

(1) **르우벤(Reuben)** - 라아(רָאָה)와 벤(בֵּן)에서 유래했으며, '주께서 나의 괴로움을 돌아오보셨다'를 의미한다. 어머니는 '레아'였다.

1) 르우벤은 장자요, 위광(honer)과 권능(power)이 탁월했다. "르우벤아 너는 내 장자요 내 능력이요 내 기력의 시작이라 위풍(높음, 위엄)이 월등하고 권능이 탁월하다마는"(3절).

2) 르우벤은 이스라엘 지파의 우두머리가 될 왕적 권리가 있었다. 그는 존귀함과 장자권과 생득적인 탁월성을 타고 났지만 그의 불안정한 성품으로 그 권리가 다른 아들(유다)에게로 넘어간다. 그는 맏아들로서 자격이 있었지만, 그러나 무엇이 문제였나? 4절의 내용은 어떤 사건을 말하는가? (창 35:22)

3) 무엇보다 그의 서모(빌하)와 동침한 사건은 더이상 그를 지도자로 세울 수 없었다. 물론 그는 요셉이 애굽으로 팔려갈 때(37장) 그를 구출하려고 애를 썼으나 적극적이지 못했다. 연약한 성격과 동정심이 부족했고(42:37) 욕심이 많았다.

> 4 너는 ── **탁월하지 못하리니**
> /물의 끓음 같았은즉(Uncontrolled as water)
>
> //(이유: כִּי)
> 네가 아버지의 침상에 올라 더럽혔음이로다
> 그가 내 침상에 올랐었도다"

• 49:4 '물의 끓음[1] 같았고' - '물이 쉼 없이 부글거리며 끓어오르는 듯'하다는 의미이다. "네가 아비의 침상에 올랐음이라." 야곱은 분명하게 그 죄를 지적하고 있다. "너는 탁월치 못하리로다." 그의 예언대로 그의 후손은 탁월치 못했다.

4) 야곱의 예언대로 르우벤의 후손들은 탁월치 못했다. 광야에서 고라 일당이 반역을 일으켰을 때(민 16장), 르우벤의 자손들이 함께 합세했다. 이후 이스라엘 역사에서 르우벤 지파에는 뛰어난 지도자를 내지 못하였으며 갓 지파와 모압에 흡수되어 유명무실하게 되었다.

1) 파하즈(פַּחַז) - 끓어오름, 분별없음, 방종함. / 구약성경에서 이곳에서 단 한번 나온다. 이 단에서 볼 수 있듯이 르우벤은 그 성경이 주위 영향에 쉬 동요되거나 억제할 수 없는, 쉬 끓었다가 식어버리는 성격임을 알 수 있다.

(2) 시므온(Simeon)과 (3) 레위(Levi):

49:5 시므온과 레위는 **형제요**
그들의 칼은 폭력의 **도구로다**
6 내 혼아
그들의 모의에 **상관하지 말지어다**
내 영광아
그들의 집회에 **참여하지 말지어다**
//(이유: כִּי)
그들이 그들의 분노대로 사람을 죽이고
그들의 혈기대로 소의 발목 힘줄을 끊었음이로다

이들은 성격이 너무 격렬했다. 지도자로는 적합치 않은 성격이었다. 늙은 야곱은 당시 세겜에서 벌어졌던 대략 살육 사건을 잊지 못했을 것이다.

창 34장의 디나의 사건을 언급한다. 야곱은 모든 것을 평화적으로 해결하려 했다. 그런데 세겜에서 딸 디나의 사건으로 대살륙이 벌어졌던 것을 기억했다. 시므온과 레위는 인간적인 면에서는 대담하고 성공적이었지만 야곱은 그들 자신의 힘을 신뢰하는 것을 원치 아니했다.

1) 그들의 칼은 잔해하는 기계, 폭력의 도구였다(5절). 어떤 사건을 말하고 있나? 창 34:16-29을 다시 자세히 읽어보자.

2) 이들은 성격이 너무 격렬했다. 지도자로는 적합치 않은 성격이었다. 늙은 야곱은 당시 세겜에서 벌어졌던 대략 살육 사건을 잊지 못했을 것이고 다음과 같은 저주를 선언하게 된다. "그 노여움이 혹독하니 저주를 받을 것이요 분기가 맹렬하니 저주를 받을 것이라 내가 그들을 야곱 중에서 나누며 이스라엘 중에서 흩으리로다"(7절). 이 예언은 역사 속에서 그대로 이루어졌다. 시므온 지파는 처음에 급속도로 증가했으나(민 1장), 나중에 가나안 정복 직전에 계수할 때는 격감되었다(민 26장). 나중에 모세의 축복 중에서도 시므온 지파는 생략되었다(신 33장). 훗날 이들은 유다 지파에 흡수 통합되어 소멸되었다(수 19:1-9). 나중까지 자기 정체를 지킨 자들은 가나안 땅 밖에서 거주하게 된다(대상 4:38-43).

3) 레위인들은 온 땅에 흩어져 수 21:1-40에 언급된 도성에 거하게 된다. 이들은 성소의 사역자로 일하면서 유익한 누룩이 되었다. 이들 지파는 출 32:26이하에서 볼 수 있듯이 하나님 앞에 크게 점수를 따게 된다.

(3) 유다(Judah): '찬양'이라는 뜻

야곱은 유다에게 놀라움과 경이의 말로 유다를 축복한다. 유다에게 내려준 축복은 무엇인가?

49:8 유다야 너는 네 형제의 찬송이 **될지라**
네 손이 네 원수의 목을 **잡을 것이요**
네 아버지의 아들들이 네 앞에 **절하리로다**

9 유다는 **사자 새끼로다**
내 아들아 너는 움킨 것을 **찢고 올라갔도다**
그가 엎드리고 웅크림이 **수사자 같고 암사자 같으니**
누가 그를 **범할 수 있으랴**

10 규(셔베트, שֵׁבֶט, 笏, Scepter)가 유다를 떠나지 아니하며
통치자의 지팡이[1)]가 그 발 사이에서 떠나지 아니하기를
실로(שִׁילֹה)가 오시기까지 이르리니
그에게 모든 백성이 복종하리로다

구속사적 면에서 장차 그리스도의 탄생이 유다 지파에서 이루어질 것을 예언하고 있다.

"네 손이 원수의 목을 잡을 것이요"라는 말은 창 3:15의 말씀을 생각나게 한다.

1) 통치자의 지팡이 = 법들의 규정자, 사령관을 뜻할 수 있다(신 33:21, 삿 5:14, 사 33:22)

1) "네 손이 원수의 목을 잡을 것이요"라는 말은 창 3:15의 말씀을 생각나게 한다. 우리 인간의 생각에는 요셉이 탁월한 자가 아닐까 생각했을 것이나 하나님은 유다를 선택하신다. 이제 유다 지파를 통해서 그리스도가 오신다는 것이다.

2) 규(笏<홀>, Scepter) = 구약에서는 전쟁 무기로서 막대기와 지팡이를 가리켰다(삼하 23:21, 시 2:9). 또 의전에서 통치, 통치할 권세를 상징한다. 권세의 상징은 홀(규)의 '떠남'(창 49:10, 슥 10:11 참조), 또는 홀의 '꺽어짐'(사 14:5, 렘 48:17)으로 표현되었다. 힘들어도 계시록 5:5을 찾아보고 그 뜻을 설명해 보자.

유다 자손의 3가지 특징은 무엇인가?

① **사자 새끼**(גּוּר, 구르) 유다의 탁월성과 힘을 묘사하기 위해 사용된 용어이다. 유다 지파에게는 강하고, 무서운 맹수로 커가는 유쾌하고, 신바람 나고, 투지가 넘치며, 용맹스런 어린 사자의 이미지가 있다.

- 수사자(אַרְיֵה, 아르예) : 다 자란 사자가 사냥에서 엎드리고 웅크리는 모습을 보여준다.
- 암사자(לָבִיא, 라비) : 어린 새끼 사자들에게 줄 먹이를 물고 돌아와 경계와 보호의 자세로 휴식을 취하는 암사자의 모습, 누가 암사자를 귀찮

게 할 것인가?!

• 계 5:3-5을 읽어보고 그 뜻을 설명해 보라.

"[3]하늘 위에나 땅 위에나 땅 아래에 능히 그 두루마리를 펴거나 보거나 할 자가 없더라 [4]그 두루마리를 펴거나 보거나 하기에 합당한 자가 보이지 아니하기로 내가 크게 울었더니 [5]장로 중의 한 사람이 내게 말하되 울지 말라 **유대 지파의 사자 다윗의 뿌리가 이겼으니** 그 두루마리와 그 일곱 인을 떼시리라 하더라."

② **그 분의 왕권** - 유다 지파를 통하여 하나님의 나라를 다스릴 분이 태어나실 것이다.

• 실로(שִׁילֹה)가 오시기까지 - '실로'가 누구인가 해설이 분분하지만, 실로는 평화를 가져다 주는 사람을 의미하는데, 이 예언은 630년 뒤에 다윗 때에 와서부터 실현되기 시작한다. 유다 지파에서 태어나실 메시야에 대한 언급이라 할 수 있다(계 5:5 참조). 그는 영원한 평강의 왕이다(사 9:6-7 참조).[1)]

• 일부 학자들은 위의 구절은 "(그 통치자) 실로에 오시기까지라고 번역할 수 있다고 주장되기도 한다. 그렇다면 이 구절은 선지자 사무엘 시대에 언약궤가 실로에 옮겨진다는 것을 암시할 것이다. 장차 유다 지파에 속한 다윗이 모든 이스라엘 백성을 다스린다는 것을 암시한다(시편 78:59-72 참조). (ESV 스터디 바이블, 각주 참조). 그렇지만 이에 대한 반대 의견은 실로가 유다가 아닌 에브라임에 있으며 다윗 왕조와는 상관이 없으므로 이 번역은 지지될 수 없다고 주장한다.[2)]

③ **피로 빤 그분의 옷(11,12절)** : 포도나무, 나귀, 암나귀 새끼, 피(포도즙)로 빤 옷, 붉은 눈, 흰 이 -- 이러한 말들은 앞으로 오실 구세주의 고난과 죽음, 겸손, 영광을 암시하는 것이 분명하다. 이와 같이 유다에 대한 예언은 왕적 인물인 유다와 그의 계승자를 위한 그리고 이들의 치리에 복종하는 모든 자들이 공유할 큰 번영을 말하고 있다. 그렇지만 투쟁과 고통과 피흘림이 있어야 된다는 것이다.

3) 이렇게 유다가 아브라함과 이삭과 야곱의 대를 잇는 탁월하고 강력한 머리요 승리를 가져다 주는 복된 지도자가 될 것이다. 그는 용사로서, 왕으

1) 더 자세한 해설을 원하시면 G. Van 그로닝겐, 구약의 메시야 사상, 기독교문서선교회, 류호준역, 198-219면을 참고해 보자.

2) 윌리엄 J. 덤브렐, 장세훈 역, 언약신학과 종말론 (기독교문서선교회, 2000), 50.

로서, 또 재판관으로서의 주권을 상징하는 지팡이, 혹은 규(圭)를 잡을 것이다. 이 규(圭, 홀)는 예수님이 오시기 까지 떠나지 아니할 것이다. 이 예언은 요한 계시록 19장에서 완전한 성취를 보게 된다.

4) 계 19:11-16까지 읽어보자. 만국을 쳐부시는 예리한 검(15절)은 유다가 승리를 가져다 주는 통치를 할 치리자의 지팡이다. 하나님이 맹렬한 진노의 포도즙 틀을 밟는다(15절). 백마를 탄 자의 이름은 만왕의 왕이요 만주의 주이다(16절). **야곱은 유다의 예언을 통해, 유다 지파로부터 마침내 그 사람이 태어날 것을 예언하고 있다**.

5) 이 구절에 대한 다양한 해석이 있으나 창 49:10은 구약의 메시야 예언으로 간주된다. 그러나 후대에 에스겔 선지자는 왕조 계보에 속한 사람들의 잘못된 행실로 왕조의 계보가 끝나게 될 것을 예고한다.

겔 21:27을 보자. 에스겔은 느부갓네살에 의한 예루살렘의 함락으로 말미암아 야곱의 유다 예언이 뒤바뀌게 될 것임을 선언한다. 70인경은 분명히 에스겔 21:27과 창 49:10을 메시야를 가리키는 구절로 이해한다.[1)]

겔 21:27 "내가 엎드러뜨리고 엎드러뜨리고 엎드러뜨리려니와 이것도 다시 있지 못하리라 마땅히 얻을 자가 이르면 그에게 주리라."

49:11 [그가] 그의 나귀를 포도나무에 **매며**
그의 암나귀 새끼를 아름다운 포도나무에 **맬 것이며**
또 그 옷을 포도주에 **빨며** 그의 복장을 포도즙에 **빨리로다**

12 그의 눈은 포도주로 인하여 **붉겠고**
그의 이는 우유로 말미암아 **희리로다**

6) 평화와 풍요함과 번영이 유다의 땅에 넘칠 것이다. 포도나무는 무성하게 자라나므로 말을 탄 정복자는 그 큰 가지에 고삐를 매며, 그 열매를 즐기게 될 것이다. 포도주가 차고 넘치므로 옷을 포도주를 빨게 될 것이다. "그의 눈은 포도주로 인하여 붉겠고"라는 말의 원문은 '번성함으로 말미암아 빛나겠고'라는 의미이다(ESV 스터디 바이블, 각주 참조).

11 또 내가 하늘이 열린 것을 보니 보라 **백마와 그것을 탄 자**가 있으니 그 이름은 충신과 진실이라 그가 공의로 심판하며 싸우더라
12 그 눈은 불꽃 같고 그 머리에는 많은 관들이 있고 또 이름 쓴 것 하나가 있으니 자기밖에 아는 자가 없고
13 또 그가 피 뿌린 옷을 입었는데 그 이름은 하나님의 말씀이라 칭하더라
14 하늘에 있는 군대들이 희고 깨끗한 세마포 옷을 입고 백마를 타고 그를 따르더라
15 그의 입에서 예리한 검이 나오니 그것으로 만국을 치겠고 친히 그들을 철장으로 다스리며 또 친히 하나님 곧 전능하신 이의 맹렬한 진노의 포도주 틀을 밟겠고
16 그 옷과 그 다리에 이름을 쓴 것이 있으니 **만왕의 왕이요 만주의 주**라 하였더라

11절 - **백마와 그것을 탄 자**
16절 - **만왕의 왕이요 만주의 주**

1) 윌리엄 J. 덤브렐, 언약신학과 종말론, 51.

스불론 자손의 기업

10 셋째로 스불론 자손을 위하여 그들의 가족대로 제비를 뽑았으니 그들의 기업의 경계는 사릿까지이며
11 서쪽으로 올라가서 마랄라에 이르러 답베셋을 만나 욕느암 앞 시내를 만나고
12 사릿에서부터 동쪽으로 돌아 해 뜨는 쪽을 향하여 기슬롯 다볼의 경계에 이르고 다브랏으로 나가서 야비아로 올라가고
13 또 거기서부터 동쪽으로 가드 헤벨을 지나 엣 가신에 이르고 네아까지 연결된 림몬으로 나아가서
14 북쪽으로 돌아 한나돈에 이르고 입다엘 골짜기에 이르러 끝이 되며
15 또 갓닷과 나할랄과 시므론과 이달라와 베들레헴이니 모두 열두 성읍과 그 마을들이라
16 스불론 자손이 그들의 가족대로 받은 기업은 이 성읍들과 그 마을들이었더라

(5) 스불론(Zebulun) : 레아의 소생으로 야곱의 여섯 째 아들이다.

49:13 스불론은 해변에 **거주하리니**
그 곳은 배 매는 **해변이라**
그의 경계가 **시돈까지리로다**

스불론 지파는 해변에 거할 것이다. 후에 이 지파는 갈릴리와 지중해 사이의 땅을 차지한다(수 19:10-16). 이스라엘 사람들보다 베니게 사람들과 더 가깝게 지낼 것이다. 스불론은 내륙 지방에 위치하여 해안에 접하지는 아니했지만 지중해에서 16km밖에 떨어져 있지 아니해서 바다의 풍부한 것을 먹을 수 있었다(신 33:19).

(6) 잇사갈(Issachar) : 레아의 소생으로 야곱의 다섯 째 아들이다.

49:14 잇사갈은 양의 우리 사이에 꿇어앉은 건장한 **나귀로다**
15 그는 쉴 곳을 **보고 좋게 여기며**
토지를 보고 **아름답게 여기고**
어깨를 내려 짐을 **메고** 압제 아래에서 **섬기리로다**

건장한 나귀 (강하지만 유순하고 게으름) - 땅의 아름다운 것에 마음을 빼앗기고 다른 사람들을 섬기게 될 것이다. 갈릴리 호수와 지중해의 상업으로 평화롭게 살던 이 지파는 앗수르의 지배를 받아 노예 상태로 떨어졌다.

(7) 단(Dan) : 빌하의 첫째 소생이다.

49:16 단은 이스라엘의 한 지파 같이 그의 백성을 **심판하리로다**
17 단은 길섶의 **뱀이요** 샛길의 **독사로다**
말굽을 **물어서** 그 탄 자를 뒤로 **떨어지게 하리로다**
18 여호와여 나는 주의 구원을 **기다리나이다**

길의 뱀 - 호전적인 성향을 가질 것이다. 단 지파의 뱀과 같은 교활한 행위는 나중에 라이스 지방 거민들을 악독하게 죽이고 거기에 거한 사실에서 잘 드러난다(삿 18:17-29). 단과 단의 자손이 보여 줄 긍정적인 면과 부정적인 면을 모두 지적한다. '단'이라는 이름은 히브리어에서 '심판' 또는 판단'을

뜻한다(30:6). "여호와여 나는 주의 구원을 기다리나이다"(18절) - 이 기도는 야곱이 자신의 자손에게 관심을 기울이고 있다는 것을 드러낸다. 여호와가 구원해 주시지 않으면 그들은 살아남을 수 없다(ESV 스터디 바이블).

(8) 갓(God) : 레아의 몸종 실바의 첫째 소생으로 일곱 째 아들이다.

> 49:19 갓은 군대의 추격을 **받으나**
> 도리어 그 뒤를 **추격하리로다**

1) 그가 태어날 때 레아는 '복되도다'하고 그 이름을 '갓'이라고 칭하였다(창 30:11). 갓의 이름은 '공격하다'를 뜻하는 구드(창 49:19)로서 '군대'라는 의미가 담겨 있다. 그의 후손들이 높은 사기와 용감성에 대한 예언이었다.

2) 용맹성 강조, 호전적. 이들은 사방에서 공격을 당했다(미디안족, 암몬, 아라비안). 그러나 갓 족속은 이들을 잘 격퇴하였다. 특히 다윗 시대에 용맹을 발휘한다(대상 12:8, 5:18 참조).

(9) 아셀(Asher) : 실바의 둘째 소생이다. 그 이름의 듯은 '행복한(자)'를 의미한다.

> 49:20 아셀에게서 나는 먹을 것은 **기름진 것이라**
> 그가 왕의 수라상을 **차리리로다**

1) 아셀 지파의 영토는 북쪽에 분배된 지역으로, 팔레스틴의 북쪽 변경을 이루고 있으며, 갈멜 산까지 이르고, 그 범위는 약 96km가 되었다. 기름진 땅이 있었다.[1] 아셀은 솔로몬의 행정구역의 하나로 언급되었다(왕상 4:16). 이들은 형통했다. 솔로몬은 두로 왕에게 이곳에서 나는 곡식으로 공급한다(왕상 5:11).

2) 아셀은 네 아들과 딸 하나가 있었으며 야곱과 함께 애굽에 갔다(창 46:17, 출 1:4). 아셀과 그 자손은 야곱과 모세의 축복을 받았다(창 49:20, 신 33:24-25).[2] 아셀은 형제들에게 기쁨이 되며, 왕의 진미와 풍성한 공급으로 하나님의 축복을 받는 자로 묘사된다. 아셀은 기름진 목초지를 가진 족속이었다. 아셀은 풍요로움 가운데 살았으며 그가 가진 것을 나누어 주기를 즐겨하였으며, 형제들의 마음에 매우 흡족하였다. 아셀에게 주어진 항구와 성읍의 토지는 팔레스틴의 요지로 간주되었다. 이스라엘의 모든 지파 가운데 아셀 지파가 가장 안정된 역사를 가지고 있다.

1) 동쪽으로는 스블론과 납달리, 서쪽으로는 지중해가 위치하여 있다(수 19:24-31, 삿 5:17, 겔 48:2).

2) 출애굽 때에 아셀의 지파는 성인 남자 41,500명이었으며(민 1:41), 두 번째 인구조사에서는 53,400명이었다(민 26:47).

(10) **납달리(Naphtali)** : 라헬의 몸종인 빌하에게서 두번째로 얻은 야곱의 여섯번째 아들이다.

> 49:21 납달리(나프탈리)는 놓인 **암사슴이라**
> 아름다운 소리를 **발하는도다**

1) 나프탈리는 '씨름'을 의미하며, 이는 라헬이 여종 빌하에게서 아들을 낳으므로 레아와 싸워 이겼으므로, 혹은 아이를 얻기 위한 기도에서 하나님과 씨름하였기 때문이다. 납달리 사람들의 모험적이고 자유로운 젊은 정신은 "야곱의 축복"에서 "놓인 암사슴"에 비유된다(창 49:21). 그는 탁월한 재능과 대단한 능력을 지닌 인물이었으나 그도 역시 "놓인 암사슴"이었다. 그리하여 그의 잘못된 생의 경력과 그의 영향력에 손상을 가져오고 생을 망치는 지나친 무절제가 숨겨져 있었다.

2) 다윗이 헤브론으로 가서 왕으로 옹위되었을 때(주전 1,000년경) 납달리 사람들은 다윗편에 연합하였으며(대상 12:34-40), 새로운 왕의 관료로 납달리 지파에서 여레못이 뽑혔다(대상 27:19). 납달리 지파는 북왕국(이스라엘)과 통합했다.

(11) **요셉(Joseph)** :
자손이 왕성(22절). 외적을 능히 막을 수 있고(23,24절), 충만한 복을 누릴 것이다(25절). 영원한 축복들(26절) <생육이 중다함>

> 49:22 요셉은 무성한 가지 곧 샘 곁의 **무성한 가지라**(בֵּן פֹּרָת)
> 그 가지가 담을 **넘었도다**(צָעֲדָה) - 짜아드(צָעַד)의 칼 완료형 / 걷다, 행진하다

1) 이 성공적인 지파에게는 원수가 많이 공격을 할 것이나(23, 24절*), 오히려 더 강건하게 될 것이다. 왜냐하면 전능자의 힘이 함께 하기 때문이요, 이스라엘의 반석이며, 목자인 하나님이 함께 하기 때문이요, 그가 도우실 것이기 때문이다. 여호수아, 드보라, 사무엘이 에브라임 지파에서 나왔고, 기드온과 입다가 므낫세 지파에서 나왔다.[1)]

2) 개역은 "그로부터 이스라엘의 목자가 **나도다**"(מִשָּׁם רֹעֶה אֶבֶן יִשְׂרָאֵל)(49: 24하)라는 구절에서 '나도다'라는 말은 삽입함으로써 마치 요셉 지파에서 메시야가 태어날 것처럼 오해를 불러올 수 있다. 본문에는 동사가

• 창 49:23 "활쏘는 자가 그를 학대하며 적개심을 가지고 그를 쏘았으나 [24]요셉의 활은 도리어 굳세며 그의 팔은 힘이 있으니 이는 야곱의 전능자 이스라엘의 반석인 목자의 손을 힘입음이라."

1) [사무엘의 아버지 엘가나는 혈통으로 보면 평범한 레위 족속 중 한 사람이었다(대상 6:26, 33). 그러나 그를 에브라임 지파의 사람이라고 할 수 있는 것은 그가 에브라임 산지 라마에서 살고 있었기 때문이다.]

없다. 따라서 24하반절은 "야곱의 전능자로부터, 거기로부터 목자, 이스라엘의 반석"이 된다.

49:23 활쏘는 자가 그를 학대하며 적개심을 가지고 그를 쏘았으나

> 24 요셉의 활은 도리어 **굳세며**
> 그의 팔은 **힘이 있으니**
> //이는(이유: 의미상)
> 야곱의 전능자 이스라엘의 반석인 목자의 손을 힘입음이라
> (יָדָיו מִידֵי אֲבִיר יַעֲקֹב מִשָּׁם רֹעֶה אֶבֶן יִשְׂרָאֵל)
>
> 요셉의 승리는 결국 누구로부터 온다는 말인가?

3) 그러므로 24하반절부터 25상반절까지는 요셉을 도우시고 복을 주시는 원천에 대하여 언급하고 있다. 야곱의 전능자, 이스라엘의 반석, 목자, 네 아비의 하나님, 전능자는 모두 하나님을 가리킨다. 야곱은 여기서 하나님을 여러 가지 칭호로 언급함으로써 무서운 환난 중에도 요셉을 지켜주신 하나님을 두드러지게 묘사하고 있다.[1] 개정개역은 이 부분을 "이는 야곱의 전능자 이스라엘의 반석인 목자의 손을 힘입음이라"라고 번역했다.

4) 요셉 지파는 원수를 대적하는 특별한 권세 외에도 차고 넘치는 복을 받을 것임을 예언하고 있다.

> 25 그가 너를 **도우실 것이요**
> /네 아버지의 하나님께로 말미암나니
> 그가 네게 복을 **주실 것이라**
> /전능자로 말미암나니
> //(동격)
> 위로 하늘의 복과
> 아래로 깊은 샘의 복과 젖먹이는 복과 태의 복이리로다
>
> • 누가 도와주실 것인가?
> • 누가 복을 주실 것인가?
> • 어떤 복?

5) 그 복의 풍성을 어떻게 묘사하고 있나? (26절)

49:26 네 아버지의 축복이 내 선조의 축복보다 나아서 영원한 산이 한 없음 같이 이 축복이 요셉의 머리로 돌아오며 그 **형제 중 뛰어난 자**의 정수리로 돌아오리로다

요셉 지파는 형제들 중 뛰어난 지파가 될 것이라는 말이다. 지도자적인 역할을 하게 될 것이다. 에브라임 지파는 후에 이스라엘 중에 뛰어난 존재가 되었다.

1) 김경래, 구약성경난제(1), 도서출판 대장간, 128-29.

(12) **베냐민(Benjamin)** : 라헬의 둘째이자 막내 아들이다.

> 27 베냐민은 물어뜯는 **이리라**
> 아침에는 빼앗은 것을 **먹고**
> 저녁에는 움킨 것을 **나누리로다**

물어 뜯는 이리 - 호전주의로 흐를 것이다. 사울 왕이 베냐민 지파이다. 사사기 20장은 이 지파의 과격하고 잔인한 면을 잘 보여주고 있다. 이 지파는 다른 열한 지파와 싸워 거의 진멸되기에 이르렀었다. 이들의 사악함이 철저히 응징된 후에 하나님의 자비가 회복되었다.

야곱의 예언적 메시지의 의미

1. 야곱이 아들들에게 한 예언적 축복들은 야곱 자신의 이야기가 아니다. 이 메시지는 하나님께서 그를 통하여 계시하신 말씀으로 이해되어야 한다.

(1) 특히 야곱의 메시지는 한 개인에 대한 예언이라기보다는 지파들에 관한 것이다. 그 중에서 유다는 개인과 지파를 통제하고, 지도하고, 이끌어가기 위해 분명하게 지목되었다.

(2) 유다에게 맡겨질 중재자적(仲裁者的) 역할은 권위와 힘과 그 역할을 행할 수단을 가진 탁월한 중재자의 역할이었다. 유다는 통치하며(홀, 笏), 인도하며(지팡이), 싸움으로 이끌어 승리를 쟁취하는 사람으로 지목되었다. 유다는 모든 악의 세력들을 향해 싸우는 왕적 중재자로서 제 기능을 발휘하기 위해 권위와 능력을 보증받았다. 그를 사자로 표현한 데서 이를 잘 반영하고 있다.

(3) 또한 유다는 번영을 약속받았다. 이런 유다 지파에서 한 왕적 인물이 나타날 것이다. 유다의 지도력 아래 그리고 통치하며, 정복하며, 공급하는 그 사람의 지도력 아래 이스라엘의 아들들이 맞게 될 위대한 미래가 확실히 언급되었다.

2. 이런 예언은 앞으로 계속되는 역사 속에서 구체적으로 자세하게 드러난다. 계시록 19:11-16*에서는 앞에서 예언한 구체적 개념들이 드러나고 있다.

• 계 19:11 "또 내가 하늘이 열린 것을 보니 보라 백마와 그것을 탄 자가 있으니 그 이름은 충신과 진실이라 그가 공의로 심판하며 싸우더라 12 그 눈은 불꽃 같고 그 머리에는 많은 관들이 있고 또 이름 쓴 것 하나가 있으니 자기밖에 아는 자가 없고 13 또 그가 피 뿌린 옷을 입었는데 그 이름은 하나님의 말씀이라 칭하더라 14 하늘에 있는 군대들이 희고 깨끗한 세마포 옷을 입고 백마를 타고 그를 따르더라 15 그의 입에서 예리한 검이 나오니 그것으로 만국을 치겠고 친히 그들을 철장으로 다스리며 또 친히 하나님 곧 전능하신 이의 맹렬한 진노의 포도주 틀을 밟겠고 16 그 옷과 그 다리에 이름을 쓴 것이 있으니 만왕의 왕이요 만주의 주라 하였더라."

야곱의 죽음과 장사 (49:28-33)

태어날 때부터 요란을 떨어 부모를 어리둥절케 했던 야곱, 장자의 축복을 얻기 위해 어머니 리브가와 아버지 이삭을 속이는 드라마를 연출했던 야곱, 형 에서를 피하여 외삼촌 집으로 피신하던 야곱, 그리고 계속되는 이후의 삶속에서 한시라도 편안한 날이 없었던 야곱, 그는 생의 말년에 와서야 영안(靈眼)이 열린다. 요셉이 총리로 있는 애굽에 와서 17년을 더 살았다. 그의 나이 147세, 그는 그의 모든 자녀들을 모아놓고 예언적 축복을 마친다. 그리고 이제 기운이 진하여 그의 열조에게로 돌아간다. 그의 성격 탓으로 인해 그리 평탄한 삶을 살지 못했던 야곱이었지만 그는 족장으로서의 역할을 잘 감당했다.

1. 야곱은 애굽에 와서 몇년을 살다가 죽는가? (47:28)

이제 기운이 진하여 죽는다(33절). 그의 나이 147세였다. 그는 아들들에게 자신이 죽거든 가나안 땅, 선영에 묻히기를 명한다. 특히 요셉에게 환도뼈 아래 손을 넣고 애굽에 장사하지 않기로 맹세시켰다(47:29).

2. 야곱은 그의 아들들에게 어떻게 명하고 있나?

49:29 그가 그들에게 명하여 **이르되**
/내가 내 조상들에게로 **돌아가리니**
나를 헷 사람 에브론의 밭에 있는 굴에
우리 선조와 함께 장사하라

• "30 이 굴은 가나안 땅 마므레 앞 막벨라 밭에 있는 것이라 아브라함이 헷 사람 에브론에게서 밭과 함께 사서 그의 매장지를 삼았으므로 31아브라함과 그의 아내 사라가 거기 장사되었고 이삭과 그의 아내 리브가도 거기 장사되었으며 나도 레아를 그 곳에 장사하였노라 32이 밭과 거기 있는 굴은 헷 사람에게서 산 것이니라."

(1) 막벨라 굴에는 이미 아브라함, 이삭, 리브가, 레아 등이 묻혀 있었다. 라헬은 베들레헴 근처의 묘에 장사되었다(창 34:19, 20). 야곱은 아브라함, 이삭, 리브가, 레아 등이 묻혀 있는 선영에 묻히기를 원했다. 이제 야곱은 자기 열조에게로 돌아간다(I am about to be gathered to my people). "내가"라는 말을 문두에 두어 강조한다. 야곱은 '자기 백성(열조)'이 죽긴 했어도 여전히 생존하는 것으로 간주하고 있다. 야곱은 저 세상의 생에 대한 자신의 신앙을 드러내고 있다.

(2) 야곱은 명하기를 마친 후에 그 발을 침상에 모으고 숨을 거둔다. 그는 '기운이 진하여'(가바, גָּוַע - 기한이 다되다) 죽었다고 했다.

야곱의 장례 (50:1-14)

1. 야곱의 일생이 막을 내린다. 그도 역시 그의 열조(조상)에게로 돌아갔다. 요셉은 아버지의 장사를 어떻게 지냈는가? (50:1-14)

(1) 야곱, 그는 얼마나 많은 고난의 세월을 보냈는가! 야곱은 노년에 애굽의 국무총리인 요셉으로 인해 편안한 날을 보냈지만, 그는 언젠가는 자기의 후손들이 가야할 가나안을 생각하고 있었다.

• 창 47:29 "이스라엘이 죽을 날이 가까우매 그의 아들 요셉을 불러 그에게 이르되 이제 내가 네게 은혜를 입었거든 청하노니 네 손을 내 허벅지 아래에 넣고 인애와 성실함으로 내게 행하여 **애굽에 나를 장사하지 아니하도록 하라** 30 내가 조상들과 함께 눕거든 너는 **나를 애굽에서 메어다가 조상의 묘지에 장사하라** 요셉이 이르되 내가 아버지의 말씀대로 행하리이다."

(2) 요셉은 그의 아버지 야곱에게 애굽에 장사하지 않기로 맹세한 바대로(47:29-30*), 아버지의 시신을 가족들과 함께 가나안 땅, 막벨라 굴에 안치시켰다. 야곱은 46:4에서 하신 하나님의 말씀을 믿었다.

46:4 내가 너와 함께 애굽으로 내려가겠고
반드시 너를 인도하여 다시 올라올 것이며 (אַעַלְךָ גַם־עָלֹה)
요셉이 그의 손으로 네 눈을 감기리라 하셨더라

2. 야곱의 죽음에 대한 애곡 기간이 몇일이었는가? 그리고 장례의 규모가 어떠했는가?

당시 바로 왕이 죽을 때 애곡기간이 72일임에 비춰볼 때, 애굽에서의 요셉의 위치가 어떠했나 알 수 있다. 야곱의 장례식의 규모가 어떠했나? 가족은 말할 것도 없고 바로의 군대까지 동원했다(9절). 바로 궁의 장로들과 애굽 땅의 모든 장로들이 다 참석했다고 했다(8절).

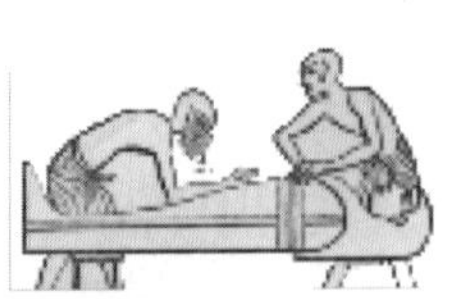
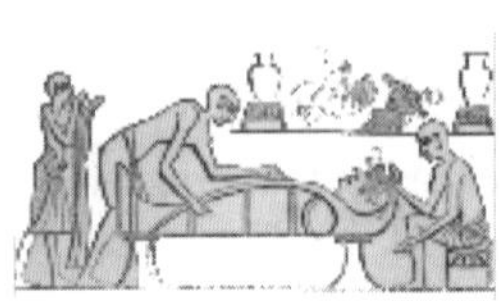

장례준비 모습과 애굽인들의 장례에 쓰인 관들

야곱의 장례 준비 : 물론 당시의 고급 관리들의 장례 절차를 따랐을 것이다. 그 규모가 왕의 장례식과 버금가는 것이었다.

애굽에서의 요셉

- 형들의 살해 음모(창 37:14-20) - 대상들에게 팔림 (창 27:26-28) - 애굽의 시위 대장 보디발에게 다시 팔림(창 37:36).
- 보디발의 집에서 여호와께서 요셉과 함께 함으로 (창 39:2-3), 요셉을 인하여 보디발의 집에 여호와의 복이 임함(창 39:5). - 보디발이 소유를 다 요셉에게 일임함(창 29:6).
- 그러나 보디발의 아내의 자기를 욕보이려 했다는 무고로 옥에 갇힘(창 39:17-20). 옥중에서도 여호와께서 함께 하심으로 범사에 형통(창 39:21-23), 떡굽는 관원장과 술맡은 관원장의 꿈을 해석해 주고 석방의 때를 기다림(창 40:21-23).
- 요셉은 바로의 꿈을 계기로 하여 석방되어 바로의 꿈을 해석하고 대안을 제시함(창 41:29-36). 그리하여 애굽의 총리가 되어 애굽 경제를 다스렸다 (창 41:38-40 창 41:46-49 53-57).
- 요셉은 사브낫바네아라는 이름을 얻었다(창 41:45).
- 온 제사장 보디베라의 딸 아스낫을 아내로 삼고(창 41:45), **므낫세**와 **에브라임**을 낳았다(창 41:50-52).
- 요셉은 가나안 땅의 기근으로 인해 애굽에 곡식 사러 온 형을 만나고 야곱 족속을 애굽 고센 땅으로 이주시키었다(창 45:3-6).
- 야곱은 죽어 막베라 굴에 장사되었다(창 50:12-14).
- 요셉은 그의 형제들을 끝까지 돌보아 주었다(창 50:19-21).
- 요셉은 110세에 애굽에서 임종했으나(창 50:26), 그 유골이 출애굽과 함께 나와 세겜에 이장되었다(창 20:25 출 13:19 수 24:32).

202

내가 하나님을 대신하리이까? (50:19)

야곱의 장례가 끝나자 요셉의 형제들은 불안해 한다. 야곱은 그의 아들들 간에 사랑을 온전히 회복하기 위해 많은 애를 썼음을 볼 수 있다(17절). 요셉의 형제들은 요셉에게 와서 종이 되기를 원했다. 이들은 과거 요셉에게 악한 일을 한 것 때문에 마음이 편치 못했다. 이제까지 자기들의 보호막이 되었던 아버지 야곱은 죽었다.

요셉의 인격과 신앙

① 믿음의 사람(창 50:20 수 24:32).
② 과실에 대해 민감하고(창 37:2),
③ 마음이 친절(창 40:7-8),
④ 성실성과 마음의 순수성(창 39:9, 11-12),
⑤ 겸손(창 41:16),
⑥ 하나님을 영화롭게하는 자(창 45:8),
⑦ 하나님의 신의 감동한 지혜를 소유(창 4:38-39),
⑧ 예언자적 기질을 가짐(창45:6 출 13:19),
⑨ 감정이 풍부(창 43:30, 31),
⑩ 하나님의 도우심이 그와 함께 하심(창 39:2-3 시 106:17-20),
⑪ 관용적인 사람(창50:19-21).

1. 그래서 지금까지 형제들에 대한 환대가 바꾸어지지 않을까 불안해 했다. 그러나 요셉은 어떻게 대답하는가 보라. (19-21절)

물론 요셉은 야곱이 죽은 후에도 형제들을 잘 대우했다. 요셉은 오히려 그 형제들의 자녀까지 맡아 기르겠다고 약속한다. 오히려 이렇게 된 것은 하나님의 특별하신 섭리 때문이었다고 고백한다. 요셉의 위대성이 여기에 있다.

2. 그리고 요셉도 110세를 살고 죽는다(22절). 24-25절을 읽고 요셉의 신앙을 이야기해보라.

24 요셉이 그의 형제들에게 **이르되**
/ 나는 죽을 것이나
하나님이 당신들을 돌보시고
당신들을 이 땅에서 인도하여 내사
아브라함과 이삭과 야곱에게 맹세하신 땅에 이르게 하시리라

25 요셉이 또 이스라엘 자손에게 **맹세시켜 이르기를**
/하나님이 반드시 당신들을 돌보시리니
당신들은 여기서 내 해골을 메고 올라가겠다 하라

▶ 요셉의 믿음을 보라.
그는 언젠가는 야곱의 후손들이
가나안 땅으로 가게 될 것을 굳게 믿고 있었다.

그는 언젠가 하나님께서

아브라함, 이삭, 야곱에게 맹세하신 땅에 이르게 하실 것을 믿었다.
그래서 그는 이 애굽 땅을 떠나게 될 그때에
해골을 메고 올라갈 것을 부탁한다(26절).
요셉이 사는 동안 이스라엘은 영화를 누리며 살아갔을 것이다.

특별히 요셉 개인의 역사는
선민 이스라엘을 커다란 민족으로 키우시기 위하여
애굽으로 미리 불러 준비케 한 하나님의 역사였다.
하나님의 특별한 섭리가 있어 이곳에 왔지만,
요셉 개인은 깨끗하고 흠없는 삶을 살아왔다.

이제 요셉은 자기의 시신을
가나안 땅에 묻어달라고 유언함으로써
그의 뿌리가 어디이며 무엇인가를 분명히 했다.
이스라엘 백성들은 언젠가 이 땅을 떠나야 한다.

▶ 우리는 지금,
우리가 살아가고 있는 이 땅이 전부인 것처럼,
숨을 헐떡이고 달려가고 있지는 않는가?

이 땅의 삶을 소홀히 할 수는 없지만,
그렇다고, 뒤도 안돌아보며 달리기만 할 건가?

잠깐, 숨을 멈추고,
위대하신 하나님의 손길을 바라보자.
영원한 본향을 향하여 가는 순례자의 길
너무 바쁘면,
현재 나와 동행하시는 하나님의 따스한 손길을 느낄 수 없다.

창세기 47-50장 요약 정리

47장 요셉의 토지 정책

- 요셉이 바로에게 보고한 내용은 무엇인가? (1절)
- 요셉은 바로에게 알현할 형제를 몇명 뽑았나? 그리고 형제들이 바로에게 요청한 내용은?
- 야곱이 바로와 대화한 내용을 말해보라(7-10절).
- 바로가 이스라엘 백성들에게 준 땅은? (11절)
- 요셉이 세운 토지정책은 어떤 것이었으며 어떤 면에서 탁월한 정책이라 할 수 있는가? (20-26절)
- 야곱은 몇세까지 살았나? 애굽에서는 몇년을 더 산 것인가? (28절)
- 야곱은 요셉에게 어떤 유언을 했는가? (29-30절)
- 야곱이 말하는 선영이란 어디를 가리키는가?

48장 야곱이 요셉의 아들들에게 축복함

- 요셉이 아버지 야곱을 문병갔을 때 무엇을 언급하는가? (48:1-4)
- 요셉이 애굽에서 난 두 아들의 이름은? (48:5)
- 야곱은 왜 요셉의 아들을 자기의 아들로 입양시키려 하는가? (48:5)
- 야곱이 요셉의 두 아들을 축복할 때 야곱의 영적인 상태는 어떠했나? (48:19)
- 야곱이 요셉의 두 아들을 축복할 때 기도의 내용(48:15-16)
- 야곱은 왜 손을 어긋맞겨 기도했는가? 누가 더 복을 받는다는 말인가? (48:19-22)

49장 열두 아들에 대한 예언적 축복

- 야곱이 자기 아들들에게 예언적인 축복을 한 내용을 간단히 설명해 보라(49장).
- 특별히 유다에게 내려진 축복의 내용을 후대의 메시야의 도래와 연결해서 설명해 보라(49:8-12).
- 요셉은 어떤 축복을 받았는가? (49:22-26)

50장 야곱의 장례와 요셉의 죽음

- 야곱의 장례를 어떻게 성대하게 치뤘는가? (50:1-14)
- 야곱이 죽은 후 형제들이 어떻게 동요했으며 이에 대한 요셉의 태도는 어떠했는가? (50:15-21)
- 요셉은 몇세에 죽었나? 그리고 그의 역사적 신앙관을 말해보라 (50:24-25).

Summary

(1) 족장들의 생활을 정리.
그들의 생애, 믿음, 신앙관

(2) 신자들의 장례 제도 (문제점과 개선점)

(3) 창세기를 전반적으로 정리 설명하라.

족장들의 삶을 정리하며

1. 창 50:24을 읽으면서 창세기의 역사는 여기서 끝나는 역사가 아니라 보다 크고 구체적인 역사를 대망하는 것으로 끝을 맺고 있음을 볼 수 있다.

족장들의 후반부의 이야기는
오히려 하나님의 구속의 역사가
어떻게 확대되어 나가는 가에 대한 기초를 제공해 주고 있다.

비록, 그 족장들은 죽지만 그의 약속은
이스라엘 역사 속에서 계속 실현해 나가실 것이다.
하나님의 왕국의 완성을 위해
하나님은 어떻게 일하시는가는
출애굽기에서 그 다음 단계를 살펴보아야 한다.

2. 그렇다면 창 12:4-36장의 족장들의 역사는 무엇인가?

그것은, 하나님 나라의 왕국 건설을 위해,
① 롯, 엘리에셀, 이스마엘, 에서는 분리 또는 제거하는 역사로,

② 아브라함, 이삭, 야곱은 후사로 부르시는 작업이다.

물론,
하나님의 나라의 후사를 준비하시고 지명하시는 이는 하나님이시다.
즉, 하나님 왕국의 건설의 주도자는 하나님이시라는 말이다.
아브라함을 통하여 세워지는 그 복된 나라는
전적으로 하나님에 의해 세워지는 하나님의 나라요,
초자연적 능력과 그의 주권적인 뜻에 의해서 세워지는 나라이다.

우리는 여기서
에서보다 야곱을 선택하시는 하나님의 주권을 본다.
또 유다의 부도덕한 결과로 태어난 아들 베레스도
그리스도가 오시는 조상들 가운데 들게 하신다.
인간의 어떤 도덕적인 선함 때문에 택함을 받은 것이 아님을 본다.

따라서 앞에서 살펴본 대로 요셉의 역사는
스스로 개척한 역사가 아니라
하나님에 의해서 되어진 역사요,
하나님의 왕국과 관련된 역사(창 45:1-8, 50:20, 46:1-4)이다.

그는 "하나님의 나라의 실현"을 위하여(창 45:7,8, 50:19-20)
부름을 받은 것이다.

그의 생애는 하나님의 약속의 성취와
하나님 나라의 건설을 위해 **쓰임받은** 생애였다.

그러면서도,
이 하나님의 나라의 구성원으로 부름받은 인물들이
모두 "믿음으로 순종했다"고 히브리서는 말하고 있다(히 11장).
족장들 모두 그들의 생애에서
확실한 살아있는 신앙을 보여주고 있다.
그들은 하나님을 만나고,
신앙생활을 위해 투쟁하고,
그리고 오랜 기다림 후에 약속이 성취된다는 사실을 배웠다.

우리는 이들의 생활을 통해서,
우리의 생활을 완전히 하나님께 의뢰해야 한다는 것과
세상의 방법과 체제를 철저하게 부정하라는 것을 배웠다.

하나님의 주권적 섭리,
그 섭리를 이루기 위해 부름받은 사람은
오직 "믿음으로 순종"해야 한다.

그러기에 이 족장들의 삶은 나와 무관하지 않다.
그들은 어떤 초인적인 영웅이 아니었다.
우리들과 같이 죄를 짓고,
용서를 받아야 했고,
불안해 하기도 했다.
그러면서도 영원한 본향을 사모한
그 당시의 성도였다는 것이다.
그래서 우리에게도 소망이 있다.

할렐루야!!

Close-up

[특강]
야곱의 생애

여호와께서 유다와 논쟁하시고(호 12:2-4)

잠깐만이요!!

▶ 우리는 앞에서 야곱의 생애를 공부했습니다. 그런데 우리는 창세기에 나타난 야곱의 생애 속에서 이렇다할 큰 잘못을 끄집어내지 못합니다. 창세기에서 야곱은 모든 면에서 성실하게 산 사람으로 볼 수 있기 때문입니다. 그러나 호세아 선지자는 당시 북이스라엘의 멸망을 선포하면서, 그들의 조상 야곱을 들어, 백성들의 반면교사로 삼고 있습니다. 야곱은 (호세아 선지자 사역 당시) 이스라엘 백성과 비유되고 있습니다. 과거 야곱이 계책적인 면이 있었으나 그가 회개하고 복을 받음으로 모든 것이 회복되었다는 것입니다. 결국 하나님께서 야곱의 생애를 주관하셨고 특별하게 보호하셨다는 것입니다. 그러니까 지금(호세아 당시) 이스라엘도 그와 같은 과정을, 즉 여호와께로 방향 전환을 한다면 포로로 끌려가는 엄청난 형벌을 받지 않을 수 있다는 것입니다.

▶ 아래의 내용은 동교재, 백투더바이블 시리즈 「호세아」에 기록된 내용을 그대로 가져온 것입니다. 훗날 야곱이 어떤 판단을 받고 있나를 미리 살펴보려는 것입니다. 창세기만 공부하면 그런 내용을 파악할 수 없기 때문입니다. 이 부분의 앞뒤 내용이 궁금하시면 호세아서를 보시면 됩니다. 그래서 번호가 3번으로 시작합니다.

---

3. 하나님께서는 지금까지 이런 이스라엘을 처벌하지 않으셨으나 이제 그냥 두지 않으실 것이다. 여호와는 자기 백성을 정식으로 고발하신다. 그들의 죄악을 고발하신 후에 그들의 범죄 행동을 벌하실 것이다.

12:2 "여호와께서 유다와 **논쟁**(리브, ריב)**하시고**
야곱을 그 행실(데레크, דֶּרֶךְ)대로 **벌하시며**
그의 행위(마아랄, מַעֲלָל)대로 그에게 **보응하시리라**"

(1) 왜 하나님께서 갑자기 '이스라엘'이 아니고 '유다'와 논쟁하신다고 말씀하시는가? 그래서 어떤 학자들은 '유다'를 '이스라엘'로 바꿔야 한다고 주장한다. 본 장은 주전 722년에 이스라엘이 멸망한 후에 유다의 청중을 위해 갱신되었을 가능성이 있다. 당시 호세아는 이스라엘만을 대상으로 하여 예언하였기

때문에 '유다'라는 표현이 '이스라엘'이었다는 것으로 이해하는 것이 옳을 것 같다. 이미 10:11에서 이스라엘과 유다가 대구적으로 언급되어 있음을 본다. 어쨌든 여기서 하나님은 유다와는 논쟁하시고, 야곱(에브라임)은 그 행실대로 벌하시겠다고 선언하신다. 지금 북이스라엘은 멸망하기 직전의 상황일 것이다.

(2) 이제, 호세아 선지자는 역사적인 교훈을 들어 이스라엘이 여호와께로 돌아와야 할 당위성을 역설하고 있다.

하나님의 백성 이스라엘은 호 11:12과 12:1에서 이미 살펴본 것처럼 거짓과 속임수(11:12, 미르마, מִרְמָה)로 일관했다. 호세아는 이런 이스라엘은 그들의 조상인 야곱과도 같다는 것이다. 창 27:35을 읽어보자.

• 창 27:35 "이삭이 이르되 네 아우가 와서 속여(בְּמִרְמָה) 네 복을 빼앗았도다." 여기서 '속여'(with subtilty, deceitfully)라는 말은 호 11:12에 나오는 '미르마'(=속임수, מִרְמָה)와 같은 말이다.

(3) 호세아는 지금 속임수(11:12, 미르마, מִרְמָה)와 거짓(카자브, כָּזָב)과 포학(쇼드, שֹׁד)을 일삼는 이스라엘에게 그의 조상 야곱이 처음에는 하나님의 복을 받기에는 합당치 못했지만, 그가 회개했을 때 하나님께서 어떻게 기뻐하셨던가를 알려줄 필요가 있었다. 호세아는 지금 과거 조상 야곱이 어떻게 계책적이었는지를(호 11:6 참조) 그의 실제적인 사례 3가지를 소개하고 있다(3, 4, 12절). 야곱은 북이스라엘과 남유다 모두의 조상이다. 호세아는 그의 메시지를 위해 야곱 생애의 순서를 바꾸어 설명하고 있다.

① 야곱은 모태에서 그의 형의 발뒤꿈치를 잡았고
② "또 힘으로는 하나님과 겨루되 천사와 겨루어 이기고 울며 그에게 간구하였으며"(호 12:3, 4)
③ 옛적에 야곱이 아람 들로 도망하였으며, 아내를 얻기 위하여 사람을 섬기며 양을 쳤다는 것이다(호 12:12). - 이 구절은 ①번 사건 뒤에 있어야 할 내용이다. 그러나 12절의 내용은 13절의 설명과 부합된다.

12:3 "야곱은 모태에서(베텐, בֶּטֶן)
그의 형의 **'발뒤꿈치를 잡았고'**(아카브, עָקַב)"

(4) 여기 '발뒤꿈치를 잡았다'는 말 '아카브'(עָקַב)는 '발꿈치를 잡다, 음흉(교활)하게 공격하다'라는 뜻이다. 야곱은 태어날 때 "손으로 에서의 발꿈치를 잡았으므로" 야곱이라는 이름을 얻게 되었다고 했다(창 25:26, NASB). 물론 야곱이 태에서 그 형의 발뒤꿈치를 잡은 것이 의식적인 행동이라고 보기는 어렵지만, 호세아 선지자는 그의 천성이 그렇게 간계(奸計)했다는 점을 들어 지금의 이스라엘의 상황을 대비하고 있다.

• 야곱이 나중에 장자권을 획득하고(창 25:29-

34), 이삭의 축복을 받게 되자(창 27:1-29) 에서는 이렇게 외쳤다: "그의 이름을 야곱이라 함이 합당하지 아니하니이까 그가 나를 속임이 이것이 두 번째니이다 전에는 나의 장자의 명분을 빼앗고 이제는 내 복을 빼앗았나이다 또 이르되 아버지께서 나를 위하여 빌 복을 남기지 아니하셨나이까"(36절). 지금 호세아는 맨 처음부터 이 백성 야곱(이스라엘)은 자기 중심적이었고 다투기를 좋아했음을 그들의 조상 야곱의 출생 사건을 들어 고발의 근거로 삼고 있다.

(5) 두 번째 사건은 창 32:22이하에 기록되어 있는 브니엘 사건이다.

12:3하 "또 힘으로는 하나님과 **겨루되**
4 천사와 겨루어 **이기고 울며** 그에게 **간구하였으며**
하나님은 벧엘에서 그를 **만나셨고**
거기에서 우리에게(עִמָּנוּ) **말씀하셨나니**"

(6) 또한 브니엘에서 하나님과 힘을 겨루되 천사와 힘을 겨루었다고 했다. "힘을 겨루다"라는 말 שָׂרָה('싸라')는 "<끝까지>고집하다, 주장하다, 참다, 견디다, 노력하다"라는 뜻이다. 야곱은 울며(바카, בָּכָה) 간구해서 하나님의 복을 받았다고 했다.

4. 그렇다면 야곱은 정말 그렇게 간교한 인간성을 가진 사람이었을까?

(1) 우리는 창세기 27장에서 야곱과 에서의 출생 서술을 통해 그 둘의 갈등 구조와 궁극적으로는 야곱의 승리를 미리 예측할 수 있다(창 25:23 "…큰 자는 어린 자를 섬기리라 하셨더라."). 이 두 사람 에서와 야곱의 갈등 구조는 야곱이 에서를 속여 장자 권리를 빼앗는 것(창 25:27-34)과 리브가와 야곱이 이삭을 속이는 사건(창 27:1-45)으로 확대된다. 이런저런 일로 야곱은 자신을 죽이려 하는 형 에서에게 쫓겨 타향살이를 하게 된다(창 28:10-30:43). 그곳에서 야곱은 자신의 형과 아버지를 속인 것 같이 외삼촌 라반에게 속임을 당하는(창 37:31-36) 어려움을 겪는다.

(2) 어떤 학자는 족장들이 본래 자녀들에게 이름을 줄 때는 하나님의 복을 기원하는 전통적인 방식을 따랐다고 한다. 그래서 야곱은 'May God protect him behind'(하나님이여, 그의 뒤에서 그를 지키소서)라고 한 것이라고 했다. 그러나 앞에서 설명한 것처럼 그의 행실을 보고 그의 나쁜 면이 크게 드러나게 되었다는 것이다.

(3) 우리는 창세기에 나타난 야곱의 생애 속에서 이렇다할 큰 잘못을 끄집어내지 못한다. 저자의 관점이 다른 데 있기 때문이다. 그래서 창세기에서 야곱은 모든 면에서 성실하게 산 사람으로 볼 수 있다. 위의 설명과 같이 처음부터 '뒤꿈치'(뒤꿈치를 잡다 · 빼앗다)라는 의미로 이름을 짓지는 아니했을 것이다. 그 형의 발뒤꿈치를 잡은 것이 의식적인 행동이라고 보기는 어렵다. 또 형 에서를 속인

일도 그의 어머니가 꾸민 일이요(물론 이 당시의 야곱의 나이가 어머니가 시키는 대로 하는 어린 아이는 아니었다), 그가 하란에서의 일들, 즉 그의 외삼촌을 속이려 한 것이 아니라 오히려 반대의 입장에서 벌어진 일이다. 12자녀를 얻는 과정에서도 그의 잘못을 크게 발견할 수 없다. 창세기에서는 야곱이 자신의 행동에 대해 전혀 비판을 받고 있지 않다.

5. 그러나 호세아는 야곱의 부정적인 면을 통해 지금 멸망을 앞둔 이스라엘 백성에게 메시지를 전하고 있다. 무엇을 전하려 하는가?

(1) 호세아는 지금 야곱에 관한 옛 이야기를 자기 시대의 사람들에게 설교 본문으로 채택하고 있다. 호세아는 위의 세 가지 사건 모두를 야곱의 속임수와 죄악을 입증하는 데 사용한다. 하나님께서는 "야곱(이스라엘)을 그 행실(데레크) 대로 벌하시며 그의 행위(마아랄) 대로 그에게 '보응하시리라'"고 선포하셨다(호 12:2). 하나님은 이스라엘을 유죄로 인정하시고, 그래서 그에 대한 심판은 확정되었다는 것이다. 호세아는 역사를 거슬러 올라감으로써 고발의 증거를 찾는다. 그는 지금 야곱의 행위를 그 고발의 증거로 삼았다.

(2) 호세아는 야곱의 생애, 즉 그가 형 에서를 속이고 하나님의 복을 받아내려고 했던 일(물론 야곱은 어머니의 모의에 참여했겠지만 이 때 야곱의 나이는 적지 않았다.), 하나님과 힘을 겨루되 천사와 힘을 겨루어 이기고 울며 그에게 간구하는 과정, 또 다시 가나안에 돌아와 정착하는 과정에서 계교적인 면이 있었다는 것이다. 형 에서를 만날 예정이었던 야곱의 내적 갈등은 하나님의 천사와 씨름하는 모습에서 최절정을 이뤘다.

(3) 이 과정에서 야곱은 이전 약속을 따라 하나님의 복을 간구하며 받음으로써 마무리 된다. 그는 하나님과 흥정(?)을 하기도 했지만(창 28:20-22), 결국은 자기 자신이 하나님의 도우심에 의존할 수밖에 없는 존재라는 사실을 깨닫게 된다(창 32:26, "그가 이르되 날이 새려하니 나로 가게 하라 야곱이 이르되 당신이 내게 축복하지 아니하면 가게 하지 아니하겠나이다").

(4) 사 43:27-28에서는 야곱이 유다 백성들과 어떻게 비유되고 있는가 살펴 보자.

- 사 43:27 "네 시조('시조'가 누구일까?)가 범죄하였고 너의 교사들이 나를 배반하였나니 28그러므로 내가 성소의 어른들을 욕되게 하며 야곱이 진멸 당하도록 내어 주며 이스라엘이 비방거리가 되게 하리라."

여기 '시조'가 누구인가에 대해 논쟁이 있다. '아브라함'으로 보기도 하지만 다른 곳에서 그를 부정적으로 다룬 곳이 없다. 더 유력한 후보자는 '야곱'이다. 그는 이사야서의 다른 곳에서도 이스라엘의 **'조상'**으로 불린다(사 58:14, 63:16).

야곱은 이스라엘의 12지파를 구성하는 지파의 조상이며, 오늘 본문에서와 같이 하나님과 싸운 그의 전력은 그의 후손들의 반역 행동을 미리 보여준다. 즉 이스라엘의 조상 야곱도 죄인이었고, 그때 이후로 이스라엘의 모든 지도자들도 범죄했다는 것이다. 야곱도 역시 범죄하였다는 것이다.

6. 그러나 호세아는 오늘 본문에서 어떤 결론을 내리는가?

(1) 하나님은 야곱에게 다음과 같은 약속을 하셨었다(창 28:15).

"너와 함께 있어 네가 어디로 가든지 **너를 지키며 너를 이끌어 이 땅으로 '돌아오게 할지라'**[הֲשִׁבֹתִיךָ - 슈브(שׁוּב - 히필, 완료] 내가 네게 허락한 것을 다 이루기까지 너를 떠나지 아니하리라 하신지라." 결국 야곱은 하나님의 도우심에 힘입음으로써만 돌아오게 될 것이라는 것이다.

(2) 호세아의 결론은 이렇다. 비록 야곱이 계교적인 면이 있었지만 그가 울며 회개했을 때 하나님이 크게 기뻐하셨다. 이 점을 들어 호세아는 이스라엘의 여호와께로의 회항(回航)을 강조하고 있다. 이제 이스라엘은 야곱이 울면서 "제가 잘못했습니다"라고 말했던 것처럼 여호와 앞에 설 수밖에 없다는 것이다.

그래서 호세아는 이 단락(12:1-5)을 이렇게 결론내리고 있다.

12:6
"그런즉(Therefore, so, וְ)
너의(thou, 앗타, אַתָּה) (너희) 하나님께로
'돌아와서'(תָּשׁוּב) -
인애와 정의를 지키며(칼 명령법, 지켜라)
항상 너의 하나님을 '바랄지니라'(칼, 명령법, 바라라)"

(3) '그런즉' - 이 말은 지금까지(1-5절)의 결론이다. 결론은 야곱이 결국은 여호와 앞에서 "하나님, 제가 잘못했습니다"라는 고백을 하고 하나님이 주시고자 약속하셨던(창 28:15) 복을 받았던 것처럼 '너의'(thou, 앗타, אַתָּה - 여기서 특별히 이 말이 강조되어 있다) '너희 하나님께로'(בֵּאלֹהֶיךָ) 돌아오라는 것이었다. 그러니까 '너의'라는 말이 두 번 사용되었다. 강조를 위해서이다. 이스라엘과 '너의' 하나님과의 관계는 아직도 유효하다. 지금은 야곱이 씨름하고 울고 있는 것과 같은 상황이지만 여호와는 다시금 너를 집으로 돌아오게 하실 것이다.

(4) 호세아의 권면은 '인애(헤세드)와 정의(미쉬파트)'를 지키라(명령법)고 말한다. 헤세드는 일차적으로 자기 백성을 향한 하나님의 사랑을 뜻하며, 다음에는 그 사랑을 이웃에게 전하는 것으로 연결된다. 또한 '정의에 관심을 가지라'고 명령한다. 이 명령은 아모스 선지가가 요구했던 정의이다(암 5:24). 마지막으로 인내심을 가지고 네 하나님과 함께 희망의 나날을 보내라고 말한다. 미가 선지자도 같은 요구를 하고 있음을 본다(미 6:8).

• 미 6:8 "사람아 주께서 선한 것이 무엇임을 네게 보이셨나니 여호와께서 네게 구하시는 것은 **오직 정의를 행하며 인자를 사랑하며 겸손하게 네 하나님과 함께 행하는 것**이 아니냐."

7. 여기 12:4하반절에서 왜 '야곱에게'라고 말하지 않고 '우리에게'라고 말하고 있는가?

12:4하
"하나님은 벧엘에서 그를 **만나셨고**
거기에서 ***우리에게*** (עִמָּנוּ) **말씀하셨나니**"

• 신 5:2, 3을 보자. "우리 하나님 여호와께서 호렙 산에서 우리와 언약을 세우셨나니 3이 언약은 여호와께서 우리 조상들과 세우신 것이 아니요 오늘 여기 살아 있는 우리 곧 우리와 세우신 것이라."

(5) 이 구절에서 보는 대로 하나님께서는 모세를 통해 당시 백성들과 언약을 세우신 것이 확실하지만 "우리와 언약을 세웠다"고 말한다. 이렇게 언약(言約)은 영원한 현재성과 보편성을 갖고 있다. 5절이 이에 대해 잘 설명하고 있다. 여호와 하나님은 오고오는 모든 이스라엘, 즉 그는 하나님이요, 우리와 언약을 맺은 '그를 기억하게 하는 이름'(=기념칭호)이라고 말한다. "여호와는 만군의 하나님이시라 여호와는 '그를 기억하게 하는 이름'(=기념칭호, זִכְרוֹ)이니라." 출 3:15을 읽어보자. 여호와는 이스라엘이 기억해야 할 이름이라는 것이다.

• 출 3:15 "하나님이 또 모세에게 이르시되 너는 이스라엘 자손에게 이같이 이르기를 너희 조상의 하나님 여호와 곧 아브라함의 하나님, 이삭의 하나님, 야곱의 하나님께서 나를 너희에게 보내셨다 하라 **이는 나의 영원한 이름이요 대대로 기억할 '나의 칭호'(זִכְרִי)니라.**"

'제케르'(זֵכֶר)는 '기념물'을 의미한다. 그것에 의해서 사람이 기억하게 된다. 이 말은 특별히 여호와에 대해서 쓰여졌다(출 3:15; 사 26:8; 호 14:7).

급진적인 방향 전환을 해라 (호 12:7-10)

▶ 선지자는 앞에서 야곱의 예를 들어 하나님께 돌아오라고 촉구했다. 돌아와서 인애와 사회 정의를 실천하라고 했다.

▶ 사회의 안전과 번영을 위해 하나님을 신뢰하라는 것이다. 그러기 위해서는 특별한 개혁조치가 필요했다. 멸망으로 향하는 길에서 방향 전환이 있어야 한다. 족장 ***야곱이 여호와께로 돌아온 것처럼*** 그들도 돌아오라고 강하게 외쳤다. 그러나 그들은 점점 더 멀리 떠나갔다. (*)

여기에 수록된 특강은
좀 더 자세히 다루어야 할
신학적인 문제들을 정리한 것**입니**다.
교재본문에서 다루기에는
너무 방대한 주제들이기 때문에 별도로 취급했**습니**다.

특히 지도자들에게 도움을 주려고 노력했**습니**다.
자칫하면 내용이 방만해지겠기에
좋은 책을 몇권 정도 선정해서 요약 정리했**습니**다.
내용이 부족한 것은 지도하시는 분들이 더 보충해야 **합니**다.

부록

1. 사람 안에 있는 하나님의 형상
2. 언약이란 무엇인가?
3. 아브라함의 언약
4. (구약에서) 메시야를 지칭하는 용어
5. 하나님의 나라

특강-1

사람 안에 있는 하나님의 형상

하나님은 그의 영원하신 경륜을 따라 위대한 계획을 세우셨다. "자, 우리가 사람을 만들자." '어떤 모양으로 만들까?' 창세기 1:26-28을 보라.

כִּדְמוּתֵנוּ	בְּצַלְמֵנוּ	אָדָם	נַעֲשֶׂה	אֱלֹהִים	וַיֹּאמֶר
after our likeness	in our image	man	Let us make	God	said, And

26 하나님이 —— **가라사대**…하시고
/우리가 —— **만들고**(עָשָׂה)[1]
/사람을
/형상을 따라①
/우리의
/모양대로②
/우리의

1) 하나님의 계획 :
우리가 사람을 만들자!
어떤 모양으로?
① 우리의 형상을 따라,
② 우리의 모양대로

그(들)[2]로 **다스리게 하자**[3]
/바다의 고기와 공중의 새와 육축과 온 땅과 땅에 기는 모든 것을

27 하나님이 —— **창조하시되**(בָּרָא)
/사람을[4]
/자기 형상 곧 하나님의 형상대로
창조하시고
/남자와 여자를

28 하나님이 —— **복을 주시며**
/그들에게
이르시되[5] …하시니라 —— 5) 하나님께서 사람에게 하신 명령
/그들에게
/생육하고 ①
/번성하여 ②
/충만하라 ③ —— 이 세 동사는 표현만 다를 뿐 '많다'는 의미의 강조이다.
/땅에
/정복하라 ④
/땅을
/다스리라 ⑤
/바다의 고기와 공중의 새와 땅에 움직이는 모든 생물을

2) 여기서 '사람'을 "그들"이라는 복수형으로 썼다. 뒤이어 27절에 나오는 남성과 여성으로 다스리게 하셨다.

3) 하나님의 목적 :
그가 다스리게 하자!.
무엇을? - 고기, 새, 육축, 온 땅, 모든 것

4) 사람을 만드신 과정은 2:7에서 언급되었다. 2:7에서는 사람을 지으시려는 계획과 목적 등을 알 수 있다.

1. 인간은 이 땅의 것으로 만족할 수 있는 존재인가?

(1) 아니다. 인간은 비록 두 발은 땅위를 딛고 있지만 그 머리는 위를 향하여 있고, 그의 눈은 하늘 꼭대기를 향하고 있는 존재이다. 감각적이고 일시적인 것에 만족하지 않고 영적이고 영원한 하늘의 선한 것을 추구하는 존재이다. 하나님의 형상대로 창조함을 받았기 때문이다.

[그러면, 어떤 면에서 인간은 하나님과 닮은꼴이란 말인가?]

① 창 1:26 - 온 땅과 동물들을 다스리라. 이런 통치력을 행사하는 면에서 사람은 하나님과 같다고 할 수 있다. 하나님의 형상대로 창조하신 목적이 만물을 다스리게 하심이었다.

② 또다른 면은 사람이 남자와 여자로 창조되었다는 데 있다. 남자는 여자와 동반자적 관계가 필요한 존재이며, 사람이란 사회적 존재(social being)이며, 남자는 여자를 여자는 남자를 서로 보완한다는 의미에서 사람은 하나님을 반영하고 있다.

③ 창 1:28 - 하나님이 사람을 축복하시고 그들에게 사명을 위탁하셨다는 사실로부터 우리는 사람이 인격을 소유한 영적 존재이며, 동시에 책임을 지니고 있는 인격적 존재라는 점에서 하나님을 닮았다고 할 수 있다.

(2) 동물과 인간이 다른 점은 무엇인가?

동물에게는 참다운 것, 선한 것, 아름다운 것에 대한 개념을 갖고 있지 않다. 이들이 소유하고 있는 것이란 감각적인 의식이나 욕구이지, 그 감각적인 것을 통해서 만족한다든지, 영적인 것에 이를 수 없다. 인간 역시 동물들과 똑 같이 감각적인 욕구를 가지고 있다.

그러나 인간은 이런 욕구의 세계를 넘어 이성과 양심에 의해서 높고 다른 선한 곳에 이르고자 하는 의지를 받았다. 인간은 사고할 수 있고, 감각적인 표상(表象)의 세계에서 비물질적인 사상의 세계와 영원한 이념의 영역에까지 올라갈 수 있도록 총명(understanding)과 이성(reason)을 부여받았다.

2. 인간은 하나님 앞에서 어떤 존재인가? 인간이 다른 피조물과 다른 점이 있다면 어떤 점일까?

(1) 그것은 인간이 하나님의 형상이기 때문일 것이다. '하나님의 형상'이란 과연

무엇을 의미하는가 간단하게 살펴보자.

형상과 모양 용어 해설

• 원래 히브리어 원문에는 두 단어 사이에 접속사가 없다. 그러나 70인경(LXX)과 라틴어 역본(Vulgate, 벌게이트)에서 두 단어 사이에 '그리고'를 삽입했다.

• 벌게이트 : A.D. 384-404 사이에 제롬(Jerome)이라는 학자에 의해 라틴어로 번역된 성경.

• 70인경(Septuagint) : 주전 2-3세기경, 이집트에서 만들어진 구약의 헬라어 역본. 그 이름은 72명의 유대인 학자들이 프톨레미 2세의 궁정에서 72일 동안 모세오경을 번역하였다는 것에서 유래되었다.

① 형상- (צֶלֶם, 첼렘, image) : '베다, 짜르다' 라는 단어에서 유래, 또는 '새기다' (to carve), 혹은 '탁마' (琢磨, to cut)에서 유래되었다고 한다.

② 모양 - (דְּמוּת 데무트, likeness) : '-와 비슷하다' 는 단어에서 유래

(2) 창 1:26의 형상과 모양이라는 단어가 창 5:1에서는 '모양' (דְּמוּת 데무트)으로만 되어 있다. 창 9:6에서는 '형상' (צֶלֶם, 첼렘)이라는 단어로만 되어 있다. 따라서 두 단어가 의미하는 바와 같이 사람은 하나님의 형상을 가진 존재이며, 하나님을 대표하는 존재라는 사실이다. 그러므로 다음과 같이 정리해 볼 수 있겠다.

• 좁은 의미의 형상 : 범죄 후의 잃어버린 하나님의 형상으로 "참 지식, 의(義), 성(聖)" 등을 말한다(엡 4:24, 골 3:10).

• 넓은 의미의 형상 : 범죄 후에도 아직 남아 있는 하나님의 형상으로서 다른 동물들에게서는 발견할 수 없는 이성과 지성과 양심, 그리고 만물통치권 등을 말한다.

(3) 빌립보서 2:6-8을 읽어보자.

6 그는 근본 하나님의 **본체**시나 (ὃς ἐν **μορφῇ** θεοῦ ὑπάρχων)
하나님과 동등됨을 취할 것으로 여기지 아니하시고
7 오히려 자기를 비워 (ἀλλὰ ἑαυτὸν ἐκένωσεν)
종의 **형체**를 가지사 (**μορφῇ** θεοῦ)
사람들과 같이 되셨고
8 사람의 **모양**으로 나타나사(**σχήματι** εὑρεθεὶς ὡς ἄνθρωπος)
자기를 낮추시고 죽기까지 복종하셨으니
곧 십자가에 죽으심이라

• 본체, 형상(μορφή 모르페) - 그리스도의 인격에 실제적이고도 불가분리적으로 보존되어 있는 하나님의 성품이다(E.H. Gifford).
• 형체(ὁμοίωμα 호모이오마) - 같은 종류의 사물들 간의 관계를 말한다(Lightfoot).

- 모양(σχήμα 스케마) - 모르페(형상)와 대조되는 것으로, 모르페가 본래적이고 본질적인 것이라면, 스케마는 우연적이고 외부적인 것을 말한다(Lightfoot).
- 에이콘(εἰκών 형상) = 구약의 '첼렘' 에 해당되는 단어(마 22:20, 골 1:15) - 원형(原形)과 상사(相似=모양이 서로 비슷한 것)를 의미한다.
- 에이도스(εἶδος 형상) - 가시성(visibility)을 강조

(4) 하나님에게는 겉으로 볼 수 있는 그 분의 고유한 '형상' (테무트)이 있다. 모세는 그 형상을 보았다(민 12:8, 시 17:15와 비교). 그러나 하나님을 눈에 보이는 사물로 바꾸어 놓을 소지가 있는 사람들에게는 허용하지 않으셨다(신 4:12).

그러면, 구원받은 우리는? 내부적으로는 물론(엡 4:24), 외부적으로도(빌 3:21을 보라) 자기를 창조하신 자의 형상을 좇아 새롭게 될 것이다. 이는 바로 그들 속에 그리스도의 형상이 이루어지게 되는 것이다(갈 4:19).

(5) 그리스도는 하나님의 형상인데(고후 4:4), 인간은 바로 이 하나님의 형상으로부터 타락했을 것이고, 예수 그리스도는 다시 자신의 형상으로 재창조하기 위해(고후 3:18), 죄 있는 육신의 '모양'(호모이오마)으로 오셨다(롬 8:3).

(6) 히 1:3을 보라. "이는(아들은) 하나님의 영광의 광채시요, 그 본체의 <정확한> 형상이라." '정확한 형상' (χαρακτήρ, 카락테르) : 주화(鑄貨)는 그 주화를 만들어낸 원판과 똑같이 복사되어 나온 것이다. 이와같이 그리스도는 아버지를 정확히 복사한 분이시다. 그리스도는 하나님의 완전한(정확한) 형상이시다. 그가 성육신 하실 수 있으셨던 것은 사람이 하나님의 형상대로 지음을 받았기 때문이다. 그는 전혀 죄가 없으셨기에(히 4:15), 우리는 그리스도 안에서 완전한 상태에 있는 하나님의 형상을 보게 된다.

(7) 형상과 모양 - 거울과 반사의 개념이 있다.
하나님이 우리를 무언가 자신을 반영하는 존재로 만드셨다는 것이다(참고, 고후 3:18*). 즉 하나님이 만드신 사람은 신적 영광의 일부를 나타내는 일종의 반사체였다.

- 고후 3:18 "우리가 다 수건을 벗은 얼굴로 거울을 보는 것 같이 주의 영광을 보매 **그와 같은 형상으로 변화하여** 영광에서 영광에 이르니 곧 주의 영으로 말미암음이니라."
- 3:18 But we all, with unveiled face beholding as in a mirror the glory of the Lord, are being transformed into the same image from glory to glory, just as from the Lord, the Spirit.

2. 타락 후에도 인간에게 하나님의 형상이 남아 있을까? (   )

(1) 타락 이후 하나님의 형상은 상실되었는가? 물론 타락 후 인간 안에 있던 하나님의 형상이 손상(損傷)되었다고 말할 수 있다. 그러나 상실되었다고는 말하지 않는다. 창 5:3을 보자. 아담이 타락한 이후인데도 자기의 모양, 자기의

(1) 창 5:1 "이것은 아담의 계보를 적은 책이니라 하나님이 사람을 창조하실 때에 하나님의 **모양**대로 지으시되"

(2) 창 9:6 "다른 사람의 피를 흘리면 그 사람의 피도 흘릴 것이니 이는 하나님이 자기 **형상**대로 사람을 지으셨음이니라."

(3) 약 3:9 "이것으로(혀) 우리가 주 아버지를 찬송하고 또 이것으로 **하나님의 형상**(호모이오시스, likeness, ὁμοίωσις)**대로 지음을 받은 사람**을 저주하나니"

(4) 골 3:10 "새 사람을 입었으니 이는 자기를 창조하신자의 형상(εἰκόν)을 좇아 지식에까지 새롭게하심을받는자니라."

형상대로 아들을 낳았다고 했다. 아담은 아들 셋을 낳고, 자기의 모양 곧 자기 형상과 같은 아들을 낳았다고 기록하고 있다. 그렇다면 셋도 하나님의 형상을 지니고 있음에 틀림없다. 더욱이 성경은 아담의 본성의 타락으로 인하여 부패되고 오염되었기에, 이러한 부패와 오염을 자기의 아들에게 전가시켰을 것이라고 추측할 수 있겠다.

(2) 창 9:6을 보자. 물론 홍수 이후다. 하나님은 노아에게 약속하신다. 다시는 사람 때문에 땅을 저주하는 일은 없을 것이며, 오히려 인류를 구속하기 위한 자기의 목적을 이루시기 위하여 땅을 보존할 것이라고 하신다(8:20-22). 그래서 다시금 번성하고 땅을 채우라는 명령이 반복되고 있다(창 9:1). 그리고 동물이 사람을 두려워하게 될 것이며(2절), 사람들은 동물들을 먹어도 된다는 허락이 암시적으로 주어진다(3절). 그러나 피채 고기를 먹지 못하도록 금하신다.

그리고 사람을 죽인 짐승이나 동료 인간을 죽인 사람은 모두 피값을 지불해야 할 것을 명하신다(5절). 왜 다른 사람을 죽이면 안되는가? 그것은 그가 '하나님의 형상' 을 지니고 있기 때문이다. 아니 그 보다는 사람이 곧 '하나님의 형상' 이기 때문이다.

(3) 시편 8편 - 물론 이곳에는 '하나님의 형상' 이라는 말은 안나오지만 하나님의 형상대로 지음 받은 인간을 말하고 있다. "주께서 사람을 '하나님' 보다 약간 못하게 하시고 영광과 존귀로 그 머리에 관을 씌우셨나이다"(5절). 창 1:27-28의 말씀을 반영하고 있다.

(4) 야고보서 3:9을 보자. "이것으로 우리가 주 아버지를 찬송하고 또 이것으로 하나님의 형상대로 지음 받은 사람을 저주하나니"

(5) 그러니까 인간은 하나님의 형상대로 창조되었지만, 죄 때문에 지식과 의와 거룩의 고상한 속성들을 잃어버렸다. 그러나 그에게 주신 선물 중 아직도 "작은 잔여물"이 현재 남아 있다. 이것으로도 그에게 모든 죄책을 느끼기에 충분하다는 말이다.

3. 우리가 꼭 하나님의 형상대로 회복되어야 할 필요성은 무엇인가?

(1) 롬 8:29 - 죄로 타락한 인간은 하나님의 원래의 형상으로 회복되어야 할 필

요가 있다. 이들로 아들의 형상, 다시말해 하나님의 형상을 닮아가게 하시는 것이 하나님께서 우리를 향하신 예정하신 목표다.

(2) 고후 3:18 - 그런데 이러한 변화는 이 세상에서 계속 이어지는 과정이며(영광에서 영광으로 이른다), 이러한 역사를 성령의 역사라고 강조하고 있다.

(3) 골 3:9, 10 - 하나님의 형상을 닮아 점점 자라가야 한다는 말은 "옛사람"을 벗어버리고 "새사람"을 입는다는 말로도 표현할 수 있다. 엡 4:22-24도 읽어보라.

(4) 마지막으로, 하나님의 형상대로 자라가야 한다는 말은 온전한 형상이신 예수님처럼 닮아가야 한다는 말이다. "우리가 흙에 속한 자의 형상을 입은 것 같이 또한 하늘에 속한 자의 형상을 입으리라"(고전 15:49). 요일 3:2도 보라. 비록 인간은 감각적인 땅의 것이요 제한된 존재요, 죽을 존재이지만, 그러함에도 불구하고 영원한 것에 목적을 둔 존재요, 영원한 것을 찾도록 의도된 존재이기에 그 존재의 목적이 있다.

4. 하나님의 형상에 대한 일반적 원칙

로이드 존스, *God the Father God the Son*(성부 하나님과 성자 하나님)(부흥과개혁사, 2007)

(1) 형상에 대한 종교개혁 교리와 가톨릭의 교리는 어떻게 다른가?

(2) 형상은 사람의 육체를, 모양은 그의 영을 의미한다는 주장은 옳은가?
형상과 모양이라는 말 사이에 실제적인 의미의 차이가 없다. 두 단어는 서로 교환해 사용할 수 있다. 이 두 단어를 동시에 사용한 것은 이 주제의 위대함을 강조하기 위한 것이다.

(3) 사람의 위대성 - 이 사실을 깨닫지 못하는 것이 현대 사회가 겪고 있는 가장 큰 비극들 중 하나이다. 따라서 진화론은 이런 관점에서 볼 때 인간에 대한 철저한 모욕이다.

5. 우리가 중생할 때, 어떤 일이 일어나는가? 단순히 우리가 아담의 타락 이전 상태로 회복되는 것인가?

(1) 아니다. 그 이상이 되는 것임을 보여준다(새로운 피조물). 그러므로 구원, 구속, 중생은 그저 우리를 아담이 있던 자리로 되돌리는 것이 아니다. 훨씬 높은 위

치에 있게 된다.

(2) 처음 창조하신 사람과 주 예수 그리스도의 인성 사이에는 어떤 차이점이 있는가? (분명한 차이점이 있다)

(3) 그렇다면, 사람이 범죄했을 때 이 형상과 관련된 모든 것이 사라졌다가 중생할 때 완전히 사라졌던 것들이 다시 주어졌다는 말인가? (= 이런 주장은 부적절한 개념이다)

(4) 히브리서 1:3을 읽어보자.

1:3 "이는
하나님의 영광의 광채(ἀπαύγασμα)시요
그 본체(ὑποστάσεως)의 형상(χαρακτὴρ)이시라
그의 능력의 말씀으로 만물을 붙드시며 죄를 정결케 하는 일을 하시고 높은 곳에 계신 위엄의 우편에 앉으셨느니라."

• 그리스도 - "그 본체의 형상"이시다. - 영광의 모든 광채가 그분 안에 있다.
예수님은 하나님 자신의 참된 본체의 핵심적 형상이시다.

• 사람 - 인간은 창조된 복사본이며 그리스도는 그 형상이다.

6. 하나님 형상인 인간은 무엇으로 구성되어 있나?

(1) 자연적 형상(natural image) : 사람이 도덕적 행위로 활동하는 것을 가능케 해주는 기능이 자연 법칙 안에 내재되어 있다(조나단 에드워드). 그러므로 자연적 형상이란 사람의 타고난 성품의 일부분이다.

즉 형상은 사람의
① 지적이고 **도덕적인 본성** (=자연적 형상)과
② 그가 원래 가진 **도덕적 완전성**(=영적 형상)으로 구성되어 있다.

(2) 칼빈은 이렇게 말하고 있다: "비록 몸에서도 형상의 빛이 약간 발산되기는 하지만 사람 안에 형상이 거하는 곳은 '영혼'이다." 그는 형상을 사람의 본래의 완전성, 단일성, 정직성, 올곧음 등을 의미하는 것으로 규정했다.

(3) 에즈워드와 칼빈 - 사람 안에 있는 하나님의 형상은 자연적 존재로서의 인간을 동물과 구별되게 만들어 주는 모든 것을 의미한다.

(5) 하지만 형상에는 그 이상의 것이 있다. 즉, 이에 대하여 사람은 원의(原義, original righteousness)를 가지고 있다. 이것이 바로 형상의 영적인 측면이다.

7. 사람에게 나타난 하나님의 형상의 구체적인 모습

(1) 하나님의 형상은 우리의 혼, 또는 영, 즉 우리의 영적 본성 또는 우리의 영성을 말한다. 우리 인간은 하나님과 닮았다. 하나님은 보이지 않는다(요 1:18). 하나님은 영이시기 때문이다. 우리의 혼이나 영도 보이지 않는다. 같은 이유로 우리는 불멸의 존재이기도 하다. 처음 창조시에 아담과 하와는 죽음의 지배를 받지 않았다.

(2) 인간은 이성적이고 도덕적 존재이다. 지성을 가지고 있어서 사고할 수 있고, 의지와 욕구를 가지고 있다. 우리가 추론하고 생각하고, 분석하고 계획할 수 있는 능력이 있다. (사람만이 가지고 있다.)

또한 우리에게 자의식이 있다. 우리는 우리 자신을 의식한다. 우리의 자의식, 자각, 자아를 버리지 못하는 특성 등도 역시 하나님의 형상의 일부이다.

(3) 세 번째 특징 - 지식과 의와 거룩함 안에서 스스로를 드러내는 도덕적 온전함이다. 사람은 지적인 면과 도덕적인 면에서 완전했다. 불완전함이나 잘못된 것이 하나도 없이 온전하게 만들어졌다. 그래서 고결함과 진리가 있다. 본성은 균형잡혀 있었고 하나님이 의도하신 대로 도덕적으로 그리고 지적으로 온전했다. 그래서 "의와 진리와 거룩함"(엡 4:24)을 통해 자신을 드러냈다.

(4) 우리의 육체도 하나님의 형상을 공유하고 있을까?

(5) 사람이 땅을 지배하는 일에도 하나님의 형상이 나타나 있다(창 1:26). 만물 지배권과 통제권을 가졌다.

〈결론〉

(1) 타락 이후에도 인간에게는 영혼의 본질과 피조물에 대한 사람의 지배권은 남아 있다. 그러나 사람에게 있는 하나님과의 도덕적 유사성은 인간이 타락했을 때 사라졌다.

(2) 이성적이고 지적이며 일반적인 요소들은 타락 이후에도 남지만, **죄를 범한 후 사람과 하나님의 도덕적 유사성은 잃어버렸다.**

사람의 원래 상태

1. 두 가지 잘못된 생각

(아담을 위대한 인물로 가정하는 것과 과소 평가하는 것)

(1) 진화론자들은 아담을 반은 야만인이요 반은 짐승인 존재로 묘사한다. 인간은 처음에 땅과 연관되어 창조된 존재임이 분명하지만 동시에 하나님 의존적인 존재로 지음을 받았다.

(2) 아담은 세상에서 하나님의 대리자이다.

(3) 아담은 지성과 이해력을 갖고 있었다. (동물들의 이름을 지어주었다) 따라서 그는 고도의 지능을 부여받은 사람이었다. 그들은 행복했을 것이다. 땀 흘리지 않고 일했고 세상에 대한 지배권을 행사할 수 있었을 것이다.

(4) 그와 하나님과의 관계는? (부자의 관계처럼, 하나님을 의존했다)
하나님께 절대 순종하면서도 하나님과의 친교, 교제, 교통 가운데서 두려움을 느끼지 않았다.

2. 그렇다면 아담의 영적 상태는 어떠했을까? – 중요한 문제이다.

창 1:31 "하나님이 지으신 그 모든 것을 보시니 보시기에 **심히 좋았더라** 저녁이 되고 아침이 되니 이는 여섯째 날이니라."
(וְהִנֵּה־טוֹב מְאֹד)

(1) 전도서 7:29을 보면, 하나님이 사람을 정직하게(יָשָׁר, 똑바로, 곧게, 정확한 , 옳은) 지으셨다고 했다. (עָשָׂה הָאֱלֹהִים אֶת־הָאָדָם יָשָׁר) / 이는 사람의 신체 구조뿐만 아니라 그의 본질적인 도덕적이고 영적인 성품을 말하는 것이다. 육체적 요소들과 영적 요소들 사이에 어떤 충돌도 없었다.

(2) 로마가톨릭 : 이런 충돌이 있었다고 주장한다.

처음부터 육체는 사람에게 위험한 것이있다는 것이다. 그래서 사람이 타락하기 전에도 죄를 지을 능력이 사람에게 있었다는 것이다.

그러나 성경은 몸과 영혼 사이에 완벽한 조화기 이루어졌을 뿐만 아니라 아무런 충돌도 없었다고 가르친다.

(3) 그렇다고 인간이 처음에 백지 상태에 있었다는 주장도 잘못이다. 어떤 사람들은 아담이 외양은 성인이었지만 사고나 지성은 어린 아이와 같아 중립적인 상태에 있었다고 주장한다. (선하지도 악하지도 않은 상태)

아니다. 성경은 사람이 적극적인 거룩함과 의의 상태에 있었다고 가르친다. 엡 4:24, 골 3:10을 보라 - (의와 진리의 거룩함으로 지으심을 받은) '새 사람'을 입으라'. / 그러므로 구원은 적어도 원래의 상태로 또는 그 이상으로 되돌려 놓는 것이어야 한다.

3. 그렇다면, 타락하기 전의 아담과 중생을 경험한 사람 사이에는 어떤 차이점이 있는가?

(1) 처음 아담 안에는 '거룩함과 의와 완전히 발달하지 않은 배아(胚芽)의 형태'로 존재하고 있었다. 의와 거룩함이 있고 나름대로 완벽했다. 그러나 의와 거룩함은 부분적으로는 완벽했지만 아직 최고의 단계에 이르지 않았다. 즉 더 발전될 여지가 있었다. 그렇다고 사람 안에 불완전한 것은 아무 것도 없었다.

예 : **도토리 ⇨ 떡갈나무**
완전한 도토리라면 그 안에는 완전한 떡갈나무가 될 수 있는 잠재력이 담겨 있는 것이다. 아담과 하와 처음 상태는 이러했다. 지식과 의와 참된 거룩함이 배아이지만 완벽한 형태로 거기 있었다.

(2) 그러나, 이것들이 완전하게 발달한 것은 아니었다. 따라서 이제 사람은 시험대에 올라섰다.

- 아담은 - **무한히 더 큰 존엄과 영광에 이를 수도 있었고.**
- 아담은 - **타락으로 끝나버릴 수도 있는 최초의 상태에 있었다.**

언약을 맺으심

1. 위의 설명처럼 이것이 바로 하나님이 만드신 사람의 형태였다. 하나님은 이런 상태로 에덴 동산에 두시고 언약을 맺으셨다.

(1) 사람은 하나님의 형상이다. 지적, 도덕적, 이성적 능력을 갖고 창조되었다. 그러나 무엇보다 중요한 것은 사람에게 원의(原義)와 거룩함이 있었다는 사실이다.

(2) 사람은 피조물의 주인으로, 자신의 몸으로도 하나님을 반영하며 에덴 동산에 거했다. 거기에 두 가지 커다란 가능성이 있었다.

- 하나님과의 교제 속에 거한다면 - 완벽함에 이를 때까지 끝없이 발전할 것이며
- 반면에 반역하여 하나님의 길로 가지 않는다면 타락하게 될 것이다.

(3) 결국 아담은 타락했다. 그러나 그럼에도 불구하고 몇 가지 요소는 오늘날에도 남아 있다. 이것이 세상의 비극이다. 이것이 복음 전도의 가장 큰 추진력이자, 동기가 되어야 한다.

2. 그러므로

① 인간은 아직도 하나님의 형상을 소유하고 있는 존재이다.
② 하나님의 형상은 죄로 인해 형편없이 부패되고 오염되어 있다. 따라서 인간은 하나님의 형상으로 회복되어져야 할 존재이다.
③ 그러나 성령의 새롭게 하시고 거룩케 하시는 사역이 없이, 인간 본성 자체로서는 하나님을 왜곡되게 닮을 수밖에 없다.
④ 우리는 점차 성화의 과정을 통해 회복되어 질 것이다. 물론 완전한 성화는 이 세상에서 이루어지지 않는다.

▶ **책소개 :**
로이드 존스, *God the Father God the Son*(성부 하나님과 성자 하나님) (부흥과개혁사, 2007)

특강-2

언약이란 무엇인가?

1. 언약(베리트, בְּרִית 디아데케, διαδήκη)이란?

이 특강 교재는 <계약신학과 그리스도>(*The Christ of Covenants*, O. Palmer Robertson, 기독교문서선교회, 1983)를 중심으로 요약 정리한 것이다.

(1) 성경을 자세히 읽어보면 마치 식물이 자라는 것과 같이 그 안에 발전하는 계시의 흐름이 있다. 보스(G. Vos)는 "씨앗 ⇒ 싹 ⇒ 연한줄기 ⇒ 잎 ⇒ 꽃이 피고 열매"를 맺는 것처럼, 성경에는 유기적이고 점진적인 계시(啓示)의 발전(發展)이 나타난다고 했다. 이렇게 발전해 가는 계시의 흐름 가운데 가장 잘 나타난 것이 <언약(言約)>이라고 했다.

(2) 그러면 언약(어느 책에서는 '계약' 이라고 부른다)이란 무엇인가? 학자들 간에 다양한 견해가 있다:

언약은 하나님과 인간 사이에 관계 개념으로, 양자(兩者) 사이에 맺어진 :
- 은혜와 약속의 주권적인 사역(E.J. Young)
- 하나님 나라의 주권적인 사역(M. Kline)
- 주권적으로 사역된 (삶과 죽음에 대한) 피로 맺은 약정(O.P. Robertson)

▶ 따라서 언약은 하나님이 주권적으로 인간과 맺으셨기에 깰래야 깨어질 수 없는 하나님의 약속이다.

(3) 하나님은 언약(言約)을 통하여 인간(人間)의 역사(歷史) 속에 들어오셨다. 이 언약을 통하여 하나님과 인간과의 관계를 가진다. 즉 언약적인 관계 속에서 하나님은 인간을 대하시게 되는 것이다. 하나님은 자신의 형상대로 인간을 창조하시고 하나님과 인간과의 언약이라는 독특한 관계를 세우셨다.

(4) 하나님은 특정한 사람들과 언약관계를 자주 맺으셨다.
(예) 노아(창 6:18), 아브라함(창 15:18), 이스라엘(출 24:8), 다윗(시 89:3).
그리스도 자신이 최후의 만찬에서 언약적 언어로 설명하심(눅 22:20)

2. 그렇다면 언약에는 어떤 개념이 있나?

(1) 언약은 약정(約定)이다(약정이나 관계의 개념이 있다).

언약을 만드는 것은 하나님, 또는 인간이다. 언약을 맺으려면 반드시 상대방이 있다. (물론 예외도 있다 : 들짐승과 약정, 창 9:10,12,17 참조)

① 언약을 맺을 때 "--연관하여"(in connection with), "--과 함께" (with), "--사이"(between) 라는 관계가 성립한다.

② 언약이 성립되는 약정의 성격이 구두서약(口頭誓約, verbal oath)이라는 점이다 - 창 21:23,24, 31:31, 31:53, 출 6:8,19:8, 신 7:8, 겔 16:8.

③ 구두서약의 상징적 요소:
- 선물을 증여한다(창 21:28-32),
- 음식을 먹는다(창 26:28-30),
- 기념비 세우는 일(창 31:44-46),
- 피를 뿌린다(출 24:8),
- 제물을 바친다(시 50:5),
- 막대기 아래로 지나게 한다(겔 20:37),
- 동물을 짤라 쪼갠다(창 15:10,17),

④ 이렇게 언약에 의해서 사람들은 다른 사람과 깊이 결속된다.

(2) 언약(言約)은 피로 맺은 약정(約定)이다 :
피로 맺은 약정(bondinblood) 또는 삶과 죽음의 약정이라는 구절은 하나님과 인간과의 결속(結束)의 궁극성을 표현한다. 구약에서 "언약을 체결한다"는 말은 문자적으로는 "언약을 자른다"는 말이다.

1) 세 가지 기본 언약 형태
- 인간에 의해 이루어지는 인간과의 언약 (창 21:27,32, 삼하 3:12,13)
- 하나님에 의해 이루어지는 인간과의 언약(창 15:18, 출 24:8, 신 5:2)
- 인간에 의해 주도되는 하나님과 맺은 언약(왕하 11:17, 23:3, 대하 29:10)

2) 언약이 이루어질 때: 제의의식(ritual ceremony)에서 동물이 절단된다(창 15장). 쪼갠 동물 사이로 지나간다. (베리트 - '절단' 을 의미한다.)

(3) 언약 수립" 의 과정에서 동물 절단의 의미는 무엇인가?

① "죽기까지의 서원"(pledge to death)을 상징한다. 언약자가 만약 서약을 위반할 때: 자기에게 저주 <창 15장>.

② 렘 34:18 - 이스라엘의 불충성을 보고 "암소 사이로 지나간 예식"을 기억케 한다. 따라서 렘 34:20에서 무엇이라고 말하시는가?

③ "피의 약정"이란 말은 히 9:22의 말씀과도 조화를 이룬다.

④ 성경에서의 "피"의 의미는 생명을 표시하기 때문이다. 생명이란 피속에 있다(레 17:11).

⑤ 피흘림은 주어진 언약의 의무에서 벗어나는 경우 행해지는 유일한 방법이다. "언약"은 당사자들이 죽음의 고통을 치루고서라도 충성을 해야하는 "피의 약정"이다. 일단 언약관계에 들어가면, 언약 파괴시에는 피흘림만이 주어진 의무를 경감시켜 줄 것이다.

⑥ 언약의 조항: 생명, 또는 죽음을 선택하도록 제시한다. 이것을 범할시는 꼭 죽는다는 조항이 필요하다. 성결된 동물이 언약이 발효되기 위해 죽임을 당해야 한다. 그러나 언약의 당사자가 실제로 꼭 죽어야 하는 것은 아니다. 언약이 파괴될 때에만 언약 체결자의 죽음이 일어나는 것이다.

(4) 그러므로 예수님의 죽음은 예언적인 죽음이 아니라 언약적인 죽음의 문맥에서 이해해야 한다. 언약 파괴자를 대신하여 죽은 것이다(代贖의 죽음). 그리스도가 언약의 저주를 자신이 지고 죄인의 자리에서 죽은 것이다(언약적인 죽음). 언약의 당사자들은 피흘림의 과정을 만들어서 서로를 결속한다. 언약에 의해서 그들은 삶과 죽음에까지 묶여지는 것이다.

(5) 언약의 종류 :

• 창조언약 : 하나님께서 창조시에 인간과 만물에게 주신 약속으로 종말까지 계속된다.

• 구속언약 : 인간이 범죄한 후에 창조언약에 보완적으로 주신 것으로 각 세대마다 다양하게 발전해 간다. 아담 ⇒ 노아 ⇒ 아브라함 ⇒ 모세 ⇒ 다윗 ⇒ 새언약(이미 성취됨, 그러나 아직 완성 안됨) — 이 언

약은 앞선 언약을 딛고 점진적이고 나선형적(螺旋形的)인 발전을 한다.

• 새언약 : 예수님의 성만찬시 (눅 22:20) "이 잔은 내 피로 세우는 (바로 그) 새 언약(헤 디아데케)이라." 여기 정관사 (ή)를 볼 때, 제자들은 이미 누구나 알고 있는 600여년 전의 예레미야의 '새언약' (렘 31:31 이하)을 쉽게 연상할 수 있었다. 이 구절을 읽고 그 내용을 설명해 보라.

▶ 그러므로, 언약은 "주권적으로 사역되는 피로 맺은 약정"이라고 할 수 있다.

3. 하나님의 언약의 범위

1) 언약의 개념은 노아와 맺은 하나님의 언약 이전 시대까지 합법적으로 소급될 수 있는가? 즉 언약이란 단어가 성경에 처음으로 나오는 곳은 창 6:18이다. 그러면 창 1-5장까지는 언약이란 말이 안나오는데, 어떻게 아담과 언약을 맺었다고 할 수 있는가, 그런 말이다.

① 그러나 그 이전에 인간은 창조주 하나님과 여러 종류로 관계를 유지해 왔다. 그러나 이러한 사실이 언약적이라고 말할 수 있는가?

② 다음 구절을 읽고 좀더 연구해 보자.
삼하 7장, 대상 17장은 다윗에 대한 하나님의 언약을 말하고 있다. 여기에서는 '언약' 을 맺었다는 말이 없지만, 이 동일 사건을 뒷부분에서는(삼하 23:5, 시 89:3 참조) 다윗과 하나님의 언약으로 언급하고 있다. 따라서 노아 이전의 인간에 대한 하나님의 관계에 있어서도 같은 경우가 존재한다고 볼 수 있다.

2) 다음 두 구절은 창조의 질서를 언약적으로 보고 있다.

① 렘 33:20, 21, 25, 26 : 이 구절에서 "낮에 대한 나의 약정과 밤에 대한 나의 약정"에 대해 말하는 주의 말씀을 이야기하고 있다(25절). "주야의 약정"(여기 약정이란 단어가 '베리트' 라는 말이다) - 그러면, 하나님이 언제 이런 약정을 맺었다는 말인가?

* 하나님의 창조의 법 : 셋째날의 창조의 법(주야의 약정) - 창 1:14
* 노아와의 언약규정 : 씨뿌림과 거둠과 추위와 더위와 여름과 겨울과 밤과 낮이 쉬지 아니한다(창 8:22)는 것을 나타낸다.

② 렘 31:35 : 여기에서는 "언약"이라는 용어를 사용하지 않는다. 대신에 "법규"(statute) 또는 "규정"이라는 동등한 표현을 쓰고 있다. 언약과 법규는 대등한 표현으로 사용되었다(왕상 11:11, 왕하 17:15, 시 50:16, 105:10). 해가 낮을 다스리고, 달이 밤을 다스림이 그치지 않는 것처럼 이스라엘도 하나님의 백성으로서 그침이 없을 것이라는 말이다.

그러면, 렘 31장은 노아와 맺은 하나님의 언약인가, 아니면, 창조기사를 언급하고 있는가? 물론 창 1장의 창조질서를 언급하고 있다(렘 33:20). 이런 경우 "언약"이란 용어는 창조질서에도 적용될 것이다.

3) 무엇보다 호세아 6:7은 이 사실을 더욱 확고하게 설명한다. 이스라엘 백성이 "아담처럼"(כְּאָדָם) 언약을 어겼다고 말하고 있다.

어떤 사람은 '아담'을 장소로(수 3:16 참조) 보는 사람도 있으나,

또 어떤 사람은 '아담'을 '인간'으로 해석하기도 한다. 이 경우 이스라엘은 이방 사람과 비교가 된다.

그러나 "아담처럼"이라고 보는 견해가 더 성경적인 것같다. 첫째 아담이 하나님 앞에서 '언약'을 어긴 것처럼, 이스라엘도 시내산에서 제정된 언약을 어겼다는 것이다.

▶ **그러므로** 노아 이전에 "언약"이란 용어가 나타나지 않는다해도 언약의 핵심은 존재하고 있다.

특강-3

아브라함의 언약

성경이 어떤 주제를 강조하고 있는가를 알아내는 일은 쉽지 않은 일이다. 그러나 성경을 궁극적으로 성령님의 저작으로 본다면, 거기에는 성경 전체를 관통하는 주제가 있다. 그 통일성을 발견하기가 쉽지 않지만 성경에는 유기적이고 점진적인 계시의 발전이 나타나는데, 이렇게 나타난 계시의 흐름 가운데 가장 잘 나타난 것이 <언약>이라고 보고 있다.

더욱이 아브라함의 언약은 예언 역사 중에서 가장 기본적인 중요성을 지닌 획기적인 사건이다. 따라서 아브라함과의 언약 개념을 바로 이해하는 것이 성경 전체를 이해하는 데 크게 도움이 된다.

1. 아브라함과 맺은 언약

1) 아브라함과 맺은 하나님의 언약은 예언 역사 속에서 가장 기본적인 중요성을 지닌 획기적인 사건이다. 그리고 그의 후손에게 이 약속을 반복하신다.

① 다음 구절을 찾아 읽어보라. 창 12:2, 3, 창 12:7, 창 17:1-8

여기서 중요개념은 무엇인가? 아브라함에게 제시된 약속이 영원한 약속이라는 것이다. 이 약속은 영원히 집행되어 갈 것이며, 전 세대를 통하여 믿음의 백성 모두에게 그 복이 확대된다. 아브라함 및 그의 후손과 맺어진 약속언약(promise covenant)은 그 효력 또는 완전성을 결코 상실하지 않는 하나의 영원한 언약(계약)이다. 이 언약에는 인간의 복종을 요구한다.

② 창 22:18 "또 네 씨(자손, 제라, זֶרַע)로 말미암아 천하만민이 복을 얻으리니"

이 자손에게 가나안 땅을 약속하시고, 창대해질 것을 말씀하시고, 열왕이 나올 것이며, 다른 이들의 복의 매개자가 될 것을 약속하신다.

2) 하나님은 아브라함에게 어떤 약속들을 하셨나?

① 가나안 약속 (창 13:14, 15:7)
② 수효증대 (창 13:16, 15:5, 22:17)
③ 약속된 땅의 범위까지도 (창 15:18-21)
④ 열왕들이 나옴 (창 17:6,16)
⑤ 그들의 하나님이 되신다 (창 17:7-8)

⑥ 다른 이들의 복의 매개자가 될 것이다(창 22:18)

3) 이 약속이 어떻게 성취되었나?

① 이삭을 낳게 하심으로 약속의 첫 단계는 성취되었다.
② 아브라함의 후손이 중다해지고 가나안 땅을 차지하리라는 약속이 문자적 의미에서 성취되었다.
③ 가나안의 정복이 끝났을 때 여호수아는 하나님께서 약속하신 일을 다 이루신 그분의 신실하심을 이렇게 증거했다. 수 21:43-45을 보라.

4) 신구약에 나타난 개인적 자손

① 신약에서 : 스페르마(σπέρμα : 씨, 자손) - 아브라함의 혈통상의 후손을 가리킨다(눅 1:55, 요 8:33,37, 행 7:5-6, 히 11:18). 그러나 바울은 이 개념에다 믿음으로 말미암아 아브라함의 자손된 자들도 포함시켰다(롬 4:13-18, 9:6-8, 갈 3:7, 23-29).

② 갈 3:16에서 바울은 제라(zera')란 단어가 문법적인 복수가 아니며, 따라서 이는 그리스도를 가리킨다고 했다. 그러나 바울은 이를 개인적인 의미로 적용했을 뿐만 아니라, 집합적으로도 사용했다(갈 3:29). 아브라함의 자손이라는 개념은 복음을 영접하는 자들이라는 개념으로 바뀌어간다.

③ 로마서 4:13-18, 9:6-9에서도 '씨'의 개념을 한 개체를 언급하는 것으로 언급되었다. 집합명사 - 어떤 집단이나 그 집단에 속한 대표격인 한 개인을 지칭했다.

이제, 아브라함에게 주어진 약속의 진술이 장대하게 반복되어 나타나고 있다.

2. 다윗과 맺은 언약

1) 사무엘하 7:11-16을 자세히 읽어보라.

(1) 어떤 내용인가? (각자 설명해 보라)

여기서 다윗이 여호와를 위해 전(Temple)을 지을 수 없고, 오히려 여호와께서 그를 위해 집을 이루시리라고 하셨다(11절). 그러면, 그 집이란 무엇을 의미하

는가? (삼하 7:16, 19)

(2) 누구에 의해서 성취된다고 했는가? (7:12, 13)

솔로몬은 다윗의 아들이었고 왕위를 계승해 성전을 지었다. 그러나 이것은 하찮은 정도의 약속의 성취였다. 그도 역시 죽을 죄인이었다. 시간이 지나면 그 성전도 허물어질 것이었다. 따라서 이것을 대체할 영원한 것이 세워져야 할 운명이었다. 그 약속된 왕이 지을 성전은 그 질이 전혀 다른 것이었다. 다윗의 약속은 아브라함의 자손을 통하여 세상의 모든 나라들이 복을 받으리라는 아브라함의 약속을 생각나게 한다.

(3) 다윗의 약속 내용은 아브라함의 약속의 담긴 것들과 아주 유사하다.

삼하 7:9과	창 12:2	- 그의 이름이 존귀케
삼하 7:10과	창 12:10	- 민족이 자기 땅에 정착하리라
삼하 7:12-16과	창 17:6, 16	- 열왕이 그로부터 나올 것이다.
삼하 7:29과	창 12:2	- 네게 복을 주어
삼하 7:24과	창 17:7, 8	- 하나님이 이스라엘의 하나님이 되시고, 그들은 그의 백성이 되실 것이다

삼하 7:13, 16, 24-25, 29과 창 17:7 - 다윗 약속도 영원하다.

우리는 여기서 아브라함의 자손에 대한 약속과 다윗의 자손에 대한 약속간에 '연속성' 을 볼 수 있다.

(4) 다윗 왕조의 영원성을 묘사한 내용

삼하 7:16 - '아드 올람' (עַד־עוֹלָם)이라는 말은 끝없는 기간, 무한한 기간을 의미한다. 삼하 23:5에서는 이 약속을 "영원한 언약"이라고 표현했다.

특히 시편 89편에서는 다윗의 혈통이 "하늘의 날과 같이"(28,29) 일어날 것과 그의 보좌는 해와 달과 같이 계속될 것을(36-37절) 확언하고 있다. 사 9:7에서는 "정사와 평강의 더함"이 무궁할 것이라고 표현했다. 렘 33:17-22에서는 다윗의 보좌에 앉을 사람이 다윗에게는 끊어지지 않으리라고 했다.

(5) 이렇게 삼하 7장에 나오는 이 약속의 재진술은 하나님이 아브라함 이후로 오랫동안 "그의 약속에 근거하여" "계속해서" 역사하고 계심을 확증하고 있다.

다윗언약(삼하 7장)은 다윗 왕조가 구속사의 연속체에서 중요한 고리였다. 다윗 가문은 메시야가 태어날 왕적인 혈통이었다.

3. 선지서에서 언급된 자료들

① 앞에서 본대로 그 약속된 자는 아브라함의 후손인 동시에 다윗의 후손이 분명하다. 그러나 그 약속된 자는 온 세상에 영원한 복을 가져올 왕으로서 그는 동시에 사람 이상의 존재일 것이라는 기대가 일어났다. 이 신비로운 이중적 존재에 대해 이사야 선지는 다음과 같이 생생하게 제시하고 있다.

② 이사야 9:6이하
- 한 아기가 우리에게서 났다 --------- 분명히 인간이다(人性).
- 한 아들을 우리에게 주신 바 되었다 --- 하나님의 아들 (神性) (전능하신 하나님)

③ 그 예언이 어떻게 성취되었나?
- 요 1:1-3, 14 - 예수 그리스도의 神人의 인격 속에서 성취되었다.
- 마 1:1이하, 눅 3:23이하 - 다윗의 자손임을 계보에서 증거한다. 사 9:6이하를 생각나게 하는 말씀이다.
- 눅 1:67-79 - 세례 요한의 부친 사가랴는 성령의 감화로 약속의 성취를 노래한다.

(4) 삼하 7장이 선지서에서는 어떻게 논의되었는가?

① 다윗의 약속이 반복되어 나타난다(약속의 연속성). 만일 이 약속이 어떤 종결을 맞게 된다면 메시야의 오심이 중단되는 것이다.

② 그래서 이 약속이 무효화될 수 없음을 선포하고 있다(사 29:22-24, 41:8-10, 51:2-3) (호 1:10, 미가 7:20을 보라).

③ 다윗 왕조는 붕괴되지만 그러나, 다윗의 한 자손(scion, 접목된 자손)이 하나님의 백성을 위해 영원한 약속을 중보할 것이라고 선포하고 있다.

④ 사 11:1 - 이새의 줄기에서 한 싹이 나올 것이다.
렘 23:5 - 다윗에게 "한 의로운 가지"를 일으키실 것이다. 이 가지는 렘 33:20-21에서 다윗 왕조와 연결되고 있다.

⑤ 아모스 9:11-15 - 이스라엘이 본토로 귀환하여 "다시 뽑히지 아니하리라."

다윗 왕조의 회복에 대한 환상을 보았다.

⑥ 겔 37:24-25 - 다윗이란 이름을 직접 메시야에게 적용, 메시야와 다윗 왕조의 밀접한 연결

⑦ 슥 3:8, 6:12 - 다윗의 기원을 메시야에게 적용했다.

⑧ 미가 5:2 - "그의 근본은 상고에, 태초에". 다윗의 고향 베들레헴에서 나올 한 통치자를 예언하고 있다.

우리는 이상에서 두 가지 사상을 엿볼 수 있다.

(1) 다윗 왕조의 영구적인 성질(선지자들은 이 점을 강조했다.)
(2) 메시야와 약속의 내용이 갖는 관계. 바울은 씨(자손)가 바로 '그리스도' 라고 말하고 있다(갈 3:16).

▶ 그러므로 선지서에 나타난 다윗신학 - 구약에 나오는 자손의 약속이 발전해 가는 정점을 이룬 것이다.

4. 종의 노래(사 41-53장)

(1) 베드로는 행 3:25-26에서 어떻게 묘사하고 있나?
아브라함에게 하신 약속의 복, 창 22:18 = 그리스도라고 말한다.

(2) 이사야는 '종' 의 개념을 아브라함의 약속간의 관계를 깊이 인식하면서 설명하고 있다. 사 41:8 "나의 종 너 (이스라엘)아, 나의 택한 야곱아 나의 벗, 아브라함의 자손(제라, 후손)아"

(3) 이 종의 역할은 무엇인가?(사 49:5, 6) 그러므로 사 49:5에 나오는 인물은 남은 자나 이스라엘 민족을 가리키지 않는다. 그는 이사야 53에서 '인간' (이쉬)으로 불리운다. 그가 "(자기) 백성의 허물을 인하여" 형벌을 받는다고 언급하고 있다. 이스라엘은 자신의 죄로 인하여 고통을 받았기 때문이다(40:1, 2, 43:24-25, 44:21-22, 48:1-8, 50:1 등). 그러므로 여기서 '종' 의 개념이 한 개인을 가리키고 있다.

(4) 이사야 53장에서는 그를 어떻게 묘사하고 있나?

땅끝까지 구원을 전하는 종의 임무(사 49:6)

이사야의 예언에 나타난 종의 역할 = 그리스도의 사역 사이의 유사성. 종의 개념을 아브라함의 자손과 동일시하고 있다. 행 3장에서 개인으로서의 자손이 나타나신 바 되었다고 언급하고 있다.

5. 예레미야에 나오는 새 언약

(1) 예레미야가 사역하던 시기의 상황 : 유다가 바벨론의 무력에 굴복, 희망이 모두 사라져버렸다. 언약을 어긴 백성들을 하나님은 내버려두셨다고 말한다(렘 2:1-3:5).

이렇게 불안한 사람들에게 희망을 가져다 줄 예언을 환상으로 보고 있었다(렘 31:31-34). 백성의 상당수가 고국을 떠나 바벨론으로 끌려갈 것이나 예레미야는 인구가 다시 한번 창성해지는 때의 환상을 보고 있다. 긴 포로생활 속에서 모든 것이 파탄났으나 다시 회복시키실 것이라는 내용이다.

(2) 민족이 몰락하고, 다윗 왕조는 무너져내리고, 예루살렘의 함락은 어찌하여 일어나야 했는가? 하나님의 백성의 불순종으로 인해 하나님의 약속은 완전 백지화가 된 것인가? 주의 백성이 너무 부패하고 말을 듣지 않아, 하나님이 약속을 던져버리셨는가?

그러나, 예레미야는 아직도 그 약속은 유효하며, 여전히 하나님은 이스라엘을 사랑으로 대하실 것이며, 버리지 않으실 것이라는 확신을 주신다.

(3) 그렇다면, 예레미야의 새언약은 아브라함과 다윗의 언약과 어떤 관계가 있는가? "나 여호와가 말하노라 '보라 날이 이르리니 내가 이스라엘 집과 유다 집에 새 언약을 세우리니' (31:31)"

그리고 33절을 계속 읽어보라. "나는 그들의 하나님이 되고 그들은 내 백성이 될 것이라." 이 말은 앞의 언약들과 분명한 연계가 있다. 창 17:7-8, 출 6:7, 신 26:17-18 등.

(4) 바벨론 포로에서 이들은 다시 돌아올 것이다. 왜? 무너진 성전을 재건하려고? 아니다. 근본 목적은 "그날 그 때에 내가 다윗에게 한 의로운 '가지' 가 나게

하리니, 그가 이 땅에 공평과 정의를 실행할 것이라"(렘 33:15). '가지' 라고 부르는 개인적 자손, 즉 메시야가 언급되고 있다.

(5) 예레미야 31:31-34에 나타난 새 언약의 내용

① 율법을 마음에 새긴다. 진정한 순종이 촉진될 것이다(31:31,32).
② 하나님과 인간관계를 수립하실 것이다(31:33). 이 내용이 언약의 핵심이다.
③ 하나님과 새로운 관계를 맺을 것이다(31:34). 성령은 더이상 선택된 개인들에게만이 아니라 그들의 나이와 성별, 신분의 고하에 관계없이 모두에게 부어주실 것이다. 참고로 요엘 2:28-29을 보라.
④ 더욱이 새 계약의 특징은 죄의 도말(塗抹)이다(31:34).

(6) 새 언약은 자신의 약속에 대한 하나님의 신실하심을 확증하고 있으며, '이신득의' 의 신학적 기초를 제공하고 있다. "이 잔은 내 피로 세우는 새 언약이니"라는 말이 선포되는 위대한 날을 환상으로 보여주고 있다.

6. 에스겔서에 나오는 새 언약

(1) 이스라엘의 회복에 관한 에스겔의 환상도 역시 하나님과 그의 백성간의 언약을 담고 있다(겔 16:60-63, 34:25-31, 37:26-28). 에스겔도 이 언약을 '영원한 언약' 이라고 불렀다(16:60, 37:26).

(2) 자손의 집합적 개념이 겔 34:22-24에 나온다. 다윗의 이름을 메시야에게 돌리는 찬양에서 보여진다. 삼하 7장에서 다윗에게 주어진 약속을 상기시키고 있다. 또한 에스겔의 영원한 언약도 죄의 용서를 약속하고 있다(겔 16:63). 또한 새 마음과 새 영이 약속되었다(36:27). 또 순종은 율법의 새로운 조항에 의해서가 아니라 '성령' 에 의해 촉진될 것이라고 언급한다(36:27을 보라). 영원한 언약은 사 61:8에서도 언급되고 있다.

7. 스가랴

구약시대의 마지막 때의 희망과 기대, 실패와 좌절의 시기에, 스가랴는 이렇게 선포하고 있다(11:4-7을 보라). 그러나, 이스라엘은 나귀 타고 예루살렘에 입성하실 한 왕에 의하여 구원되리라고 예언한다(9:9-10).

결 론

(1) 아브라함과의 언약은 하나님의 사역에 대한 기념비적인 사건이다. 그 순간부터 그 약속은 영원히 지키시기로 서약하셨던 언약이었다.

(2) 아브라함에게 제시된 약속은 영원한 언약이기에, 이 언약은 역사의 전 과정에서 계속 집행되어져 왔다. 그리고 그 언약의 성취가 믿음의 백성 모두에게 확대되어 나타났다.

(3) 아브라함에게 주어진 언약(창 12:1-3)은 아브라함에게 뿐만 아니라 전 인류와 관련이 있는 것이었다. 이 약속은 창조로부터 종말에 이르는 모든 시간대를 다루는 신학적 연속성을 제공한다. 신약의 사도도 구약의 선지자가 이 약속에 호소했던 것과 같이 이 약속에 호소했다. 바울도 신자의 무리를 아브라함의 자손과 동일시 하고 있다(롬 4:13, 9:6-8, 영적 공동체, 신앙의 공동체로 묘사 ; 롬 11:2, 고후 11:22 갈 3:7, 29).

특강-4

(구약에서) 메시야를 지칭하는 용어

▶ 구약에서는 '메시야'란 단어는 구약에 39번 밖에 나오지 않는다. 그 중에서도 단 아홉번 만이 정확히 앞으로 오실 분에 대해서 말하고 있다. 그 중에서도 오실 인물을 묘사하는 단어 중에서 드러나는 것은 "여호와의 종"이라는 단어일 것이다. 이 단어는 사 40-66장에서 31회가 나오며, 그중 20개는 단수로서 사 53장에서 절정을 이룬다. 11번의 복수 형태인 "여호와의 종(들)"은 모두 53장 이후에 등장한다. 이 인물을 묘사하기 위해 다음의 5가지 역사적 단계들을 살펴보아야 한다.

1. 족장시대 이전 - 메시야 약속의 뿌리(창 1-11장), 타락, 홍수, 바벨탑

(1) 첫번째 실패(타락)에 대한 대응책으로 하나님은 하와를 통한 "씨"를 약속하시고, 그 씨가 "뱀"의 머리에 치명상을 입힐 것이라고 하셨다(창 3:15).

(2) 두번째 은혜로운 말씀 : 창 9:27 "<하나님이!> 셈의 장막에 거하리라"

(3) 세번째 대응책 : 창 12:1-3 "축복하다", "복"이라는 단어가 다섯번 반복되었다. 아브라함이라는 한 셈족인을 택하여 복의 근원이 되게 하신다. 하나님은 처음 하와에게 처음 약속하시고, 이제 아브라함의 후손들을 통하여 이어지는 그 씨를 통하여 그의 약속하신 바를 이루신다.

2. 族長時代 - 메시야 약속의 중심

(1) 아브라함, 이삭, 야곱 : 이들 족장들은 하와에게 "뱀"을 쳐부술 승리자 "씨"를 주겠다고 약속하신 소망을 완성시켜 주며 그 약속을 이어나가게 해줄 상속자였다. 족장들의 기사에서는(창 12-50장) 이 상속자에 대한 언급이 많이 나온다. 창 12:3,7, 13:14-16, 15:4-5, 16:10, 17:2, 9, 19, 21:12, 22:17, 26:24, 27:28, 29, 28:14 등.

(2) 하나님은 이들에게 때로는 반복적인 말씀에 의해서, 또 때로는 맹세를 통해서도(창 22:16, 히 6:13-18) 이루어 가신다. 하나님께서 이 씨를 선물로 주실 뿐 아니라 이 상속자의 생명을 유지시켜 주시고 사명을 마칠 수 있도록 보호하신다는 점이 명백하게 드러나 있다. 하나님은 홀로 당신의 약속을 이루어 나가신다.

③ 아들이 새로 태어난다는 것은(예 : 이삭이나 야곱) 약속의 실현이 계속되고 있다는 증거이다. 이 후손의 계열의 끝인 메시야의 완전한 성취의 부분적인 성취요, 실현이다.

④ 하나님은 이 씨의 출현과 함께 또 다른 두개의 약속이 포함되어 있다.

• 족장과 그들의 후손들에게 주어진 가나안 땅을 기업으로 받으라는 약속(창 12:1-7, 13:15,17, 15:18, 26:2-3 등등)

• 아브라함과 그 씨를 통하여 지구상의 모든 열방들이 복을 받으리라는 복된 소식의 유산(창 12:3, 18:18, 22:18, 26:4, 28:14)

(*) 메시야 계열은 : 하와의 남자 자손 ⇒ 셈에게 약속된 셈족인(= 후에 히브리인이라 불리우게 됨) ⇒ 셈족의 한 종족 ⇒ 아브라함 ⇒ 야곱의 4째 아들 유다 지파(창 49:8-12)로 이어진다.

3. 모세와 王國時代 – 메시야 약속의 확대

(1) 이 시대를 통하여 메시야의 3가지 직분이 소개되었다(선지자, 제사장, 왕).

(2) 이스라엘 全 국가가 "내 아들", "내 맏아들"로 불리워졌다(출 4:22-23, 신 14:1, 참고 마 2:15). 또 "제사장 나라"(출 19:5-6)로 불리기도 하였다.

(3) 아론의 손자 엘리아살의 아들 비느하스에게 영원한 제사장직이 수여되었지만(민 25:12-13), 엘리의 가족이 이를 계승하려는 찰나에, 하나님은 "충실한 제사장"을 일으키시겠다고 약속하신다(삼상 2:35).

(4) 후일 王朝時代에 다윗은 "멜기세덱의 반차를 좇는 ---- 대제사장"과 열방들을 판단하는 "주"와를 연결시켜 생각했다(시 110:4). 분명히 다윗은 하나님께서 약속의 사람 아브라함에게 주신 특이한 승리(창 14장)에 대해 생각하고 있었을 것이다. 이 분(다윗의 '주')의 승리가 너무도 확실하기에 전 우주의 하나님께서 "너는 내 우편에 앉으라"고 하셨다(시 110:1).

(5) "나와 같은 선지자" - 이 약속의 사람은 또한 모세를 통하여 말씀하신 대로 선지자이기도 하다(신 18:15-18).

신약에서 세례 요한의 사역시 군중들이 세례 요한에게 당신이 성경에서 약속한 (신명기에서 약속한) 바로 "'그'(ἡ) 선지자"냐고 물었다(요 1:21).

사마리아 여인도 예수를 선지자라고 했다(요 4:19). 갈릴리 해변의 무리들도 "이는 참으로 오실 '그' 선지자"라고 했다(요 6:14). 베드로도 신 18:15을 예수님에게 적용시켰다(행 3:22-26). 스데반도 그러했다(행 7:37).

(6) 삼하 7:14 - 다윗의 "씨"를 하나님께서 "내 아들"이라고 말씀하심
족장시대 이전 - 씨, 셈의 장막에 거하심
족장시대 - 상속자, 기업, 복음의 유산을 약속
모세와 왕조시대 - 특별한 선지자 - 제사장 - 왕의 오심을 예언했다.

4. 포로 전 선지자 – 메시야 약속의 해설

(1) 하나님께서 "씨"를 보내시겠다는 약속의 함축적 의미가 드러난다.
"주의 날"로 강조점이 이동되었다. 이 날은 하나님께서 이스라엘과 지구상의 열국들을 간섭하시는 미래의 다가오는 어떤 기간이다. 그 기간은 축복을 유래없이 쏟아 부어주는 것일 수도 있고, 전에 없었던 심판일 수도 있다. 그것은 메시야에게 어떻게 응답하느냐에 달려 있다.

(2) 개인이나 국가의 회개 (= 하나님께로 '돌아감')에 대한 축복의 예가 메뚜기 재앙으로부터의 즉각적인 구조와(요엘 2:19-27), 성과 나이와 종족에 관계 없이 "모든 육체"에게 부어주시는 미래의 성령 충만에 잘 나타나 있다.

(3) 메시야 지칭에 대한 용어들 : 시편 기자와 포로 전 선지자들
거룩한 자(시 16:10, 호 11:9, 12), 여호와의 '아들', '장자'(시 89:26-27, 호 11:1) 그의 '가지'(사 60:21, 렘 23:5), 그의 '종'(사 42:1, 49:3-7, 52:13~53:11), '꽃' 혹은 '싹'(사 4:2, 11:1) '왕', '인도자' 등이다. 이런 용어들은 여호와의 인간을 위한 구원 목적을 나타내고 있다.

(4) 메시야는 유대 베들레헴에서(미 5:2), 다윗의 가문과 그 계열에서(사 7:13-14) 하나님과 똑같은 불변의 권세와 지배권을 가지고 나실 것이다(사 9:6-7). 설사 다윗의 집이 흔들려 붕괴의 상태에 이를지라도 하나님이 친히 다윗 왕조를 일으켜, 남북을 하나로 만들어 결국은 열국을 소유하게 될 것이다(암 9:11-12).

5. 포로와 포로기 이후 - 메시야 약속의 성숙

(1) 다윗 왕가의 운명이 대참극으로 끝나자(주전 586) 에스겔과 다니엘은 메시야 왕국의 재현을 굉장히 장엄하게 묘사한다.

(2) 마른 뼈의 부활 - 이스라엘 온 나라의 부활 (겔 37:1-14), 분리되었던 남북이 '한 나라' 를 이루어 '한 하나님' 과 '한 왕' 즉 '한 목자, 내 종 다윗' 의 통치 하에 있을 것이다(겔 37:15-28). 이 모든 일이 이루어지는 것은 하나님께서 당신의 '영원하신 언약' 을 지키시기 때문이다.

(3) 다니엘 - 앞으로 오실 '돌' 에 관한 약속. 이 돌은 이전과 이후의 모든 인간 나라를 산산히 부숴뜨리고, 이 돌의 왕국이 전 세계를 덮기까지 전파될 것이다(단 2:31-49). "옛적부터 계신 이"가 "인자"를 허락하신다. 그는 모든 권세와 영광과 왕권을 가지고 구름을 타고 오실 것이다. 모든 나라를 통치하실 것이다(단 7:13-14).

(4) 학개 - 메시야를 다윗 가계의 스룹바벨에게 속한 통치자 가운데 '인장(印章) 반지' 로 묘사하고 있다(학 2:23).

스가랴 - 메시야를 하나님이 보내신 전쟁용사로 묘사한다. 그는 은 30에 팔릴 것이지만 후일에는 그를 찌른 자들이 독생자가 죽었을 때처럼 그를 위하여 슬퍼하실 것이다(슥 12:10-13:1). 그는 마지막 전투의 날에 승리자로 나타나실 것이다(슥 14장).

(5) 스가랴는 메시야가 돌아오셔서 그 발을 감람산에 딛고 서셔서(슥 14:4-5) 큰 지진을 일으키실 것이다. 뒤이어 일어나는 무서운 전쟁, 그것은 마지막 전쟁일 것이다. 그때에 하나님은 주가 되시며, 메시야 왕국은 전 우주를 다스리는 영원한 왕국이 될 것이다.

(6) 그러나 말라기는 메시야가 오시기 전에 사자(使者)가 먼저 와서 그의 오심을 알릴 것이며, 모든 더러운 것을 정결케 하실 것이라고 예언한다(말 3:1-3). 물론 예수님은 세례요한을 그 사자(使者)라고 가리키셨다.

▶ 예수님은 이상과 같은 구절만을 가지고도 당대의 사람들이 (그리고 오늘의 세대에게도) 모세와 선지자들과 시편에 기록된 주님과 주님의 오심에 관한

글들을 이해하지 못하는 어리석음에 대해 분노하셨다(눅 24:25-27, 44-47).

• 눅 24:44-47
또 이르시되
내가 너희와 함께 있을 때에 너희에게 말한 바
곧 모세의 율법과 선지자의 글과 시편에
나를 가리켜 기록된 모든 것이 이루어져야 하리라 한 말이 이것이라 하시고
이에 저희 마음을 열어 성경을 깨닫게 하시고
또 이르시되
이같이 그리스도가 고난을 받고
제삼일에 죽은 자 가운데서 살아날 것과
또 그의 이름으로 죄 사함을 얻게 하는 회개가
예루살렘으로부터 시작하여 모든 족속에게 전파될 것이 기록되었으니

특강-5

하나님의 나라

1. 공관복음서의 중심 주제는 무엇인가?

(1) '하나님 나라'의 임함이었다(마태; 천국의 임함, 요한은 '영생'으로 표현). 예수님은 그의 사역의 시작을 어떤 말로 시작하고 계신가? (마 4:17,23; 9:35, 눅 9:11, 막 1:14,15을 읽어보자.)

(2) 그의 사역의 목적은? (눅 4:43) - "하나님 나라"의 선포였다 (the preaching of the Kingdom of God). 그러므로, 그가 전파한 하나님의 말씀(눅 8:11)은 그 나라의 말씀(마 13:19)이라고 할 수 있다. 복음서에서는 예수 그리스도께서 "하나님의 나라"를 선포하기 위해 오셨다고 설명하고 있다. 제자들도 역시 마찬가지이다(눅 4:43 ; 8:1 ; 16:16). 주님이 해 받으시고 다시 살아나시사 40일간 이 땅에 계실 때에도, 그 말씀의 주제가 역시 '하나님 나라' 였음을 본다(행 1:3).

(3) 천국, 또는 나라라는 용어가 마태에는 56회, 마가 21회, 누가 46회나 된다.

(4) 天國(The Kingdom of Heaven)이라는 단어가 그 당시(예수님 당시) 사람들에게 낯선 용어였는가?

아니었다. 오히려 즉각적인 반응을 일으켰다. 세례 요한이나, 예수님은 '천국'의 용어에 대해 설명하려 하지 않고 이스라엘 사람들에게 '천국'이 '가까워 왔다' (near at hand)라고 선언했다.

(5) 구약에서는 천국이란 말이 등장하는가?
'회개하라' 라는 세례 요한과 예수님의 외침은 이들에게 어떤 사상을 연상케 하였을까? 구약성경에는 '천국' 이란 표현이 등장하지 않는다. 오로지 후기 유대인들의 작품들에서만 '천국'(말쿠트 샤마임, 하늘들의 나라)이라는 단어를 발견할 수 있다.

2. 구약은 그의 나라에 대해 3중적 관점에서 표현되고 있다.

(1) 물론, 천국이란 언어의 근본은 구약성경의 신적 계시와 신앙의 대망 가운데 감추어져 있다. 크게 세 가지 관점에서 그 나라를 언급하고 있다. 구약성경에는 자신을 모든 피조물을 통치하는 위대한 왕으로 계시되어 있다. 그는 창조자 - 왕이시다. 신약의 '바실레이아'(βασιλεία, 하나님의 왕되심, 왕적 권위를 의미)에 상응하는 단어가 구약에 많이 나타나 있다. 예를 들어보자.

• 지극히 높으신 자의 통치 - 시 103:19, 145:11, 13, 단 4:3, 욥 21:22

• 주 여호와는 왕 - 시 10:16, 24:7-10, 44:4, 사 6:5, 33:22, 43:15, 렘 10:7, 삼상 8:7, 출 15:18, 신 33:5, 민 23:21, 왕상 22:19

(2) 주께서 이스라엘에 그의 나라를 세우셨고(시 114:2), 예루살렘에 그의 발등상을 두셨다(시 132:7, 13-15). 그는 언약의 하나님이시고 구원자 - 왕이시다. 이스라엘은 그의 인도로 보호를 받는다. 다윗과 언약을 맺으시고(삼하 7장), 다윗 왕조를 통한 그의 영광스러운 통치를 약속한다.

(3) 세번째는, 아직도 그의 나라가 오고 있다는 것이었다. 이스라엘 역사 속에서 점차로 하나님이 왕(王)이라는 고백(현재적 왕직)에 근거 그는 좀더 강하고 종말론적인 의미에서 왕이 될 것이라는 대망(미래적 왕직) 사상이 일어난다. 메시야가 나타나서 다윗과 솔로몬보다 더 웅장한 방법으로 하나님의 나라를 일으키시리라고 말씀하신다(사 40:9-11, 사 52:7). "하나님 나라의 오심"에 대하여는 옵 21절, 미가 4:3, 습 3:15, 슥 14:16, 17 참조하라.

또 구약에서는 새로운 시대를 계속 언급하고 있다.

▶ 최후의 심판으로 (호 4:3 ; 사 2:10ff)
▶ 앞으로 올 구원으로 (호 2:17 ; 미 4:1ff ; 사 9:1-6 ; 11:1-10)

• 앞으로 올 구원은 쇠하지 않으며 (사 51:6)
• 현세를 초월한 실재가 시작될 것이며 (사 60:1)
• 새하늘 새땅이 존재 (사 60:19 ; 65:17 ; 66:22)
• 죽음이 없어지고 (사 25:8)
• 죽은 자들이 다시 살아나고 (사 26:19)
• 구속 받은 자는 영원한 행복에 (사 66:10-14)
• 이 세상 세력은 초토화, 몰락될 것이며 (사 26:21, 27:1)

• 이방인들도 이스라엘이 소유한 행복에 참여할 것이며 (사 25:6, 45:22, 51:4-6)
• 주께서 그 날에 전 세계의 왕이 되실 것이라(미 4:1ff).

물론 <하나님의 나라> 라는 표현이 신약성경에서와 같이 동일하고 불변의 의미로 아직 사용되지 않았다. 그러나, ① 전 세계를 향한 우주적인 하나님의 왕직(universal divine kingship) ② 그의 백성에게 향한 선(the good)과 그의 통치를 거부하는 어떤 세력도 파괴한다고 한다. 앞으로 올 하나님 나라의 사상은 고래로부터 이스라엘이 구원을 대망하는 핵심적인 주제였다.

3. 하나님의 나라의 도래

(1) 마침내, 메시야로서 예수님의 출현과 더불어 하나님의 나라가 이 세상에 도래했다. 하나님의 나라의 도래는 세상사에 대한 하나님의 최종적이고 결정적인 개입을 의미한다.

"만일, 내가 하나님의 성령(누가복음 : 하나님의 손가락)으로 귀신들을 내어쫓아내는 것이면 하나님의 나라가 (이미, already) 너희에게 임하였느니라"(마 12:28, 눅 11:20).

(2) 예수 그리스도는 사탄의 왕국을 파멸하고, 죄를 제거함으로 하나님의 나라를 확립하셔야 했다. 주님은 자기의 죽음과 부활로 죄의 문제를 결정적으로 해결하신다. 하나님의 통치를 완전히 확립하기 이전에도 그는 사탄의 권세를 제어하고, 마귀를 추방하며, 사탄의 권세로 당하는 질병 등을 해결해 주심으로 사람들을 사탄의 권세에서 해방시키신다. 그리고 죄를 사해주시고, 새 생명을 주신다. 예수 그리스도의 사역으로 인해 사탄의 나라는 궤멸되기 시작했고, 하나님의 나라는 세워지기 시작했다.

(3) 그러나, 하나님의 나라는 그 완성을 본 것이 아니였다(not yet). 그러므로 예수는 항상 미래를 지향하셨다. 예수님은 세례 요한만큼 천국의 임박성을 강조하지 않았다. 미래성을 보여주는 성경구절로 가장 잘 알려진 구절을 읽어보자(막 9: 1, 눅 9:27). 그 나라는 앞으로 완성을 기다려야 한다. 예수님은 하나님 나라의 현재적인 면과 동시에 미래적인 영광을 보여주셨다.

(4) 그러므로 천국이 전적으로 종교-윤리적 선이요, 영적 공동체, 또는 이 세상 내에 있는 사회 질서라는 개념은 복음과 조화를 이루지 못한다. 천국은 하나님의

통치가 임하는 영역이었다. 그리스도의 오심은 바로 천국의 임함이었다.

이만큼 살펴보고, 최초의 하나님의 나라가 드러났던 에덴 동산으로 되돌아 가보자.

4. 언약과 하나님의 나라

(1) 하나님의 형상 - 인간이 하나님의 형상대로 지음 받았다는 말은 어떤 의미인가?

인간은 동물과 다르다는 것이다. 인간은 진화(進化)의 산물이 아니다. 인간은 하나님과 교제하면서, 하나님이 창조하신 이 완벽한 우주를 다스려야 할 하나님의 대리 통치자였다. 그렇다 하더라도 인간은 피조물 그 이상은 아니였다. 따라서 인간은 하나님께 전적으로 의존해야 할 피조물이다. 그러므로 창조주와 인간 사이에는 "하나님은 왕이시고, 인간은 그의 백성"이라는 관계가 성립되어야 했다. 이 모든 관계가 드러나는 최상의 장소가 바로 에덴 동산이었다.

(2) 그러면 죄는 무엇인가?

이러한 관계를 부인하고 창조주 하나님으로부터 독립하려는 것이다. 인간은 결국 하나님으로부터 관계를 단절시키고 타락한다. 따라서 그가 살던 세상도 타락한다(롬 8장). 그러함에도 타락한 피조계가 여전히 하나님의 영광을 반영하고 있다(시 19:1, 롬 1:20).

(3) 인간은 타락 후에도 여전히 지정의를 가지고 있지만 더이상 하나님의 영광을 위한 어떠한 선도 행할 수 없게 되었다(전적부패, 롬 3:10이하). 그러나 하나님은 타락한 인류가 다시 하나님과의 관계를 유지시킬 수 있는 길을 열어놓으셨다. 인간은 하나님께 반역하여 크게 범죄했지만, 하나님은 은혜를 베푸셨던 것이다.

5. 하나님의 창조 경륜

(1) 하나님은 그의 영원한 경륜 가운데 창조를 계획하시고 작정하셨다. 작정을 실현하사 무한대한 우주를 창조하셨으며 그 목표는 그 창조가 계발되어 문명화됨으로 '하나님의 나라'가 되게 하려는데 있었다. 그러니까 창조가 처음 이루

어졌을 때, 창조는 하나님 나라가 되는 길에 막 들어선 것이었다. 그리하여 그 창조를 대리 통치할 자, 곧 아담을 세우신다. 그것이 자발적으로 이루어지게 하기 위하여 아담과 언약관계를 맺으신다. 언약이란 무엇인지 설명할 수 있겠는가?

(2) 반역 : 아담은 사탄의 유혹에 넘어가 결국은 하나님께 반역한다. 타락으로 일어난 일들은 무엇일까? 죄와 사망, 고통, 어두움 등등. 지성도, 감정도 삐뚤어지고, 도덕적 판단도 흐려졌다. 하나님의 진노가 임했고, 아담은 에덴에서 추방된다. 하나님의 왕국은 파괴되었다.

6. 구속경륜

(1) 하나님은 자기의 창조에서 죄를 완전히 박멸하시고자 하셨다. 이 죄의 완전제거로 창조를 자기에게로 회복시키는 구속경륜을 진행하셨다. 그래서 아브라함을 부르시고, 그를 통해 한 민족을 형성, 그 민족에게서 죄 문제를 해결할 구세주가 태어나시게 하셨다.

(2) 그리고 예수 그리스도를 세상의 죄 때문에 죽게 하심으로, 즉 십자가에 피 흘려 화목 제물로 죽게하심으로써 세상의 죄를 제거하고, 하나님 나라의 백성들을 모으신다. 예수 그리스도를 믿음으로 하나님의 백성이 될 수 있게 하셨다. 이제, 이 믿음의 통로를 통해 하나님의 자녀를 생산해 내셨다. 그를 통해 구원을 받은 무리가 충만해져서 결국은 하나님의 나라가 완성될 것이다.

7. 하나님의 나라(왕국)란 어떤 나라인가?

(1) 나라에는 첫째, 다스리는 왕이 있어야 하고, 둘째, 다스림을 받는 백성이 있어야 되며, 셋째, 이러한 다스림이 존재하는 것으로 인정되는 영역이 있어야 한다.

(2) 앞에서도 살폈지만 구약 성경에는 '하나님의 왕국' 이라는 용어가 발견되지 않지만, 이런 기본적인 사상이 구약성경 전체에 깔려 있다. 제일 먼저, 우리는 에덴 동산에서 하나님의 왕국을 보게 된다. 그러니까 하나님은 왕이시고, 아담(아담을 통한 인류)은 그의 백성이라는 개념이 나타난다. 따라서, 그의 백성은 하나님이 보좌를 넘겨다보아서는 안되는 존재였다. 그러나 인간은 그것을 어겼고 결국은 타락한다. 왕국은 처음부터 파괴되었던 것이다.

(3) 그러나 하나님은 그 왕국을 회복시키는 길을 열어 놓으셨다. 이제, 성경은 그 왕국이 어떻게 회복되어지는가를 다루고 있다. 그 왕국은 이스라엘의 역사의 단계마다 나타나고 있다. 그 과정을 추적해 봄으로써 하나님의 왕국을 회복하시려는 하나님의 손길을 볼 수 있게 된다.

(4) 아브라함에게 하신 약속(창 12:1-3)

하나님은 족장들에게, ① 그들의 자손이(=하나님의 백성)이, ② 약속된 땅(=하나님의 처소)를 소유하게 될 것이며, ③ 하나님의 백성이 되어 그분의 권위(=하나님의 다스림) 하에 있게 될 것이라고 말씀하신다. 성경은 이후로 이스라엘 역사 속에서 어떻게 하나님의 통치가 나타나고 있는가를 기록하고 있는 것이다. 그 전부를 살피는 것은 너무 방대하므로 여기서는 생략하자. 아주 간단하게 살펴본다면 다음과 같이 설명된다.

8. 하나님 나라의 계시

① 에덴 동산 - 하나님의 나라의 원형으로서의 패턴이다. 하나님 나라의 수립.
② 타락 - 하나님 나라 파괴, 그 회복을 약속하심(창 3:15)
③ 아브라함에게 - 하나님 나라가 약속됨(창 12:1-3). 모형 : 이스라엘의 역사
④ 다윗에게 - 하나님 나라가 예표됨. 모형의 확증 : 예언
⑤ 그리스도의 초림(하나님 나라가 임함, 그러나 완성이 아니라 시작이다). 모형의 성취(원형, 그리스도)
⑥ 그리스도의 재림으로 = 하나님 나라가 완성된다.

우리는 이미 하나님의 나라가 임했지만(already), 그래서 하나님의 통치를 받고 있는 하나님의 백성이지만, 아직은 그 하나님의 나라의 완전 성취를 대망하며(not yet), 긴장 관계 속에서 살아가는 것이다. Victory-day는 아직 오직 아니했다. 그 날이 올 때까지 우리는 선한 싸움을 싸우고 있는 것이다. 그러나, 우리는 이미 그리스도께서 이겨놓으신 싸움에 참여하고 있는 것이다. 승리가 보장되어 있는 싸움을 싸우고 있다. (❖)

[학습용 교재]

창세기 성경공부 학습용 교재는 교사가 학생을 쉽게 지도할 수 있도록 만든 가이드용 교재입니다. 창세기 전체를 훑어보는 데 도움을 즐것입니다. 학생들에게 문제를 미리 나눠주어 공부를 해오게 하십시오.그리고 교사들은 본 교재를 통해서 내용을 충분히 익히신 후에 학생들에게 설명하십시오.

창세기 1장

▶ 어서오세요

☞ 우리 한번 말로 교회를 건축해 봅시다. 말로 하는 것이니만큼 담대하십시오. 그것이 꼭 모양으로 드러날 수 있는 것이 아니어도 상상할 수 있는 만큼 드러내어 말하십시오. 방법은 다음과 같습니다. 먼저, 그룹원들끼리 돌아가면서 마음껏 말합니다. 둘째, 말미에는 꼭 "~있을지어다"로 하십시오. 그렇다고 너무 크게 지어서 세상 사람들의 지탄은 받지말고

예) 3층 건물로 있을지어다.

말로 나눈 후 소감과 느낌을 말해봅시다.

▶ 본문을 보세요

1. 누가, 언제 이 광대한 우주를 창조했습니까? (1:1)

2. 창조 당시의 상황은 어떠했습니까? (1:2)

- 혼돈하다 : 어떤 틀이 갖추어져 있지 않은 상태를 말한다. (formless)
- 공허하다 : ( )
- 운행하다 : ( )

3. 하나님께서 엿새 동안에 이루신 창조사역을 날짜별로 말해보세요.

1) 첫째날　　2) 둘째날
3) 세째날　　4) 넷째날
5) 다섯째날　　6) 여섯째날

4. 엿새 동안의 창조 사역을 살펴보세요. 창조 사역의 주인은 누구입니까?

5. 온 우주와 그 안에 있는 모든 피조물들은 하나님이 직접 창조하신 것입니다. 그렇다면 이 모든 창조 사역은 결국 누구를 위한 것입니까?

6. 하나님이 그가 지으신 창조물을 보시고 "심히 좋았더라"라고 말씀하셨습니다. 이 말씀의 의미는 무엇입니까?

7. 동물은 어떻게 창조되었습니까? 그리고 인간 창조와 다른 점은 무엇인가 비교해보십시오. (1:24-27)

8. '짐승'과 '육축'과 '기는 것'들이란 어떻게 다릅니까? 또 이들의 생존 목적은 무엇입니까?

9. 하나님은 인간을 어떤 존재로 만드셨습니까? 동물과 천사와는 어떻게 다릅니까? (1:26)

"하나님의 형상"대로

10. 인간은 "하나님의 형상대로" 지음을 받았습니다(1:26). '하나님의 형상'이란 무엇입니까?

11. 하나님의 '형상과 모양'대로 인간을 지으신 목적은 무엇입니까? (1:26하)

12. 하나님의 형상인 인간이 해야 할 일은 무엇입니까? (1:28)

13. 하나님이 창조 질서 속에서 인간이 지켜야 할 3가지 규례를 주셨습니다. 3가지 규례는 무엇이며 또 문화명령(창 1:28)이란 무엇을 말합니까?

▶ 말씀대로 삽시다

• 매일 아침 떠오르는 태양, 밤하늘을 수놓은 수많은 별들, 아름다운 산골짝, 그 골짜기를 흐르는 시냇물. 이 모든 것이 저절로 생겼습니다. 물론 진화론자들의 주장입니다. 무엇이 잘못되었을까요?

• 찬송가에서 하나님의 위대하신 창조를 노래한 것이 있습니다. 몇장인가 찾아보고 불러봅시다.

• 인간은 분명히 동물과는 다른 차원에서 창조되었습니다. 그런데 이 세상은 짐승보다 못한 놈들이 생각보다 많습니다. 그것참! 왜 그럴까요?

창세기 2장

▶ 어서오세요

☞ 하나님은 아담과 하와를 위하여 우리가 상상하기 어려울만큼 좋은 전원을 설계하셨습니다. 그곳은 하나님을 찬양하며 살아가기에 전혀 모자람이 없는 곳이었습니다. 물론 에덴 동산은 이렇게 좋은 곳이지만 우리가 장차 궁극적으로 영원히 살아갈 천국에는 비할 곳이 못됩니다.

☞ 자, 여러분 자신이 살아갈 전원 주택을 짓는다면 어떻게 설계하시겠습니까? 물론 마음껏 상상의 나래를 펴서 최고로 좋은 주거지를 만드십시오. 그렇다고 놀기만 하는 곳으로 짓지는 마십시오. 왜냐하면 에덴 동산은 먹고 노는 곳만은 아니었으니까요.

▶ 본문을 보세요

1. 창조는 몇일간에 걸쳐 다 이루어졌습니까? 그리고 하나님은 몇째 날에 안식하셨습니까? (2:1-3)

2. 여기서 가리키는 '안식'이라는 말은 어떤 뜻입니까?

3. 이곳 본문에서의 '안식'은 '영원한 안식'(완성된 하나님의 나라)의 첫 출발점을 가리킵니다. 이 안식의 개념이 영원한 안식을 향하여 역사 속에서 어떻게 발전되어 나타납니까?

에덴 동산 창설

4. 에덴 동산은 지금의 어디쯤이라고 알려져 있습니까? 4개의 강 이름 중 2개만 쓰세요. (2:10-14)

5. 에덴 동산을 창설하셨다고 했는데, 여기서 "창설하다"는 말의 의미는 무엇입니까?

6. 하나님은 인간을 무엇으로 어떻게 지으셨습니까? (2:7)

7. "생기를 그 코에 불어넣으셨다"는 표현은 무엇을 가리킵니까? (2:7)

8. 에덴 동산을 창설하시고 하나님이 인간에게 주신 사명은 무엇입니까? (2:15)

9. 에덴 동산을 창설하시고 하나님은 아담으로 하여금 그곳을 다스리게 하시되 아담(인류)은 하나님께 순종하며 살아야 했습니다. 하나님께 순종 여부를 알게 하시고자 무슨 나무를 동산 중앙에 두셨습니까? (2:9)

10. 동산에 있는 각종 나무의 실과는 먹을 수 있으나 먹어서는 안 될 나무의 실과는 무엇입니까? 왜, 그 나무의 실과는 먹지 말아야 합니까? (2:16,17)

11. 하나님은 자기의 형상인 인간과 교제를 갖기를 원하셨습니다. 그러기 위해서는 서로 "언약"을 맺어야 했습니다. 그렇다면 하나님은 왜, 꼭 이 언약의 방법으로 인간과 결속하시려 합니까?

12. 하나님 앞에서 선(善)은 무엇이고 악(惡)은 무엇입니까?

13. 하나님은 왜 여자를 창조하셨습니까? 여자의 사명은 무엇입니까? (2:18)

14. 결혼 제도는 누가 세운 것이며, 그 결혼의 본질은 무엇입니까? (2:24)

15. "돕는 배필"이란 말은 어떤 뜻입니까?

▶ 말씀대로 삽시다

- 안식의 의미를 바로 알고 있습니까? 주일을 단순히 일을 하지 않고 쉬는 날로 알고 있지는 아니합니까? 안식일과 주일과의 관계를 정립하셨는지요? 안식의 구속사적인 개념이 잘 정립되어 있지 않다면 안식일에 노예가 되든가, 아니면 방종에로 빠지기 쉽습니다. 교역자의 안내를 받아 이 개념을 잘 정리합시다.

- 에덴 동산과 같은 부족함이 없는 곳에서도 타락의 가능성은 존재합니다. 참 자유란 어디에서 옵니까? 선악과를 동산 안에 두신 하나님의 뜻을 이해할 수 있습니까?

- 남자와 여자란 서로간에 꼭 필요한 존재입니다. 물론 서로간에 존중함이 있을 때만이 가능한 일입니다. 타락으로 그 관계가 더욱 어렵게 되어버렸습니다.

창세기 3장

▶ 어서오세요

☞ 요사이는 TV에 귀신 이야기를 자주 등장시킴으로써 우리를 혼동케 하고 있습니다. 귀신은 어떤 존재일까요? 어떤 사람은 귀신 같은 것은 없다고 주장하는 사람도 있고, 어떤 사람은 귀신이란 존재 앞에 벌벌 떨기도 합니다. 여러분은 어떻게 생각하십니까? 물론 성경은 사탄의 존재를 말하고 있습니다. 사탄은 하나님을 반역하고 하나님의 나라를 본따 사탄의 나라를 만들었습니다. 귀신이란 사탄 나라의 졸개들입니다. 귀신 이야기 한 마디씩...

그런데 살기 좋은 에덴 동산에 사탄이 대형 폭탄을 던졌습니다. 누구를 앞세우고? 그래서 그 결과가 어떻게 되었을까요?

▶ 본문을 보세요

1. 에덴 동산은 하나님의 나라입니다. 따라서 피조물인 인간은 하나님께 도전해서는 안됩니다. 인간은 하나님이 지으신 피조물이기 때문입니다. 에덴 동산에 거하는 인간은 어디까지 자유할 수 있습니까?

2. 뱀이 여자에게 한 질문은 무엇입니까? (3:1) 이에 대한 여자의 대답이 어떠했습니까? (3:2-3)

3. 뱀은 여자의 설명을 듣고 무엇이라고 했습니까? (3:4-5)

4. 여자는 뱀의 설명을 듣고는 마음에 갈등을 일으킵니다. 그녀의 마음에 일어나는 갈등의 문제는 무엇이었습니까? (3:6)

5. 하와는 자기가 따먹은 실과를 남편에게도 갖다 주었습니다. 남편은 아내의 말을 듣고 어떻게 행동했습니까? (3:6)

6. 뱀의 말을 듣고 선악과를 따서 먹은 아담 부부에게 어떤 결과가 나타났습니까? 그들의 변화된 행동은 무엇입니까? (3:7)

7. 결국, 아담과 하와를 파멸로 몰아넣은 뱀은 어떤 존재입니까?

8. 범죄 후에 하나님을 대하는 아담 부부의 태도는 어떠했습니까? (3:8)

9. 아담과 하와는 자기들이 한 일에 변명을 하기 시작합니다. 아담과 하와가 각각 자기를 뭐라고 변명합니까? (3:11,12)

하나님의 심판

10. 타락한 이들에게 심판은 필연적이었습니다. 하나님께서 각각에게 내리신 명령은 무엇입니까 (2:16,17)

(1) 뱀에게 (14,15절)
(2) 여자에게 (16절)
(3) 아담에게 (17-19절)

11. 아담에게 심판이 내려졌지만 즉각적인 죽음이 오지 않았습니다. 하나님은 최초의 의도하신 바대로 하나님의 나라를 세워가기로 작정하십니다. 따라서 죄지은 아담에게 새로운 구원의 길을 선포하십니다. 어떤 방법으로? (3:15)

12. '원시복음'(3:15)은 어떤 내용이며 왜 그렇게 부릅니까?

13. 타락한 인간에게 하나님은 어떤 사랑을 베푸십니까? (3:21) 왜, 하나님은 화염검으로 에덴 동산을 지키십니까? (3:24)

▶ 말씀대로 삽시다

• 사탄은 패배한 적입니다. 패배한 적을 너무 무서워 한다면 아직도 복음을 잘 이해하지 못하는 것입니다. 그렇다고 사탄의 존재를 우습게 아는 것도 문제입니다. 사탄은 그리 호락호락한 존재가 아닙니다. 그에게도(붉은 용) 머리가 일곱이요, 뿔이 열이요, 그 여러 머리에 일곱 면류관을 가진 존재입니다(계 12:3). 우리가 감당하지 못할 지혜도 능력도 있습니다. 따라서 우리의 승리는 그리스도 안에 있을 때만이 가능합니다. 아담에게 약속한 구원의 복음도(창 3:15) 바로 그리스도로만 그 구원이 가능하다는 것을 보여주고 있습니다.

• 하나님은 타락한 아담에게 구원의 소망을 주셨습니다. 3장은 인간의 타락을 설명하고 있지만 그 죄의 문제를 해결하고 구원의 소망을 선포한 승리의 장이기도 합니다.

창세기 4장

▶ 어서오세요

☞ 우리 민족의 조상 승배에 대한 열정이 얼마나 지극한 것인지에 대해 말해 봅시다. 그 제사에 대한 열정은 대단합니다. 또 죽은 후에 묘(墓)를 너무 지나치게 호화롭게 꾸며 세인의 빈축을 사곤 합니다. 우리 주위에서 그런 사례들을 열거해 보십시오. 왜 이들은 제사에 그렇게 정성을 드리고 있을까요?

☞ 가인과 아벨이 똑같이 하나님께 제사를 드렸습니다. 그런데 아벨과 그 제사는 하나님께 열납되었고, 가인의 것은 열납되지 않았습니다. 왜 그랬을까요? 정성의 문제일까요? 아니면 드린 제물의 종류 때문일까요? 하나님께 제사(예배)를 드린다는 개념을 말해봅시다.

▶ 본문을 보세요

1. 아담이 죄를 지었지만 죽음은 즉각적으로 오지 않았습니다. 하나님은 사망을 유예시키시고 잃어버린 구원의 회복을 선포하셨습니다. 언젠가 여인의 후손이 사탄의 머리를 파쇄시키실 것이라는 선언을 하십니다. 인류에게는 다시 희망이 생겼고, 아담 부부는 첫 아들을 잉태했습니다. 첫 아들은 누구이며, 아담 부부는 그 아들에게서 무엇을 기다렸습니까? (4:1)

2. 가인과 아벨의 직업과 그들이 드린 제물은 각각 무엇입니까? 그 결과는 어떠했습니까? (4:2, 3)

3. 왜, 가인과 그 제물은 하나님께 열납되지 않았습니까?

4. 예배 드리는 자의 제물에 앞서 하나님이 원하시는 것은 무엇입니까? 제사가 열납되지 않자 가인의 마음 속에 어떤 변화가 일어났습니까? (4:5)

5. 창 4:7 "네가 선을 행하면 어찌 낯을 들지 못하겠느냐 선을 행치 아니하면 죄가 문에 엎드리느니라 죄의 소원은 네게 있으나 너는 죄를 다스릴지니라"는 말씀을 알기 쉽게 설명하십시오.

6. 가인은 하나님의 자비하신 방문에도 결코 그의 마음을 열어놓지 아니했습니다. 가인 안에 생겨진 미움은 계속 자라기 시작했습니다. 결국 어떤 결과를 가져왔습니까? (4:8)

7. 하나님은 가인에게 계속 용서의 기회를 주셨지만 가인의 태도는 어떠했습니까? (4:9)

8. 하나님은 가인에게 어떤 형벌을 내리셨습니까? (4:12)

9. 가인은 동생 아벨보다 오래 살았겠지만 아무 유익함이 없는 세월이었습니다. 그의 평생의 삶이 어떠했습니까? (4:13,14)

10. 가인은 여호와 앞을 떠나 어디에 거했으며, 무엇을 추구하며 살아갑니까? (4:16,17)

11. 라멕은 두 아내를 취했습니다. 일부다처제의 시작이었습니다. 두 아내의 이름은 누구입니까? (4:19)

12. 라멕의 두 아내에게서 난 자녀들의 직업은 무엇이며, 이들은 무엇을 추구하며 삶을 살아갑니까? (4:20-22)

13. 라멕은 살인의 노래를 부르며 살아갑니다. 그가 부른 노래의 내용이 무엇입니까? 또 그 당시의 죄악이 얼마나 확산되었는가 말해봅시다. (4:23-24)

▶ 말씀대로 삽시다

• 우리가 하나님께 드리는 제사(예배)의 모습을 살펴봅시다. 너무 자주 드리는 예배에서 오는 불성실함은 없는지요? 5분만 일찍 오면 되는데 상습적으로 예배에 늦게 참석하는 자, 옷을 단정히 입고 오면 안되나?! 신발을 찍찍, 껌을 씹는 사람도 있다던데... 헌금은 거지에게 동냥하듯, 아이들의 울음 소리... 재미(?)없는 설교, 잠을 덜자고 왔나 계속 꾸벅거리는 사람, 소근소근 거리는 사람... 다정하지도 않으면서 그때만 다정한 척.

• 이보다 더무서운게 무엇일까요? 그것은 가인과 같은 제사를 드리는 사람들일 것입니다. 아니, 가인이 제사를 어떻게 드렸길래?!

• 아무리 정성을 드려 예배를 드렸다해도 삶이 없는 예배 행위는?

창세기 5장

▶ 어서오세요

☞ 우리가 살고 있는 이 세상은 얼마나 화려하고 살만한 곳일까요? 반세기 전과 비교해서 그 편리함과 아름다움을 표현해 봅시다. 교통의 편리함, 통신의 발달, 높은 빌딩, 컴퓨터 등등. 그와 동시에 우리를 더욱 서글프게 하는 것들은 무엇인가 알아봅시다.

☞ 세상이 발달하고 편리해졌으니 지금이 전보다 더욱 좋은 세상이라고 할 수 있을까요? 죄악은 더욱 넘쳐났고, 인간들의 마음은 더욱 강퍅해져가고 있습니다. 과학은 발달해서 인간을 복제한다고 떠들고 있습니다. 노아 홍수가 있기 직전의 인간들도 아마 그렇게 사악해져 갔을 것입니다.

▶ 본문을 보세요

1. 하나님은 아벨 대신 셋을 주셨습니다. 왜, 여기서 셋의 계보를 언급하고 있을까요? 셋의 계보는 어떤 면에서 그 중요성을 갖고 있습니까?

2. 아담은 몇세에 셋을 낳았습니까? (5:3)

3. 여기 본문에서 "낳고, 지내며, 자녀를 낳았으며, 몇세를 향수하고 죽었더라"는 어구를 통해 깨닫는 점은 무엇입니까?

4. 여기 인생들에게 온 "죽음"은 무엇의 결과입니까?

5. 홍수 전에는 비록 죽기는 했지만 오래 살았습니다. 가장 오래 산 사람은 누구입니까? (5:27)

6. 사람들은 모두 죽었지만 그러나 죽음을 보지 않고 승천한 사람이 있습니다. 바로 에녹이라는 사람입니다. 그의 삶이 다른 사람보다 특이한 삶이었을까요? 그의 삶의 모습을 당신의 말로 조명해 보십시오. 어떤 사람의 "믿음이 좋다"라는 말은 어떻게 이해해야 할까요?

7. 왜 하나님은 에녹으로 하여금 죽음을 보지 않고 승천케 하셨을까요? 그의 승

천이 당시 사람들에게 어떤 메시지를 남겼을까요?

8. 라멕은 누구이며 그는 몇세에 노아를 낳았습니까? (5:28)

9. "노아"라는 이름의 뜻은 무엇입니까?

10. 라멕은 노아를 낳고 그에게 무엇을 기대했습니까? 그의 이름의 의미를 보고 설명해 보십시오. (5:29)

11. 노아가 태어나던 당시의 죄악이 어느 정도였을까요? 유다서 1:14-15을 읽어 보고 설명해 보십시오.

12. 노아는 몇세에 누구누구를 낳았습니까? (5:32)

13. 창 5장에서 느끼는 관점을 적어보십시오.

▶ **말씀대로 삽시다**

- 경건한 삶을 살아가는 사람을 찾아보기 힘든 세대가 되었습니다. 물론 종교적 열심을 내는 사람은 도처에 많이 있습니다. 에녹과 같이 하나님과 함께 동행하는 삶은 어떤 삶일까요? 전도를 많이 하는 사람? 병을 잘 고치는 사람? 방언을 잘하는 사람? 가난한 사람을 많이 구제하는 사람? 선교만이 최선의 길이라고 외치는 사람? 성경을 많이 알고 잘 가르치는 사람? 글쎄요? 아마, 아닐지도 모릅니다.

- 죄의 속성은 무엇이라고 생각합니까? 죄의 속성 중 하나는 스스로도 모르는 사이에 퍼져 영향력을 끼치는 일일 것입니다. 노아가 살던 시대는 그 죄악이 하나님을 경건하게 모시고 살던 셋의 계통에도 아주 깊게 퍼졌다는 사실입니다.

창세기 6장

▶ 어서오세요

☞ 홍수 전의 이 세상의 아름다움을 상상하면서 말로 표현해 봅시다. 그 아름답던 땅에 죄악이 안개와 같이 퍼져 앞을 분간할 수 없게 되었습니다. 그 당시의 사람들이 죄악으로 깊이 물들어 갔다면 어떻게 생활했다는 것일까요? 지금 인류가 하나님 앞에 짓는 죄와는 특이하게 다를까요? 아마, 아닐지도 모릅니다. 유사한 죄를 지었을 것입니다.

☞ 지금 우리가 살고 있는 세상에서 하나님 앞에 구역질나는 죄는 어떤 죄들일까요? 그 예를 들어봅시다. 물론 그 죄악이 깊어갈 수록 종말의 심판이 가까왔다는 표징일 것입니다. 예) 성적 타락, 동성애, 인간복제 등등

▶ 본문을 보세요

1. 노아가 살던 시대에 죄악이 크게 관영했습니다. 그 관영하게 된 배경에는 셋의 후손들의 타락이 부채질 했습니다. 경건한 삶을 살아가던 셋의 계통에도 심각한 문제가 발생했습니다. 어떤 문제가 발생했습니까? (6:1)

2. "하나님의 아들들과 사람의 딸들"(2절)이 누구인가 라는 문제는 학자들간에도 다른 주장을 하고 있습니다. 어떤 주장들이 있으며, 보통 전통적인 기독교의 견해는 어떤 것입니까?

3. 홍수 직전의 상태를 본문은 뭐라고 표현하고 있습니까? (6:5)

4. 하나님은 타락한 인류를 보시고 어떻게 반응하셨습니까? (6:6)

5. 하나님은 마침내 인류에게 심판을 내리시기로 작정하셨습니다. 그 심판의 대상은 어디까지였습니까? (6:7)

6. 하나님은 사람 지으셨음을 "한탄하셨다"고 하셨습니다. 이 말은 하나님의 후회를 가리키는 말입니까?

7. 당시 불의가 득세하던 때에 노아는 어떤 자라고 불림을 받았습니까? (6:9)

8. 노아가 의롭다고 불리운 것은 노아 자신의 의로움 때문이었습니까? (6:8)

9. 히브리서에서는 노아의 믿음에 대해 뭐라고 표현하고 있습니까? (히 11:7)

방주를 예비하라

10. 하나님은 노아에게 방주를 지으리고 명령하셨습니다. 방주의 모양을 말해보고 그 용도를 이야기해 보십시오. (6:13-17)

11. 하나님은 노아와 언약을 맺으셨습니다. 그 언약의 내용과 목적은 무엇입니까? (6:17, 18)

12. 예수님은 인자가 임할 때에도 노아의 때와 같을 것이라고 비유하셨습니다. 이 비유는(마 24:37-39) 무엇을 예증하기 위해 말씀하셨습니까?

13. 창세기 저자는 인류의 두 계열을 언급하고 있습니다. 두 계열이란 어떤 계열을 말하는 것입니까?

14. 노아는 하나님의 명령을 받고 어떻게 행동했습니까? (6:22)

▶ 말씀대로 삽시다

- 하나님은 죄에 대해 언제까지나 관대하시지 않습니다. 왜 세상 사람들은 죄를 짓기에 그렇게 담대한 것일까요?
- 우리가 부지런히 하나님의 뜻을 배우지 아니하면 세상의 사고와 삶의 방식이 우리의 삶을 지배하기 쉽습니다. 당신은 하나님의 뜻을 알기 위하여 얼마나 노력합니까?
- 성경은 매일 읽기만 해도 그 뜻을 알 수 있는 것이 대부분입니다. 그러나 보다 깊은 하나님의 뜻을 알기 위해서는 체계적인 말씀 공부가 필요합니다. 습관적인 신앙생활 보다 위험한 것은 없습니다. 말씀을 배울 시간이 없다는 것은 거의 거짓말에 불과합니다. 안그렇다구요?!

창세기 7-8장

▶ 어서오세요

☞ 자, 오늘부터 여러분은 노아입니다. 식구들과 함께 모든 짐승들은 방주에다 승선시키는 일을 진두지휘 해야 합니다. 먹을 것도 채워야 합니다. 짐승들이 말을 잘 들었을까요? 방주 너머에서는 세상 사람들의 시끄러움이 아직도 들려옵니다. 노아와 그 식구들은 세상 사람들의 눈에 지금 미친 짓을 하고 있습니다.

☞ 승선을 완료하자 비가 내리기 시작합니다. 그 긴박했던 하루의 삶을 각자 이야기 해 봅시다. 제일 어려웠던 일은 무엇이었던가요? 그리고 지금까지 비웃던 군상들의 허둥대는 모습을 그려봅시다.

▶ 본문을 보세요

1. 하나님은 노아에게 최후의 통첩을 전하게 하셨습니다. 앞으로 7일 후면 홍수가 시작된다는 것입니다. 이에 대비하여 노아에게 어떤 명령을 내리셨습니까? (7:1)

2. 이 방주에는 짐승도 태워야 했습니다. 몇 마리씩 태웠습니까? (7:2,3)

3. 노아는 하나님의 명령에 어떻게 했습니까? (7:5)

4. 홍수의 시작일은 언제입니까? (7:11)

5. 비는 얼마 동안 내렸습니까? (7:4, 12)

6. 홍수의 결과는 어떠했습니까? (7:21, 22)

7. "여호와께서 그(노아)를 닫아 넣으시니라"는(7:16) 말씀에서 하나님의 자비와 구원의 주도권이 어떻게 나타나고 있는가를 말해보십시오.

8. 물은 얼마 동안 창일했습니까? (7:24)

9. 어떤 학자들은 노아의 홍수가 국지적이었다고 주장하기도 합니다. 홍수가 전 세계적이었다는 것을 설명해 보십시오.

8. 홍수 후에 하나님은 노아에게 무엇을 명령하십니까? 그 명령이 아담에게 주신 명령과(창 1:28) 어떤 유사점이 있습니까? (8:17)

9. 방주에서 하선한 노아는 제일 먼저 무엇을 했습니까? (8:20)

10. 하나님은 노아가 드린 제물을 받으시고 어떻게 응답하셨습니까? (8:21, 22)

11. 홍수가 끝난 후 변화를 가져온 것들은 무엇일까요?

12. "땅이 있을 동안에는"(22절)이라는 말에서 우리는 최후의 심판이 있을 것을 암시하고 있음을 봅니다. 22절의 말씀의 뜻은 어떤 의미가 있는지 이사야 54:9을 읽어보고 그 뜻을 보충 설명해 보십시오.

13. 홍수가 시작되고 끝나기 까지의 일지를 구체적으로 작성해 보십시오. 홍수 기간은 전부 얼마나 됩니까?

▶ 말씀대로 삽시다

• 방주를 짓고 있는 노아의 마음이 어떠했을까요? 우리에게 그 노아의 안타까움이 있습니까? 그는 단순히 방주를 짓는 일에만 전념하지는 아니했을 것입니다. 방주를 짓는다고 야유를 퍼붓는 그들에게 하나님의 심판과 복음을 전파했을 것입니다. 하나님의 일을 한답시고 복음 전파 보다는 다른 일에 더 바쁘지는 아니한지요.

• 왜, 하나님은 홍수를 통해 전 인류를 멸망시키셨을까요? 전 인류를 멸망시키시는 하나님 역시 이 일은 괴로운 일이었을 것입니다. 우리는 하나님이 죄를 얼마나 싫어하시는가를 배워야 합니다. 하나님은 이런 역사적 심판을 통해서 앞으로 인류가 죄에 대한 경각심을 갖기를 원하셨습니다. 동시에 반드시 최후 심판이 있다는 것을 알게 하려 하셨습니다. 그런데 지금 우리가 살고 있는 상황이 노아의 때와 같지 않은가요?

창세기 9장

▶ 어서오세요

☞ 우리의 경험에서 과거의 모든 잘못을 잊어버리고 새출발을 경험해 본적이 있습니까? 그런 경험이 있다면 그 과정을 이야기 해보세요. 그리고 그 전과 후의 변화된 삶의 내용을 말해봅시다. 삶의 갱신 그것은 우리의 신앙생활 속에서도 가끔은 있어야 할 덕목입니다. 새로운 출발, 새로운 각오, 그것은 우리의 삶을 조율하는 중요한 기회입니다.

☞ 새해를 시작하면서, 새로운 출발을 약속했던 우리의 각오가 시간이 지나감에 따라 약해지는 것을 경험하시는지요? 홍수가 끝나고 노아는 새로운 출발을 합니다. 그렇지만 그 새로운 각오는 얼마 지나지 않아 흩으러지고 맙니다. 왜, 그럴까요?

▶ 본문을 보세요

1. 홍수 후에 하나님은 노아를 축복하십니다. 그 축복의 내용은 무엇입니까? (9:1)

2. 아담에게 주어진 축복의 내용은 아담에게 최초로 주어진 축복의 내용과 유사합니다. 그 내용이 무엇인가 창 1:28과 창 9:1,7을 읽고 비교해 보세요.

3. 인간에게 동물을 허락하신 것은 언제부터입니까? (9:2)

4. 산 동물이 우리의 식물이 되지만 그 고기는 피채 먹으면 안된다고 하셨습니다. 그 이유가 무엇입니까? (9:4)

5. 인간이 인간을 죽였을 경우에는 어떻게 처리해야 합니까? 이에 대한 성경의 해석은 무엇입니까? (9:6)

6. 하나님은 노아와 언약을 맺으셨습니다. 창 9:9,10,17에서는 그 언약의 대상을 어디까지 포함하고 있습니까?

7. 하나님이 노아와 언약을 맺으신 언약의 핵심 내용은 무엇입니까? (9:11,15) 노아와의 언약을 또 무슨 언약이라고도 부릅니까? 그렇게 부르는 이유는 무엇입니까?

8. 하나님이 노아와 맺은 언약의 증표로 주신 것은 무엇입니까? (9:13)

9. 베드로는 노아 홍수와 관련하여 당시의 사람들에게 무엇을 교훈하고 있습니까? (벧후 3:3-10)

노아의 실수

10. 인류는 누구를 통하여 또다시 번성했습니까? (9:18)

11. 노아의 홍수가 전세계를 휩쓸고 지나갔으니 이 세상에 죄가 없어졌을까요? 그렇지 않다는 것이 드러나고 있습니다. 홍수 후 노아가 시작한 직업은 무엇이며, 노아가 실패한 점은 무엇입니까? (9:20, 21)

12. 노아의 아들 함이 잘못한 점은 무엇입니까? 그의 행동이 왜 죄가 됩니까? (9:22)

13. 노아가 함의 아들 가나안에게 내린 저주가 무엇입니까? (9:25) 그의 저주는 역사상에 어떻게 이루어졌습니까?

14. "셈의 하나님 여호와를 찬송하라"는 말씀의 의미는 무엇입니까?

▶ 말씀대로 삽시다

- 홍수를 당한 인류에 대한 황당함보다 홍수를 일으킬 수밖에 없었던 하나님의 안타까움을 생각해 보셨나요? 물론 인류가 죄악에 죄를 더하는 악함으로 빠지지 않았다면 홍수의 심판은 없었을 것입니다. 죄를 미워하시는 하나님, 그러함에도 불구하고 끝없는 인간의 반역, 따라서 또다른 심판이 남아있을 수밖에 없는 비참함, 지금도 세월은 흘러갑니다. 그 세월의 흐름 속에서 당신과 나는 무엇에 열중하고 있습니까?!
- 우리의 생각같아서는 당장 하나님의 심판이 임해야 할 죄를 짓고서도 뻔뻔스러운 군상들, 하나님의 자비는 영원히는 계속되지 아니합니다. 슬피우는 날들이 오기 전에 그들을 주께로 인도해야 겠는데...

창세기 10–11장

▶ 어서오세요

☞ 족보는 어떤 면에서 귀중할까요? 여러분은 집에 족보를 가지고 있는지요? 어떤 사람들은 족보를 아주 귀중한 것으로 여겨 지나칠 정도로 챙기고 있고, 어떤 사람들은 하찮은 것으로 여깁니다. 성경에는 족보가 많이 등장합니다. 특별히 창세기에는 10개의 족보를 등장시킴으로써 그 구성을 짜임새 있게 하고 있습니다.

☞ 심심한데(?), 교재를 보면서 10개의 족보를 표시해 봅시다. 다섯개는 홍수 전의 사건이며 다섯 개는 홍수 후의 사건입니다.

▶ 본문을 보세요

1. 족보(톨레도트)란 어떤 뜻이 있습니까? 족보는 가장 압축된 역사라고 할 수 있습니다. 족보를 서술하는 것은 어떤 의미가 있습니까?

2. 야벳의 자손들 중에서 기억나는 자손들을 들어 설명해 보십시오. 이들은 지금의 어느 자손들이라고 알려지고 있습니까? (10:1-5)

3. 야벳의 후손들은 주로 어느 지역에 거했습니까? (10:5)

4. 함의 자손들 중에서 기억나는 자손들을 들어 설명해 보십시오. 이들은 지금의 어느 자손들이라고 알려지고 있습니까? (10:6-20)

5. 니므롯은 어느 족속, 어떤 인물입니까? (10:8-9)

6. 니므롯의 삶의 두 가지 특징은 무엇입니까? (10:9,12)

7. 셈의 자손들 중에서 기억나는 자손들을 들어 설명해 보십시오. 이들은 지금의 어느 자손들이라고 알려지고 있습니까? (10:21-23)

8. 셈족속은 어떤 면에서 특별히 강조되었습니까? (창 9:26을 읽고)

9. 아브람의 조상인 '에벨'은 누구에게서 탄생되었습니까? (10:21)

10. 원래 언어는 몇개였습니까?

11. 시날 평지는 어디를 가리킵니까? (11:2) 이들은 왜 이곳에 바벨탑을 세우려 했습니까?

12. 바벨탑을 쌓은 것이 왜 하나님께 죄가 됩니까?

13. 하나님은 이들의 사악함에 제동을 거셨습니다. 언어를 혼잡케 함으로써 인류를 지면에 흩으셨습니다. 왜 하나님은 이들을 지면에 흩으시려 합니까?

13. 언어의 혼잡은 어떤 결과를 가져왔습니까? (11:8.9)

14. 왜 본문에서는 셈의 후손에다 초점을 맞추고 있습니까? (11:10-26)

15. 데라는 어떤 인물이며 그에게서 누가 탄생됩니까? (11:24-26)

16. 창 11:30의 말씀은 왜 강조되어 설명되었습니까? 자식이 잉태되지 않은 아브람에게 하나님이 약속하시는 축복을 보십시오. (창 12:2)

▶ 말씀대로 삽시다

- 창 12장부터는 새로운 장이 펼쳐집니다. 11장까지 공부한 여러분은 지금까지 어떤 점을 느꼈는지요? 여러 가지 관점이 있겠지만 무엇보다 죄악의 확산에 대한 이야기일 것입니다. 홍수 전이나 홍수 후나 죄악은 여전히 세상을 뒤덮고 있다는 것입니다. 죄에서 인류를 구원하시려는 하나님의 열심, 그 열심과 정반대의 길을 걷는 인류들을 비교하여 보십시오. 지금도 죄악의 강포가 땅에 충만하고 있지 않습니까?

- 지금도 인류들은 바벨탑을 쌓는 일에 지치지 않고 있습니다. 그것이 하나님을 반역하는 길인지도 모르고 죄악의 강도를 높이고 있습니다. 사탄은 패배한 적이지만 그의 공격은 결코 나약하지 않습니다. 믿는 자들이 정신을 차리지 않는다면 그의 밥이 될 수밖에 없습니다. 정신차리십시요.

창세기 12장

▶ 어서오세요

☞ 우리 교회에서 파송한 또는 지원하는 선교사의 소식을 듣고 있는지요? 선교사의 생활은 우리가 생각하는 것보다는 어렵습니다. 우선, 그들의 환경이 지금까지 살아온 삶보다는 낯설기 때문입니다. 우리가 어떻게 그들을 지원할 수 있을까 좋은 아이디어를 말해봅시다.

☞ 아브람은 최초의 이방인의 선교사가 되어 가나안 땅에 왔습니다. 모든 것이 낯설고 힘들었지만 나그네의 삶을 충실하게 적응해 가고 있습니다.

▶ 본문을 보세요

1. 아브람에게 내리신 하나님의 첫 명령은 무엇입니까? (12:1)

2. 본토 친척 아비 집을 떠나야 한다는 말은 어떻게 하라는 말입니까?

3. 하란은 어떤 곳입니까? 왜 그들은 갈대아 우르를 떠나서 하란에 머물렀습니까?

4. 왜 하나님은 아브람을 다른 곳이 아닌 가나안으로 부르셨습니까?

5. 아브람의 부르심은 어떤 부르심입니까? 바벨탑 사건 설명과 관련해서 설명해 보십시오.

6. 아브람에게 약속하신 언약의 내용은 무엇입니까? (12:2-3)

7. '큰 민족'(12:2상)이란 최종적으로 어떤 백성을 가리키는 것입니까?

8. '너를 축복하는 자에게는 내가 복을 내리고' '너를 저주하는 자에게는 내가 저주하리니'라는 말의 뜻은 무엇입니까?

9. 아브람에게 주어진 약속은 크게 3가지로 요약할 수 있습니다. 어떤 약속들이었으며, 그 약속들은 신약에 와서 어떻게 발전해 갔습니까?

10. 아브람에게 제시된 약속은 영원한 언약입니다. 아브람의 축복이 어떻게 나의 축복이 될 수 있습니까?

11. <아브라함의 언약>에 대한 사도 바울의 해석을 갈라디아 3:14,16,29을 읽고 설명해 보세요.

12. 아브람은 최초의 정착지에서 어디로 옮겼습니까? (12:9) 그곳은 어디쯤 되는 곳입니까?

13. 아브람은 지독한 가뭄을 당해 애굽으로 내려갔습니다. 애굽에 내려가서 아브람이 당한 수모를 말해보십시오. (12:11-13)

14. 아브람의 위험에 대해 하나님의 보호가 어떻게 나타났습니까? (12:17)

15. 아브람의 신앙은 그의 말년의 신앙에 비하면 초보적인 것에 지나지 않았습니다. 연륜과 신앙의 성숙은 비례합니까? 물론 꼭 그렇지는 않겠지만 하나님은 우리의 신앙 성숙을 위해 훈련을 주십니다.

▶ 말씀대로 삽시다

- 만일 우리가 자신의 신앙을 성장하는데 노력하지 아니하고 봉사에만 치중한다면 어떤 부작용이 일어날까요? 대체로 교회에서는 신도들을 양육하는 일에 게을리하고 있습니다. 한국교회는 열심과 뜨거움은 있지만 거기에 상응하는 말씀은 없습니다. 우리의 뜨거움은 늘 말씀에 의해 검증을 받아야 합니다. 말씀은 신앙 생활의 방향을 잡아줍니다.

- 아브람의 부르심, 훈련은 이때부터 시작됩니다. 그러나 그 위기는 신앙을 한차원 끌어올리곤 합니다. 그렇다고 '위기야, 나에게 오라'고 할 수는 없지 않습니까?!

- 우리의 삶은 하나님께서 주권적으로 인도하시겠지만 그렇다고 수동적인 태도로 지내서는 안됩니다. 철저한 순종이 있는 곳에 하나님의 인도하심은 더욱 강하게 역사하실 것입니다. 성경은 그 순종을 강조하고 있습니다(히 11장).

창세기 13-14장

▶ **어서오세요**

☞ 내가 가장 사랑하는 사람을 떠나보내고 허탈해본 경험이 있습니까? 그것은 가슴을 도려내는 슬픔입니다. 어쩔 수 없는 헤어짐이 우리에게 있습니다. 그 경험들을 이야기 해보고 그때에 하나님의 위로가 어떻게 나타났는가 이야기 해봅시다. 아마 하나님의 위로가 없었다면 파멸했을지도 모릅니다. 그 아픔은 세월의 흐름과 함께 잊혀진다고는 하더니만...

☞ 아브람은 지금까지 동행했던 조카를 떠나보내야 했습니다. 당연히 허탈해 했습니다. 이 기막힌 현실, 외롭고 괴로울 때 하나님은 아브람에게 나타나셨습니다. 그럴 때에야 하나님은 기막힌 친구가 될 수 있을테니까요.

▶ **본문을 보세요**

1. 아브람은 애굽에 내려가서 그의 아내의 일로 큰 어려움을 당할 뻔 했습니다. 그러나 하나님의 극적인 개입이 있었고 그가 출애굽 하여 다시 가나안 땅으로 올라올 때에는 크게 부자가 되어 있었습니다. 본문은 그 부를 어떻게 표현하고 있습니까? (13:2)

2. 아브람은 다시 가나안으로 올라와 어디에 장막을 쳤습니까? (13:3)

3. 아브람은 자기 조카 롯과 분리할 수밖에 없었습니다. 그 분가(分家)의 원인이 무엇입니까? (13:5-8)

4. 아브람은 장소 선택권을 롯에게 먼저 주었습니다. 롯이 선택한 장소는 어떤 곳이며, 이 선택으로 인해 롯은 훗날 어떤 일을 당하게 되었습니까? (13:8,9 14:1이하)

5. 롯의 선택의 기준은 무엇이었을까요? 소돔과 고모라를 선택한 롯의 선택이 우리에게도 있다면 어떤 것들일까요?

6. 하나님은 다시 아브람에게 나타나셨습니다. 애굽에서는 아주 위험한 위기 앞에 나타나셨습니다. 지금 롯을 떠나보낸 아브람의 심정이 어떠했을까요?

7. 하나님이 아브람에게 나타나 주신 약속의 내용은 무엇입니까? 그 약속을 창

12:2-3의 약속과 비교해보고 더 구체적으로 말해보십시오.

8. 롯은 그의 잘못된 선택으로 인해 생의 최대의 위기에 처하게 되었습니다. 롯은 왜 포로로 끌려가게 되었습니까? (14:1-12을 읽고)

9. 엘람 왕을 포함한 북방 왕들은 왜 사해 골짜기를 공격했습니까?

10. 아브람은 조카 롯을 구출하기 위해 전격전을 펼쳤습니다. 그는 몇명의 인원을 동원했으며 어디까지 추격했습니까? (14:14,15)

11. 아브람이 승리하고 돌아올 때 누가 그를 영접했습니까? (14:17)

12. 아브람이 승리하고 돌아오자 그를 축복한 사람은 누구입니까? (14:18-19)

13. 아브람은 얼마를 멜기세덱에게 주었습니까? (14:20)

14. 전쟁에서 이기고 돌아온 아브람에게 소돔왕이 제안한 것은 무엇입니까? (14:21)

15. 이런 소돔 왕의 제안에 대해 아브람이 취했던 태도는 어떠했습니까? (14:22)

▶ 말씀대로 삽시다

- 우리는 살아가면서 하루에도 몇번씩 선택의 기로에 서게 됩니다. 그 선택이 옳았다면 그 결과 또한 아름다울 것입니다. 그러나 한번 잘못 선택한 일 때문에 평생을 고통 속에 지낼 수도 있습니다. 특히 결혼 문제, 직업 문제, 거주지 선택 등의 문제는 한 개인의 삶의 방향을 결정짓는 중요한 문제들입니다.

- 이런 문제에 직면했을 때, 우리는 무엇을 기준으로 판단과 결정을 내립니까? 만약 여러분의 생각이 세상적인 사고로 가득찼다면 세상적인 판단을 내릴 것입니다. 반대로 하나님의 말씀으로 가득찼다면 하나님이 기뻐하시는 판단을 내리게 될 것입니다. 물론 그 위에 필요한 것이 기도임은 두말할 필요도 없습니다.

- 롯은 그의 그릇된 판단과 결정 때문에 일생을 괴로움 속에서 보냈습니다.

창세기 15장

▶ 어서오세요

☞ 기다림에 지쳐본 적이 있습니까? 그 기다림은 우리의 마음을 승화시키기도 하지만 때로는 낙망 속으로 떨어뜨리기도 합니다. 오랜 기다림에 지쳐 방향을 바꾼적이 있습니까? 아니면 계획을 포기한 적이 있습니까? 그 경험을 이야기 해봅시다.

☞ 만약 우리의 기다림이 기다려야 할 가치가 있다면 어떻게 하겠습니까? 그러나 우리는 그 기다림에 지치기 쉽습니다. 아브람도 하나님의 약속을 받고도 다른 생각을 했을 정도였으니까요.

▶ 본문을 보세요

1. 아브람은 여러 가지 일로 두려워하고 있었습니다. 왜 그는 두려워 하고 있었습니까?

2. 두려워 하는 아브람에게 하나님이 나타나셨습니다. 그는 어떤 하나님으로 아브람에게 나타나셨습니까? (15:1)

3. 물론 자식을 주시리라던 하나님의 약속은 그때까지도 이루어지지 아니했습니다. 따라서 아브람은 어떤 방도를 취했습니까? 그렇게 한 이유가 무엇이라고 변명하고 있습니까? (15:2,3)

4. 이런 아브람에 대해 하나님은 무엇을 약속하셨습니까? (15:4,5)

5. 하나님의 이런 약속에 아브람은 어떻게 반응했습니까? (15:6)

6. 창 15:6은 바울이 칭의 교리를 설명할 때 인용한 유명한 구절입니다. 여기서 말하는 아브람의 "믿음"은 어떤 종류의 믿음입니까? 교재의 설명을 보고 답해보십시오.

7. 아브람은 하나님께 그 약속에 대한 증표를 보여달라고 했습니다. 하나님이 아브람에게 준비케 한 것은 무엇입니까? (15:9)

8. 하나님의 응답은 언제 아브람에게 나타나셨습니까? (15:12)

8. 하나님이 아브라함에게 응답하신 내용의 골자는 무엇 무엇입니까? (15:13-16)
   (1) 13절 :
   (2) 14절 :
   (3) 16절 : 네 자손은 이방인의 객이 되었다가 4대만에 돌아올 것이다

9. 이 언약 수립 과정에서 동물이 절단(10절)의 의미는 무엇입니까?

10. 이 말씀이 있은 후 하나님은 어떤 징조를 보여주셨습니까? (15:17)

11. 이 언약 수립 과정에서 왜 하나님 혼자 고기 사이로 쪼갠 지나가십니까?

12. 그날 아브람에게 그들의 후손들에게 주어질 땅의 범위를 알려주셨습니다. 어디서부터 어디까지 입니까? (15:18)

13. 자식이 생기지 않자 조급해 하는 아브람에게 주어진 약속은 훨씬 훗날에 이루어질 것임을 보여주고 있습니다. 이 약속은 언제 누구에 의해서 성취됩니까? 즉 가나안 땅은 언제 아브람의 후손들에게 주어졌습니까?

▶ 말씀대로 삽시다

- 하나님의 시간은 우리 인간들의 시간과 다릅니다. 대체로 인간은 하나님 앞에서 그 약속에 대해 조급해 합니다. 그러나 하나님의 약속은 변치 않습니다. 다만 하나님이 원하시는 시간에 정확히 성취된다는 것입니다.
- 아브람은 이런 약속이 있은 후에도 그 조급함을 참지 못합니다. 인내하지 못하고 인간적인 방법을 동원해 하나님의 뜻을 성취하려 합니다. 물론 그 과정에서 일어나는 일로 인해 상황을 더욱 어렵게 만듭니다. 바로 우리의 모습입니다.
- 어쨌든 기다림이란 우리를 속상케 합니다. 그러나 가만히 생각해 보십시오 믿음이란 어떤 면에서 '기다림'이라고도 할 수 있지 않을까요?

창세기 16장

▶ 어서오세요

☞ 자식을 낳지 못하는 여인의 슬픔을 이해할 수 있나요? 이해할 수 있다구요?! 당신은 남자인데 어떻게 알아요?! 아마 남자는 모를 것입니다. 아브라함이 살고 있던 당시 사회에서도 아이를 낳지 못하는 여인은 큰 멸시를 당했습니다. 그러니 사래의 마음을 이해할 것 같아요. 물론 그렇다고 하나님의 철저한 약속을 보고도 마음이 흔들린 것은 잘못입니다. 사래가 꾸민 드라마가 너무나 큰 비극을 불러왔습니다. 그 말을 들은 아브람이 더 문제라고요?! 그런가요?!

☞ 우리 주위에 아이를 낳지 못해 고생하다가 신앙생활 잘하고 자녀를 낳은 분이 많이 있을 것입니다. 주위에 그런 분이 있다면 그 예를 말해봅시다.

▶ 본문을 보세요

1. 자녀를 주시겠다는 철저한 하나님의 약속(15:5-6), 그 약속은 기다림에 지친 사라에 의해 무너지고 말았습니다. 가나안에 와서 하나님은 아브람에게 자식을 약속하셨습니다. 그 뒤로 얼마의 세월이 흘러갔습니까? (16:3)

2. 아브람의 아내 사래는 기막힌 아이디어를 제공했습니다. 그 아이디어는 무엇이며 이에 대한 아브람의 반응은 어떠했습니까? (16:2)

3. 아브람은 과거에 엄청난 시험을 잘 치룬 신앙의 용사였습니다. 그의 과거의 신앙의 경력을 말해보십시오. 그는 이번에 어떤 면에 실수를 저질렀습니까?

4. 아브람이 하갈을 취한 결과 하갈이 잉태했습니다. 이로인해 가정에 어떤 불행이 왔습니까? (16:4-6)

5. 당시 사회에서도 첩을 얻는 일은 매우 흔한 일이었습니다. 그러나 성경은 이에 대해 어떻게 말하고 있습니까? 교재의 설명을 보고 대답해 보십시오.

6. 하갈의 잉태는 아브람과 사래에게 즐거움을 가져다 주지 못했습니다. 처음에 의도했던 바와는 정반대의 상황이 벌어졌습니다. 어떤 문제가 일어났습니까? 사래가 지금 엄청난 화를 내고 있습니다. 왜요? (16:4,5)

7. 사래의 불똥은 아브람에게 떨어졌습니다. 기획은 자기가 하고 남편에게 화를 내고 있습니다. 사래는 하나님을 들먹거리며 아브람을 공격합니다. 이때 아브람이 취한 태도는 무엇이었습니까? (16:6)

8. 사래의 구박을 견디다 못한 하갈은 드디어 탈주극을 벌입니다. 그의 고향은 어디이며, 지금 어디까지 왔습니까? (16:7)

9. 사막 한 복판, 기진맥진 했을 하갈에게 여호와의 사자가 나타났습니다. 하나님의 사자는 하갈에게 어떤 명령과 약속을 하셨습니까? (16:9, 10-12)

(1) 명령(9) :
(2) 약속(10-12) :

10. 비록 하찮은 애굽 여자이며 종이었지만 하나님의 사랑은 이런 자에게도 나타나셨습니다. 아브람의 하나님으로만 알았던 여호와, 그 하나님이 지금 자기를 만나주고 축복을 주신다는 사실에 감격하여 그는 이곳 샘의 이름을 무엇이라고 불렀습니까? 그 뜻은 무엇입니까? (16:13-14)

11. 훗날 이스마엘의 역사는 어떤 쪽으로 전개되어 갑니까?

12. 하나님의 약속이 더디게 성취될 때 흔히 인간이 범하기 쉬운 잘못은 무엇입니까? 사래의 제안에 아브람이 쉽게 동의할 수 있었던 것은 어떤 이유에서 였을까요?

▶ 말씀대로 삽시다

• 사래의 기막힌 아이디어, 이 아이디어에 즉각 동의하는 아브람, 이들은 모두 당시 사회관습에 익숙해져 있었습니다. 당시 사회에서는 그런 일이 아주 흔한 일이었기 때문입니다. 아브람은 특별한 생각없이 아내의 계획에 동의했을 것입니다. 믿음의 생활을 하고 있는 우리에게도 세상관습을 좇는 일이 무의식 중에 얼마나 많은지 모릅니다. 세상 관습을 끊는 것, 그 강도에 따라 우리의 믿음은 성장합니다.

• 현재 우리가 처한 환경 때문에 불평하고, 불안해 하고, 우울해 하는 것은 무엇 때문입니까? 그것은 하나님의 뜻이 우리의 뜻대로 진행되지 않는다는 이유에서 일것입니다. 우리가 아무리 발버둥쳐도 하나님은 당신의 뜻대로 우리를 우리되게 만들어가십니다.

창세기 17장

▶ 어서오세요

☞ 우리 주위에서 이름을 개명한 분들이 있음을 봅니다. 그 이유가 여러 가지 일 것입니다. 대개 어떤 경우에 이름을 바꾸게 됩니까? 우리 주위에서 이름 때문에 놀림을 받는 사람이 있다면 그 이름을 열거해 보십시오.

☞ 그리고나서 성경에서의 경우를 들어보십시오. 그 이름이 갖는 의미는 특히 성경에서 아주 중요시 되고 있습니다. 오늘 본문에 아브람이 개명되는 역사가 있습니다. 왜 하나님은 그의 이름을 바꾸어주시려 합니까?

▶ 본문을 보세요

1. 하갈을 통한 이스마엘의 탄생은 하나님께서 싫어하시는 일이었습니다. 그 일 때문에 그랬을까 하나님은 하갈 사건 이후 13년만에 아브람에게 나타나셨습니다. 침묵의 13년, 그것은 아브람에게 어떤 의미가 있을까요?

2. 하나님은 아브람에게 나타나셔서 "너는 내 앞에서 행하여 온전하라"고 명하셨습니다. 아브람의 지금까지의 불완전은 어디에서 그 증거가 나타나고 있습니까?

3. 이번에 나타나셔서 아브람에게 약속하신 말씀은 무엇입니까? (17:2) 이 약속은 앞에서도 여러번 반복된 약속입니다. 17장에서는 과거의 약속들을 하나로 통합하여 설명하고 있습니다. 창 12:7, 13:15, 15:18-21을 읽어보십시오.

4. 하나님은 아브람에게 언약을 세우시면서 그의 이름을 개명하여 주셨습니다. 새로 주신 "아브라함"이라는 이름의 뜻은 무엇입니까? (17:5) 지금까지 불리운 "아브람"이라는 이름의 뜻은 무엇입니까?

5. 창 17:7-8을 읽고 아브라함과 세우신 언약의 내용을 살펴보십시오.

(1) 언약의 주체는 누구입니까? 즉 누가 언약을 세우시는 것입니까? (4, 7,8절)
(2) 누구와 언약을 세웁니까? (7절)
(3) 언약을 세우는 목적은 무엇입니까? (7절하)
(4) 언약의 핵심은 무엇입니까?

6. 이제 하나님은 아브라함에게 할례 제도를 설정할 것을 명령하십니다. 이 할례의 의미는 무엇인가 아브라함과의 언약 관계에서 설명해 보십시오.

7. 왜, 이 할례 제도를 설정하는 것입니까? (17:10)

8. 이 할례에 참여할 수 있는 자격자는 누구입니까? (17:2)

9. 아브람과 이스마엘은 각각 몇세에 할례를 받았습니까? (17:23) 이것은 아브라함이 믿음으로 의롭다함을 받은 후의(창 15:6) 일이 분명합니다. 로마서 4장은 이 사실을 인용하여 아브라함이 의롭다함을 받은 것은 할례 받기 이전임을 분명히 함으로써 아브라함이 의롭게 된 것은 믿음에 의한 것임을 증거했습니다. 그렇다면 할례의 영적 의미는 무엇입니까? 교재를 보고 설명해 보십시오.

10. 아들이 명년 이맘 때에(21절) 태어날 것이라는 하나님의 약속을 듣고도(16절) 의아해 하는(17절) 아브라함 부부의 모습을 보십시오. 하나님은 이들 부부에게 자식의 이름까지 지어주었습니다. 그 약속의 성취가 더욱 가까워졌습니다

▶ 말씀대로 삽시다

• 아브라함의 나이 99세, 하나님은 오랜 침묵을 깨시고 아브라함에게 나타나셨습니다. 75세에 자식을 주시겠다던 약속이 25년이나 뒤로 미루어졌습니다. 그렇다면 하나님은 아예 처음에 그 나이에 주시겠다고 약속하시지 않으셨을까요?

• 하나님은 당신의 약속을 소망 중에 기다리게 하심으로써 당신의 믿음을 키우시려 하십니다. 인간은 대체로 그 약속의 성취가 늦다고 투덜대지만 하나님만이 가장 정확한 판단자임을 고백해야 합니다.

• 하나님께서 우리를 인도하시는 궁극적 목적을 알면 우리가 훨씬 신앙생활을 잘 할 수 있을까요? 분명 그렇지 않을 것입니다. 우리가 가는 길을 알 수 없기에 우리는 더욱 하나님 앞에 겸손해 질 수 있습니다. 묵묵히 당신에게 주어진 사명에 충실하십시오. 분명히 하나님의 선하신 목적이 여러분의 생애에 있을 것입니다.

창세기 18-19장

▶ 어서오세요

☞ 전염병의 창궐(猖獗)로 한 사회가 무너졌던 것을 역사 속에서 볼 수 있었을 것입니다. 유럽을 죽음의 공포로 몰아넣었던 페스트는 바로 전염병이 얼마나 무서운 것을 보여주는 좋은 실례입니다. 죄는 전염병과 유사한 성질을 가지고 있습니다. 죄악의 창궐로 역사에서 사라진 도시들이 있다면 열거해 보십시오.

☞ 지금 소돔과 고모라는 죄가 극도로 창궐되어 있습니다. 그러나 죄악의 전염병은 인간들이 그 자각 증상을 모르는데 문제가 있습니다. 만약 인간이 극도로 타락한다면 어느 지경까지 갈 수 있다고 생각하십니까? 인간이 타락하면 물론 짐승보다 훨씬 못합니다. 하나님은 그들을 한낱 고기 덩어리 육체로만 보십니다. 물론 진멸의 대상이 됩니다.

▶ 본문을 보세요

1. 아브라함은 어디에 기거하고 있었으며 누구를 영접했습니까? (18:1,2)

2. 아브라함은 손님들을 어떻게 영접했습니까? (18:4-8)

3. 아브라함의 이러한 손님 대접의 태도를 히브리서는 어떻게 설명하고 있습니까? (히 13:2)

4. 이들 천사가 아브라함에게 알려준 소식은 무엇입니까? (18:10)

5. 사라에게 자식이 잉태될 것이라는 소식에 사라는 어떻게 생각했습니까? (18:13,14)

6. 이런 사라의 태도에 천사들은 어떻게 책망하고 있습니까? (18:14상)

7. 이들 천사가 이곳에 온 또다른 목적은 무엇이었습니까? (18:20)

8. 소돔과 고모라의 멸망 소식을 듣고 아브라함은 하나님께 어떻게 간구합니까? 그 과정을 이야기 보십시오. (18:23-33)

9. 두 천사는 언제쯤 소돔성에 도착했습니까? 롯은 그때 어디에 있었습니까? 당시 성문은 어떤 역할을 했습니까? (19:1)

10. 천사가 소돔성에 도착했을 때 그 상황이 어떠했습니까? (19:4, 5)

11. 손님들에게 악행을 하고자 할 때 롯은 어떻게 대처하려 했습니까? (19:7, 8)

12. 롯은 소돔성에서 어떤 위치에 있었을까요? 왜 폭도들은 손님들보다 롯을 더 해하려 했습니까? (19:9)

13. 마침내 소돔성에 심판이 내려집니다. 천사들은 롯의 가족을 구출하려 했습니다. 그러나 롯과 그 가족들의 태도는 어떠했습니까? (19:12-16)

14. 롯의 가족들은 어디로 피했습니까? (19:17-22)

15. 그 피하는 과정에서 롯의 아내의 태도는 어떠했습니까? (19:26)

16. 소돔성의 심판 후에 롯은 어디에 거했습니까? (19:30)

17. 롯은 이곳에 거하면서 큰 실수를 했습니다. 어떤 실수이며 이로 인해서 태어난 자손들은 누구누구입니까?

▶ 말씀대로 삽시다

• 롯의 잘못된 선택은 평생을 어려움 가운데 지나게 했습니다. 롯이 처음 선택한 요단들은 그의 생애를 평탄대로로 만들어 줄줄 알았을 것입니다. 그는 결국 이 세상의 재미에 이끌려 그의 영적인 면이 파멸되었습니다. 만약 우리가 영적으로 어두워 있다면 세상의 달콤함에 빠져 일생을 망칠 수 있습니다.

• 롯과 반대로 아브라함의 생애를 보십시오. 그는 하나님을 신뢰했습니다. 그는 세상에 만족하며 살지 아니했습니다. 그는 늘 하나님의 위로를 기다리며 살아갔습니다. 비록 그의 믿음이 오르내림을 반복했지만 그의 마음에 있는 평안만은 아무도 뺏지 못했을 것입니다. 진정한 행복은 어디로부터 오는 것입니까?

창세기 20-21장

▶ 어서오세요

☞ 우리의 생애에 최고로 기쁜 날, 그 날이 언제였습니까? 그 기뻤던 이유가 각자 다르겠지만 한 사건씩만 이야기 해보세요. 우리가 살아가는 삶의 길은 대체로 가시밭길이 아니면 사막길일 것입니다. 그러나 그 삶의 길에서 우리를 힘나게 하는 사건들이 있습니다. 가시넝쿨 밑으로 흐르는 작은 물줄기 그 물이 있기에 삶의 행진이 가능합니다. 하늘을 뛰어오를듯한 즐거움, 그런 일이 자주 있으면 좋겠지요.

☞ 오늘 본문에서는 아브라함이 그의 생애에 최고로 기쁜 날이었을 것입니다. 100세나 되어 자식을 얻었거든요. 세상에 이보다 더 기쁜 일이 어디 있을까요!

▶ 본문을 보세요

1. 아브라함은 이삭의 출생 소식을 들은 후에도 또 한 차례의 위기를 당했습니다. 어떤 사건인지 과거의 사건과(창 12:11-13) 연결지어 설명해 보십시오. (20:1-7)

2. 이 위험 천만한 상황에서 하나님은 어떻게 역사하셨습니까? (20:3)

3. 이런 꼴을 당하고도 아브라함은 할 말이 있었습니다. 그가 늘어놓는 변명을 들어보십시오. (20:11-13)

4. 아비멜렉은 아브라함에게 어떤 호의를 베풀어 자기의 잘못을 표시했습니까? (20:14,15)

이삭의 출생

5. 하나님의 약속은 정확히 성취되었습니다. 하나님이 원하시는 시간에... 사라는 마침내 아들을 낳았습니다. 그때 아브라함의 부부의 나이가 각각 몇세나 되었습니까? (21:5)

6. 여호와께서 그 말씀대로 사라를 "권고하셨다"라는 말은 무슨 의미입니까? (21:1)

7. 아브라함은 아들을 낳고 천사의 명령대로(17:19) 이삭이라고 이름지었습니다. '이삭'이라는 말의 의미는 무엇입니까?

8. 창 21:7의 말씀을 읽고 그 의미가 무엇인지 교재를 보고 설명해 보십시오.

9. 이삭이 점점 자라는 가운데 아브라함에게는 또 하나의 근심이 생겼습니다. 그는 지금 어떤 일로 괴로워하고 있습니까? (21:9)

10. 아브라함에게는 이스마엘도 사랑의 대상이었습니다. 그러나 지금 상황은 이삭과 이스마엘을 같이 있게 할 형편이 못되었습니다. 자연히 그는 고민 속에 빠졌습니다. 이때 하나님의 응답이 어떻게 나타났습니까? (21:12)

11. 하나님은 이스마엘로 인해 갈피를 못잡고 있던 아브라함에게 교통 정리를 해.주셨습니다. 아브라함이 하나님의 명령대로 하갈과 그의 아들을 어떻게 하여 내보냈습니까? (21:14)

12. 이 엄청난 환경에서 오열하는 하갈에게 베푸신 하나님의 약속은 무엇입니까? (21:18)

13. 쫓겨난 이스마엘은 그 후 어떻게 되었습니까? (21:20,21)

14. 아비벨렉은 아브라함에게 찾아와 언약을 맺기를 청했습니다. 왜 그가 아브라함을 찾아왔을까요? 그 당시 아브라함의 위상을 말해보세요.

▶ 말씀대로 삽시다

- 믿음의 조상이라고 불리우는 아브라함이었지만 그는 같은 실수를 반복하고 있습니다. 아브라함은 하나님 앞에 행위가 완전해서 의인이 아니라고 했습니다. 로마서 4장에서 그가 의롭게 된 것이 믿음 때문이라고 바울은 논증하고 있습니다. 그렇다면 믿음이란 무엇일까요? 그는 하나님만을 바라고 기뻐했습니다. 믿음이 연약해질 때도 있었지만 그의 믿음의 본질은 변하지 아니했습니다.
- 오랜 기다림 끝에 얻어진 축복일 수록 그 풍성함이 더 크지 않겠습니까! 아브라함은 참으로 오랜 세월을 기다렸습니다. 물론 그가 하나님을 의심하지는 아니했지만 설마 100살이나 되어서 자식을 볼 줄은 몰랐을 것입니다. 왜 하나님은 그렇게 아브라함을 애타게 하시면서 그 약속을 지키실까요? 알 수 없는 하나님의 뜻입니다. 분명한 것은 그렇게 함으로써 아브라함은 그의 믿음이 훨씬 성숙할 수 있었다는 것입니다.

창세기 22장

▶ 어서오세요

☞ 하나님이 여러분에게 가장 귀중한 것 하나씩 내어놓으라면 어떻게 하실래요? 그렇다면 여러분에게 가장 귀중한 것은 무엇인가요? 귀금속? 부동산? 자녀? '그래도 자녀는 포함시키지 말자. 설마 하나님이 그런 것을 내어놓으라고 하실라고...' 우리는 어느 사이에 자신을 자꾸만 합리화 시키면서 하나님께 드릴 가장 귀중한 것의 품질을 낮추려 할 것입니다. 그러나 하나님은 당신의 사역을 위해서 가족 전체를 요구하실 수도 있으십니다. 어이쿠 그러면 어떻게 하지?

☞ 아브라함은 오늘 아침 하나님으로부터 청천병력과 같은 요구를 들었습니다. 그렇게 사랑스러운 이삭을 제물로 바치라는 명령입니다. 잘못 들은 것은 아닐까 생각했지만 잘못 들은 것은 분명 아니었습니다. - 큰일났네!!

▶ 본문을 보세요

1. 이제는 평탄함이 나의 생애에 있겠지.... 아브라함의 생각이었습니다. 어느 날 아브라함은 하나님으로부터 기절할 것같은 명령을 들었습니다. 어떤 명령을 들었는지 구체적인 내용을 말해 보십시오 (12:2)

2. 하나님은 성도의 유익을 위해 때로는 시험을 하십니다. 물론 감당할 수 있는 문제만 내실 것입니다. 아브라함에게 내리신 명령은 시험이었습니다. 그 시험의 성격은 어떤 것입니까?

3. 이 명령을 듣고 아브라함이 갈등을 느끼지 않았다면 거짓말일 것입니다. 아브라함은 어떤 초인(超人)이 아니기 때문입니다. 그러나 아브라함은 갈등하던 문제의 해결을 얻고 아침 일찍 일어나(3절) 모리아산을 향해 출발했습니다.

   (1) 그의 마음 속을 어지럽힌 것은 무엇이었을까요? 아마 그는 ① 지금 막 내린 하나님의 명령과 ② 과거에 수도 없이 그의 자식을 통해 수많은 후손의 번성을 약속하시고 궁극적으로는 이삭은 앞으로 오실 메시야의 계보라는 점에서 망서렸을 것입니다.

   (2) 그는 지금까지 약속하신 그 "말씀"을 더 의지할 것인가, 아니면 이삭을 번제물로 바치라는 명령에 순종할 것인가 고민했을 것입니다.

4. 그렇다면 아브라함이 즉각 순종할 수 있었던 점은 무엇이었을까요? (22:5,8) 교재를 보고 설명해 보십시오.

5. 아브라함이 두 사환들에게 말한 내용에서 무엇을 알 수 있습니까? (12:5)

6. 이삭은 아버지 아브라함을 이해할 수 없었을 것입니다. 이삭의 질문과 아브라함의 대답을 말해보세요. (22:7,8)

7. 이삭을 잡으려고 했을 때 이삭의 놀라운 순종은 어디서 기인하는 것일까요?

8. 아브라함의 순종은 끝이 없었습니다. 무엇이 그로하여금 이삭을 제물로 드릴 수 있었을까요?

9. 아브라함이 칼을 들어 이삭을 죽이려하자 하늘로부터 초긴급 명령이 하달되었습니다. 어떤 음성이 들렸습니까? (22:11-12)

10. 이 시험은 아브라함의 믿음의 용량을 테스트하기 위한 시험이었습니다. 물론 시험 성적은 모두 만점이었습니다. 하나님을 사랑한다는 것은 말로만으로는 검증할 수 없습니다. 순종이 생활 속에서 드러나야 합니다. 아브라함의 믿음은 정말로 살아있는 믿음이었습니다. 하나님의 시험에 대한 반응이 어떻게 나타났습니까? (22:12하)

11. 아브라함은 하나님이 준비된 번제물로 제사를 드렸습니다. 아브라함은 그 땅의 이름을 무엇이라고 불렀습니까? 그리고 그 뜻을 말해보십시오. (22:14)

▶ 말씀대로 삽시다

• 아브라함의 믿음은 지금 최고에 올라와 있습니다. 지금까지 아브라함의 밈음은 연약할 때도 있었지만 대체로 성숙한 신앙생활로 성장을 계속했습니다. 우리에게도 이런 믿음의 성장이 없다면 그 믿음은 화석화된 죽은 믿음입니다.

• 믿음은 이론이 아닙니다. 머리 속의 지식은 산 생활로 나타나야 합니다. 하나님은 아브라함의 믿음의 용량을 알아보셨습니다. 아브라함이 의롭다함을 받은 것은 믿음이었지만(창 15:6), 그의 믿음은 생활 속에서 표현되었습니다.

창세기 23-24장

▶ 어서오세요

☞ 여러분이 아직 결혼하지 않으셨다면 여러분이 원하는 결혼 상대자의 조건을 나열해 보십시오. 너무 요란하게 요구해서 하나님이 특별제작을 하시게 만들지 말고 소박한 내용만을 말해보세요. 주위에 결혼에 대한 기도가 응답된 분이 있다면 간증을 들어봅시다.

☞ 이삭은 나이가 40이 되도록 장가를 들지 못했습니다. 왜, 그랬을까요? 어쨌든 아버지가 주선을 해서 장가를 가게 되었습니다. 이삭은 약간 수동적인 면이 있었습니다. 여러분은 어때요? 이미 정해놨다구요? 그래도 다시한번 살펴봅시다. 평생을 후회하면서 살 수도 있으니까 말입니다.

▶ 본문을 보세요

1. 사라는 아브라함을 내조하면서 가나안 나그네의 삶을 잘 마무리했습니다. 몇 세를 향수하다가 어디에 묻혔습니까? (23:1,2)

2. 아브라함은 사라를 장사하기 위하여 매장지를 구했습니다. 어디에다 누구로부터 구입했습니까? (23:5-20)

3. 아브라함은 헷 족속들로부터 어떤 칭호를 들었습니까? (23:6)

4. 얼마를 주고 매장지를 구입했습니까? (23:16)

5. 훗날 누가 또 이 매장지에 묻혔습니까? (창 25:10)

이삭의 결혼

6. 아브라함은 이삭의 아내를 어디서 구하려 했습니까? (24:4) 그래서 누구를 보냅니까?

7. 아브라함은 늙은 종에게 이삭의 신부감이 될 조건 두 가지를 이야기 합니다. 어떤 조건이었습니까? (24:3-6)

8. 이 약속을 꼭 지키게 하기 위해 환도뼈에 손을 대고 맹세시켰습니다. 환도뼈 언약의 의미는 무엇입니까?

9. 아브라함의 늙은 종이 어떻게 리브가를 순적히 만났는지 그 과정을 이야기 해보십시오. (24:10-49절을 읽고)

10. 이 종의 기도를 유의하여 읽어보십시오(24:12, 13,14). 기도로 응답받으려는 늙은 종의 열심에서 우리는 무엇을 느낄 수 있습니까? 만약 그가 충직한 종으로서 믿음이 있다면 누구의 영향을 받은 것이겠습니까?

11. 리브가의 오빠와 부모들의 대접이 어떠했습니까? (24:31-49)

12. 리브가를 이삭의 아내로 줄 수 있겠느냐는 청원에 라반과 브두엘은 어떻게 반응했습니까? (24:50)

13. 리브가는 결혼 요청을 어떻게 받아들였습니까? (24:58)

14. 리브가와 동행한 사람들은 누구입니까? (24:59)

15. 이삭이 리브가를 만나는 장면을 이야기 해 봅시다. (24:62-67)

▶ 말씀대로 삽시다

- 아브라함의 종의 충성스러움이 부럽지 않으십니까? 아브라함과의 약속을 철저히 지키기 위하여 충성하는 모습은 바로 우리가 하나님께 드려야 할 태도입니다. 대체로 입으로만 신앙생활을 잘 하는 사람이 많은 가운데 이 늙은 종의 모습은 우리의 귀감이 됩니다. 믿음은 곧 생활로 이어져야 합니다. 믿음의 뒷면은 행함입니다. 어느 한쪽으로 치중한다면 문제가 발생합니다. 당신은 어느 쪽인가요?

- 자녀 결혼에 크게 관심을 기울이는 아브라함의 모습 속에서 우리는 무엇을 느낍니까? 그는 왜 그렇게 자기 동족에게서 이삭의 아내를 택하려 했을까요? 불신자와의 결혼 생활이 얼마나 힘든 일인가를 들어봅시다. 결혼을 위해서 정말로 열심히 기도하십시오.

창세기 25-26장

▶ 어서오세요

☞ 우리 주위에서는 쌍둥이들을 흔히 볼 수 있습니다. 형제들일 수도 있고, 자매들일 수도 있고, 또는 성이 다를 수도 있습니다. 대체로 쌍둥이들은 외모가 비슷합니다. 기를 때 부모님들이 힘이 들긴 하시겠지만 재미도 있을 것입니다. 여러분들 중에서 쌍둥이의 외모가 너무 비슷하기 때문에 큰 실수를 한적이 있습니까? 키도 비슷하고, 옷 모양도, 말 소리도 비슷한 경우 그로 인해 기억에 남을 만한 사건이 있다면 이야기 해봅시다.

☞ 그러나 이삭 부부가 난 쌍둥이는 너무나 달랐습니다. 외모도, 말씨도, 아니 마음까지도 너무 상대적이었습니다. 에서와 야곱말입니다.

▶ 본문을 보세요

1. 아브라함은 하갈 외에도 후처를 얻었습니다. 그녀를 통해서도 여러 아들을 낳았습니다. 어떤 인물들이며 이들은 어디에 정착해서 살았읍니까? (25:1-6) 또 아브라함의 이런 행위는 정당한 것이었나요? 어쨌든 결과는 비극적이었습니다. 결국은 이스라엘을 대적하는 민족이 되었기 때문입니다.

2. 아브라함은 몇세까지 살았습니까? 그는 죽어서 어디에 장사되었습니까? 그곳은 어떤 곳입니까? (25:7-10)

에서와 야곱의 출생

3. 이삭은 몇세에 누구와 결혼했습니까? (25:20)

4. 리브가는 어디 태생입니까? (25:20) '밧단 아람'은 어디를 가리킵니까?

5. 리브가는 결혼 후 20여년간을 자식을 잉태하지 못했습니다. 이들 부부는 이 문제를 어떻게 해결했습니까? (25:21)

6. 기도의 응답으로 쌍둥이가 잉태되었습니다. 에서와 야곱입니다. 이 두 아들의 외모와 성격을 말해보세요.

(1) 에서 :
(2) 야곱 :

7. 이들 부모는 각각 서로 다른 아들을 편애했습니다. 누가 누구를 어떻게 편애

했습니까? (25:27-28)

8. 야곱은 그의 형 에서의 장자권을 팥죽 한 그릇으로 사고 맙니다. 장자권이 무엇이길래 야곱은 그런 교활한 방법을 사용했습니까? 에서는 장자권을 어떻게 여겼습니까? (25:28-34)

9. 야곱은 에서의 장자권을 팥죽 한 그릇으로 샀지만 야곱의 문제점은 무엇일까요? 성경은 왜 야곱의 사기성 보다는 에서의 망령됨을 꾸짖고 있습니까? (25:34)

10. 하나님은 에서와 야곱이 태어나기도 전에 이미 주권적으로 야곱을 사랑하셨습니다. 말라기 2:2,3에서는 이 사실을 어떻게 표현하고 있습니까? 여기서 '사랑하고' '미워한다'는 말은 어떤 개념입니까? 교재를 보고 설명해 보십시오.

12. 이삭은 흉년을 당해 애굽으로 내려가려 했습니다. 이때 하나님은 이삭에게 애굽으로 내려가지 말라고 하셨습니다. 이에 대해 이삭은 어떻게 행동했습니까? 그리고 그 때 주어진 하나님의 약속은 무엇입니까? (26:2,3,4)

13. 이삭의 번영은 주위의 많은 시기를 불러왔습니다. 특히 우물을 빼앗기는 일을 몇번이나 당했으며 이때마다 이삭은 어떻게 대처했습니까? 이삭의 믿음과 그의 성품에 대해 말해 보세요. (26:12-25)

14. 이삭과 아비멜렉의 조약에 대해 설명하십시오. (26:26-33)

▶ 말씀대로 삽시다

- 야곱은 무엇의 대명사로 불리곤 합니까? 그러나 성경은 에서와 야곱 중에 누구를 더 책망하고 있습니까? 에서는 장자의 명분을 경홀히 여겼다고 했습니다(25:34). 영적인 면을 위해서라면 비양심적인 일까지도 벌였던 야곱이었습니다. 물론 그렇다고 야곱의 행동을 미화하고 있지는 아니합니다. 우리는 영을 살찌우기 위해 어떤 노력을 하고 있습니까? 영을 살찌우는 방법은 무엇입니까?
- 이삭은 다른 족장에 비해 그리 요란한(?) 생활을 하지 않았습니다. 그는 비교적 조용한 삶을 살아갑니다. 그의 성격 탓이기도 했을 것입니다. 우리는 하나님의 일을 하면서 너무 요란을 떠는 분들을 주위에서 많이 봅니다. 하나님이 우리에게 원하시는 것은 열매입니다. 너무 설치면서 일은 혼자 다하는 것같은 열매는 못따는 사람들이 있습니다.

창세기 27-28장

▶ **어서오세요**

☞ 언제인가 여러분의 생애에서 하나님의 임재를 크게 느껴본 적이 있습니까? 여러분의 믿음의 시야가 차원이 달라진 때가 있었을 것입니다. 그때의 경험을 말해보십시오. 깊은 기도를 하다가, 아니면 하나님의 말씀을 깊이 묵상하는 가운데, 혹은 고통의 터널을 지날 때, 아니면 말씀을 연구하는 가운데 전에 느끼지 못했던 기쁨을 만끽할 때가 있었을 것입니다. 그때의 그 기쁨이 영원히 지속된다면.... 그러면, 천국이지요?! 그치요?

☞ 야곱은 지금 형의 무서움을 피하여 외삼촌이 살고 있는 밧단 아람으로 가고 있는 중입니다. 그 쓸쓸하고 기막힌 환경, 그러나 벧엘에서 살아계신 하나님을 만나게 됩니다. 야곱의 시야가 달라졌습니다. 하나님은 한낱 일개 부족의 신이 아니라 온 우주의 주인이심을 깨닫게 됩니다. 신앙이 한 단계 올라서는 순간이었습니다.

▶ **본문을 보세요**

1. 이삭의 말년의 신앙은 크게 부각되어 나타나지 아니했습니다. 병약한 관계로 일찍 눈이 어두웠던 것 같습니다. 이삭은 장자 에서에게 축복을 주려고 애를 쓰고 있습니다. 왜 그랬습니까? 이 일은 어떤 면에서 잘못되었습니까? (27:1-4, 교재를 읽고)

2. 이와는 반대로 리브가는 야곱에게 아버지 이삭의 축복이 내려지기를 원했습니다. 리브가의 잘못이 있다면 무엇입니까? (27:6-10, 교재를 읽고)

3. 리브가와 야곱이 어떻게 이삭을 속여 축복을 받아내는지 그 과정을 간단하게 설명해 보십시오. 그런데 리브가는 왜 그렇게 이삭의 축복을 받아내려고 애를 씁니까?

4. 이삭이 에서로 가장한 야곱에게 내려준 축복의 내용은 무엇입니까? (27:28-29)

   (1) 일용할 양식의 축복 :
   (2) 통치와 우월성의 축복 :

5. 이삭은 야곱이 자기를 속이고 에서에게 내려주려 했던 축복을 가로챈 것을 알고 "심히 크게 떨었다"고 했습니다(27:33). 왜 이삭은 이 일을 가지고 심히 떨었습니까?

6. 야곱의 사기 사건은 형 에서의 노를 불러 일으켰습니다. 에서는 아버지 이삭에게 어떻게 애원하고 있습니까? (27:34-38)

7. 이삭은 에서를 위하여 뒤늦게 축복을 빌었습니다. 그 축복의 내용이 무엇입니까? 결국 그가 어떤 생활을 하게 될 것이라고 말합니까? (27:39, 40)

8. 에서는 동생 야곱을 죽이려고 했습니다. 가정에 강한 회오리 바람이 일어났습니다. 급한 것은 리브가였습니다. 리브가의 진화작전은 무엇이었습니까? (27:43-46)

밧단 아람으로 도피하는 야곱

9. 하란을 향해 떠나는 야곱에게 내려준 아버지 이삭의 축복의 내용은 무엇이었습니까? 그 축복의 내용은 아버지를 속이고 받아냈을 때의 축복과는 어떻게 다릅니까? (28:3,4)

10. 벧엘에서 야곱은 살아계신 하나님을 체험합니다. 야곱의 시야가 어떻게 달라졌습니까? (28:11-12)

11. 하나님은 야곱에게 어떻게 약속하셨습니까? (28:13-14)

12. 야곱은 하나님께 어떤 서원을 합니까? (28:20-22)

▶ 말씀대로 삽시다

• 하나님은 왜 우리를 사랑하십니까? 우리의 의로움 때문입니까? 물론 아니지요? 하나님은 우리가 하나님의 자녀이기에 끊임없이 관심을 기울이시는 것입니다. 야곱에 대한 하나님의 지극한 관심도 야곱이 하나님이 사랑하는(선택한) 자녀이기 때문입니다. 따라서 야곱이 하나님의 서원을 까맣게 잊어버리지만 하나님은 야곱에게 약속하신 언약을 끝까지 지키셨습니다. 결국 야곱은 하나님의 나라를 위해 쓰임받는 생애가 됩니다.

• 삶의 진정한 변화는 하나님을 만나뵙는 데서 일어납니다. 그전까지는 야곱이 그랬던 것처럼 형식적인 생활이 되기 쉽습니다. 하나님을 만나뵈십시오. 여러분이 간절히 하나님 만나기를 원한다면 만나 주십니다.

창세기 29-31장

▶ 어서오세요

☞ 한 인간이 살아가는 데는 얼마나 많은 고난의 산을 넘어야 할까요? 물론 사람마다 다르겠지만 누구에게나 고난과 어려움은 있습니다. 그 동안 얼마나 어려운 세월들을 보내셨는지요? 그 어려움을 당할 때 여러분은 얼마나 슬기롭게 넘기셨습니까? 고난은 대체로 믿는 사람들의 영적인 성장을 가져오는 길이기도 합니다. 고난을 당할 때 어떤 사람은 신앙이 성장하고, 반대로 고난을 당해도 전혀 영적인 유익이 없는 사람도 있습니다. 무엇이 문제일까요?

☞ 야곱은 지금 아주 어렵고 긴 터널을 지나가고 있습니다. 그러나 조금씩 그의 믿음이 성장하고 있습니다. 물론 고난이 그의 믿음을 키워가고 있습니다.

▶ 본문을 보세요

1. 야곱은 어떻게 외삼촌을 만나게 되었는지 그 과정을 이야기 해보십시오.

2. 야곱은 라헬을 아내로 맞기 위하여 몇년을 봉사했습니까? (29:20)

3. 외삼촌의 작전에 야곱은 보기좋게 넘어갔습니다. 야곱의 성격과 라반의 성격을 서로 비교해 보십시오. 유사점과 다른 점이 있다면 무엇이겠습니까?

4. 야곱이 어떻게 하여 4명의 아내를 두게 되었는지 설명해 보십시오.

5. 라반의 큰딸과 작은 딸, 그리고 그녀의 몸종들을 통해 난 자식들의 이름을 적어보십시오.

6. 야곱의 가정은 여러 가지 어려움에 직면하게 됩니다. 그 원인이 어디에 있습니까? (30:1-21)

7. 라헬은 오랫 동안 자식을 앙태하지 못했습니다. 이로인한 그녀의 불평을 살펴 보십시오. 그녀가 어떻게 자식을 잉태하게 되었습니까? (30:22)

8. 야곱은 14년동안 두 아내를 얻기 위하여 엄청난 고생을 하며 지내왔습니다. 그리고나서야 그는 재산을 모을 수 있었습니다. 라반은 늘 자기에게 유리한 쪽으로 품삯을 변경하곤 했습니다. 드디어 야곱은 라반에게 하란을 떠나겠다고 말합니다. 이때 라반은 또 어떤 계략을 썼습니까? (30:27-28)

9. 야곱은 하란을 떠나 고향으로 돌아가려고 합니다. 그 이유가 무엇입니까? (312:1-3)

10. 야곱은 왜 라반에게 알리지도 않고 도망가려 했습니까? 이 소식을 들은 라반의 추격 과정을 말해보십시오. (31:21-23)

11. 야곱 일행을 뒤쫓던 라반의 태도가 왜 갑자기 바뀌었습니까? (31:26-28)

12. 대탈주극의 과정에서 라헬은 아버지의 드라빔을 훔쳤습니다. 드라빔은 무엇이며 라헬은 왜 그것을 훔쳤습니까? (31:30-35)

13. 야곱과 라반은 불가침 언약을 맺었습니다.

(1) 그 내용이 무엇입니까? ( )
(2) 라반은 그곳 이름을 ( )라고 했고,
(3) 야곱은 그곳 이름을 ( )라고 불렀습니다.
(4) 둘 다 ( )라는 뜻입니다.
(5) 또는 그곳을 "미스바"라고도 불렀습니다. 미스바라는 말은 ( ) 또는 (감찰자)라는 뜻입니다.

▶ **말씀대로 삽시다**

- 야곱의 가정은 평안치 못했습니다. 여러 명의 아내를 두었기 .때문입니다 그 당시에는 그런 일이 흔한 일이었지만 성경은 그런 일은 잘못된 것이라고 지적하고 있습니다. 더욱이 외모가 아름다운 라헬을 더 사랑하는 과정에서 더욱 문제가 시끄.러워졌습니다. 자식들도 서로간의 경쟁 속에서 탄생되었습니다. 물론 훗날 자식들 간의 갈등도 컸습니다. 성경이 가르치는 올바른 방법 외에 인간적인 술수와 계획은 훗날 어려움을 당하기 쉬우며 그 결정에 대한 책임도 자신이 져야 합니다.
- 그 숱한 어려움 속에서도 야곱은 거부가 되었고 결국은 그가 궁극적으로 살아가야 할 가나안으로 오게 됩니다. 그는 하나님께 붙들린 바 된 하나님의 택하신 자였기 때문입니다. 지금까지 자기 혼자의 힘으로 모든 것을 이룬 것 같지만 사실은 하나님이 보호하심이 늘 그와 함께 했던 것입니다. 그는 아주 늙어서야 그 사실을 깨닫게 됩니다. 대부분의 사람들이 그런 것처럼 말입니다.

창세기 32-33장

▶ 어서오세요

☞ 여러분은 생애에서 가장 위급한 때가 언제였습니까? 그때의 경험들을 이야기해봅시다. 그 위급한 순간에서 여러분은 어떤 태도를 취했습니까? 기도했다구요? 큰 소리로 기도를 하는 사람은 그래도 여유가 있는 사람일 것입니다. 너무 다급한 환경에서는 그 기도 소리조차 낼 수가 없습니다. 그럴 기운이 없거든요. 등에서는 식은 땀만 흐르고... 말문도 막히고... 그저 흐느껴 울 수밖에 없습니다. 어쩌면 그것이 진짜 기도일 것입니다.

☞ 야곱이 지금 그런 지경에 와 있습니다. 그는 지금 기도하고 있습니다.

▶ 본문을 보세요

1. 야곱의 마음 속에는 아직도 무서움이 가득했습니다. 그의 형 에서 때문이었습니다. 야곱보다 더 걱정스러운 분은 우리 하나님이셨습니다. 너무 안쓰러워 하는 야곱에게 하나님은 영적 전투 요원을 파견합니다. 누구를 파견하셨으며, 야곱은 그곳 이름을 무엇이라고 불렀습니까? (32:1)

2. 하나님이 영적 지원을 아끼지 아니하셨지만 야곱은 여전히 불안합니다. 그는 정찰대를 파견해 에서의 동향을 파악하라고 지시했습니다. 그 정찰대의 보고 내용은 무엇이었습니까? (32:3-6)

3. 에서가 400명의 무리를 이끌고 야곱을 만나러 온다는 것은 어떻게 보아도 야곱을 영접하기 위해 오는 것은 아니었습니다. 이 소식을 들은 야곱은 더욱 불안했습니다. 야곱의 마음은 어떠했다고 했습니까? (32:7)

4. 야곱은 끝까지 인간적인 방법을 동원하며 사태를 해결하려 하고 있습니다. 그리고 하나님께 특별부탁까지 했습니다(32:9-12). 그래도 야곱은 불안합니다. 야곱은 이번에는 에서의 환심을 사려는 작전을 세웁니다. 어떤 작전을 세웠습니까? (32:14-20)

5. 결국 야곱은 얍복강가에서 밤새도록 하나님과 씨름을 벌입니다. 우리는 이를 보통 야곱의 기도라고 부릅니다. 그러나 야곱의 진짜 기도는 언제부터 시작되었습니까?

6. 야곱은 하나님께 울며 간구했습니다. 지금 현재의 상황이 너무 절박했기 때문입니다. 그는 하나님과 겨루어 이겼다고 했습니다. 그러나 결국은 하나님이 이기셨습니다. 야곱은 그곳 이름을 무엇이라고 했으며, 그 이름의 뜻은 무엇입니까? (32:30)

7. 결국 야곱은 형 에서와 만나게 됩니다.

(1) 야곱은 가족을 어떻게 편성해서 에서를 맞았습니까? (33:2)
(2) 야곱은 형 에서를 어떻게 맞습니까? (33:3)
(3) 에서의 모습은 어떻게 변해 있었습니까? (33:4)
(4) 에서가 그런 심경의 변화를 가져온 것은 언제부터 일까요?
(5) 야곱은 형 에서에게 무엇을 선물로 주었습니까?

8. 이렇게 형과의 만남은 은혜 속에서 이루어졌습니다. 이후 야곱과 에서는 각각 어디로 향해 갔습니까? (33:16,17)

9. 숙곳은 어디쯤에 있으며 왜 야곱은 그곳으로 향했습니까? (33:17)

10. 야곱은 세겜에서 땅을 사고 그곳에 정착하게 됩니다. 그리고 그곳에서 단을 쌓았습니다. 그리고 그곳 이름을 무엇이라 불렀습니까? (33:20)

▶ 말씀대로 삽시다

• 하나님이 택하신 야곱, 그는 자기 자신의 힘으로 삶을 살아가지만 결국은 하나님의 뜻을 이루는데 쓰임받는 생애가 됩니다. 최후까지 하나님의 우리 안으로 들어가지 않으려는 야곱의 모습을 보십시오. 그는 결국 지친 삶의 모습으로 하나님이 계신 곳을 향합니다. 아직까지도 그는 우리 밖에서 이리저리 뛰어다니고 있습니다. 그에게는 아직도 벧엘은 저만치 있습니다.

• 야곱과 에서의 해후, 결국 문제는 하나님이 해결하셔야만 합니다. 그러나 하나님은 인간 자신이 모든 것을 포기할 때까지 인내를 갖고 기다리십니다. 어떤 사람은 일찍 하나님의 우리 안으로 들어오고, 어떤 사람은 훨씬 뒤에 지친 모습으로 돌아옵니다. 참 평안은 주님 안으로 나아올 때 뿐입니다.

창세기 34-35장

▶ 어서오세요

☞ "너 맞고 갈꺼야, 그냥 갈꺼야" 우리 주위에서 흔히 듣는 웃음의 소리입니다. 정말 어떤 사람은 많이 얻어 맞고 난 후에야 움직이는 사람이 있습니다. 물론 얼마나 어리석은 일인지 모릅니다. 그러나 자세히 살펴보면 의외로 많은 사람들이 이런 삶을 살아가고 있습니다. 더욱이 영적인 면에서 그렇다면 얼마나 큰 손해인지 모릅니다. 그런 경험이 있다구요?

☞ 야곱이 바로 지금 그런 길을 걸어왔습니다. 그는 엄청난 매를 맞고 나서야 크게 정신을 차리게 됩니다. 세속에로 너무 깊이 빠져있으면 그곳에서 나오기가 쉽지 않습니다.

▶ 본문을 보세요

1. 야곱은 지금 어디에서 몇년째 살고 있습니까? (33:18) 이곳에서 그의 딸 디나가 당한 일은 무엇입니까? (34:1)

2. 이 사건으로 야곱은 큰 충격을 받습니다. 야곱의 아들들은 분을 삭이지 못하고 결국 엄청난 일을 저지르고 맙니다.

   (1) 야곱의 아들들은 이 일이 일어날 때는 어디에 있었습니까? (34:5)
   (2) 세겜의 아비 하몰은 야곱에게 어떤 제안을 했습니까? (34:8)
   (3) 그러나 이런 하몰의 제의에 깔려 있는 계산은 무엇이었을까요?
   (4) 야곱의 아들들은 어떤 조건을 제시했습니까? (34:14-17)
   (5) 하몰과 그의 아들 세겜은 즉시 야곱의 아들들의 제안을 받아들였습니다. 어떤 제안이었습니까?

3. 야곱은 전격 작전을 감행했습니다. 그 작전 개요를 설명하십시오.

4. 이 일은 그 지역 가나안에 엄청난 파장을 불러오게 될 것입니다. 너무 놀란 것은 야곱이었습니다. 야곱이 우려했던 점은 무엇입니까? (34:30)

5. 야곱에게 일어난 사건은 우연입니까? 아니면 하나님의 징계입니까? 만약 하나님의 징계라면 왜 이런 어려움을 당하게 되었습니까?

6. 야곱의 아들들은 아직도 하나님의 뜻을 이해할 리가 없었습니다. 그들의 불평은 무엇이었습니까? (34:31)

7. 결국 야곱은 지금 자기가 서 있는 자리가 어디인 것을 깨닫게 되었습니다. 이 환난의 원인과 그 의미를 뒤늦게 인식했습니다.

(1) 야곱은 큰 결단을 내립니다. 어떤 결단입니까? (35:1, 3)
(2) 그것은 하나님과의 약속이 있은 지 몇년이 지나서의 일입니까?

8. 이 환난이 있은 후 야곱의 행보를 살펴봅시다.

(1) 하나님이 야곱에게 내리신 명령은 무엇입니까? (35:1)
(2) 왜, 하나님은 야곱으로 하여금 벧엘로 올라가라고 명하십니까? (35:1하)
(3) 야곱이 벧엘에 가서 단을 쌓는다는 것이 왜 중요합니까? 왜 하나님은 벧엘로 올라가라고 명하십니까?

9. 야곱이 내린 신앙의 결단을 보십시오. 회개의 바른 의미는 무엇입니까? 이들이 그의 삶에서 버린 것은 무엇입니까? (35:2-4)

10. 야곱의 변화는 곧 그의 주변의 변화를 가져왔습니다. 그가 두려워하던 가나안 족속들의 연합공격도 없어졌습니다. 야곱은 드디어 벧엘로 도착해서 단을 쌓았습니다. 그리고 그곳 이름을 무엇이라고 불렀습니까? (35:7)

11. 물론, 그 뒤에도 야곱에게는 먹구름이 일어났습니다. 어떤 일들이 있었습니까? (35:16-20)

▶ 말씀대로 삽시다

• 야곱은 고집스러운 삶을 살았지만 여호와 하나님의 은총 밖을 떠날 수는 없었습니다. 하나님의 사랑스러운 자녀였기 때문이었습니다. 그렇다고 하나님은 야곱의 삶을 일일히 간섭하시지 않았습니다. 모든 것이 야곱의 자유로운 결정이었고 야곱 자신의 삶이었습니다. 다만 아주 위험한 벼랑 끝에서 서성일 때 하나님의 채칙이 있었습니다. 결국은 보이지 않는 하나님의 손길에 이끌려 하나님 품으로 돌아오게 됩니다. 그도 역시 하나님 앞에서 한 마리의 양이기 때문입니다. 물론 여러분도...

• 언제가 될지 몰라도 자기의 잘못을 깨닫고 주께로 돌아오는 자만큼 하나님 앞에 아름다운 자는 없을 것입니다. 혹시 너무 멀리 주님을 떠나 있다면 곧 하나님 앞으로 나오십시오. 우리가 먹고 마실 곳은 주님 앞에서 뿐입니다.

창세기 36-38장

▶ 어서오세요

☞ 여러분은 성경 속에서 자신이 닮고 싶은 인물이 있다면 누구를 들겠습니까? 왜 그를 좋아하십니까? 어떤 사람에게든 장점과 단점이 있습니다. 그래서 우리는 자기의 부족한 면을 채울 수 있는 성경의 인물을 좋아할 것입니다. 어떤 인물이든 우리는 그에게서 완전을 기대할 수는 없습니다.

☞ 그러나 요셉은 여러 면에서 흠을 잡을 수 없는 인물입니다. 창세기 후반부는 요셉의 이야기가 상당한 부분을 차지합니다. 요셉은 예수님의 모형으로 소개되고 있습니다.

▶ 본문을 보세요

1. 에서의 후손들은 어디에 정착했습니까? 또 에서는 몇명의 아내를 두었습니까? 그 아내들의 이름을 기록한 곳이 두 곳에 있는데(창 26:24, 28:9과 창 36:2,3) 서로 다릅니다. 이들이 동일 인물들일까요?

2. 에서는 왜 세일에 가서 정착하게 되었습니까? (36:6,7)

3. 에서의 후손들 가운데서 욥의 친구들의 이름과 동일한 사람이 있습니다. 확실치는 아니하나 그들의 이름은 누구누구입니까? (36:10-11)

4. 창세기 37장부터는 요셉의 이야기가 등장합니다. 그런데 본문은 "야곱의 약전은 이러하니라"라고 소개하고 있습니다. 그 이유를 교재를 보고 설명해 보십시오.

5. 요셉은 형들에게 미움을 받고 있습니다. 그 이유가 무엇입니까? (37:2,3)

(1) 이때 요셉의 나이가 몇입니까? (2절)
(2) 왜, 야곱은 요셉을 편애했습니까?
(3) 요셉은 꿈 이야기 때문에 미움을 받기도 했습니다. 두번의 꿈 내용이 각각 무엇입니까?
(4) 결국, 그 꿈 이야기는 무엇을 가리킵니까?

6. 요셉은 어디로 심부름을 갔습니까? 형들은 어디서 양을 치고 있었습니까? 요셉을 본 형제들은 어떤 작당을 꾸밉니까? (37:12-17)

7. 형제들은 드디어 요셉을 죽이자고 모의했습니다. 누가 이 모의에 제동을 걸었습니까? 그의 제안은 무엇입니까? (37:21,22)

8. 결국 요셉은 누구에게 넘겨졌습니까? (37:23-28) 이 상인들은 어떤 사람들입니까?

9. 야곱의 아들들이 이렇게 사악해진 여러 가지 요소들이 있을 것입니다. 그 이유들이 무엇일까요?

유다의 가정

10. 요셉의 이야기가 계속되다가 유다의 이야기가 소개되고 있습니다. 왜 유다의 이야기를 삽입해 기록해 놓았을까요? (38장)

11. 유다는 왜 형제들을 떠나 이방 여인과 결혼했습니까?

  (1) 이방 여인과 결혼하여 난 아들 3형제는 누구입니까? (3-5절) 그리고 장자 엘의 아내는 누구입니까? (6절)
  (2) 유다 집안에 불어온 큰 환란의 원인은 무엇입니까?
  (3) 오난은 왜 죽임을 당했습니까? (9절)
  (4) 계대결혼이란 무엇입니까?

12. 유다가 저지른 부끄러운 일은 무엇입니까? 이로 인해 태어난 두 아들은 누구누구입니까? (38:12-30)

▶ 말씀대로 삽시다

• 야곱의 아들들간에는 사랑이 흐르지 아니했습니다. 그 원인이 무엇이었을까요? 특별히 자식을 편애함으로써 오는 불화는 심각한 일이 아닐 수 없습니다. 교회 내에서도 너무 끼리끼리만의 모임은 많은 문제를 가져옵니다. 설마 교회 내에서는 "왕따" 현상은 없겠지요. 뭐, 있다구요?

• 유다의 가정이 소개되고 있지만(37장) 우리의 눈쌀을 찌프리게 하고 있습니다. 어째 이런 기사를 거룩한 성경에 기록했지 라고 생각하는 분은 없겠지요. 그러나 하나님은 이 거룩치 못한 가계(家系)를 통해서 그리스도가 오시는 통로가 되게 하셨습니다. 우리의 구원은 우리 자신들의 의로움 때문에 된 것이 아님을 분명히 해야 합니다. 뭐라구요?, 그러면 유다처럼 살아도 되느냐구요?!

창세기 39-42장

▶ 어서오세요

☞ 여러분은 지금 어떤 일을 하고 계십니까? 아직 학생이라면 앞으로 어떤 일을 하고 싶으십니까? 주를 위해 자신이 하고 싶으신 일이 있다면 무엇인지 말해 봅시다. 무엇을 하며 지내면 주를 위해 보람된 삶이 될 수 있을까요? 물론 우리가 어떻게 살아가든 최선의 삶을 살아가야 합니다. 하나님은 하나님의 나라의 사역을 위해 특별히 어떤 개인을 불러 쓰시는 경우도 있습니다.

☞ 요셉은 하나님의 나라를 위하여 어떻게 쓰임을 받았습니까? 그는 앞으로 하나님의 백성을 애굽에 안착시키기 위해 선발대로 뽑혀간 일꾼이었습니다. 그래서 야곱은 늘 형통했습니다. 하나님의 특별보호가 그에게 필요했기 때문이었습니다.

▶ 본문을 보세요

1. 요셉이 지금 처한 환경은 인간의 눈에는 역경이었습니다. 성경은 그 역경을 형통하다고 소개하고 있습니다. 왜 요셉의 환경이 형통했습니까? (39:2, 3) 형통의 개념을 정리하여 보십시오.

2. 요셉이 자기 주인에게 대한 태도가 어떠했습니까? 4절에서 '섬긴다'는 말의 의미는 무엇입니까? 여러분은 직장 상사에게 어떻게 대합니까?

3. 보디발의 아내의 성적 유혹은 매우 집요했습니다. 요셉은 어떻게 이런 유혹을 뿌리칠 수 있었습니까? 요셉이 제일 두려워 한 것은 무엇이었습니까? (39:9)

4. 유혹의 실패는 보디발의 아내로 하여금 독기가 서리게 했습니다. 그녀는 어떤 계략을 세워 요셉을 함정으로 몰아넣었습니까? 이로인해 요셉은 어떤 해를 당했습니까? (39:11-18)

5. 요셉은 결국 감옥에 가게 되었고, 여기서도 하나님이 함께 하시므로 형통케 되었습니다. 감옥에서 만난 두 관원장은 누구입니까? 이들의 꿈을 어떻게 해석해 주었습니까?

6. 하나님은 훗날을 위하여 요셉에게 여러 가지 훈련을 시키셨습니다. 요셉은 감옥생활을 통해서 무엇을 얻을 수 있었습니까?

7. 어느 날 바로는 두번씩이나 같은 내용의 꿈을 꾸었습니다. 그 꿈의 내용은 무엇이며, 그는 왜 그렇게 불안해 했습니까? (41:1-7)

8. 요셉은 바로가 꾼 꿈을 해몽했습니다. 그가 해몽한 꿈의 내용은 무엇이었습니까? (41:14-23)

9. 요셉은 그 꿈을 해석할 수 있는 분은 인간이 아니라 하나님이심을 바로에게 주지시켰습니다. 요셉은 꿈 해몽뿐만 아니라 문제의 해결안까지 제시했습니다. 그의 대안은 무엇입니까? (41:34-36)

10. 요셉은 이 일로 바로 국무 총리로 발탁되었습니다. 요셉이 바로에게 받은 환대는 어느 정도였습니까? (43:4243)

11. 그 꿈의 내용대로 애굽에 풍년이 들었고, 또 연이어 애굽과 가나안 전역에 흉년이 들었습니다. 결국 야곱의 아들들도 곡식을 사러 애굽으로 내려갔습니다. 곡식을 사러 애굽으로 간 형제들은 누구누구였습니까? (42:3)

12. 요셉은 옛날 자기를 애굽에 팔아넘긴 형제들을 다시 볼 수 있었습니다. 그러나 요셉은 여러 가지 계책을 써서 형제들의 변화된 모습을 보려고 했습니다. 이 과정에서 담보로 잡힌 형은 누구입니까? (42:24)

▶ 말씀대로 삽시다

• 우리는 하나님의 위대하신 섭리를 이해할 수 없습니다. 따라서 우리가 원하는 방향과는 전혀 다르게 훈련시키시는 하나님께 항의하기도 하지만 결국 그에 대한 순종만이 최선의 길임을 고백하게 됩니다. 어쨌든 이 훈련을 통과하지 않고는 절대로 우리를 일꾼으로 사용하시지 않는다는 것입니다. 때로는 그 훈련을 받지 않고 추수하려는 일꾼 때문에 추수하고 있는 밭이 오히려 엉망이 되곤 합니다.

• 여러분은 잘 훈련된 일꾼입니까? 지나친 무지는 하나님의 일에 오히려 방해가 될 수 있습니다. 열심히 일한다고 다 하나님의 뜻대로 하는 것은 아닙니다. 철저히 훈련된 일꾼만이 하나님이 원하시는 뜻을 잘 구별할 수 있을 것입니다. 지금도 훈련받느라고 땀을 흘리고 계십니까? 요셉도 그런 과정을 거쳤습니다.

창세기 43-46장

▶ **어서오세요**

☞ 만약, 여러분이 요셉을 대신해서 애굽의 총리를 대신하고 있다고 가정해 봅시다. 가정이라도 기분이 좋지요? 우선 여러분은 얼마나 겸손할 수 있을까요? 솔직하게 말씀하십시오. 별것도 아닌 자리에 목에 힘을 주고 있는 사람이 많은데, 여러분은 어떨 것 같습니까? 낮은 자리(?) 있을 때에는 겸손하던 사람이 조금 높은 자리에 앉더니 완전히 꼴볼견인 사람들을 보셨나요? 아주 많다구요? 그게 보통 인간들의 모습입니다.

☞ 요셉의 위대성이 어디에 있습니까? 애굽의 총리인데 군사를 풀어 당장 가나안에 있는 가족들을 한 자리에 집합시킬 수 있었을 터인데, 그는 그렇지 않았습니다. 왜요?

▶ **본문을 보세요**

1. 흉년은 곧 끝날 것 같지 않고 양식은 다 떨어져가는데, 야곱의 아들들은 쉽게 애굽으로 양식을 사러가지 못하고 있습니다. 그 이유가 무엇입니까? (43:3-5)

2. 이 상황에서 유다가 나서서 제안을 하고 있습니다. 어떤 제안입니까? 왜 유다가 앞장 서서 그런 제안을 했을까요? 그의 인물됨은 어떠했습니까? (43:8-10)

3. 야곱은 어떻게 하든지 막내 아들, 그것도 그가 가장 사랑했던 아내 라헬의 소생 베냐민을 애굽으로 보내지 않으려고 몸부림 칩니다. 그러나 그의 심경에 변화가 왔습니다. 그가 어떻게 허락하고 있습니까? (43:14)

4. 요셉은 두번째로 내려간 형제들을 모아놓고 잔치를 배설했습니다. 요셉은 누구에게 더 사랑을 베풀었습니까? 이런 일을 보고 야곱의 아들들의 태도가 어떠했습니까? (43:17-34)

5. 요셉은 아직도 자기의 정체를 밝히지 않고 있습니다. 그리고 또다른 계획을 세웁니다. 어떤 계획을 세웠으며 왜, 그는 아직도 자신을 드러내지 않고 있습니까? (44:1-13)

6. 요셉의 작전대로 베냐민이 억류되게 되었습니다. 베냐민의 자루에서 잔이 발견되었기 때문입니다. 이 상황에서 형제들의 태도가 어떠했습니까?

7. 이 상황에서 형제를 대변해서 요셉에게 나아간 형제는 누구였습니까? 그는 어떤 내용을 설명하고 있습니까?

8. 요셉은 결국 자기의 정체를 밝힙니다. 이때 형제들의 태도가 어떠했습니까? (45:3) 그 정도가 어떠했습니까?

9. 놀라 어찌할 줄 모르는 형제들에게 요셉은 어떻게 달래고 있습니까? 그의 신앙고백적 설명을 보십시오. 그가 말한 주 내용의 골자는 무엇입니까? (45:5-8)

10. 이제 야곱의 가족이 애굽으로 이주하도록 초청되었습니다. 요셉의 생존 소식을 들은 야곱의 놀라움이 어떻게 표현되어 있습니까? 왜 그는 그 소식을 듣고 "기색" 했습니까? (45:25,26) '기색하다'라는 말은 무슨 뜻입니까?

11. 드디어 야곱은 애굽으로 내려가기를 결정했습니다. 헤브론을 떠나 브엘세바까지 왔습니다. 그러나 더이상 애굽으로 가기를 두려워 했습니다(46:2,3). 그 이유가 무엇이었습니까? 이런 야곱에게 하나님은 어떻게 말씀하셨습니까? (46:3,4)

12. 이렇게 해서 야곱의 가족은 애굽에 정착하게 됩니다. 이때 애굽에 함께 내려간 야곱의 가족은 몇명이나 됩니까? (46:26,27)

13. 하나님이 아브라함에게 약속하신 그 약속이 어떻게 이루어졌는지 창 15:12-16을 읽어보고 설명해 보십시오.

▶ 말씀대로 삽시다

- 야곱의 생애, 그는 참으로 많은 시련 앞에 있었습니다. 그의 성격과 인간적인 술수 때문에 어려움이 늘 뒤따랐지만 그의 말년은 그 고통들로 인해 성숙해져 갔습니다. 문제는 성화되지 않는 사람입니다. 끝없는 열심과 봉사에도 불구하고 믿음의 성장이 없다면 그의 신앙은 병이 든 것이 확실합니다.

- 하나님은 인간의 구속 역사를 주관하십니다. 그 주인공이 바로 하나님이십니다. 그 위대하신 하나님의 계획을 인간은 잘 이해할 수 없습니다. 여기 요셉은 그 하나님의 구속 역사의 한 주인공으로 살아왔습니다. 그렇다고 요셉의 삶이 로보트의 삶이 아니었습니다. 그러면서도 그의 생애는 하나님 앞에 붙들린 바 된 삶이었습니다. 그는 주어진 환경에 최선을 다했고, 어디서나 충성스럽게 일했습니다. 하나님의 명령, 그 명령에 철저한 순종, 그것이 참 믿음입니다.

창세기 47-50장

▶ **어서오세요**

☞ 여러분들은 인간의 운명에 대해 어떻게 생각하십니까? 여러분 중에 점을 보신 적이 있습니까? 점 같은 것은 안보신다구요? 그러면 토정비결은요? 토정비결이 뭐냐구요? 믿는 사람들은 이런 일을 안하지만 어떤 사람들은 이와 비슷한 신앙 생활을 하는 경우가 있습니다. 하나님이 우리 신자들의 삶을 인도하신다면 우리는 로보트인가요? 아니라면 우리는 어떤 자세로 삶을 개척해야 합니까?

☞ 요셉의 삶은 하나님이 인도하시는 삶이었습니다. 그렇다고 그의 생활이 수동적이었나요?

▶ **본문을 보세요**

1. 야곱(이스라엘)의 자손들이 거할 고센 땅은 어디쯤이며 어떤 곳입니까? 지도를 보세요.

2. 야곱의 자손들이 애굽으로 내려왔을 때는 힉소스 왕조가 애굽을 지배하고 있을 때였었다고 많은 학자들은 보고 있습니다. 힉소스 왕조는 어떤 왕조인지 교재를 보고 설명해 보십시오.

   (1) 이 왕조의 지배자는 어떤 족속이었습니까?
   (2) 이 왕조는 몇년이나 애굽을 통치했습니까?
   (3) 이 왕조는 왜 요셉과 야곱 일행을 쉽게 받아들일 수 있었을까요?

3. 야곱은 바로를 축복했습니다. 나이를 묻는 바로 앞에 야곱의 대답이 어떠했습니까? 이 대답 속에 나타나는 야곱의 신앙고백적 요소를 찾아봅시다. (47:9)

4. 바로는 야곱의 자손들에게 어느 곳을 생활의 터전으로 주었습니까? (47:11)

5. 야곱은 그의 죽음에 앞서 요셉에게 유언을 남겼습니다. 그 유언의 내용이 무엇입니까? (47:29-31) 야곱은 왜 그런 유언을 하고 있습니까?

6. 임종을 얼마 남겨두지 않자 야곱은 요셉의 두 아들을 어떻게 했습니까? (48:5,6)

7. 야곱은 요셉의 두 아들의 머리 위에 손을 얹고 축복을 했습니다. 그러나 야곱은 장자에게는 왼손을 차자에게는 오른 손을 얹어 손을 어긋맞겨 기도했습니다. 이를 만류하는 요셉에게 야곱이 한 말이 무엇입니까? 야곱의 영적 안목이 어떠했습니까? (48:17-20)

7. 야곱은 열두 아들에 대한 예언적 축복을 내렸습니다.

(1) 르우벤은 장자였지만 그 권리를 박탈당했습니다. 그 이유가 무엇입니까? (49:3)
(2) 시므온과 레위는 "잔해하는 기계"라고 했습니다(49:5). 어떤 사건을 두고 한 말입니까? (창 34:16-29)
(3) 야곱이 유다에게 내린 축복은 경이적인 것이었습니다. 그 축복의 내용이 무엇입니까? (49:8-11)
(4) 결국 메시야는 어느 지파로부터 오신다는 말입니까?
(5) 유다 자손의 3가지 특징은 무엇입니까?

8. 야곱의 아들에 대한 예언적 축복에 대한 의미는 무엇입니까?

9. 야곱은 몇살을 살고 죽습니까?(47: (47:28) 애굽에 내려온지 몇년만입니까? 그는 어디에 묻어주기를 바라고 있습니까? (49:29)

10. 야곱의 장례의 규모는 어떠했습니까? (50:3-13) 요셉은 몇살을 살고 죽습니까? (50:22) 요셉이 유언한 내용은 무엇입니까? (50:25)

▶ 말씀대로 삽시다

• 창세기의 역사가 여기서 끝이 나고 있습니까? 창세기의 역사는 이것으로 끝나는 것이 아니고 보다 크고 구체적인 역사를 대망하는 것으로 끝나 있습니다. 이로부터 400여년간의 역사는 성경의 기록으로 남아 있지 않지만 하나님의 구속 역사는 그 진행을 멈추지 않고 있습니다. 이제 애굽을 탈출하는 역사가 계속됩니다.

• 창세기를 공부하면서 느낀 점이 무엇입니까? 특별히 족장사를 공부하면서 한 사람이 하나님의 부름을 받고 어떻게 그 부름에 합당한 생활을 했는가를 살펴보았습니다. 하나님의 부르심을 받은 족장들의 삶은 어떤 초인적 인간의 삶이 아니었다는 것입니다. 울고, 웃고, 화를 내고, 도망다니기도 하는 삶이었습니다. 그러면서도 하나님의 명령에 따라 철저하게 순종의 삶을 살아가기도 했습니다. 우리의 삶과 별반 다르지 아니했습니다. 그들의 모습을 보면서 우리는 세상과 동화되어서는 안된다는 것과 그리고 하나님의 말씀에 철저하게 순종해야 된다는 것을 배웠습니다. 하나님의 나라는 인간의 연약함에도 그 성장을 멈추지 아니합니다.

롬

8 만일(εἰ)
우리가
죽었으면 (조건절, if)
/그리스도와 함께
또한 믿노니
/[우리가] ——— 함께 살 줄을
/그와

9 [이는](이유 완료분사 for- NIV)
[우리가] ——— 앎이로라
/그리스도께서 — 다시 죽지 아니하시고
사망이 ——— 다시 그를 주장하지 못할 줄을

(이유 과거분사, since-NIV)
[그가]——사셨으매
/죽은 자 가운데서

10 (이유 γάρ, for)
그의 죽으심은——— 죽으심이요
/죄에 대하여
/단번에
그의 살으심은——— 살으심이니
/하나님께 대하여

11 너희도
여길지어다
/너희 자신을
/이와 같이
/죽은 자요
/죄에 대하여는
/산 자로
/하나님을 대하여는
/그리스도 예수 안에서

12 그러므로(οὖν)
죄로(=가)
(너희는)왕 노릇 하지 못하게 하여
/몸에
/너희
/죽을

(목적 εἰς + 부정사 so that)
몸의 사욕을 —— 순종치 말고

13 또한
[너희는]
드리지 말고
/너희 지체를
/불의의 병기로
/죄에게
오직 드리며
/너희 자신을
/의의 병기로
/하나님께

8 만일 우리가 그리스도와 함께 죽었으면 또한 그와 함께
살 줄을 믿노니 9 이는 그리스도께서 죽은 자 가운데서 사
셨으매 다시 죽지 아니하시고 사망이 다시 그를 주장하지
못할 줄을 앎이로라 10 그의 죽으심은 죄에 대하여 단번
에 죽으심이요 그의 살으심은 하나님께 대하여 살으심이니
11 이와 같이 너희도 너희 자신을 죄에 대하여는 죽은 자
요 그리스도 예수 안에서 하나님을 대하여는 산 자로 여길
지어다 12 그러므로 너희는 죄로 너희 죽을 몸에 왕 노릇
하지 못하게 하여 몸의 사욕을 순종치 말고 13 또한 너희
지체를 불의의 병기로 죄에게 드리지 말고 오직 너희 자신

shall also live with Him. 9 knowing that Christ, having
been raised from the dead, is never to die again; death
no longer is master over Him. 10 For the death that He
died, He died to sin, once for all; but the life that He
lives, He lives to God. 11 Even so consider yourselves
to be dead to sin, but alive to God in Christ Jesus. 12 Therefore
do not let sin reign in your mortal body that you should
obey its lusts, 13 and do not go on presenting the members
of your body to sin as instruments of unrighteousness;
but present yourselves to God as those alive from the

백투더바이블 출간 계획(구약)

1-1	**창세기(상)**	15	욥기	**27**	**나훔 · 하박국 · 스바냐**
1-2	**창세기(하)**	16-1	시편(상)	**28**	**학개 · 스가랴**
2	**출애굽기**	16-2	시편(중)	**29**	**말라기**
3	**레위기**	16-3	시편(하)		
4	**민수기**	17	잠언		
5	**신명기**	18	전도서		
		19	아가서 · 에스더		
6	**여호수아**				
7	**사사기**	20	이사야		
8	**룻기**	21	예레미야		
9	**사무엘상**	22	에스겔		
10	**사무엘하**	23	다니엘		
11	**열왕기상**				
12	**열왕기하**	**24**	**호세아**		
13	역대상 · 하	**25**	**요엘 · 아모스**		
14	**에스라 · 느헤미야**	**26**	**오바댜 · 요나 · 미가**		

▶ 2016. 1월 현재 고딕은 출간 완료

▶ 출간 순서와 번호가 바뀔 수 있습니다.

백투더바이블(창세기하)

1996년 8월 30일 초 판 1쇄 발행
2016년 1월 20일 수정3판 1쇄 발행

저 자 · 장 종 길
발행인 · 조 경 혜
발행처 · 도서출판 그리심

도서출판 **그리심** · since 1998
등록번호 / 제7-258호(1998. 4.23)

● Home page: grisim.biz
● E-mail: grisimcho@hanmail.net

07030 서울시 동작구 사당로2길 72 인정 B동(B01호)
TEL : 523-7589, FAX : 523-7590

* 저자와 협의하여 검인을 생략함

ISBN 978-89-88291-10-7 94230
ISBN 978-89-88291-07-7 (세트)

값 : 뒷표지에